Mediação co
Administração P

Mediação com a Administração Pública

Coordenador

Adolfo Braga Neto

Autores

Adolfo Braga Neto
Alexandre Palermo Simões
Beatriz Vidigal Xavier da Silveira Rosa
Bruno Hellmeister Lico Canal
Camila David
Cesar Pereira
Cristiane Lucidi Machado
David Cohen
Elisa Lucena
Eugenia Cristina Cleto Marolla
Flavia Correa Azeredo de Freitas
Jamyle Terceiro Jardim
Kaline Ferreira
Luís Otávio Pasquale Rosa
Luíza Helena Cardoso Komel
Mariana Ribeiro Nascimento Silva
Maurício Moraes Tonin
Melina Kurcgant
Michelle da Silva Moura
Nelson Martins da Silva Neto
Nicola Espinheira da Costa Khoury
Odete Medauar
Quésia Maria Mendes Neiva
Renata Porto Adri
Samira Iasbeck de Oliveira Soares
Sílvia H. Johonsom di Salvo
Silvia Maria Costa Brega
Silvia Rodrigues Pachikoski
Vera Cecília Monteiro de Barros

Organização

CAM-CCBC
CENTRO DE ARBITRAGEM E MEDIAÇÃO

Editor científico: Guilherme Assis de Almeida
Editor: Fabio Humberg
Revisão: Humberto Grenes e Cristina Bragato
Capa: Camila Bueno

Dados Internacionais de Catalogação na Publicação (CIP)
(Câmara Brasileira do Livro, SP, Brasil)

Mediação com a administração pública / coordenação Adolfo Braga Neto. -- 1. ed. -- São Paulo : Editora CL-A Cultural, 2025.

Vários autores.
Bibliografia.
ISBN 978-65-87953-74-8
e-ISBN 978-65-87953-75-5

1. Administração pública 2. Conflitos - Resolução (Direito) 3. Conflitos de interesses 4. Mediação I. Braga Neto, Adolfo.

25-278766 CDD-350

Índices para catálogo sistemático:
1. Administração pública 350

(Aline Graziele Benitez - Bibliotecária - CRB-1/3129)

CLA editora
Editora CL-A Cultural Ltda.
Tel.: (11) 3766-9015 | Whatsapp: (11) 96922-1083
editoracla@editoracla.com.br | www.editoracla.com.br
linkedin.com/company/editora-cl-a/ | instagram.com/editoracla

São Paulo | 2025

ÍNDICE

PREFÁCIO

A mediação empresarial no Brasil tem se consolidado como um método adequado e eficaz para a resolução de conflitos, especialmente em um momento em que a Administração Pública demonstra disposição para explorar soluções fora do âmbito do Poder Judiciário.

O uso de métodos consensuais e autocompositivos é uma alternativa para as partes envolvidas discutirem e resolverem suas questões de maneira eficiente. Contudo, a sua implementação na esfera do Poder Público ainda enfrenta desafios, principalmente devido à necessidade de superar uma cultura adversarial ainda predominante, bem como uma equivocada interpretação sobre a indisponibilidade dos direitos da Administração Pública.

Para que a mediação se torne um instrumento eficaz de resolução de conflitos, é essencial que a Administração Pública e os órgãos de controle se adaptem a esta dinâmica de diálogo. Para isso, é necessário rever e modernizar as práticas internas, garantindo que a mediação seja reconhecida e incorporada como um meio legítimo e viável de resolução de controvérsias.

Apesar dos desafios, há um otimismo em relação ao número crescente de acordos e mediações envolvendo a Administração Pública, que vem se adaptando ao novo horizonte criado desde 2015 pelo Marco Legal da Mediação, e abrindo espaço para tanto.

A mediação oferece várias vantagens significativas. Em especial, permite a resolução de conflitos de forma mais rápida e eficiente em comparação com os processos adversariais tradicionais, o que é especialmente benéfico para a Administração Pública, pois oferece uma oportunidade de reduzir custos e evitar atrasos, tornando a gestão de disputas mais estratégica e eficaz.

Além disso, a mediação visa promover um ambiente de colaboração, o que é particularmente importante na preservação de relações, por exemplo, em contratos de concessão, parcerias público-privadas e outras interações de longo prazo. Ao contrário dos métodos heterocompositivos, em que a decisão é imposta por um terceiro, a mediação confere às partes maior controle sobre o processo e o resultado, promovendo soluções que atendem de forma mais adequada às necessidades das partes e, em última análise, ao próprio interesse público.

O futuro da mediação na Administração Pública depende de uma evolução cultural e normativa que possibilite sua incorporação definitiva ao cotidiano da gestão pública. Nesse cenário, destacam-se iniciativas institucionais, tais quais as desenvolvidas pelo CAM-CCBC, que, por meio de eventos, publicações e produção de conteúdo sobre o tema, não apenas impulsionam a prática da mediação, mas também contribuem para moldar uma cultura necessária para a consolidação do seu uso pela Administração Pública.

Espera-se avançar com o uso cada vez maior da mediação, método dinâmico, responsivo, eficaz e alinhado ao atendimento do interesse público. A construção desse futuro já começou — e cada página desta obra é um convite para fazer parte dele.

Rodrigo Garcia da Fonseca
Presidente do CAM-CCBC

Silvia Rodrigues Pachikoski
Vice-Presidente do CAM-CCBC

Ricardo de Carvalho Aprigliano
Vice-Presidente do CAM-CCBC

INTRODUÇÃO

Ao ser convidado para escrever este texto de introdução, vieram-me à mente vários fatos vivenciados ao longo de uma década de atividades desenvolvidas pela *Task Force* de Mediação com a Administração Pública do Conselho Consultivo de Mediação do Centro de Arbitragem e Mediação da Câmara de Comércio Brasil Canadá – CAM-CCBC. Reunindo especialistas em mediação e integrantes da Administração Pública direta e indireta, nos seus três âmbitos – municipal, estadual e federal –, conhecedores de suas vantagens, consagraram, consagram e esperamos que continuem a consagrar a união de esforços de entusiastas da aplicação da atividade no contexto público, não importando a área em que for desenvolvida.

Dentre os fatos mencionados no parágrafo anterior, a criação da própria *Task Force* de Mediação com a Administração Pública merece registro, pois aconteceu na gestão de Eleonora Coelho à frente do então Conselho Consultivo de Mediação, sob a Presidência de Carlos Forbes junto ao Conselho Deliberativo do CAM-CCBC. Na primeira reunião do referido Conselho, em que ela acabava de assumir a coordenação dos trabalhos, formulou para os presentes a pergunta: existe algum tema que consideram relevante para a mediação que mereça um estudo e até um grupo de trabalho? Levantei a mão e respondi positivamente no sentido de oferecer comentários sobre algumas experiências pessoais, que me levaram a expor preocupações, quanto ao emprego da mediação no âmbito da Administração Pública, que até então, pelo que tínhamos conhecimento, se resumia a poucas experiências pelo Brasil afora.

Vale lembrar que, pouco tempo antes, o Marco Legal da Mediação, a Lei nº 13.140/2015, aportou, com seu texto, um capítulo inteiro dedicado à autocomposição no âmbito da Administração Pública, cuja redação não deixa de ser verdadeiro incentivo à sua utilização. O que na época nos preocupava era como seria a leitura dos órgãos públicos sobre a utilização dos possíveis métodos, face à pouca experiência na área e ao desconhecimento dos institutos autocompositivos e da mediação. Eleonora e os demais presentes responderam positivamente. Nasceu, assim, a referida *Task Force*, cujos integrantes têm colaborado e muito na difusão do correto emprego da mediação nesta área, da qual tenho a honra de estar à frente desde então (vide artigo intitulado "Novo Regulamento de Mediação do CAM-CCBC e a Administração Pública", à pág. 150), completando perto de sessenta reuniões.

Muitas foram as atividades desenvolvidas, dentre elas: o auxílio na redação dos regimentos e, posteriormente, regulamentos de Mediação do CAM-CCBC; assessoramento permanente às atividades do Conselho Deliberativo de Mediação; cafés da manhã com interessantes debates relativos às diversas possíveis aplicações da mediação no contexto da Administração Pública; e, em especial, as duas temporadas de *Podcast* de Mediação com a Administração Pública, em que autoridades e convidados especiais com vasta experiência na área pública foram entrevistados por integrantes da *Task Force* e pela direção do CAM-CCBC. Tudo isso com o objetivo de oferecer informações sobre a atividade e esclarecimentos para a sociedade a respeito dos benefícios por ela aportados, bem como mostrar como a prestação de serviços oferecidos pela instituição constitui um diferencial, conforme muito bem apontam os autores do Prefácio da presente obra, presidente e vice-presidentes do CAM-CCBC (vide Prefácio, p. 7 e 8).

Além disso, aponta claramente o quanto a Administração Pública pode usufruir da atual tendência do Direito Administrativo em direção à consensualidade, passando a ser uma realidade cada vez mais concreta. Nesse sentido, importante ressaltar que este é o elemento comum a todos os textos da presente obra, tentando oferecer uma perspectiva esclarecedora sobre a indisponibilidade do interesse público, proporcionando um verdadeiro incentivo ao emprego da mediação na área. Embora me sinta suspeito em apresentar esta afirmação, considero essa uma tendência no âmbito do Direito Administrativo da atualidade, sendo que a Administração Pública só tem a ganhar ao dela usufruir, como o leitor verá ao longo da leitura dos artigos.

Nesse sentido, com grande satisfação e entusiasmo formulo o convite para a leitura dos 22 textos com que brilhantemente os autores nos brindam. Ao mesmo tempo, agradeço a disponibilidade de todos em responder positivamente para integrar este livro, sendo que neste agradecimento estão inclusos, além dos autores que a tornaram uma realidade, todos os órgãos, membros e funcionários do CAM-CCBC. Em especial, seus atuais titulares Rodrigo Garcia da Fonseca, Silvia Rodrigues Pachikoski, Ricardo de Carvalho Aprigliano, bem como todos aqueles que os antecederam desde a gestão de Frederico Straube, na qual tive o privilégio de ingressar na instituição, sempre colaborando com a mediação, há mais de quinze anos. Incluo também agradecimento a todos os seus funcionários e ex-funcionários, que não pouparam e não poupam esforços para tornar a mediação uma realidade de qualidade no CAM-CCBC. Todos, sem exceção, empreenderam grandes esforços para tornar realidade a presente obra, assim como para ser a instituição uma referência nacional e internacional.

Boa leitura!

Adolfo Braga Neto
Coordenador da *Task Force* Mediação com Administração Pública do CAM-CCBC

Mediação com a Administração Pública – observações pontuais sobre seu uso

Adolfo Braga Neto[1]

Resumo

Este artigo demonstra que a mediação é um caminho de acesso à ordem jurídica justa e à Justiça, através de um processo dialógico baseado em seus três eixos, sem os quais ela inexiste: processo, participantes e mediador. Com o objetivo de pensar a mediação e a Administração Pública brasileira, é necessário focar nos seus princípios, porque alguns deles são preocupações no diálogo da mediação. Ao mesmo tempo, o Direito Administrativo está enfrentando mudanças e novas tendências, entre elas a consensualidade, que iniciou seu movimento no final do século passado. E hoje é fácil observar que o carro-chefe dessa tendência é a mediação. Além disso, em razão da complexidade da Administração Pública, a sistematização da mediação se faz necessária. A mediação na, com a e da Administração Pública possuem diferentes componentes, que necessitam ser levados em consideração para alcançar seus objetivos. Esta é a razão por que um recorte é feito a fim de serem apresentados comentários.

Summary

This article shows mediation is a way to access to the legal order and Justice, through a dialog process based on its three structural cornerstones, without those it will not exist, process, participants and mediator. In order to think about Mediation and The Brazilian Public Administration it is necessary to focus on its principles because some of them are a concern Mediation dialog. At the same time, Administrative Law is facing shifts from new trends, among others, the consensus, which started your movement at the end of last century. And nowadays it is easy to observe the top of this trend is the Mediation. Besides, because of the complexity of Pu-

---

1. Mediador. Graduado pela USP, mestre pela PUC-SP, ambos em Direito. Presidente do Conselho de Administração do IMAB – Instituto de Mediação e Arbitragem do Brasil e da Comissão de Ética do CONIMA – Conselho Nacional das Instituições de Mediação e Arbitragem. Coordenador da *Task Force* Mediação com Administração Pública do Conselho de Mediação do Centro de Arbitragem e Mediação da Câmara de Comércio Brasil Canadá – CAM-CCBC. Assessor do Núcleo de Incentivo às Práticas Autocompositivas do Ministério Público do Estado de São Paulo – NUIPA-MPSP.

blic Administration a systematization on Mediation is necessary: The Mediation in, with and of the Brazilian Public Administration have different components that need attention in order to reach its objectives in this area. That is the reason why a cutout must be done, in order to make comments about it.

Palavras-chave
Mediação e seus eixos – Administração Pública – Justiça – Ordem jurídica justa – consensualidade – princípios – Direito Administrativo – Sistematização – Mediação com Administração Pública

Keywords
Mediation and its axes – Public Administration – Justice – Legal order – Consensus – Principles – Administrative Law – Systematization – Mediation with Public Administration

1. Introdução

Elaborar artigo sobre o título em tela deve oferecer um recorte com a demarcação do campo de oportunidades que a mediação oferece nos diversos contextos da Administração Pública. Nesse sentido, vale lembrar que sua atuação, hoje, pressupõe ser marcada por mutações, que buscam incessantemente a elaboração de soluções satisfatórias, face à nova leitura dos seus princípios, dentre outros, da supremacia e da indisponibilidade do interesse público.

Ainda que surjam situações em que não será possível substituir indiscriminadamente a atuação unilateral da Administração, o consenso entre vários sujeitos possibilita mais facilmente a compatibilização de interesses de diversos públicos, trocando-se a decisão pelo debate, o comando pela negociação, evitando-se decisões unilateralmente impostas ou ainda aquelas impostas por um terceiro. Assim nasceu a tendência pela consensualidade na Administração Pública, com a qual a metodologia mais identificada é a mediação, diante das demais metodologias autocompositivas.

Importante ressaltar que, como toda e qualquer organização, constituída por órgãos, departamentos e pessoas, a Administração Pública está sujeita a enfrentar conflitos no desenvolver de suas atividades. Por isso, poderá ser participante como um mediado ou constituir-se em um órgão para administrar conflitos. Além disso, há ainda a perspectiva da promoção de uma política estimuladora da atividade da mediação. Para tanto, deve-se ter claro a que, efetivamente, o ente público se propõe ao optar pela mediação, pois deverá estar alerta quanto aos parâmetros preconizados da metodologia de resolução de conflitos a partir de todos os seus três eixos: processo, participantes e mediador.

Os eixos acima mencionados determinam e estruturam três perspectivas, a saber: a mediação *na*, *com* e *da* Administração Pública[2]. A primeira toma como referência a Administração Pública sendo o órgão incentivador de uma autocomposição, antes de proferir uma decisão que é da sua alçada. O papel do terceiro neste caso é assistir aos participantes na negociação para a obtenção de um resultado adequado aos seus parâmetros. Neste aspecto, a imparcialidade e a independência inexistem, tendo como pressuposto a possibilidade da concertação, como mencionado, ou ajustes diante de dificuldades na concretização de alguma empreitada. Já a segunda possui como pressuposto estar a Administração envolvida em conflito, isto é, ela se encontra em um dos polos do conflito e optou pelo método para tentar alcançar uma solução, baseada em bom senso, razoabilidade, boa-fé e/ou redução de custos e perspectiva de futuro, assim como outras vantagens, visando com isso, maior eficiência em suas ações. E na última a Administração propõe o serviço da mediação para toda e qualquer pessoa, seja física ou jurídica, como forma de acesso à ordem jurídica justa. A referência neste diapasão são o mediador e seu serviço.

Feitas tais observações, o presente artigo busca oferecer comentários e

2. BRAGA NETO, Adolfo. *A Mediação e a Administração Pública*. São Paulo: CL-A, 2021. p.274. Vale observar que o autor, em seu texto, propõe uma sistematização para efeitos de melhor entendimento sobre a adequada aplicação da referida metodologia, que, pelo fato de ser muito flexível, permite seu emprego de maneira muito ampla. Daí o cuidado a ser observado sempre na complexidade de atuação da Administração Pública.

reflexões atuais e pontuais relativas ao contexto da mediação com a Administração Pública, reforçando que é aquela em que um dos participantes opta pela mediação para o enfrentamento de conflitos com pessoas jurídicas ou físicas do âmbito da iniciativa privada a partir de contratos, com ou sem cláusula de mediação, e/ou fornecimento de produtos e serviços. Além disso, incluirá aspectos relevantes que apontam em direção às vantagens oferecidas pelos serviços de mediação no contexto institucional, em uma Câmara como o CAM-CCBC, que opera a partir da existência de instrumentos específicos para a atividade, adaptados para o caso concreto, que sempre demanda tratamento único.

2. Alguns aspectos sobre o momento atual da Administração Pública e a abertura para a consensualidade e a mediação

Diversos autores, dentre eles a profa. Odete Medauar[3], afirmam que a Administração Pública hoje é marcada por duas grandes tendências: a constitucionalização, através de seus princípios, regras de licitações e contratos nela elencados, e a consensualidade. Por isso, Silvia di Salvo[4] ressalta que é inegável a mutação das funções administrativas como forma de promoção do bem comum, a partir de uma postura colaborativa entre a Administração Pública e sociedade civil, representando forma de legitimação da atuação estatal, dentro do exercício da função pública, em um inter-relacionamento dialógico, com vistas à harmonização de interesses recíprocos. Dessa forma, o consenso instrumentaliza o atingimento do bem comum, em nova forma de se estabelecer o interesse público.

Na mesma direção, concorda Juliana de Palma[5], enfatizando que a pro-

3. MEDAUAR, Odete. *Direito Administrativo Moderno*. 19. ed. São Paulo: Revista dos Tribunais, 2015. p.16.

4. SALVO, Silvia Helena Picarelli Gonçalves Johonsom di. *Mediação na Administração Pública* – O desenho institucional e procedimental. São Paulo: Almedina, 2018. p.34.

5. PALMA, Juliana Bonacorsi. *Atuação Administrativa Consensual – Estudo dos acordos substitutivos no processo administrativo sancionador*. Dissertação de mestrado. p. 143. Disponível em: www.tesesusp.br. Acesso em: 30 jul. 2024.

jeção da consensualidade na Administração Pública desafia o modelo da ação administrativa tradicionalmente utilizado pelo Poder Público, visando à satisfação de finalidades públicas e, consequentemente, finalidades sociais. Nota-se, portanto, que a consensualidade abarca diversos elementos, transpondo barreiras até então impensadas, adequando seus princípios à evolução da sociedade como um todo. E, ao mesmo tempo, promove ações inovadoras e, muitas vezes, inéditas, ampliando com isso o seu aperfeiçoamento como instituição do Estado voltada para atender seus cidadãos, oferecendo nova perspectiva não somente para a Administração Pública em todas as suas atividades, mas também ao seu usuário[6].

Por outro lado, André Bergamaschi[7] explica que este momento não significa privilegiar o particular em detrimento do público. O interesse público será contemplado também pelo ato consensual e de certa forma o garantirá. As vantagens advindas de método autocompositivo são inúmeras e vale lembrar a economia de tempo e recursos, o grau de legitimidade proporcionado pela participação ativa de todos na construção da solução etc. Neste cenário de mutação, a maior aproximação entre público e privado leva a confundir fronteiras. Por isso, a legislação tem buscado acompanhar esta evolução, com o estímulo ao uso de métodos autocompositivos e, consequentemente, a importância cada vez maior dada à mediação. Claro que este momento se contrapõe à Administração Pública burocrática, pois rompe com a concepção clássica de verticalização da relação entre Administração Pública e administrados, incutida na doutrina e transplantada para a realidade gerencial do Poder Público[8].

Além disso, impende observar que a tendência da Administração Pública em direção à consensualidade é decorrente também do estímulo ofere-

6. BRAGA NETO, Adolfo. *A Mediação e a Administração Pública*. São Paulo: CL-A, 2021. p.256.

7. BERGAMASCHI, André Luís. A *Resolução dos Conflitos envolvendo a Administração Pública por meio de mecanismos consensuais*. Dissertação de Mestrado. p.59. Disponível em: www.tesesusp.br. Acesso em: 31 jul. 2024.

8. BRAGA NETO, Adolfo, *op. cit.*, p. 259.

cido pela legislação brasileira, que vem buscando, dentre outros aspectos, se adequar aos acordos realizados na prática, proporcionando maior segurança jurídica. Nesse sentido, a inclusão da autocomposição e da mediação nas leis do País representa um grande passo na referida direção. Vale lembrar que o primeiro diploma legal no ordenamento jurídico brasileiro remonta ao Decreto-Lei nº 3.365/41, que disciplina o processo de desapropriação. Posteriormente vieram as Leis nº 6.902 e nº 6.938, ambas de 1981, cujas modificações foram introduzidas pelo Decreto-Lei nº 94.764/87, recebendo na década de 1990 mais impulso ainda com as normativas das Agências Reguladoras; a Lei nº 9.099/95 dos Juizados Especiais Civis e Criminais; a Lei nº 10.259/01 do Juizados Especiais Cíveis e Criminais da Justiça Federal; a Lei nº 8.197/91, que trata da transação judicial envolvendo a Administração federal direta e indireta; a Lei nº 9.307/ 96; a Lei nº 9.469/97, que regulamenta a Lei Complementar nº 73/93 sobre a Advocacia Geral da União; a Lei nº 11.941/09; e as Leis nº 13.105/15, nº 13.129/15 e nº 13.140/15[9].

A propósito da perspectiva da tendência pela consensualidade no Brasil vem sendo incentivada e mesmo até estruturada na legislação, André Bergamaschi[10] aponta que, mesmo antes das sanções dos diplomas legais mencionados, outras leis já previam de forma direta a utilização de mecanismos privados de resolução de controvérsias. Cronologicamente importante ressaltar a Lei de Licitações – Lei nº 8.666/93, a Lei Geral de Concessões – Lei nº 8.987/95, a Lei Geral de Telecomunicações – Lei nº 9.472/97, a Lei de Política Energética Nacional – Lei nº 9.478/97, a Lei dos Transportes Aquaviário e Terrestre – Lei nº 9.432/97, a Lei de Comercialização de Energia Elétrica – Lei nº 10.848/04 e a Lei das Parcerias Público-Privadas – Lei nº 11.079/04.

9. BOURGES, Fernanda Schuhli. *Mediação Administrativa – Solução de controvérsias entre os particulares e a Administração Pública.* Belo Horizonte: Fórum, 2023. p 89.

10. BERGAMASCHI, André Luís, *op. cit.*, p.71.

Fundamental chamar a atenção para o fato de que, com este componente, nota-se outra tendência oferecida pela legislação: a da inserção de maneira mais direta, com foco direcionado abertamente para métodos de resolução de conflitos estruturados para atender às peculiaridades e especificidades da área pública. É o caso da Lei nº 14.133/21, de licitações e contratos administrativos, que possui capítulo específico no título sobre Contratos Administrativos, promovendo o emprego dos métodos adequados de resolução de conflitos[11], dentre eles a mediação como forma de prevenir e resolver conflitos.

Por isso, vale voltar a mencionar as Leis de 2015, citadas anteriormente, a Lei nº 13.140 e o Código de Processo Civil (Lei nº 13.105), que expressam claramente a faculdade de implementar Câmaras no mesmo âmbito, confirmando, sem dúvida, a existência da tendência em direção à consensualidade na área, promovendo novo eixo dogmático e empreendendo grandes mudanças no Direito Administrativo, sobretudo pelo estímulo à utilização de um método em que os participantes decidem a partir de suas próprias especificidades. Nesta mesma linha Silvia Johonsom di Salvo[12] afirma que a adoção da mediação com a Administração Pública revela importante passo para a efetivação do consensualismo na atividade administrativa. Além disso, indica a busca do cumprimento da eficiência administrativa por meio de uma resolução de disputas versátil e menos onerosa e, da mesma forma, contribui para a legitimação da decisão do conflito, ao viabilizar maior participação colaborativa dos participantes na chegada de uma solução.

Importante enfatizar que o Marco Legal da Mediação e o Código de Processo Civil servem como mola propulsora das atividades da mediação no

---

11. CUÉLAR, Leila. Impressões sobre a autocomposição para prevenção e solução de conflitos na nova lei de licitações e contratos administrativos. *In*: CUÉLAR, Leila; MOREIRA, Egon Bockmann; GARCIA, Flávio Amaral; CRUZ, Elia Schmidlin (org.). *Direito Administrativo e Alternative Dispute Resolution* – Arbitragem, dispute board, mediação e negociação. 2. ed. São Paulo: Fórum, 2022. P. 83.

12. SALVO, Silvia Helena Picarelli Gonçalves Johonsom di, *op. cit.*, p.34.

contexto do Poder Público. E, como defende Bruno Megna[13], estas leis não vieram apenas para inovar textos jurídicos, mas, principalmente, para renovar a mentalidade que se tem sobre o Direito. Dentre os principais fatores de renovação, está a introdução do microssistema de solução consensual de conflitos, devendo a Administração Pública participar desta renovação, por se tratar de exigência da atual conjuntura social, econômica e política. Por isso, Mara de Souza e Flávia Bueno a afirmam que, levando-se em consideração todos os princípios da Administração Pública, especialmente os da eficiência e da finalidade pública, verifica-se não haver qualquer resquício de dúvidas sobre a mediação ser possível ou não de ser empregada na esfera administrativa[14].

Paralelamente, vale lembrar que a mediação como processo de transformação de conflitos se desenvolve em três eixos, a saber: seus participantes, o processo dialógico por eles aceito e o mediador, sem os quais não há como pensar a sua existência. Assim é que se faz fundamental a elaboração de observações muito pontuais sobre os referidos eixos para efeitos de melhor compreensão da mediação com a Administração Pública.

Os participantes da mediação são agentes ativos, porta-vozes de suas próprias perspectivas e autores, gerindo a complexidade do conflito em que estão envolvidos. Tomarão suas próprias decisões ao longo do processo, por isso são, também, responsáveis pela sua evolução e continuidade ou não, bem como pela decisão final, com a elaboração dos termos dos entendimentos a serem celebrados ou não. De maneira dialógica informal os participantes se tornam, segundo Fernanda Tartuce, protagonistas e responsáveis pela construção de seus próprios futuros, seja com a continuidade do

---

13. MEGNA, Bruno Lopes. A Administração Pública e os meios consensuais de solução de conflitos ou enfrentando o Leviatã nos novos mares da consensualidade. *Revista da Procuradoria Geral do Estado de São Paulo* 82 julho/dezembro 2015. p.17.

14. SOUZA, Mara Freire Rodrigues de; BUENO, Flávia Scarpinella. Mediação: uma solução adequada para os conflitos ambientais entre a Administração Pública e o Administrado. *In:* MOREIRA, António Júdice; NASCIMBENI, Asdrubal Franco; BEYRODT, Christiana; TONIM, Mauricio Morais. *Mediação e Arbitragem na Administração Pública: Brasil e Portugal*. São Paulo: Almedina, 2020. p. 381.

relacionamento ou com a sua ruptura[15]. Em outras palavras, toma-se por base cada participante único, seja pessoa física ou jurídica, conforme sua perspectiva, sua história, suas experiências, assim como o momento de crise que está enfrentando com os demais participantes e como pretende desenvolver soluções para este momento.

Como processo, a mediação consiste em uma metodologia que possibilita a análise dos aspectos objetivos do negócio e permite a consideração de fatores subjetivos da relação para efeitos de superação do conflito[16]. Tenta implementar, em reuniões separadas ou conjuntas com os participantes, um diálogo diferente daquele decorrente da interação existente por força do conflito. Esta simplicidade conceitual encobre o caráter complexo do método, operado por meio da interação com um terceiro imparcial e independente com funções diferentes de outros profissionais.

A mediação se baseia na premissa de que o conflito ocorrido faz parte do passado. Não há como modificá-lo, mas ele pode ser enfrentado e transformado. E esse é o momento em que as pessoas percebem que estão vivenciando uma oportunidade de falar, escutar, interpretar e compreender melhor a conexão existente entre elas. Por isso, possui flexibilidade ampla, traduzida na possibilidade de se moldar ao ambiente em que é praticada, e seus limites e formatos são definidos a partir da combinação de sua capacidade de institucionalização dos participantes. Assim é que poderá ser empregada para todo e qualquer conflito.

Mediar é facilitar a comunicação entre os participantes para que percebam a oportunidade da compreensão ampliada do momento controverso, com o intuito de desenvolverem respostas sobre as questões da complexidade do referido momento[17]. Assim é que o mediador deve pautar sua con-

---

15. TARTUCE, Fernanda. *Mediação nos Conflitos Civis*. 6. ed. São Paulo: Forense, 2021. p. 191.

16. BRAGA NETO, Adolfo. Mediação com a Administração Pública. *In:* MOREIRA, António Júdice; NASCIMBENI, Asdrubal Franco; BEYRODT, Christiana; TONIM, Mauricio Morais. *Mediação e Arbitragem na Administração Pública: Brasil e Portugal*. São Paulo: Almedina, 2020.

17. BRAGA NETO, Adolfo. *A Mediação e a Administração Pública*. São Paulo: CL-A, 2021. p. 95.

duta pela imparcialidade, independência, discrição, diligência e revelando sempre eventual fato que o impeça de exercer tais deveres éticos. Em outras palavras, estar mediador é auxiliar os participantes a conduzir o processo e desenvolver um resultado ou não, que atenda a todos sem exceção. A ele cabe acolher os participantes, acompanhados ou não dos seus advogados; prestar os esclarecimentos relativos ao processo; estimular a participação de todos os envolvidos, assegurar suas livres expressões; buscar a clareza; estar conectado permanentemente à interação entre eles, assim como às mudanças que ocorrerem ao longo do processo; evitar direcionamentos para o que considerar necessário e adequado aos participantes; e, enfim, de maneira muito simplista e resumida, promover o diálogo, como mencionado anteriormente.

Tendo como referência os eixos estruturantes acima identificados, relativos à metodologia de transformação de conflitos proposta pela mediação, se faz fundamental adequá-los à complexidade do contexto da Administração Pública, no qual ela já apresenta resultados cada vez mais promissores – muito embora algumas experiências em desenvolvimento possam aparentar que a mediação esteja sendo empregada quando, na realidade, é outra metodologia autocompositiva que está sendo desenvolvida. Nesse sentido, a sistematização acima apresentada se faz necessária a fim de melhor identificar a mediação com a Administração Pública.

3. Mediação com a Administração Pública, seus parâmetros de atuação e suas vantagens

Quando se trata da mediação com Administração Pública, de pronto se faz conexão aos contratos da Administração Pública. O Estado como pessoa jurídica de Direito Público e Privado (sociedade de economia mista e empresa pública) tem capacidade legal para assumir obrigações, direitos e responsabilidades e, por consequência, firmar contratos com particulares, como afirma Selma Lemes[18]. Além disso, nas palavras de Sidney Bittencourt[19], tal expressão é usada em sentido amplo do termo, abrangendo qualquer contrato celebrado pela Administração Pública, que poderá reger-se tanto pelo Direito Público quanto pelo Direito Privado. Nesse sentido, cabe lembrar que o mesmo autor aponta existir uma subdivisão em dois tipos: os contratos privados celebrados pela Administração com empresas e particulares do ambiente privado e os chamados contratos administrativos. Os primeiros

> são firmados pela Administração com terceiros regidos pelo Direito privado. Nessa situação, a Administração situa-se no mesmo plano jurídico do particular. São exemplos: a locação de um bem imóvel para uso da Administração, que é regulado pela Lei do Inquilinato, o contrato de permuta, regido pelo Direito Civil, o contrato de comodato, também sob a égide do Direito Civil, dentre outros. Já os Contratos Administrativos são ajustes que a Administração celebra com terceiros visando a consecução de objetivos de interesse público. Regem-se precipuamente pelo Direito Público, com aplicação supletiva das normas de Direito Privado. É o que se prescreve pela Lei nº 8.666/93 [e se mantêm com a Lei nº 14.133/21, que, além de tratar das licitações, especialmente incluiu os contratos administrativos. Nota do Autor]. São suas características:
>
> a) presença da Administração;
>
> b) finalidade pública, em face do interesse público;
>
> c) ter como precedente a licitação (ou sua dispensa ou inexigibilidade;
>
> d) bilateralidade, por ser um acordo de vontades que prevê obrigações e direitos de ambas as partes;
>
> e) onerosidade, porque sempre remunerado;
>
> f)formalismo, expressando-se sempre por escrito, obedecendo à forma prescrita em lei;
>
> g) comutatividade, porque estabelece deveres recíprocos;

18. LEMES, Selma Maria Ferreira. *Arbitragem na Administração Pública*. São Paulo: Quartier Latin, 2007. p.42.

19. BITTENCOURT, Sidney. *Contratos da Administração Pública – Oriundos de Licitações, Dispensas e Inexigibilidades*. Leme: Jhmizuno, 2015. P. 31.

h) natureza personalíssima, não podendo o particular deixar de atendê-lo de forma direta, estando impedido de transferi-lo para ser executado por terceiros, a não ser com a anuência da Administração Pública; e

i) existência de cláusulas exorbitantes.[20]

Tendo como referência os conflitos decorrentes dos contratos acima, de imediato vem à mente descumprimento de cláusulas contratuais e eventualmente oneração do contrato, o que levaria à perspectiva de que seria desenvolvida uma transação entre o órgão público e a iniciativa privada. Desta conclusão decorre a perspectiva de violação do princípio da indisponibilidade do interesse público, dentre outros. Neste aspecto, importante lembrar as palavras de Romeu Felipe Bacellar Filho[21], que assevera a Administração Pública pode celebrar acordos e transacionar a fim de evitar litígios despropositados que somente prejudicariam o bom andamento de suas atividades. A autocomposição, bem como a mediação, pressupõe a existência de um espaço de concertação que a Lei outorga ao administrador (em outras palavras, discricionariedade) para valorar, no caso concreto, as medidas necessárias para a proteção do interesse público. Ambas existem para permitir a concretização do interesse público, sem excluir a participação dos particulares interessados na solução da contenda. Geisa Neiva[22], por seu turno, destaca que, dada a amplitude dos direitos que cabe ao Estado proteger, existirão hipóteses em que, ou a norma não irá prever determinada situação, o que é extremamente comum dada a sua natural generalidade e abstração, ou, então, o caminho prescrito pelo legislador não será, em um caso específico, o que melhor representa o interesse da coletividade.

Convém enfatizar que, ao se falar na possibilidade de se alcançar um acordo efetivamente como resultado de uma mediação, nota-se que a pers-

---

20. BRAGA NETO, Adolfo. A *Mediação e a Administração Pública*. São Paulo: CL-A, 2021. p.291.

21. BACELLAR FILHO, Romeu Felipe. *Direito Administrativo e Novo Código Civil*. Belo Horizonte: Fórum, 2007.

22. NEIVA, Geisa Rosignoli. *Conciliação e Mediação pela Administração Pública*. Rio de Janeiro: Lumen Juris, 2019. p. 120.

pectiva dos participantes é estarem voltados para o futuro, tendo como referência o passado que não há como ser modificado. Nesse sentido, fundamental tomar como pressuposto as palavras de Bruno Megna[23], que leciona possuir o significado de que o interesse público nem sempre é conflitante com o interesse privado e muitas vezes se observa consenso no diálogo desenvolvido. Além disso, impende observar que a mediação como processo dialógico pressupõe o convite para entabular a retomada do diálogo interrompido entre os envolvidos no conflito, que poderá ou não chegar a algum resultado[24]. Em outras palavras, poderá ou não alcançar uma solução, desde que sejam superados os desafios interpostos pela complexidade conflituosa enfrentados pela Administração Pública.

Segundo Carlos Alberto de Salles[25], existem inúmeras vantagens para a opção pela mediação. Dentre elas, destaca o sigilo das informações trazidas para a mediação pelos participantes, que, quanto às suas expectativas, é condicionante para a confiança de todos e para um eventual testemunho do mediador. Este é um aspecto relevante, pois, em razão do princípio da publicidade, a Administração Pública está livre para informar o que desejar, sendo o mesmo válido para a instituição ou a empresa privada, mas não sendo possível para o mediador.

A propósito da confidencialidade apontada como princípio na Lei de Mediação, vale destacar que, no contexto da Administração Pública, ela se reveste de parâmetros muito próprios para o caso concreto, por isso receberá encaminhamento específico para o conflito e sua dimensão existente. Além disso, constitui-se em elemento fundamental de troca e deliberação conjunta e em consenso durante o preparo para a mediação, ao longo do processo de mediação e, claro, depois dele[26]. Daí o cuidado que o tema

---

23. MEGNA, Bruno Lopes. *Arbitragem e Administração Pública – Fundamento Teóricos e Soluções Práticas.* Belo Horizonte: Fórum, 2019. p. 207.

24. BRAGA NETO, Adolfo. *A Mediação e a Administração Pública.* São Paulo: CL-A, 2021. p.292

25. SALLES, Carlos Alberto de. *Arbitragem em Contratos Administrativos.* Rio de Janeiro: Forense, 2011. p. 181.

26. BRAGA NETO, Adolfo. *A Mediação e a Administração Pública.* p.267.

requer em qualquer contexto quando se aventa a possibilidade da sua utilização, assim como, durante seu processo, quando em um dos polos se encontra a Administração Pública.

Além disso, o mesmo autor[27] destaca outro componente de vantagem para a mediação: a predisposição em ajudar os participantes na percepção do conflito e de como ele pode ser resolvido, no sentido das suas dimensões objetivas e subjetivas. Há situações em que, imersos em suas próprias limitadas percepções, os envolvidos não chegam a reconhecer a situação conflituosa por desconhecer o que se passa com o outro. Assim, a mediação, naturalmente, pelo diálogo gera novas percepções, que permitem a compreensão do conflito de maneira mais ampla e com isso proporciona alternativas para a solução com vistas ao futuro.

Por detrás da ampliação da percepção do conflito, existe, sem dúvida, o elemento informacional. Afinal, a informação é condição básica para que o livre consentimento possa ser dado em bases minimamente legítimas. Fundamental reforçar as vantagens da criação do ambiente de troca e intercâmbio de perspectivas que a mediação permanentemente proporciona, assim contribuindo para uma visão mais ampliada por parte dos participantes, que poderão ter mais clara a perspectiva recíproca de todos os lados, oportunizando o respeito recíproco.

Por outro lado, uma grande preocupação na área, advinda especialmente do agente público, consiste nos órgãos de controle, dado que atuam muito posteriormente ao momento da eventual transação realizada, mesmo naquelas possíveis transações que economicamente são mais favoráveis à Administração Pública. A preocupação maior é com os órgãos de controle das decisões a que estão submetidos, tanto por parte do Ministério Público, quanto dos Tribunais de Contas, sem dizer que estão sujeitos aos controles

27. SALLES, Carlos Alberto de. A indisponibilidade e a solução consensual de controvérsias. *In*: GABBAY, Daniela Monteiro; TAKAHASHI, Bruno (org.). *Justiça Federal: inovações nos mecanismos consensuais de solução de conflitos*. Brasília: Gazeta Jurídica, 2014. p.191.

internos[28]. Importante notar neste aspecto que a mediação não necessariamente precisa alcançar um acordo, além disso faz parte da adesão ao processo o conforto em participar ou não. Ao mesmo tempo, vale enfatizar que a referida preocupação deverá ser tema a ser incluído ao longo do processo como objeto de estudo para o enfrentamento de todos os aspectos legais, acompanhados de justificativas inerentes aos parâmetros imprescindíveis à Administração Pública. Com isso se almeja atender aos princípios a ela inerentes, dentre outros, da legalidade, da impessoalidade, da publicidade, da indisponibilidade do interesse público, sem dizer da eficiência e da motivação. Em consequência, pode-se afirmar que se desfaz o receio em participar do processo, uma vez que os parâmetros mínimos de convencimento de seus participantes serão levados para os referidos órgãos de controle a futuro.

Depreende-se, portanto que os princípios que regem a Administração Pública, suas atividades, bem como seus gestores, não são colocados em xeque, quando se opta pela mediação. Por isso, Mara Souza e Flávia Bueno[29] afirmam categoricamente ser compatível e até recomendável a utilização, pela Administração Pública, da mediação como forma de solucionar suas controvérsias com particulares. Na verdade, o desafio colocado a cada mediação em que a Administração Pública fizer parte é a harmonização de seus princípios e norteadores ao longo do processo e, sobretudo, quando a solução for construída com o particular, o dever de atender a cada um deles sem qualquer valoração ou discriminação. Nesse sentido, Fernanda Bourges[30] acrescenta que a adoção da mediação pela Administração Pública representa uma mudança procedimental em relação à prática de atos

28. BRAGA NETO, Adolfo. *A Mediação e a Administração Pública*. p.291.

29. SOUZA, Mara Freire Rodrigues de; BUENO, Flávia Scarpinella. Mediação: uma solução adequada para os conflitos ambientais entre a Administração Pública e o Administrado. *In*: MOREIRA, António Júdice; NASCIMBENI, Asdrubal Franco; BEYRODT, Christiana; TONIM, Mauricio Morais. *Mediação e Arbitragem na Administração Pública: Brasil e Portugal*. São Paulo: Almedina, 2020.

30. BOURGES, Fernanda Schuhli. *Mediação Administrativa – Solução de controvérsias entre os particulares e a Administração Pública*. Belo Horizonte: Fórum, 2023. p 200.

unilaterais para efetivar os interesses públicos, com a participação e colaboração do particular realizando-se com o objetivo de atendê-lo, sendo o risco de descumprimento muito menor.

Diante dos comentários anteriores, pode-se afirmar que a mediação não possui contraindicação quando se trata de conflitos entre particulares e a Administração Pública, decorrentes de contratos resultantes de licitações ou suas dispensas, bem como contratos administrativos. Da mesma forma, esta mesma premissa é válida quando os conflitantes optam pelo serviço no âmbito de uma instituição[31], a chamada Mediação Institucional, que é aquela em que o processo é desenvolvido por entidade especializada que possui lista de mediadores qualificados e um regulamento adequado para o desenvolvimento da atividade, oferecendo caráter único para o caso concreto. Este caráter único é facilmente observado na possibilidade de escolha do mediador que irá desenvolver as reuniões conjuntas ou individuais com os participantes e um regulamento flexível para atender toda e qualquer demanda, podendo seus artigos serem aditados, modificados ou substituídos, desde que se garantam os princípios inerentes à mediação[32].

Este é o caso do CAM-CCBC, entidade que adotou a mediação desde os seus primeiros passos no País e vem aprimorando seus serviços no ambiente empresarial, bem como para com a Administração Pública. Conta hoje com um grupo de especialistas no âmbito de uma *Task Force* de Mediação com a Administração Pública dentro do seu Conselho de Mediação. Este grupo de pessoas vem estudando o tema em conjunto com diversos especialistas da área, para melhor acolher de maneira especializada eventuais demandas cada vez mais complexas com a Administração Pública. Além disso, tem buscado se aprimorar através de eventos envolvendo representantes de órgãos públicos federais, estaduais e municipais da administração direta ou indireta, visando ampliar o debate sobre as vantagens do

31. LEMES, Selma Maria Ferreira. *Arbitragem na Administração Pública*. São Paulo: Quartier Latin, 2007. p. 124.
32. BRAGA NETO, Adolfo. *A Mediação e a Administração Pública*. p.292.

uso da mediação pela Administração Pública, com o objetivo de torná-la uma realidade cada vez mais conhecida. Por isso, inovou com a criação de temporadas de *Podcasts* com episódios contendo diálogos com especialistas na área para proporcionar mais acesso às referidas vantagens. Vale a pena conferir na referência abaixo[33].

4. Considerações finais

À luz de todo o exposto, é fácil observar que a Administração Pública no Brasil passa por uma evolução no sentido de se ampliar a tendência à consensualidade, sendo que alguns autores do Direito Administrativo já dão passos em direção a considerá-la um princípio. Tal fato é fruto de uma legislação cada vez mais voltada para a inserção e o incentivo da utilização de metodologias autocompositivas, bem como para a busca cada vez maior de soluções negociadas entre os particulares e a Administração Pública.

A mediação, como um dos métodos autocompositivos, desponta como a metodologia mais adequada, face às suas inúmeras vantagens à disposição do usuário, que envolvem desde a flexibilidade de seu processo, a preservação da autonomia das vontades de seus participantes, a possibilidade de escolha do mediador, sempre baseado em seus deveres éticos previstos pela lei, bem como a adequação única ao caso concreto. O mesmo se observa quando se faz uso da mediação Institucional, pois esta oferece todos esses elementos a partir de uma instituição especializada, que possui instrumentos adequados para o desenvolvimento do processo sem qualquer tipo de dificuldade, sobretudo aqueles inerentes à Administração Pública.

A mediação com a Administração Pública é decorrente de uma sistematização a partir de um recorte específico, face à amplitude do contexto público. Em outras palavras, é aquela em que os conflitos levados à mediação

33. As Temporadas I e II de *Podcast* Mediação com a Administração da *Task Force* do mesmo nome do Conselho de Mediação do Centro de Arbitragem e Mediação da Câmara de Comércio Brasil Canadá estão disponíveis em: https://www.ccbc.org.br/cam-ccbc-centro-arbitragem-mediacao/podcasts-cam-ccbc/. Acesso em: 10 jan. 2025.

são decorrentes de contratos administrativos e outros contratos usualmente originados de licitações e suas dispensas. Nesse sentido, será sempre entre um particular, pessoa física ou jurídica, e um órgão da administração direta ou indireta. Conforme apontamos, não existe contraindicação para seu uso, muito embora o desconhecimento de suas vantagens ainda seja muito grande, estabelecendo desafios para sua expansão.

Por derradeiro, impende reforçar que as vantagens do uso da mediação com a Administração Pública são inúmeras. Algumas delas foram apontadas nestes breves e pontuais comentários, que buscaram oferecer um sobrevoo sobre o tema com a intenção de enfrentar os temores naturais pelo seu emprego face à inovação que a mediação pressupõe.

Referências

BACELLAR FILHO, Romeu Felipe. *Direito Administrativo e Novo Código Civil.* Belo Horizonte: Fórum, 2007.

BERGAMASCHI, André Luís. *A Resolução dos Conflitos envolvendo a Administração Pública por meio de mecanismos consensuais.* Dissertação de Mestrado. Disponível em: www.tesesusp.br. Acesso em: 31 jul. 2024.

BITTENCOURT, Sidney. *Contratos da Administração Pública – Oriundos de Licitações, Dispensas e Inexigibilidades.* Leme: Jhmizuno, 2015.

BOURGES, Fernanda Schuhli. *Mediação Administrativa – Solução de controvérsias entre os particulares e a Administração Pública.* Belo Horizonte: Fórum, 2023.

BRAGA NETO, Adolfo. Mediação com a Administração Pública. *In*: MOREIRA, António Júdice; NASCIMBENI, Asdrubal Franco; BEYRODT, Christiana; TONIM, Mauricio Morais. *Mediação e Arbitragem na Administração Pública: Brasil e Portugal.* São Paulo: Almedina, 2020.

BRAGA NETO, Adolfo. *A Mediação e a Administração Pública.* São Paulo: CL-A, 2021.

CUÉLAR, Leila. Impressões sobre a autocomposição para prevenção e solução de conflitos na nova lei de licitações e contratos administrativos. *In*: CUÉLAR, Leila; MOREIRA, Egon Bockmann; GARCIA, Flávio Amaral; CRUZ, Elia Schmidlin (org.). *Direito Administrativo e Alternative Dispute Resolution – Arbitragem, dispute board, mediação e negociação*. 2. ed. São Paulo: Fórum, 2022.

LEMES, Selma Maria Ferreira. *Arbitragem na Administração Pública*. São Paulo: Quartier Latin, 2007.

MEDAUAR, Odete. *Direito Administrativo Moderno*. 19. ed. São Paulo: Revista dos Tribunais, 2015.

MEGNA, Bruno Lopes. A Administração Pública e os meios consensuais de solução de conflitos ou enfrentando o Leviatã nos novos mares da consensualidade. *Revista da Procuradoria Geral do Estado de São Paulo* 82 julho/dezembro 2015.

MEGNA, Bruno Lopes. *Arbitragem e Administração Pública – Fundamento Teóricos e Soluções Práticas*. Belo Horizonte: Fórum, 2019.

NEIVA, Geisa Rosignoli. *Conciliação e Mediação pela Administração Pública*. Rio de Janeiro: Lumen Juris, 2019.

PALMA, Juliana Bonacorsi. *Atuação Administrativa Consensual – Estudo dos acordos substitutivos no processo administrativo sancionador*. Dissertação de mestrado. p. 143. Disponível em: www.tesesusp.br. Acesso em: 30 jul. 2024.

SALLES, Carlos Alberto de. *Arbitragem em Contratos Administrativos*. Rio de Janeiro: Forense, 2011.

SALLES, Carlos Alberto de. A indisponibilidade e a solução consensual de controvérsias. *In*: GABBAY, Daniela Monteiro; TAKAHASHI, Bruno (org.). *Justiça Federal: inovações nos mecanismos consensuais de solução de conflitos*. Brasília: Gazeta Jurídica, 2014.

SALVO, Silvia Helena Picarelli Gonçalves Johonsom di. *Mediação na Administração Pública – O desenho institucional e procedimental*. São Paulo: Almedina, 2018.

SOUZA, Mara Freire Rodrigues de; BUENO, Flávia Scarpinella. Mediação: uma solução adequada para os conflitos ambientais entre a Administração Pública e o Administrado. *In*: MOREIRA, António Júdice; NASCIMBENI, Asdrubal Franco; BEYRODT, Christiana; TONIM, Mauricio Morais. *Mediação e Arbitragem na Administração Pública: Brasil e Portugal*. São Paulo: Almedina, 2020.

TARTUCE, Fernanda. *Mediação nos Conflitos Civis*. 6. ed. São Paulo: Forense, 2021.

A prática da mediação na Administração Pública

Alexandre Palermo Simões[34]

Resumo

O presente artigo aborda como e onde se dá a interface entre o instituto da mediação e sua utilização em atividades negociais ou jurídicas exercidas pela Administração Pública no Brasil, destacando as vantagens inerentes do procedimento de mediação quando dela também participa ativamente um agente público.

Summary

This article addresses how and where the interface between the Mediation institute and its use in business or legal activities carried out by the Public Administration in Brazil takes place, highlighting the inherent advantages of the Mediation procedure when a public agent also actively participates in it.

Palavras-chave

Mediação – Administração Pública – Mediando com o Setor Público – Mediação Pública no Brasil – Autocomposição – Métodos Adequados de Solução de Conflitos (MASCs)

Keywords

Mediation – Public Administration – Mediating with the Public Sector – Public Mediation in Brazil – Self-composition – ADR (Adequated Disputes Resolution)

1. Introdução

A Administração Pública, em seus vários âmbitos e níveis, desempenha

34. Pós-graduado (*Lato Sensu*) em Direito Comercial pela USP e LL.B. em Direito pela USP. Professor de Negociação no IBMEC e na FIAP, em cursos de Pós-Graduação, e professor de Negociação, Mediação e Arbitragem no CEU LAW SCHOOL. Mediador certificado pela MEDIARAS, ALGI, ICFML, IMI e ADR ODR INTERNATIONAL. Membro do Conselho de Mediação do CAM-CCBC, Vice-presidente de Projetos Internacionais do Polo Brasil do ICFML e 2° vice-presidente da Comissão de Mediação da FALP. Membro do Conselho Consultivo do IBGCONF. Advogado em São Paulo.

um papel crucial na vida dos cidadãos, fornecendo-lhes serviços essenciais e tomando decisões que afetam a sociedade como um todo.

No entanto, é inevitável que surjam conflitos no contexto da Administração Pública, seja entre cidadãos e órgãos governamentais, entre diferentes agências governamentais ou até mesmo dentro das próprias organizações governamentais.

A gestão eficaz desses conflitos é elemento essencial para promover a justiça, a equidade e a eficiência na prestação de serviços públicos.

A mediação, portanto, e nesse diapasão, emerge como uma abordagem alternativa e eficaz para que os entes e agentes da Administração Pública possam lidar com esses conflitos, oferecendo-lhes um processo estruturado e colaborativo para resolver disputas.

Neste artigo, exploraremos a prática da mediação na Administração Pública, examinando seus princípios fundamentais, benefícios e desafios. Além disso, analisaremos também, ainda que de forma muito breve, estudos de caso e exemplos reais que ilustram a aplicação bem-sucedida da mediação em contextos governamentais, em várias esferas, pela Administração Pública no Brasil.

2. A natureza da mediação

Antes de adentrarmos na aplicação da mediação na Administração Pública, é importante compreender os princípios e características fundamentais dessa interação.

A mediação é um método de resolução de conflitos no qual um terceiro neutro e imparcial (chamado de mediador), e que é escolhido pelas partes (que doravante chamaremos apenas de mediandas), e atuará para facilitar a comunicação, o diálogo e a negociação entre as mediandas em disputa, com o objetivo de ajudá-las a chegar, se possível, a um acordo mutuamente aceitável.

Ao contrário do litígio judicial e do que temos em um processo civil ou trabalhista clássico, no qual um juiz impõe uma decisão às partes, a mediação empodera as partes nela envolvidas (mediandas) a tomarem decisões que atendam, na melhor extensão possível, às suas necessidades e aos seus interesses.

A mediação é caracterizada por vários princípios fundamentais, incluindo-se, dentre outros:

(i) a voluntariedade;

(ii) a confidencialidade;

(iii) a imparcialidade do mediador;

(iv) a autonomia das partes; e

(v) a decisão informada.

A voluntariedade refere-se ao fato de que as mediandas participam do procedimento de mediação de forma voluntária, sem coação externa. A confidencialidade garante, em primeiro nível, que as comunicações feitas durante a mediação sejam protegidas e não possam ser divulgadas fora do procedimento, e, em segundo nível, que o que seja dito ou revelado por uma das mediandas ao mediador, em reunião privada, não seja dito ou revelado à outra medianda sem o prévio consentimento da primeira. A imparcialidade do mediador é essencial para garantir que todas as mediandas sejam tratadas de forma justa e equitativa, ao passo que a autonomia das partes permite que elas controlem o resultado do processo de mediação e cheguem a um acordo que seja mutuamente satisfatório e, por fim, a decisão informada é um princípio de que a tomada de decisões pela medianda, de celebrar ou não um acordo com a outra medianda, é precedida da análise das informações trocadas ao longo do procedimento e do exame legal cabível, de modo que o que seja decidido por cada participante seja fruto de uma decisão racional e que está justificada e comparada, em relação às melhores alternativas de que dispunham.

3. Aplicação da mediação na Administração Pública

A Administração Pública lida com uma ampla gama de questões e conflitos, que podem surgir em diversas áreas, como contratos governamentais, licenciamento ambiental, disputas de terras, relações de trabalho e políticas públicas.

A mediação pode ser aplicada em todos esses contextos, oferecendo uma alternativa eficaz à litigância tradicional e promovendo a resolução de conflitos de forma mais rápida, econômica e colaborativa.

Uma das áreas em que a mediação tem sido amplamente utilizada na Administração Pública é a resolução de disputas entre o governo e os cidadãos. Por exemplo, em casos de reclamações contra serviços públicos, contestações de decisões administrativas ou disputas sobre benefícios sociais, a mediação pode proporcionar um espaço para que as partes expressem suas preocupações, seus interesses e necessidades, com a assistência de um mediador neutro. Isso pode levar a soluções mais satisfatórias e duradouras, evitando a escalada de litígios prolongados e custosos a todos os envolvidos.

Outra área de aplicação da mediação na Administração Pública é a gestão de conflitos intraorganizacionais, envolvendo diferentes agências governamentais ou entidades públicas. Em muitos casos, conflitos surgem devido a competição por recursos, diferenças de objetivos e prioridades, ou lacunas na comunicação e coordenação entre as partes. A mediação pode ajudar a superar esses obstáculos, facilitando o diálogo e a colaboração entre as organizações envolvidas, e promovendo a busca de soluções que beneficiem a todos os interessados.

4. Benefícios da mediação na Administração Pública

A utilização da mediação na Administração Pública oferece uma série de benefícios significativos, tanto para as partes envolvidas nos conflitos quanto para o sistema como um todo, sendo que alguns desses principais benefícios incluem:

4.1 Eficiência: A mediação é geralmente mais rápida e menos dispendiosa do que o litígio judicial, permitindo que as partes resolvam seus conflitos de forma mais ágil e econômica.

4.2 Preservação de Relacionamentos: Ao promover a comunicação e a colaboração entre as partes, a mediação ajuda a preservar os relacionamentos interpessoais e institucionais, que podem ser importantes para futuras interações.

4.3 Flexibilidade: A mediação oferece às partes a flexibilidade para explorar uma ampla gama de opções de solução, adaptadas às suas necessidades e interesses específicos.

4.4 Empoderamento das Mediandas: Ao permitir que as mediandas controlem o procedimento e, assim, possam ter um diálogo não vinculativo com vistas a um acordo voluntário, a mediação empodera as partes (que assumem papel de protagonistas) e as impulsiona a serem mediandas bastante ativas na resolução de seus próprios conflitos, explorando as opções por elas mesmas geradas, as suas possíveis combinações e comparando-as com suas alternativas, de maneira informada.

4.5 Confidencialidade: A confidencialidade do procedimento de mediação protege a privacidade das mediandas (mesmo que no caso da Administração Pública haja o compromisso de atos específicos se revestirem de necessária publicidade) e incentiva uma comunicação aberta e franca durante as negociações.

Os benefícios acima citados não apenas promovem a resolução eficaz de conflitos individuais, mas também contribuem para fortalecer a confiança do público no sistema de administração da justiça e na capacidade do governo de resolver problemas de forma célere, justa e equitativa.

5. Desafios e limitações da mediação na Administração Pública

Apesar dos benefícios da mediação, sua aplicação na Administração Pública também enfrenta desafios e limitações significativas, sendo que alguns desses principais desafios incluem:

5.1 Resistência Institucional: Muitas vezes, as instituições governamentais têm uma cultura arraigada de litigância e pensamento puramente adversarial, o que pode dificultar a adoção da mediação como uma abordagem alternativa.

5.2 Assimetria de Poder: Em alguns casos, pode haver uma disparidade significativa de poder entre as partes envolvidas, o que pode afetar a capacidade de negociação e a equidade do processo de mediação. Por exemplo, quando um cidadão está em desvantagem em relação a uma agência governamental, pode sentir-se pressionado a aceitar um acordo que não atenda plenamente aos seus interesses.

5.3 Falta de Recursos e Capacitação: A implementação eficaz da mediação na Administração Pública requer recursos adequados e pessoal capacitado para atuar como mediador. No entanto, muitas vezes há uma escassez de financiamento e treinamento disponíveis para apoiar essas iniciativas.

5.4 Questões de Transparência: Embora a confidencialidade seja uma característica fundamental da mediação, pode haver preocupações sobre a falta de transparência nos processos de tomada de decisão governamentais que são resolvidos por meio desse instituto. Isso levanta questões sobre a prestação de contas e a participação pública nessas questões.

5.5 Limitações Legais: Em alguns casos, questões legais complexas ou legislação específica podem limitar a adequação da mediação como meio de resolução de disputas na Administração Pública. Por exemplo, certas questões de direito público podem exigir processos formais e judiciais para garantir a proteção dos direitos das partes envolvidas.

6. Estudos de caso e exemplos práticos

Para ilustrar a aplicação bem-sucedida da mediação na Administração Pública, é útil examinar estudos de caso e exemplos práticos que demonstram os benefícios e desafios desse procedimento, o qual, a despeito de muitas vezes contar com o sigilo e a confidencialidade, acaba sendo publicizado, por conta do interesse comum e público, sobretudo nos chamados casos de grande repercussão.

Abaixo estão e vão, de forma bastante singela, alguns exemplos, e considero que na obra da qual este artigo é parte, outras coautoras e coautores abordarão com mais especificidade e detalhes este tema:

6.1 Mediação em Conflitos de Terras: Em muitos países, questões de posse de terras e uso de recursos naturais podem levar a conflitos entre comunidades locais e autoridades governamentais.

A mediação tem sido cada vez mais usada com sucesso para resolver esses conflitos, facilitando o diálogo entre as partes e ajudando a encontrar soluções que levem em consideração os interesses de todas as partes envolvidas, em situações que muitas vezes envolvem negociações multipartes e a combinação e arranjo de alianças e formas mais complexas de construção ou obtenção de consenso.

No Brasil, vale citar a questão envolvendo a demarcação de terras indígenas e de comunidades quilombolas, que ocorre em diversas localidades da Federação, assim como a questão das terras de Marinha, ou seja, a das faixas litorâneas (terrenos de Marinha e as áreas ao redor de rios ou de lagoas) e as áreas de preservação permanente.

6.2 Mediação em Disputas Contratuais: Em contratos governamentais complexos, podem surgir disputas sobre questões como prazos de entrega, qualidade do trabalho ou pagamentos. A mediação oferece um meio eficaz de resolver essas disputas de forma rápida e eficiente, evitando litígios prolongados que podem atrasar a conclusão de projetos importantes.

Apenas para mencionar áreas onde isso já está ocorrendo, levemos em consideração os contratos típicos da indústria petroleira (*Oil & Gas*) e sua fiscalização pela ANP (Agência Nacional do Petróleo, Gás Natural e Biocombustíveis), de geração, transmissão, distribuição e comercialização de energia elétrica e sua fiscalização pela ANEEL (Agência Nacional de Energia Elétrica), com a ampliação da matriz energética brasileira para áreas como energia solar, eólica e de outras fontes renováveis, questões abastecimento de água e tratamento de esgotos, e sua fiscalização pela ANA (Agência Nacional de Águas e Saneamento Básico), assim como contratos de concessão de rodovias e sua fiscalização pela ANTT (Agência Nacional de Transportes Terrestres), ou, no caso das hidrovias, pela ANTAQ (Agência Nacional de Transportes Aquaviários), e dos aeroportos, pela ANAC (Agência Nacional de Aviação Civil), cabendo frisar o alcance que os itens que passam pela vigilância sanitária, em nosso país, recebem de parte da ANVISA (Agência Nacional de Vigilância Sanitária).

6.3 Mediação em Conflitos Laborais: Em organizações governamentais, conflitos entre funcionários e empregadores podem prejudicar a eficácia e o moral.

A mediação de conflitos laborais permite que as partes expressem suas preocupações e interesses de forma construtiva, ajudando a restaurar relacionamentos e promover um ambiente de trabalho saudável.

Temas como etarismo, igualdade de gêneros, combate ao racismo e outros vão tomando a pauta do que vem sendo desenvolvido nessa área específica.

6.4 Mediação em Disputas Ambientais: Questões relacionadas ao uso de recursos naturais, conservação ambiental e desenvolvimento sustentável muitas vezes levam a conflitos entre grupos ambientalistas, comunidades locais e autoridades governamentais.

A mediação tem sido usada com sucesso para resolver esses conflitos, promovendo o entendimento mútuo e a busca de soluções que equilibrem as preocupações ambientais e econômicas.

6.5 Novas tendências de uso da mediação envolvendo a Administração Pública: Afora as práticas de mediação acima citadas, nota-se que a Administração Pública enquanto parte interessada em resolver de forma eficiente os conflitos e questões nas quais se envolve, também vem considerando ampliar o leque de áreas onde se possa utilizar do procedimento, tais como, exemplificativamente, as esferas tributárias, de relações de consumo, escolares.

A cada ano, mais e mais matérias e novos temas se apresentam para serem dirimidos por meio de mediação, ou de algum sistema similar, como Ouvidoria ou Ombudsman, no Brasil, de modo que estamos diante de assunto bastante dinâmico e que evolui à medida que os benefícios dos métodos autocompositivos são percebidos e incorporados nessas novas áreas.

Não há a menor sombra de dúvida que prevenir os conflitos é mais racional, mais viável economicamente, do que apenas remediá-los, afora a questão do tempo dispendido.

7. Conclusão

A mediação, que começa, pouco a pouco, a ser cada vez mais considerada e utilizada para além do uso que vinha tendo até então preponderantemente no setor privado, desempenha um papel importante na Administração Pública, oferecendo uma abordagem alternativa e eficaz para resolver conflitos e promover a justiça e a equidade.

Embora enfrentem desafios significativos, os benefícios da mediação na Administração Pública são claros, incluindo eficiência, preservação de relacionamentos e empoderamento das partes envolvidas.

Com o apoio adequado e um compromisso com os princípios da mediação, os governos e suas instituições e agentes podem aproveitar o potencial dessa prática para melhorar a tomada de decisões, promover a colaboração e fortalecer a confiança do público nas instituições governamentais.

Além disso, é com satisfação que se percebe que houve o encontro feliz e a conjugação equilibrada das responsabilidades inerentes aos agentes públicos, que continuam seguindo os princípios de transparência, publicidade e proteção aos bens públicos, com a tomada de decisão e a liberdade de negociação inerente às demais empresas e pessoas, obtendo-se um potencial de pleno uso de um sistema eficiente e eficaz de solução de conflitos, com a disponibilidade de mais meios de solução de controvérsias, em busca da produção de acordos possíveis e de pronta satisfação, a bem, no que cuida especificamente a Administração Pública, ou seja, da *res publica*.

Foi do estudo cuidadoso dos entraves que havia para que a Administração Pública pudesse estar presente em negociações e Mediações, que se perceberam quais seriam os incentivos e ações legais que deveriam ser implementadas para que o administrador público pudesse, então, com a devida proteção e sem ferir os princípios que governam sua atividade, e sem receio, transacionar justamente a favor do bem público e da celeridade que a sociedade, como um todo, segue demandando.

A interdisciplinaridade na mediação com a Administração Pública

Beatriz Vidigal Xavier da Silveira Rosa e Luís Otávio Pasquale Rosa[35]

Resumo

O artigo apresenta temas relevantes relativos à interdisciplinaridade a serem considerados pela Administração Pública quando decide usar mecanismos adequados de solução de conflitos em que os neutros atuem como mediadores ou como terceiros com capacitação e características próprias de mediadores para alcançar melhores soluções para os conflitos.

Abstract

The article presents relevant themes related to interdisciplinarity to be considered by the Public Administration when deciding to use adequate conflict resolution mechanisms in which neutrals act as mediators or as third parties with training and characteristics typical of mediators to achieve better solutions to conflicts.

Palavras-chave

Mediação – Administração pública – Interdisciplinaridade – *Dispute Board* – Engenharia – Perícia na mediação

---

35. Beatriz Vidigal Xavier da Silveira Rosa é engenheira de Produção Mecânica, MBA em Tecnologia e Gestão de Geração Distribuída e Cogeração, especializada em Engenharia de Defesa, árbitra, mediadora, perita de engenharia de Tribunal Arbitral e Judicial, assistente técnica, membro de *dispute boards* no Brasil e no exterior, diretora-tesoureira da Região 4 América Latina da DRBF-Dispute Resolution Board Foundation (2022-2024), fundadora e diretora do IBDiC-Instituto Brasileiro de Direito da Construção, membro do Conselho Deliberativo do IBDE-Instituto Brasileiro de Estudos do Direito da Energia (2011-2024), membro dos conselhos Deliberativo (2016-2018, 2020-2024) e Consultivo (2018-2020, 2022-2026) do Instituto de Engenharia, membro da IWB-Infra Women Brazil e da MLC-Mujeres Lideres en Construcción JRD/DAB do Peru e sócia de Tarobá Engenharia, com diversos artigos publicados em obras coletivas, entre eles "Código de Ética do Perito e do Assistente Técnico em Processos".

Luís Otávio Pasquale Rosa é engenheiro civil pela Poli-USP com especialização em administração contábil e financeira pela FGV, certificação FIDIC-International Federation of Consulting Engineers FCCE-FIDIC Certified Consulting Engineer e FCT-FIDIC Certified Trainer. Árbitro, consultor, membro de *dispute boards* e perito desde 1980. Diretor do IBAPE SP-Instituto Brasileiro de Avaliações e Perícias de Engenharia de São Paulo (2020-2023), diretor da AACE Brasil-Association for the Advancement of Cost Engineering-Brazil Section (2019-2020), membro do ICC Institute-International Chamber of Commerce Institute e da DRBF-Dispute Resolution Board Foundation. Professor convidado e autor de artigos e livros. Sócio de Tarobá Engenharia.

Keywords
Mediation – Public Administration – Interdisciplinarity – Dispute Board – Engineering – Expertise in Mediation

1. Introdução

A mediação com a Administração Pública vem sendo cada vez mais usada no Brasil, especialmente a partir da publicação da Lei de Mediação em 2015 (Lei nº 13.140)[36] que autorizou essa prática no âmbito da Administração Pública. A Lei de Mediação proporcionou segurança e conforto aos gestores públicos para escolher esse meio de solução de conflitos. Percebe-se que essa possibilidade trouxe um olhar diferente desses gestores para a mediação, de tal forma que passaram a considerá-la com maior frequência, levando à criação de diversas câmaras ou centros de solução de conflitos em órgãos públicos.

De acordo com Adolfo Braga Neto e Beatriz Rosa[37],

> para que a Mediação entre um ente da Administração Pública e uma empresa privada promova efeitos satisfatórios para todos os envolvidos, é necessário que ambos compreendam e identifiquem os interesses, as necessidades e os valores recíprocos.

Ou seja, a mediação com a Administração Pública não é trivial. Entende-se que a compreensão dos temas, das necessidades das partes e, principalmente, de seus limites e possibilidades são elementos importantes e peculiares a serem considerados pelos mediadores na mediação com a Administração Pública.

A interdisciplinaridade na mediação com a Administração Pública é tema relevante para atender os anseios tanto de parte pública quanto de particular. Os comitês de prevenção e solução de conflitos, conhecidos por *dispute board*

36. BRASIL. Lei nº13.140, de 26/6/2015. Lei de Mediação, Brasília, DF.

37. BRAGA NETO, Adolfo; ROSA, Beatriz Vidigal Xavier da Silveira. Mediação na Administração Pública. *In*: HOLANDA, Flavia (coord.). *Métodos Extrajudiciais de Resolução de Conflitos Empresariais: Adjudicação, Dispute Boards, Mediação e Arbitragem*. São Paulo: IOB Sage, 2017. p. 157.

ou DB, com crescente uso em contratos administrativos, aproveitam ferramentas de mediação e a interdisciplinaridade de seus membros.

Apresentam-se, portanto, peculiaridades relativas à interdisciplinaridade a serem consideradas pela Administração Pública quando decide usar mecanismos adequados de solução de conflitos em que os neutros atuem como mediadores ou como terceiros com capacitação e características próprias de mediadores para alcançar melhores soluções para os conflitos.

2. Capacitação e qualificação do mediador

Muitos acham que a função do mediador é simples e que qualquer pessoa pode atuar como tal, acreditando que indivíduos com facilidade de negociação e relacionamento estariam preparados para a função. É extremamente importante que se compreenda que, para além da imparcialidade e independência, é necessário que o mediador esteja capacitado e qualificado para atuar.

Como ensina Fernanda Levy[38]:

> Da arte milenar e natural de mediar nasce a ciência da mediação, com metodologia, princípios, técnicas e diretrizes éticas.

O mediador necessita conhecer essa ciência, saber aplicar as metodologias e técnicas de mediação, e principalmente conhecer os princípios da mediação e as diretrizes éticas.

A Lei de Mediação indica claramente quais são esses princípios, sendo que se entende relevante citá-los, para que se tenha a noção exata de sua importância: a imparcialidade do mediador, a isonomia no tratamento das partes, a oralidade, a informalidade, a autonomia da vontade das partes, a busca pelo consenso, a confidencialidade e a boa-fé.

---

38. LEVY, Fernanda Rocha Lourenço. A mediação e o Conselho de Administração: pelas lentes da prevenção e gestão do conflito. *In*: BRAGA NETO, Adolfo (org.). *Mediação Empresarial: Experiências brasileiras*. São Paulo: CL-A Cultural, 2019. p. 156.

A atuação como mediador exige serenidade, compreensão, postura, o uso de ferramentas específicas que o auxiliam a encontrar as melhores soluções junto com as partes. O mediador estará preparado para atuar como tal após estudos e capacitação, que envolve sessões de mediação práticas assistidas por mediadores experientes. Sabe-se que o mediador tem que ser capaz de promover o diálogo entre as partes, evitando discussões desnecessárias e levando as partes a serem objetivas, de forma a garantir a celeridade.

A qualificação do mediador também é importante, especialmente considerando as especificidades dos contratos com a Administração Pública. Embora muitos afirmem que basta a pessoa estar capacitada para atuar como mediador, quando se tratar de mediação com a Administração Pública, entende-se que há necessidade de que o mediador conheça como funcionam os contratos administrativos e como é a relação entre o público e o particular, uma relação considerada impositiva e desequilibrada.

Tratando sobre mediação com a Administração Pública, Beatriz Rosa[39] conclui que

> o mediador deve compreender que sua atuação tem que ser cuidadosa, garantindo os tempos necessários, quando está diante de partes cuja relação seja naturalmente desequilibrada. Este cuidado fará com que as partes fortaleçam a confiança no mediador, tão necessária para o andamento da mediação.

No entanto, o reconhecimento das necessidades das partes e o respeito por seus limites não são os únicos temas relevantes que os mediadores devem conhecer ao mediar partes públicas e particulares. Muitas vezes, talvez na totalidade delas, as questões trazidas à mediação são de ordem técnica específica, sendo necessário outros conhecimentos além da ciência da mediação.

É bastante frequente o surgimento de questões que envolvem temas de engenharia, economia, contabilidade e outros, além dos temas jurídicos que

39. ROSA, Beatriz Vidigal Xavier da Silveira. Mediação com a Administração Pública. *Revista de Arbitragem e Mediação Empresarial*, Brasília, Ano III, n. 5, jul./dez.2016, p.143.

estão presentes em toda relação contratual. E, quanto mais conhecedores dos temas a serem tratados os mediadores estejam, mais preparados estarão para compreender as dificuldades das partes.

Segundo Míriam Bobrow, Cecília Mattar e outros autores[40],

> com o estímulo do terceiro imparcial, por meio de um trabalho pautado pelo diálogo, os mediandos adquirem maior grau de conhecimento e consciência a respeito de todo o contexto conflituoso e também a respeito de suas próprias metas, alternativas e recursos. Rumam, assim, para a tomada de decisões informadas, refletidas e livres.

Portanto, entende-se que é bastante útil e adequado a atuação conjunta na mediação com a Administração Pública de mediadores com conhecimento interdisciplinar. Pode haver atuação de vários mediadores em co-mediação ou a atuação de um mediador conjuntamente com técnicos especializados.

3. Benefícios para a mediação com uso de especialistas

O conflito faz parte das relações entre pessoas, e isso não é diferente nas relações humanas profissionais decorrentes de contratos administrativos. O que se percebe nas mediações com a Administração Pública é a existência de um número bastante grande de leituras diferentes e de entendimentos distintos sobre os contratos e sua execução.

Como também apresentado por Míriam Bobrow, Cecília Mattar e outros autores[41],

> para promover a transformação da qualidade da interação interpessoal que está em crise (conflito), o mediador estimula a conexão

40. BOBROW, Míriam; MATTAR, Cecília Patrícia; PRADO, Flávio Faibischew; OLIVEIRA E TELLES, Marília Campos; ROSA, Beatriz Vidigal Xavier da Silveira. Afinal, quais são os principais meios para solução de conflitos? *In*: BRAGA NETO, Adolfo (coord.). *Justiça: Reflexões sobre caminhos além do Judiciário*. São Paulo: CL-A Cultural, 2022. p.113.

41. Idem, p.112.

entre as pessoas, a fim de que elas extraiam dessa interação assistida o melhor resultado que possam produzir. Ao mediador cabe, desse modo, construir conjuntamente com as pessoas envolvidas um sistema de comunicação eficaz que as instigue a ir adiante em suas próprias escolhas conscientes, de acordo com suas próprias crenças, valores e lógicas.

No entanto, às vezes, o mediador não conhece a questão técnica específica, o que o leva à incompreensão sobre o real problema e posições das partes, podendo vir a prejudicar a sua capacidade de ajudá-las a encontrar uma solução.

Para evitar que a mediação fique prejudicada por essa razão, as partes podem desde o início considerar a indicação de dois ou mais mediadores, com conhecimentos interdisciplinares complementares. Esta providência é interessante, especialmente em contratos de longo prazo, em que é praticamente impossível a previsão de todas as situações e circunstâncias que podem surgir da execução do contrato.

Maria Candida Kroetz[42] afirma que

> nos contratos destinados a delongar-se, nem sempre é possível ou desejável regular todas as eventuais questões técnicas, econômicas, jurídicas ou práticas que possam surgir. É-lhes, pois, inerente uma certa incompletude, já que uma previsão regulatória exaustiva de todos os possíveis eventos futuros tornaria a redação muito onerosa e morosa. A expectativa de durabilidade do vínculo faz concessões às necessidades de ajuste e justifica áreas de vagueza nos instrumentos contratuais. Nesta dinâmica contratual sabem-se inevitáveis adequações a vicissitudes futuras.

Nesse contexto, por exemplo, em contratos de concessão pública existem períodos característicos em que as possíveis questões terão caráter técnico de engenharia (fase de construção ou de investimento) e períodos em que as possíveis questões terão caráter econômico ou financeiro (fase de opera-

42. KROETZ, Maria Candida do Amaral. A mediação em contratos empresariais de longa duração. *In*: BRAGA NETO, Adolfo (org.). *Mediação Empresarial: Experiências brasileiras*. São Paulo: CL-A Cultural, 2019. p. 115.

ção). Portanto, recomenda-se que na previsão de mediação em um contrato de concessão seja prevista a comediação, com mediadores especializados, como engenheiros, economistas e financistas.

Cabe lembrar que os mediadores são terceiros que irão auxiliar as partes a solucionar conflitos que surgirem, mas não decidirão sobre eles. Na mediação, as partes têm controle pleno sobre a decisão de iniciar uma mediação, sobre a decisão de permanecer em mediação e, mais importante que todas, têm pleno controle sobre a decisão de celebrar um acordo. Isso significa que o mediador deve oferecer às partes um bom trabalho de auxílio na busca do consenso, respeitando essa autonomia da vontade das partes e se cercando de técnicos especializados quando for necessário. Ou seja, caso não tenha sido prevista a comediação no contrato ou no Termo de Mediação com mediadores que tenham conhecimento técnico específico, entende-se que o mediador deve sugerir às partes convidar técnicos especializados nas disciplinas necessárias para atuar em equipe, junto com o mediador. O técnico especializado poderá mais facilmente compreender as questões técnicas específicas.

Nesse caso, esses técnicos especializados não precisam necessariamente ser mediadores, podendo ser peritos, por exemplo, com experiência nas questões técnicas que surgirem ou que possam vir a surgir, e atuarão em conjunto com o mediador, sob sua orientação, e esclarecendo para o mediador e para as partes questões específicas.

O benefício da atuação de técnicos especializados está no conhecimento destes sobre o contexto do contrato, contribuindo, com isso, para a condução assertiva do diálogo entre as partes, permitindo que o mediador elabore as perguntas corretas, podendo trazer clareza sobre números apresentados e colaborar na construção de novas soluções com suas visões técnicas.

A mediação tem papel relevante como instrumento para manutenção do equilíbrio e reequilíbrio dos contratos de construção, conforme apresentado por Luis Otavio Rosa em palestra no 9º Congresso Jurídico da Construção[43] no Sinduscon-SP (Sindicato da Indústria da Construção Civil de Grandes Estruturas no Estado de São Paulo).

4. Engenharia e a mediação

Destaca-se o uso da mediação em contratos de engenharia, devido a estatística apresentada pelo Centro de Arbitragem e Mediação da Câmara de Comércio Brasil Canadá – CAM-CCBC, um dos mais respeitados centros de resolução de conflitos do Brasil. O CAM-CCBC registrou 113 casos de mediação em seu relatório *Fatos e Números de 2023*[44], que abrangeu um período de 20 anos. Desses, 69% eram disputas de construção e energia e outros 6% contratos de concessão, somando 75% de casos que envolvem engenharia.

O relatório traz também a informação relevante de que houve um aumento de casos a partir de 2016, que pode ter tido forte influência da promulgação da Lei de Mediação, tendo o pico de 16 casos em 2016 e em 2023. Nota-se que nos anos de 2020 e 2021, anos da pandemia de Covid-19, foram iniciados 15 e 14 casos respectivamente.

Para aqueles que entendem que mediação não seria aplicável a casos de valores elevados, o CAM-CCBC informou no relatório que "todos os casos estavam relacionados a disputas complexas" e que "o valor das mediações iniciadas totalizou R$ 342 milhões".

A utilização de serviços institucionais para administração de procedimentos de mediação é uma opção relevante para a Administração Pública, pois atende à necessidade de serviços de qualidade, com segurança e confiança esperadas pelos gestores públicos, além de atender expectativas de conformidade e governança (*compliance*).

---

43. Mediação como instrumento para a manutenção do equilíbrio e reequilíbrio dos contratos. *In:* 9º Congresso Jurídico da Construção, Sinduscon-SP. 19/11/21, São Paulo-SP.

44. Disponível em: https://ccbc.org.br/cam-ccbc-centro-arbitragem-mediacao/fatos-e-numeros-2023-pt/. Acesso em: 24 ago. 2024.

Ricardo Issa e Beatriz Rosa[45] afirmam que

> a mediação permite, enfim, a preservação dos relacionamentos empresariais, vital para a perenidade da existência das empresas de engenharia e sua rede de parceiros confiáveis, com os quais possam se relacionar de forma positiva, embora se saiba que conflitos acontecerão e soluções terão que ser encontradas.

Contratos de construção, por natureza, são incompletos e complexos, sujeitos a imprevisibilidade, decorrentes de licenciamento ambiental, desapropriações, condições do terreno, liberações de recursos financeiros, aprovações governamentais, logística e eventos climáticos entre outros fatores apontados por Luis Otavio Rosa[46]. Estes contratos envolvem relacionamentos entre empresas que muitas vezes são únicas para determinados fornecimentos, o que dificulta a troca de parceiros técnicos. Outro fator relevante nesse relacionamento é a confiança e segurança de quem está contratando seus subfornecedores.

O gestor público, ao contratar empresas de engenharia e construção, deve considerar que a cadeia de fornecimento das empresas de engenharia é tão importante quanto elas próprias, porque o objeto do contrato somente terá condições de ser concluído a partir do funcionamento harmônico, técnico e responsável de todos os envolvidos.

A mediação é um método de resolução de conflitos adequado a ser utilizado para o contrato entre a Administração Pública e empresas de engenharia, pois pode facilitar soluções que envolvam essa cadeia de fornecimento.

Ricardo Issa e Beatriz Rosa[47] relatam experiências de mediação entre particulares e entre particular e a administração pública, antes mesmo da publicação da Lei de Mediação, muitas delas *ad hoc* e algumas institucionais.

---

45. ISSA, Ricardo; ROSA, Beatriz Vidigal Xavier da Silveira. Mediação Empresarial e Engenharia. *In:* BRAGA NETO, Adolfo (coord.). *Mediação Empresarial: Experiências brasileiras*. São Paulo: CL-A Cultural, 2019. p.86.

46. ROSA, Luis Otavio. Dispute Board e Avaliação Neutra: mecanismos para prevenção e solução de disputas em contratos de construção. *Revista IBAPE PR*. Curitiba, 2021, p. 35.

47. ISSA, Ricardo; ROSA, Beatriz Vidigal Xavier da Silveira, *op. cit.*, p.81-85.

5. Perícia na mediação

As partes ou o(s) mediador(es) podem se valer de perícia na mediação, para esclarecer pontos específicos. Nos contratos administrativos, as perícias mais frequentes dizem respeito a engenharia, economia e contabilidade, embora possam existir outros temas.

Para auxiliar mediadores e partes durante a mediação, o economista pode realizar, entre outros, estudos de viabilidade econômico-financeira, análise e elaboração de cenários econômicos e planejamento estratégico, cálculos de liquidação, avaliação patrimonial econômico-financeira de empresas e avaliação econômica de bens intangíveis.

Os engenheiros realizam, entre outros, estudos de viabilidade técnico-econômica e ambiental, economia de transportes, planejamento estratégico, gestão de custos, análise de riscos em projetos e empreendimentos, além da elaboração de orçamentos.

Já o contabilista realiza, entre outros, a apuração de valor patrimonial de participações, quotas ou ações, reavaliações, depreciações e medição de efeitos das variações do poder aquisitivo da moeda sobre o patrimônio.

Com os resultados dos estudos e cálculos por especialistas nas disciplinas de engenharia, economia e contabilidade, as partes estarão mais bem informadas sobre a real situação dos contratos e poderão, a partir dessa informação, tomar as decisões e elaborar acordos.

Relevante pontuar que o trabalho dos peritos poderá ser realizado durante a mediação colaborando nas análises das partes, a partir de informações que ambas tragam para discussão, ou poderá ser realizado antes do seu início ou depois do seu final.

Antes do início da mediação, normalmente, uma parte apresenta um parecer técnico à parte contrária, de tal forma que a partir daí as discussões com o auxílio do mediador irão buscar o consenso ou acordo. Com concordância de todas as partes, o mediador poderá solicitar auxílio ao perito que elaborou o parecer para acompanhar os trabalhos de mediação e colaborar com a construção da solução.

O mediador, ao perceber que o acordo entre as partes resultante da mediação não contém todos os elementos técnicos que permitam a liquidação dos assuntos tratados, poderá sugerir às partes que submetam as questões a um perito, de tal forma a permitir a liquidação do acordo.

A contribuição dos peritos para as mediações é extremamente importante para que as partes tenham clareza sobre as possibilidades e para se tomar a melhor decisão, sendo que por vezes pode haver a necessidade de perícias multidisciplinares, com colaboração de peritos especializados em duas ou mais disciplinas.

Nota-se que as atividades dos peritos das diversas disciplinas descritas anteriormente têm sobreposição, o que exige que os peritos atuem em colaboração com os mediadores observando sempre questões éticas, entre elas: transparência, diligência, honestidade, boa-fé, sigilo, liberdade de convicção, comportamento ilibado, liberdade de escolha de métodos de análise, respeito mútuo, empatia, mantendo a urbanidade e respeito pelos colegas, além, obviamente, de imparcialidade e independência.

6. Interdisciplinaridade em *dispute board*

Como visto, os mediadores estão capacitados e qualificados para auxiliarem as partes como neutros na solução de conflitos através de sua atuação imparcial e independente, utilizando ferramentas próprias de mediação, sendo que não é função do mediador decidir. Existe outra forma de resolução de conflitos realizada por terceiros com capacitação e características próprias de mediadores para alcançar as melhores soluções para os conflitos. Essa forma de resolução de conflitos é o *dispute board*.

O *dispute board* é um comitê de membros técnicos, a serviço do contrato, usualmente contrato de construção ou de infraestrutura. A nova Lei de Licitações e Contratos Administrativos (Lei nº 14.133)[48] autoriza a administração pública a usar os *dispute boards*[49], sendo que esta pode ser uma opção a ser considerada pelos gestores públicos.

Cabe ressaltar essa possibilidade porque os membros do *dispute board* atuam na maior parte do tempo na prevenção dos conflitos, sendo que aqueles membros capacitados em mediação estarão mais bem preparados para a resolução dos conflitos. No entanto, a grande diferença com o mediador é que os membros do *dispute board* ao final poderão ser solicitados pelas partes a decidir. A decisão dos membros do *dispute board* será uma decisão de melhor qualidade, devido ao acompanhamento do contrato desde seu início[50]. A atuação permanente do *dispute board* em contratos administrativos contribui para que o equilíbrio econômico-financeiro seja tratado durante a sua execução e, caso necessário seu restabelecimento, isto possa ser feito em termo aditivo[51], pois essa questão poderá ter sido tratada pelo DB.

Os membros do *dispute board* são técnicos especializados (engenheiros, economistas, financistas e outros), com experiência multidisciplinar, sendo que preferencialmente o DB deve ser constituído no início do contrato, de tal forma a acompanhar sua execução e auxiliar as partes a evitarem disputas, atuando contemporaneamente nas discordâncias, com o objetivo de preservar o escopo, o preço e o prazo do contrato.

Embora seja bastante interessante que os membros de DB estejam capacitados para mediação e conheçam as técnicas utilizadas pelos mediadores para prevenir as disputas, nem todas as ferramentas deverão ser usadas, como por exemplo as reuniões individuais do DB com apenas uma das partes, sem a outra parte presente.

48. BRASIL. Lei nº 14.133, de 1/4/2021. Lei de Licitações e Contratos Administrativos.

49. Artigos 151 e 153 da Lei nº 14.133, de 1/4/2021.

50. Para mais informações sobre os *dispute boards*, recomenda-se a leitura do *Manual de Dispute Board: Guia das Melhores Práticas e Procedimentos* da DRBF-Dispute Resolution Board Foundation, cuja versão eletrônica pode ser obtida no *site* da DRBF: https://www.drb.org/dispute-board-manual. Acesso em 24 ago.2024.

51. Artigo 130 da Lei nº 14.133, de 1/4/2021.

No Brasil, foi utilizado *dispute board* no contrato da Fase 1 da Linha 4 do Metrô de São Paulo (Linha Amarela) desde 2003, e a partir de então passou a despertar o interesse de diversos órgãos públicos. A ANTT – Agência Nacional de Transportes Terrestres, por exemplo, publicou a Resolução ANTT nº 6.040/2024 em 5 de abril de 2024, dispondo sobre as regras procedimentais para a autocomposição e a arbitragem no âmbito da ANTT, para incluir a previsão dos comitês de prevenção e solução de disputas em seus contratos.

Ronaldo Benvenuti, Eduardo Rottmann e Beatriz Rosa ressaltam que[52]

> o sucesso da utilização dos DB's, aliado a legislações específicas em que, positivamente, recomendam ou exigem a sua utilização, certamente vem tornando esta forma de prevenção e resolução de conflitos uma solução para os contratos complexos de construção e infraestrutura.

De fato, tem-se notícia de *dispute boards* em funcionamento no Brasil em diversos tipos de projetos públicos e privados, nos setores de infraestrutura, tais como: aeroportos, saneamento, linhas de metrô, corredores urbanos para transporte de massa, rodovias e petróleo e gás.

O desenvolvimento do uso de *dispute board* comprova os benefícios da interdisciplinaridade e de ferramentas de mediação neste tipo de aplicação.

7. Conclusões

Conclui-se que a interdisciplinaridade na mediação com a Administração Pública traz benefícios para as partes, fazendo com que elas tenham a prestação dos serviços pelos mediadores com maior qualidade de informações.

E, ainda, que mediadores podem e devem solicitar perícias, quando os temas sendo tratados forem complexos e necessitarem de clareza nas ques-

52. BENVENUTI, Ronaldo; ROSA, Beatriz Vidigal Xavier da Silveira; ROTTMANN, Eduardo. Dispute Boards em Contratos de Engenharia – A Experiência Brasileira. *In*: FIGUEIREDO, Flavio Fernando (coord.). *Perícias de Engenharia: Uma visão contemporânea*. São Paulo: Livraria e Editora Universitária de Direito, 2021. p. 111-131.

tões técnicas, de tal forma a facilitar seu trabalho e a compreensão pelas partes, permitindo a decisão informada.

Os membros de *dispute board*, com formação multidisciplinar e utilização de ferramentas de mediação, contribuem para que contratos de construção tenham sua execução sem interrupções e possam preservar o relacionamento entre a Administração Pública e contratadas.

Quando se trata de contratos administrativos, complexos, de longa duração e que contêm controvérsias de diversas disciplinas, como de engenharia, economia e contabilidade, é necessário considerar a realização na mediação de perícias multidisciplinares – e que a equipe de perícia tenha profissionais de engenharia, economia e contabilidade que atuem em conjunto com o(s) mediador(es) em todo o processo discutindo as controvérsias em sua integralidade, colaborando com a construção da solução.

Referências

BENVENUTI, Ronaldo; ROSA, Beatriz Vidigal Xavier da Silveira; ROTTMANN, Eduardo. Dispute Boards em Contratos de Engenharia – A Experiência Brasileira. *In:* FIGUEIREDO, Flavio Fernando (coord.). *Perícias de Engenharia: Uma visão contemporânea.* São Paulo: Livraria e Editora Universitária de Direito, 2021, p. 111-131.

BOBROW, Míriam; MATTAR, Cecília Patrícia; PRADO, Flávio Faibischew; OLIVEIRA E TELLES, Marília Campos; ROSA, Beatriz Vidigal Xavier da Silveira. Afinal, quais são os principais meios para solução de conflitos? *In*: BRAGA NETO, Adolfo (coord.). *Justiça: Reflexões sobre caminhos além do Judiciário.* São Paulo: CL-A Cultural, 2022, p.102-130.

BRAGA NETO, Adolfo; ROSA, Beatriz Vidigal Xavier da Silveira. Mediação na Administração Pública. *In*: HOLANDA, Flavia (coord.). *Métodos Extrajudiciais de Resolução de Conflitos Empresariais: Adjudicação, Dispute Boards, Mediação e Arbitragem.* São Paulo: IOB Sage, 2017, p.147-158.

BRASIL. Lei nº 13.140, de 26/6/2015. Lei de Mediação, Brasília, DF.

BRASIL. Lei nº 14.133, de 1/4/2021. Lei de Licitações e Contratos Administrativos, Brasília, DF.

BRASIL. Resolução ANTT nº 6.040/2024, 4/4/2024. Brasília, DF.

CENTRO DE ARBITRAGEM E MEDIAÇÃO DA CÂMARA DE COMÉRCIO BRASIL-CANADÁ. *Fatos e Números 2023*. Disponível em: https://www.ccbc.org.br/cam-ccbc-centro-arbitragem-mediacao/fatos-e-numeros/. Acesso em: 24 ago. 2024.

DRBF. Manual de Dispute Board: Guia das Melhores Práticas e Procedimentos. Charlotte-USA: SPARK Publications, 2019. Disponível em: https://www.drb.org/dispute-board-manual. Acesso em: 24 ago. 2024.

ISSA, Ricardo; ROSA, Beatriz Vidigal Xavier da Silveira. Mediação Empresarial e Engenharia. *In*: BRAGA NETO, Adolfo (org.). *Mediação Empresarial: Experiências brasileiras*. São Paulo: CL-A Cultural, 2019, p.70-87.

KROETZ, Maria Candida do Amaral. A mediação em contratos empresariais de longa duração. *In*: BRAGA NETO, Adolfo (org.). *Mediação Empresarial: Experiências brasileiras*. São Paulo: CL-A Cultural, 2019, p. 113-128.

LEVY, Fernanda Rocha Lourenço. A mediação e o Conselho de Administração: pelas lentes da prevenção e gestão do conflito. *In*: BRAGA NETO, Adolfo (org.). *Mediação Empresarial: Experiências brasileiras*. São Paulo: CL-A Cultural, 2019, p. 155-166.

ROSA, Beatriz Vidigal Xavier da Silveira. Mediação com a Administração Pública. *Revista de Arbitragem e Mediação Empresarial*, Brasília, Ano III, n. 5, jul./dez.2016, p.129-143.

ROSA, Luis Otavio. Dispute Board e Avaliação Neutra: mecanismos para prevenção e solução de disputas em contratos de construção. *Revista IBAPE PR*. Curitiba, 2021, p. 35.

ROSA, Luis Otavio. Mediação como instrumento para a manutenção do equilíbrio e reequilíbrio dos contratos. *In*: *9º Congresso Jurídico da Construção*, Sinduscon-SP. 19/11/21, São Paulo-SP.

Conflitos climáticos e a Administração Pública: mediação como ferramenta para soluções sustentáveis

Camila David e Elisa Lucena[53]

Resumo

Este artigo examinará as possibilidades e os desafios do uso da mediação em conflitos relacionados às mudanças climáticas, com ênfase especial nos casos em que a Administração Pública atua como parte interessada ou como catalisadora de soluções. Para isso, na primeira seção, será realizada uma análise sucinta da doutrina e da legislação que regulam o uso da mediação no contexto da Administração Pública. Em seguida, serão exploradas as características específicas dos conflitos socioambientais decorrentes das mudanças climáticas. Por fim, o artigo oferecerá uma reflexão sobre como a mediação e outras ferramentas consensuais, como o Desenho de Sistemas de Disputas, podem contribuir para a pacificação desses conflitos.

Abstract

This text will address the possibilities and challenges of using mediation in conflicts related to climate change, with a particular focus on cases where the Public Administration acts as an interested party or as a catalyst for solutions. To this end, the first section will provide a brief analysis of the doctrine and legislation governing the use of mediation within the scope of Public Administration. Next, the specific characteristics of socio-environmental conflicts arising from climate change will be examined. Finally, the text will offer a reflection on how mediation and other consensual tools, such as dispute system design, can contribute to the resolution of such conflicts.

Palavras-chave

Mediação – Administração Pública – Conflitos climáticos – Mudança Climática – Consensualidade

---

53. Camila David é especialista em Direito Digital pelo Instituto de Tecnologia e Sociedade-UERJ. Bacharel em Direito pela PUC-Rio. Advogada e mediadora, tendo atuado em programas de indenização de repercussão nacional. *Case manager* no CAM-CCBC.

Elisa Lucena é mestre em Direito pela Faculdade de Direito de Ribeirão Preto da Universidade de São Paulo e bacharel em Direito pela mesma faculdade. Advogada, negociadora e mediadora. Sócia da Faleck & Associados.

Keywords
Mediation – Public Administration – Climate conflicts – Climate change – Consensuality

1. Introdução

Os últimos anos têm sido marcados pela intensificação de tragédias climáticas, como chuvas fortes, furacões, enchentes, secas e mudanças drásticas de temperatura. Esses fenômenos acarretam impactos profundos e complexos, que vão além dos danos materiais e ambientais, transformando biomas e alterando significativamente a vida de inúmeras comunidades.

De acordo com dados oficiais do Centro Nacional de Desastres Naturais, o Brasil registrou, em 2023, recorde de ocorrências de desastres hidrológicos e geo-hidrológicos. Foram registrados 1.161 eventos de desastres, sendo 716 associados a eventos hidrológicos, como transbordamento de rios, e 445 de origem geológica, como deslizamentos de terra[54]. Como decorrência de eventos relacionados apenas a chuvas, foram registradas 132 mortes, com 9.263 pessoas feridas ou enfermas e 74 mil desabrigados. No total, 524 mil pessoas ficaram desalojadas em 2023. Em termos de danos materiais, o monitoramento indicou mais de 5 bilhões de reais em obras de infraestrutura e instalações públicas e unidades habitacionais. Os prejuízos econômicos foram estimados em 25 bilhões de reais, somadas as áreas pública e privada[55].

A tendência é que esses eventos se tornem cada vez mais frequentes nos próximos anos, assim como os conflitos relacionados a eles. Essa miríade de conflitos é vasta e complexa. São conflitos individuais e coletivos, entre particulares, entre particulares e a Administração Pública e entre diferentes órgãos e agências da Administração.

Este artigo propõe-se a apresentar a mediação como um caminho para

54. Dados disponíveis em: https://www.gov.br/mcti/pt-br/acompanhe-o-mcti/noticias/2024/01/em-2023-cemaden-registrou-maior-numero-de-ocorrencias-de-desastres-no-brasil. Acesso em: 20 nov.2024.

55. *Idem*.

a construção de soluções justas, humanas e sustentáveis, de forma mais eficiente e menos onerosa, especialmente nos conflitos que envolvem a Administração Pública, seja como parte interessada, seja como agente impulsionador de soluções.

Para tanto, na primeira seção, será realizada uma análise sucinta da legislação pertinente ao uso da mediação no contexto da Administração Pública. Na sequência, nos debruçaremos sobre as características particulares dos conflitos socioambientais. Por fim, o artigo trará uma reflexão sobre como a mediação e outras ferramentas consensuais, como o Desenho de Sistemas de Disputas, podem ser empregadas para a resolução pacífica desses conflitos.

2. Mediação e Administração Pública: aspectos gerais

A Administração Pública brasileira tem grande inspiração no modelo jurídico francês que, conforme Tânia de Sousa Elias, fundamenta-se nos dogmas da supremacia do interesse público e da relação vertical entre a Administração e o particular. Durante muito tempo, interpretou-se que desses dogmas decorreriam a indisponibilidade do interesse público e a impossibilidade de transação sobre ele[56].

Antes de adentrarmos o tema da mediação envolvendo a Administração Pública, é necessário esclarecer algumas premissas. O conceito de interesse público passou por diversas (re)interpretações à luz dos direitos e garantias fundamentais da Constituição Federal de 1988.

Para além da tradicional distinção entre interesse público primário, vinculado aos interesses da coletividade, e o secundário, de natureza meramente patrimonial, hoje autores como Marco Antônio dos Santos Rodrigues[57] e Tânia de Sousa Elias[58] defendem a existência de "interesses públicos", no

56. ELIAS, Tânia de Sousa. *Administração Pública: do litígio ao consenso, redesenhando o Interesse Público*. Curitiba: Juruá, 2023, p. 33.

57. RODRIGUES, Marco Antônio dos Santos. *A Fazenda Pública no processo civil*. 2. ed. Rio de Janeiro: Atlas, 2016, p. 9.

58. ELIAS, Tânia de Sousa. *Administração Pública: do litígio ao consenso, redesenhando o Interesse Público*, p. 34.

plural, em oposição a um "interesse público" singular e unívoco.

A noção de supremacia do interesse público também tem sido revisitada. Tânia de Sousa Elias argumenta que a desconstrução dessa noção reside na compreensão de que "o interesse público deve sempre, e em qualquer circunstância, prevalecer sobre o interesse dos particulares" e que, em alguns contextos, a busca pelo consenso pode ser a melhor forma de atender ao interesse público[59].

Outro ponto relevante é a diferenciação entre indisponibilidade e intransigibilidade dos direitos. Segundo Humberto Dalla Bernardino de Pinho e Marcelo Mazzola, esses conceitos não são equivalentes, e a intransigibilidade ocorre apenas "nas situações em que a lei expressamente veda a transação"[60].

Nesse contexto, observa-se uma crescente produção legislativa e jurisprudencial confirmando a possibilidade de transação em conflitos envolvendo a Administração Pública, inclusive com o auxílio da mediação. No âmbito legislativo, o artigo 174 do Código de Processo Civil de 2015 prevê expressamente a criação de Câmaras de Conciliação e Mediação para solucionar consensualmente conflitos administrativos, especialmente aqueles envolvendo órgãos e entidades públicas[61]:

> Art. 174. A União, os Estados, o Distrito Federal e os Municípios criarão câmaras de mediação e conciliação, com atribuições relacionadas à solução consensual de conflitos no âmbito administrativo, tais como:
>
> I - dirimir conflitos envolvendo órgãos e entidades da administração pública;
>
> II - avaliar a admissibilidade dos pedidos de resolução de conflitos, por meio de conciliação, no âmbito da administração pública;
>
> III - promover, quando couber, a celebração de termo de ajustamento de conduta.

---

59. *Idem.*

60. PINHO, Humberto Dalla Bernardino de; MAZZOLA, Marcelo. *Manual de mediação e arbitragem*. Rio de Janeiro: Saraiva, 2019, p. 171.

61. BRASIL. Código de Processo Civil (2015), art. 174.

A Lei de Mediação (Lei nº 13.140/2015) reforça esse avanço. Já em seu artigo 1º destaca-se que ela regula não apenas a mediação como um meio de solução de controvérsias entre particulares, mas também a autocomposição de conflitos no âmbito da Administração Pública[62]. O artigo 3º estabelece que podem ser objeto de mediação conflitos relativos a direitos disponíveis ou a direitos indisponíveis que admitam transação, reconhecendo a evolução nas definições de transigibilidade em contextos sociais dinâmicos[63].

Sobre os conflitos que podem ou não ser objeto de mediação, Tânia de Sousa Elias explica que

> inobstante se reconheça a existência de um núcleo no qual a transação realmente afigura-se indisponível, a realidade e a mutabilidade das relações sociais podem influenciar decisivamente na respectiva definição.[64]

A lei também dispõe sobre a autocomposição em conflitos envolvendo pessoas jurídicas de direito público como parte. Entre as disposições, destacamos o artigo 32 que prevê a criação de câmaras de prevenção e resolução administrativa de conflitos, repetindo o artigo 174 do Código de Processo Civil de 2015 nas competências dessas câmaras com uma pequena diferença na redação de seu inciso segundo:

> II - avaliar a admissibilidade dos pedidos de resolução de conflitos, por meio de composição, no caso de controvérsia entre particular e pessoa jurídica de direito público.[65]

O parágrafo único do artigo 33 também merece destaque, com a previsão da possibilidade da Advocacia Pública da União, dos Estados, do Distrito Federal e dos Municípios instaurarem, de ofício ou mediante provocação, procedimento de mediação coletiva de conflitos relacionados à prestação de serviços públicos.

62. BRASIL. Lei 13.140/2015, art. 1º.

63. *Idem*, art. 3º.

64. ELIAS, Tânia de Sousa. *Administração Pública: do litígio ao consenso, redesenhando o Interesse Público*. p. 37.

65. BRASIL. Lei 13.140/2015, arts. 32 e 33.

O referido diploma legal trouxe um dispositivo muito importante para conferir maior segurança aos servidores públicos envolvidos em mediações:

> Art. 40. Os servidores e empregados públicos que participarem do processo de composição extrajudicial do conflito, somente poderão ser responsabilizados civil, administrativa ou criminalmente quando, mediante dolo ou fraude, receberem qualquer vantagem patrimonial indevida, permitirem ou facilitarem sua recepção por terceiro, ou para tal concorrerem.[66]

Assim, consolida-se um arcabouço legislativo que legitima e estrutura a mediação no âmbito da Administração Pública. Contudo, sua aplicação prática exige a harmonização dos princípios da mediação, enunciados no artigo 2º da Lei nº 13.140/2015[67]:

(i) imparcialidade do mediador;
(ii) isonomia entre as partes;
(iii) oralidade;
(iv) informalidade;
(v) autonomia da vontade das partes;
(vi) busca do consenso;
(vii) confidencialidade; e
(viii) boa-fé, com os princípios norteadores da atividade da Administração Pública.

A tensão entre esses princípios é frequentemente destacada. A confidencialidade, pilar essencial da mediação, protege informações compartilhadas no processo[68], mas colide, em teoria, com o princípio da publicidade, que exige transparência dos atos administrativos[69].

---

66. *Idem*, art. 40.

67. *Idem*, art. 2.

68. Além da previsão no já mencionado artigo 2º da Lei de Mediação (Lei nº 13.140/2015), o dever de confidencialidade também foi previsto no artigo 166 do Código de Processo Civil. BRASIL. Lei 13.105/1015. Art. 166. A conciliação e a mediação são informadas pelos princípios da independência, da imparcialidade, da autonomia da vontade, da confidencialidade, da oralidade, da informalidade e da decisão informada.

69. BANDEIRA DE MELLO, Celso Antonio. *Curso de Direito Administrativo*. 34. ed. São Paulo: Malheiros, 2019.

Adolfo Braga Neto, em sua dissertação de mestrado *A Mediação e a Administração Pública*, explica que, como regra, dado seu caráter infraconstitucional, o princípio da confidencialidade da mediação se submeteria ao princípio da publicidade. Segundo este autor, a confidencialidade "pode ou não ser mitigada em função da flexibilidade que a mediação propõe". Assim, na mediação com a Administração Pública, é necessário que as partes e o mediador desenhem os combinados sobre a confidencialidade do procedimento do modo que melhor atenda às partes[70].

Na próxima seção, exploraremos as particularidades dos conflitos relacionados às mudanças climáticas, especialmente aqueles envolvendo a Administração Pública, para, ao final do capítulo, propor desenhos e estratégias de mediação adaptados a esses contextos.

3. Conflitos relacionados à mudança climática

A mudança climática é uma encruzilhada do nosso tempo. Reúne interesses contraditórios entre a Administração Pública, empresas públicas e privadas, comunidades e indivíduos. Trata-se de uma realidade que não apenas transforma paisagens e climas, mas também abala estruturas sociais, econômicas e culturais. A natureza difusa e abrangente dos impactos dificulta a identificação de responsáveis e a definição de soluções reparatórias.

Os conflitos relacionados à mudança climática compartilham características típicas de disputas de grande escala, como a dispersão geográfica dos atores envolvidos, a natureza transgeracional dos impactos e a dificuldade de mensurar os danos. Essas particularidades tornam as abordagens tradicionais, como a litigância judicial, insuficientes. Os processos judiciais são frequentemente lentos, onerosos e inadequados para lidar com a complexidade das questões climáticas. Além disso, a judicialização tende a acir-

---

70. BRAGA NETO, Adolfo. *A Mediação e a Administração Pública*. 2020. Dissertação (Mestrado em Direito Civil) - Faculdade de Direito, Pontifícia Universidade Católica de São Paulo, São Paulo, 2020, p. 208.

rar os conflitos, polarizando os interesses em vez de promover soluções colaborativas, o que dificulta ainda mais os esforços de mitigação e adaptação.

Os desastres climáticos e socioambientais têm o potencial de gerar conflitos coletivos com elevado grau de complexidade. Tal complexidade decorre de fatores como a multiplicidade de partes envolvidas, a diversidade de questões e interesses, as disparidades de poder entre os atores e até mesmo a disputa por jurisdições ou fóruns de decisão. Esses conflitos, em sua maioria, envolvem a Administração Pública, seja como titular de direitos, ré ou agente promotor de soluções.

Nesse contexto, Eduardo Braga Bacal e Ana Carolina de Souza Rodrigues, em seu artigo "Mediação em conflitos coletivos envolvendo o Poder Público", destacam a importância crescente da utilização de mecanismos consensuais para a resolução de conflitos envolvendo o Poder Público. Segundo os autores, tais mecanismos não apenas conferem maior eficiência, mas também promovem legitimidade e democraticidade às decisões tomadas[71].

Assim, considerando a necessidade de conciliar os diversos e complexos interesses em disputas climáticas, envolvendo múltiplos atores com perspectivas distintas, as ferramentas e técnicas consensuais emergem como uma abordagem promissora. Elas possibilitam a construção de soluções equilibradas e sustentáveis, essenciais para enfrentar os desafios impostos pela mudança climática de maneira mais eficaz e inclusiva.

Nesse cenário de tensões e incertezas, a mediação de conflitos e o Desenho de Sistemas de Disputas emergem como ferramentas valiosas para alcançar soluções mais humanas, justas e sustentáveis. Na próxima seção, nos aprofundaremos nos aspectos teóricos de ambos e suas possíveis utilizações em conflitos decorrentes de mudança climática.

---

71. BACALI, Eduardo Braga; RODRIGUES, Ana Carolina de Souza Rodrigues. A mediação em conflitos coletivos envolvendo o poder público. *In*: PINHO, Humberto Dalla Bernardina de; RODRIGUES, Roberto de Aragão Ribeiro (org.). *Mediação e arbitragem na administração pública*. Curitiba: CRV, 2018, pp. 99-125.

4. Mediação e Desenho de Sistema de Disputas como ferramentas para lidar com conflitos relacionados à mudança climática

Na doutrina jurídica brasileira, a mediação é destacada como um mecanismo autocompositivo que promove a participação ativa das partes na construção de uma solução, em oposição à imposição de uma decisão por um terceiro, como ocorre na arbitragem ou na jurisdição estatal. Segundo Kazuo Watanabe, a mediação valoriza o protagonismo das partes e o respeito às suas subjetividades, sendo especialmente eficaz em conflitos que envolvem relações continuadas, como questões familiares, empresariais e comunitárias[72].

Assim, a mediação no Brasil, tanto no Código de Processo Civil quanto na doutrina, é vista como uma ferramenta essencial para garantir soluções mais rápidas, eficazes e humanas, em sintonia com os princípios da economia processual e da eficiência, previstos no próprio Código de Processo Civil.

Nesse contexto, instrumentos como fundos reparatórios e mecanismos de mediação e negociação oferecem caminhos alternativos para a resolução de conflitos complexos como aqueles decorrentes da mudança climática. A experiência de fundos como o Superfund[73] nos Estados Unidos, voltado à compensação de danos ambientais, exemplifica como estruturas extrajudiciais podem lidar com questões complexas de maneira mais ágil e adaptada à realidade das partes envolvidas.

A mediação de conflitos, enquanto processo voluntário e confidencial no qual um terceiro neutro facilita o diálogo entre as partes em conflito, ajuda a encontrar soluções consensuais que atendam aos seus interesses mútuos. No contexto das disputas climáticas, a mediação se destaca como uma ferramenta extrajudicial particularmente relevante, pois permite explorar

72. WATANABE, Kazuo. A mediação e a conciliação no novo Código de Processo Civil brasileiro. *In*: DIDIER JR., Fredie; CABRAL, Antonio do Passo (org.). *Mediação e conciliação: a solução consensual dos conflitos*. 2. ed. Salvador: Juspodivm, 2016, p. 17-34.

73. KONAR-STEENBERG. Mehmet K. A Superfund Solution for an Economic Love Canal. *Pace Law Review* 310, Nova York, 2009.

interesses subjacentes e construir acordos que atendam às necessidades específicas de comunidades afetadas, empresas responsáveis por emissões ou danos ambientais e governos. Além disso, desempenha um papel crucial na busca por equilíbrio entre interesses econômicos, sociais e ambientais, muitas vezes de forma preventiva.

Diego Faleck ensina que o Desenho de Sistemas de Disputas (*Dispute System Design* – DSD) amplia a abordagem tradicional de resolução de conflitos ao desenvolver estruturas institucionais e procedimentos capazes de prevenir, gerenciar e solucionar disputas de maneira estratégica e eficiente. O DSD não se limita a resolver conflitos existentes, mas busca antecipá-los e estruturar processos que incentivem a cooperação e promovam soluções duradouras. Nesse contexto, a mediação desempenha um papel essencial: enquanto técnica central em sistemas bem desenhados, ela se beneficia do DSD como uma base estrutural para sua aplicação coordenada e eficaz[74].

Um exemplo prático é o uso da mediação para resolver disputas sobre projetos de infraestrutura energética em áreas vulneráveis, como a construção de barragens ou parques eólicos. A integração de todas as partes interessadas – comunidades locais, governos e investidores – desde as fases iniciais permite prevenir conflitos, proteger direitos fundamentais e conferir maior legitimidade às decisões tomadas.

No contexto das mudanças climáticas, o DSD pode envolver a criação de mecanismos institucionais como fundos reparatórios, sistemas de arbitragem climática ou plataformas digitais para resolução colaborativa de disputas. Essas iniciativas oferecem uma estrutura para prevenir e resolver conflitos, além de promover a reparação de danos de forma eficiente.

A experiência internacional reforça que o sucesso desses sistemas depende de critérios claros, incluindo elegibilidade das partes, procedimentos

---

74. FALECK, Diego. *Manual de Design de Sistemas de Disputas*: Criação de Estratégias e Processos Eficazes para Tratar Conflitos. Rio de Janeiro: Lumen Juris, 2018.

transparentes de apresentação e revisão de reivindicações e mecanismos robustos de participação pública. No Brasil, sua implementação pode se inspirar em modelos como o Superfund, adaptando-os para lidar com desafios locais, como o desmatamento da Amazônia, a poluição de corpos d'água e a gestão de resíduos sólidos urbanos.

Uma abordagem integrada que combine mediação e DSD pode maximizar a eficiência na resolução de conflitos climáticos. A mediação pode ser empregada como etapa inicial, promovendo o diálogo entre as partes e prevenindo a escalada dos conflitos. Quando necessário, mecanismos institucionais previamente desenhados podem complementar essas iniciativas, garantindo a implementação dos acordos alcançados e oferecendo soluções para disputas não resolvidas pela mediação.

A crise climática exige inovação e flexibilidade na forma como lidamos com seus impactos e os conflitos dela decorrentes. A combinação de mediação e DSD se apresenta como uma estratégia promissora, apta a adaptar-se às especificidades de cada contexto e promover soluções justas e sustentáveis. Para isso, é indispensável o engajamento coordenado entre governos, sociedade civil e setor privado na construção de mecanismos integrados de prevenção, resolução e reparação de conflitos.

A sinergia entre a mediação e sistemas de disputas bem planejados não só assegura maior eficácia no enfrentamento dos desafios climáticos, mas também contribui para a prevenção de novos conflitos, promovendo uma resposta mais justa, colaborativa e sustentável às demandas de um mundo em transformação.

4.1 Conflitos entre agências e órgãos estatais

Nesse contexto, é possível afirmar que as crescentes mudanças climáticas impõem uma grande necessidade de cooperação entre diferentes órgãos e agências da Administração Pública direta e indireta, tanto na prevenção como na resposta a desastres e conflitos relacionados. Essa cooperação enfrenta desafios significativos, especialmente quando diferentes órgãos e agências compartilham responsabilidades sobre questões dependentes, mas operam sob mandatos e prioridades distintas.

Esse dilema foi amplamente discutido durante uma conferência realizada na Faculdade de Direito da Universidade de Pepperdine em 2009. Reunindo representantes governamentais, da sociedade civil e especialistas em resolução de disputas, o evento explorou estratégias para construir consenso em torno de interesses concorrentes no contexto de novas regulamentações sobre mudanças climáticas[75].

No campo da prevenção, os participantes destacaram experiências bem-sucedidas em que a mediação foi empregada para resolver disputas em torno de políticas públicas controversas, como controle de poluição, restauração de ecossistemas e revitalização econômica de comunidades afetadas[76]. Segundo Alana Knaster, a mediação oferece um processo estruturado, conduzido por um profissional neutro com *expertise* técnica, que auxilia órgãos e agências com mandatos diversos a construir planos conjuntos. Além disso, as regras básicas da mediação garantem flexibilidade para acomodar diferentes níveis de autoridade e participação, viabilizando soluções que atendam às demandas específicas de cada instituição[77].

Os resultados relatados na conferência reforçam a eficácia da mediação nesse contexto: projetos, regulamentações e acordos resultantes de processos mediados entre órgãos estatais apresentaram níveis mais altos de adesão e cumprimento em comparação com aqueles elaborados sem essa ferramenta[78].

No cenário nacional, o inciso primeiro do artigo 32 da Lei da Mediação prevê expressamente a possibilidade das câmaras de prevenção e resolução

---

75. KNASTER, Alana. Resolving Conflicts Over Climate Change Solutions: Making The Case For Mediation. 10 *Pepp. Disp. Resol.* L.J. Iss. 3 (2010). Disponível em: https://digitalcommons.pepperdine.edu/drlj/vol10/iss3/4. Acesso em: 10 jan. 2025.

76. *Idem.*

77. *Idem.*

78. *Idem.*

administrativa de conflitos da União, Estados, Municípios e Distrito Federal dirimir conflitos entre órgãos e entidades da administração pública[79].

As autoras deste artigo acreditam que a mediação pode ser utilizada não somente para resolver conflitos já instaurados entre agências e órgãos estatais, mas também os prevenir, se utilizada na construção de políticas e arranjos para lidar com as complexas situações decorrentes das mudanças climáticas e que demandam atuação estatal em sua prevenção, manejo e resolução.

4.2 Mediação para facilitar o acesso de particulares e empresas a programas de compensação

Na visão de Diego Faleck, na missão de provedor de soluções consensuais para os conflitos, por vezes o Estado se deparará com situações em que as câmaras de mediação e conciliação não serão suficientes. Para essas, o autor advoga que:

> se conduza um devido diagnóstico sobre a situação conflituosa que se procura resolver, avaliando-se quais são os temas das disputas, como essas são resolvidas, quais os custos e riscos jurídicos de cada um destes temas, tanto em termos de mérito quanto de processo, quem são as partes interessadas e afetadas, quais são seus interesses e alternativas, como funciona, quais são as vantagens e desvantagens do sistema existente, entre outros. Deve-se envolver as partes interessadas e afetadas e deve-se pensar a construção de modelos adequados, contando com os métodos adequados, devidamente sequenciados, inclusive os híbridos.[80]

Nos parece ser justamente o caso de desastres climáticos que demandam como resposta programas de compensação, reparação e/ou indenização. Esses programas podem ser construídos, geridos ou mesmo supervisionados pelo Estado. No recente caso das enchentes que assolaram o Rio Grande do Sul em 2024, por exemplo, assistimos a um enorme influxo de doações que

79. BRASIL. Lei 13.140/2015, arts. 32.

80. FALECK, Diego. *Manual de Design de Sistemas de Disputas*: Criação de Estratégias e Processos Eficazes para Tratar Conflitos. Rio de Janeiro: Lumen Juris, 2018, p. 24.

poderia ter sido alocado em um fundo único e, em seguida, alocado com base em critérios objetivos, de modo que os municípios, empresas e pessoas atingidas pudessem recorrer a ele.

Devemos considerar que a complexidade dos processos de compensação e a multiplicidade de atores envolvidos frequentemente podem criar barreiras significativas para a efetividade das reparações. Nesse contexto, a mediação se destaca como uma ferramenta estratégica para simplificar procedimentos, esclarecer critérios de elegibilidade e, principalmente, promover um diálogo construtivo entre beneficiários e gestores dos programas.

Como método de resolução de conflitos, a mediação é essencial para tornar os programas de compensação mais acessíveis, especialmente para pequenos empresários e indivíduos que, de outra forma, poderiam ser excluídos por dificuldades técnicas ou desconhecimento dos procedimentos. Ela cria um ambiente colaborativo no qual as partes e seus representantes podem ser ouvidos ativamente, promovendo um diálogo mais humanizado. Além disso, permite que os envolvidos tirem dúvidas, compreendam melhor os mecanismos disponíveis e alcancem resultados mais equitativos e eficientes.

A ausência de mediação no September 11th Victim Compensation Fund (VCF) é um exemplo emblemático de como a falta dessa abordagem pode impactar negativamente a percepção de justiça e a eficácia de fundos de compensação. Criado para indenizar rapidamente os familiares das vítimas do atentado de 11 de setembro de 2001, o fundo priorizou eficiência e rapidez, evitando longas batalhas judiciais por meio de acordos rápidos. No entanto, foi amplamente criticado pela ausência de justiça procedimental no processo de compensação.

Embora o VCF tenha atingido seu objetivo principal de evitar o colapso do sistema judiciário e oferecer respostas rápidas, ele falhou em contemplar as particularidades das histórias e necessidades individuais das vítimas. A centralização das decisões nas mãos de um único administrador, Kenneth

Feinberg[81], restringiu a possibilidade de construção conjunta de soluções e reduziu a percepção de justiça por parte dos beneficiários.

Essa experiência ressalta a importância de incorporar práticas de justiça procedimental, como a mediação, em fundos de compensação futuros, especialmente em contextos tão sensíveis. A mediação, ao garantir transparência, diálogo e inclusão, não só melhora os resultados materiais, mas também fortalece a legitimidade e a aceitação do processo pelos beneficiários. Assim, torna-se uma peça fundamental na construção de soluções mais justas e eficientes.

5. Conclusão

Diante da complexidade dos conflitos climáticos e do papel central da Administração Pública na formulação de políticas, a mediação se destaca como uma ferramenta essencial. Proporcionando um espaço estruturado e imparcial de diálogo, ela possibilita a construção de soluções que conciliam interesses econômicos, sociais e ambientais de forma justa e sustentável.

O Desenho de Sistemas de Disputas (DSD) complementa essa abordagem, ao criar estruturas institucionais para prevenir e gerenciar conflitos de maneira coordenada. Essa integração não apenas torna os processos mais eficientes, mas também fortalece a legitimidade das decisões, aspectos essenciais para lidar com os impactos crescentes da crise climática.

No Brasil, a implementação de mediação e DSD demanda adaptação às realidades locais e maior colaboração entre governos, setor privado e sociedade civil. Essa combinação representa uma oportunidade para transformar conflitos em alavancas de cooperação e inovação social.

Por fim, mediação e DSD não são apenas soluções para litígios, mas instrumentos para uma governança climática mais inclusiva e eficaz, promovendo caminhos mais justos e sustentáveis para enfrentar os desafios do futuro.

81. ACKERMAN, R. The September 11th Victim Compensation Fund: An Effective Administrative Response to National Tragedy. *Harvard Negotiation Law Review*, v. 10, p.135-230, 2005, p. 145.

Mediação na Administração Pública: a experiência na Câmara Administrativa de Solução de Controvérsias da Procuradoria Geral do Estado do Rio de Janeiro

Cristiane Lucidi Machado, Mariana Ribeiro Nascimento Silva e Michelle da Silva Moura[82]

Resumo

A autocomposição como nova forma de atuação da Administração Pública. Este trabalho tem por objetivo abordar os desafios a serem enfrentados e os avanços já alcançados pela mediação no campo do Direito Administrativo. Promove uma reflexão acerca da necessidade de aprimoramento de medidas que possam efetivamente institucionalizar a mediação como política pública de gestão de conflitos e apresenta um panorama geral da experiência da Câmara Administrativa de Soluções de Controvérsias – CASC, da Procuradoria Geral do Estado do Rio de Janeiro.

Abstract

Settlement as a new way of acting for Public Administration. This work aims to address the challenges to be faced and the advances already achieved by mediation in the field of administrative law. It promotes reflection on the need to improve

---

82. Cristiane Lucidi Machado é pós-graduanda em Neurociência e Comportamento pela PUC-RS. Procuradora do Estado do Rio de Janeiro aposentada. Mediadora de conflitos capacitada pelo Instituto Mediare. Negociadora de conflitos capacitada pelo CMI Interser (Harvard). Advogada formada pela Universidade Estácio de Sá. Bacharel em Ciências Econômicas pela Universidade do Estado do Rio de Janeiro e Relações Internacionais pela Universidade Estácio de Sá.

Mariana Ribeiro Nascimento Silva é pós-graduada em Direito Administrativo pela Universidade Cândido Mendes. Assessora jurídica da Procuradoria Geral do Estado do Rio de Janeiro, com ênfase em processos administrativos. Mediadora Privada de Conflitos capacitada pelo Tribunal de Justiça do Estado do Rio de Janeiro e pelo Instituto Mediare. Advogada formada pela Universidade Federal do Estado do Rio de Janeiro. Especialista em demandas consultivas.

Michelle da Silva Moura é pós-graduada em Direito Processual Civil pela Universidade Veiga de Almeida. Assessora jurídica da Procuradoria Geral do Estado do Rio de Janeiro, com ênfase em processos administrativos. Capacitada em tutoria para EAD pela Universidade Federal Fluminense. Advogada formada pela Universidade Cândido Mendes. Especialista em demandas consultivas. Mediadora Privada de Conflitos capacitada pela AB Câmara de Mediação e Arbitragem do RJ.

measures that can effectively institutionalize mediation as a public conflict management policy and presents a general overview of the experience of the Administrative Chamber for Dispute Resolution – CASC, linked to the Attorney General's Office of the State of Rio de Janeiro.

Palavras-Chave
Solução de controvérsias – Autocomposição de conflitos – Mediação – Administração Pública – Política pública – Desafios – Vantagens – Institucionalização – Câmara Administrativa de Soluções de Controvérsias (CASC)

Keywords
Resolution of controversies – Settlement of conflicts – Mediation – Public Administration – Public policy – Challenges – Advantages – Institutionalization – Administrative Chamber for Dispute Resolution (CASC).

1. Introdução

A mediação na Administração Pública nasce da ideia de superação da indisponibilidade do interesse público. Ao lado de outros métodos de solução de controvérsias, a mediação vem, gradativamente, ganhando assento como nova forma de atuação da Administração Pública, o que se reflete na introdução de uma cultura dialógica no campo do Direito Público.

Como se sabe, os conflitos instaurados no âmbito da Administração Pública possuem suas raízes fincadas no conceito de supremacia do direito público em relação aos interesses dos particulares, o que, naturalmente, cria um ambiente de desconfiança e litigiosidade.

À Administração não era reconhecido o direito de transacionar e negociar em suas relações. Sua atuação era engessada pela premissa de que suas prerrogativas suplantavam os interesses da outra parte e pela ideia de que eventual acordo entre Estado e particular significaria a disponibilização do interesse público.

Com as mutações havidas no Direito Administrativo brasileiro nos últimos trinta anos, restou evidente a necessidade da busca por novos caminhos e novas formas de resolução de litígios. A judicialização não mais podia ser vista como única via legítima à concretização do interesse público.

> Sergio Abrevaya e Victoria Basz, ao analisarem os benefícios oriundos da Lei de Mediação de 1995, da Capital Federal da Argentina, identificam que a prática do instituto possibilitou uma mudança da cultura do paternalismo para a cultura do protagonismo. Na cultura paternalista, sujeitos aguardam que o Estado dê solução para seus conflitos; na cultura protagônica, sujeitos assumem a autoria da solução de seus conflitos. (ALMEIDA, 2014, p. 184)

Sobretudo sob a ótica da análise econômica das controvérsias vivenciadas pela Administração Pública, que costumam se arrastar por muitos anos em processos judiciais, é vantajoso que se avalie e identifique em quais ocasiões a mediação é o método mais adequado para a solução de determinado conflito.

A mudança normativa, na esteira desse contexto de ruptura com os dogmas estabelecidos no ambiente de litigiosidade anteriormente vigente, tem seu marco no ano de 2015, a partir da inserção de dispositivos incentivadores da consensualidade no novo Código de Processo Civil[83] (BRASIL, 2015), e da edição da Lei nº 13.140 de 2015, mais conhecida como Lei da Mediação (BRASIL, 2015).

A referida lei traz a disciplina da mediação como meio de solução de controvérsias entre particulares e, também, da autocomposição de conflitos no âmbito da Administração Pública, estabelecendo que a União, os Estados, o Distrito Federal e os Municípios poderão criar câmaras de prevenção e resolução administrativa de conflitos com competência para dirimir conflitos entre órgãos e entidades da Administração Pública; avaliar a admissibilidade dos pedidos de resolução de conflitos, por meio de composição, no caso de

83. A exemplo do artigo 3º, que assim dispõe:
Não se excluirá da apreciação jurisdicional ameaça ou lesão a direito.
§ 1º É permitida a arbitragem, na forma da lei.
§ 2º O Estado promoverá, sempre que possível, a solução consensual dos conflitos.
§ 3º A conciliação, a mediação e outros métodos de solução consensual de conflitos deverão ser estimulados por juízes, advogados, defensores públicos e membros do Ministério Público, inclusive no curso do processo judicial.

controvérsia entre particular e pessoa jurídica de direito público e promover, quando couber, a celebração de termo de ajustamento de conduta.

Nessa mesma linha, a Lei de Introdução ao Direito Brasileiro – LINDB (BRASIL, 1942) foi alterada pela Lei nº 13.655/2018 para fins de inclusão do artigo 26, cujo teor autoriza a celebração de compromissos com os interessados, em casos nela determinados e observadas as condições previstas, a fim de eliminar irregularidade, incerteza jurídica ou situação contenciosa na aplicação do direito público. (BRASIL, 1942)

Abriu-se, assim, espaço para que o consensualismo possa ser também uma importante ferramenta à disposição da Administração Pública.

Sobre o tema, o ilustre procurador do Estado do Rio de Janeiro, Gustavo Binenbojm ressalta:

> [...] Atualmente, fala-se na promoção da consensualidade como mecanismo de gestão da coisa pública. Em muitos casos, na busca da promoção do melhor interesse público, a Administração deve despir-se de sua potestade para buscar consensos; deve reconhecer que a lógica da autoridade nem sempre é o meio mais eficiente de apuração do interesse público. Não se trata de renunciar à potestade estatal, mas de verificar os casos ou situações genéricas em que a negociação e o acordo podem responder melhor a objetivos de interesse público pretendidos pelo próprio ordenamento jurídico.
>
> (...) Nesse contexto, a atividade consensual da Administração não só é conveniente, como também é necessária e juridicamente embasada.
>
> (...) Razões não faltam para amparar tal conclusão. Em primeiro lugar, o interesse público pode ser realizado com maior eficiência em um contexto de harmonia e, simultaneamente, com a satisfação de interesses privados. (...) Em segundo lugar, a adoção de métodos consensuais permite a melhor alocação de tempo e recursos do Poder Judiciário, com a diminuição do número de demandas que envolvam a Fazenda Pública.
>
> (...) Por tudo isso, é possível afirmar que o ordenamento jurídico brasileiro passou por um processo de verdadeira mutação da dogmática administrativa, em que a celebração de acordos, antes vista como

> excepcional e dependente de autorizações legislativas específicas, passa a ser encarada como verdadeira regra geral de permissibilidade para a atuação consensual da Administração Pública. Trata-se de uma solução pragmática voltada à obtenção dos melhores resultados práticos possíveis, ao mesmo tempo que em coloca o Estado em uma posição mais dialógica e democrática na consecução de suas finalidades institucionais. (BINENBOJM, 2020, p. 2-3)

Naturalmente, a consensualidade foi sendo absorvida e implementada pelo ordenamento jurídico. O diálogo passa a fazer parte do cenário estatal e põe de lado a concepção tradicional de um direito fundamentado em disparidade, verticalização de necessidades e imposição da autoridade estatal.

> O que sobressai nos estudos mais contemporâneos é a busca incessante por características que tornem os diálogos produtivos – aqueles que privilegiam a escuta à contra-argumentação, a construção de consenso ao debate, o entendimento à disputa. É como se já tivéssemos nos ocupado o suficiente em diagnosticar as mazelas dos diálogos e dos discursos, por meio de inúmeros processos de análise que os adjetivam, e estivéssemos agora voltados para a identificação daquilo que pode contribuir para que uma conversa gere bons frutos. (ALMEIDA, 2014, p. 141)

E essa arquitetura, como não poderia deixar de ser, encontra um terreno fértil para se desenvolver no âmbito das relações contratuais em que o Estado é parte, já que a ambiência da desconfiança e da contraposição dos interesses dos partícipes é inerente a esse tipo de relação.

No que tange ao panorama legislativo atual, podemos citar, ao lado da mediação, ainda que não de maneira exaustiva, a arbitragem, a conciliação, o procedimento de manifestação de interesses, o *dispute board* e os termos de ajustamento de conduta como exemplos de institutos nascidos da concepção da centralidade do diálogo, que estão no dia a dia da Administração.

A Nova Lei de Licitações e Contratos (Lei nº 14.133/2021) é outro marco que estampa, claramente, o crescimento do eixo da consensualidade no campo dos contratos administrativos (BRASIL, 2021).

Ao dedicar um capítulo exclusivo para abordar a matéria (Capítulo XII – Dos Meios Alternativos de Resolução de Controvérsias) e incorporar ao seu texto a possibilidade de utilização de os meios alternativos de prevenção e resolução de controvérsias[84], a lei acompanha de perto a crescente evolução normativa já alcançada em outras esferas do sistema jurídico[85].

Por tal capítulo, fica expressamente autorizada a utilização da conciliação, da mediação, do comitê de resolução de disputas e da arbitragem nas controvérsias relacionadas a direitos patrimoniais disponíveis oriundas das contratações sob a égide da Lei nº 14.133/21, simbolizada pela inserção de cláusulas contratuais afetas a esses institutos no bojo dos instrumentos jurídicos formalizados pelo Estado.

No que concerne especificamente ao arcabouço normativo do Estado do Rio de Janeiro, a materialização dessa nova forma de agir da Administração se dá por meio da edição de regramentos que buscam orientar o gestor e regulamentar as questões procedimentais envolvidas na realização de transações e acordos por parte do agente estatal.

Dá-se destaque, assim, ao Decreto estadual nº 46.522/2018 (RIO DE JANEIRO, 2018), à Resolução da Procuradoria Geral do Estado nº 4.710/2021 (RIO DE JANEIRO, 2021) e à Lei estadual nº 9.629/2022 (RIO DE JANEIRO, 2022), cujos contornos e especificidades serão mais bem detalhados adiante.

Ao seguir a tendência, a Procuradoria Geral do Estado do Rio de Janeiro[86], na qualidade de órgão central do Sistema Jurídico, também incorporou cláusula contratual padronizada para extinção do contrato administrativo

84. Art. 151. Nas contratações regidas por esta Lei, poderão ser utilizados meios alternativos de prevenção e resolução de controvérsias, notadamente a conciliação, a mediação, o comitê de resolução de disputas e a arbitragem.
Parágrafo único. Será aplicado o disposto no caput deste artigo às controvérsias relacionadas a direitos patrimoniais disponíveis, como as questões relacionadas ao restabelecimento do equilíbrio econômico-financeiro do contrato, ao inadimplemento de obrigações contratuais por quaisquer das partes e ao cálculo de indenizações.

85. Para além dos dispositivos insertos ao Capítulo XII da Lei, o artigo 138, inciso II também autoriza que a extinção do contrato ocorra de forma consensual, por acordo entre as partes, conciliação, mediação ou comitê de resolução de disputas, desde que haja interesse da Administração.

86. Disponível em: https://pge.rj.gov.br/entendimentos/minutas-padrao-lei-14133. Acesso em: 19 ago. 2024.

de forma consensual nas minutas-padrão de contrato de prestação de serviços com ou sem dedicação exclusiva de mão de obra e nas de contrato de aquisição e nas de obras e serviços de engenharia, nos termos da Lei nº 14.133 (BRASIL, 2021).

É incontestável, portanto, que essa nova perspectiva de consensualidade já é uma realidade no Direito Administrativo brasileiro. Benefícios como transparência, racionalização de demandas judiciais, celeridade dos métodos autocompositivos, minoração de custos decorrentes de judicialização e de custos de transação incentivam o ente estatal a recorrer aos métodos alternativos para solução de seus conflitos.

Há que se reconhecer, no entanto, que essa ruptura não ocorre do dia para a noite. O desprendimento do sistema tradicional, que vigorou por tantos anos, é um caminho longo a ser perseguido, cheio de desafios que demandam estudo, dedicação e atenção dos atores envolvidos.

2. Desafios enfrentados no âmbito da Administração Pública

Ainda que se verifique que a mediação vem crescendo e se fortalecendo na Administração Pública, é preciso ainda avançar em algumas questões – até porque, conforme determina o Código de Processo Civil (BRASIL, 2015), a solução consensual dos conflitos deve ser promovida pelo Estado sempre que possível, o que pressupõe a adoção de mecanismos eficazes e o reforço da governança.

Institucionalizar a mediação na Administração Pública é meio de concretização da consensualidade como política pública, assegurando a sua continuidade diante das mudanças naturais na direção dos entes públicos causadas pela saudável alternância de poder inerente ao sistema democrático.

O fato de ocorrerem eleições no Brasil a cada dois anos produz variados efeitos nas Administrações Públicas, mesmo fora dos períodos eleitorais, considerando-se a diversidade de espectros políticos e ideológicos que influem na composição da alta gestão dos entes federados. Não raro, durante o curso de uma mediação, os representantes dos órgãos públicos são substituídos mais de uma vez, tornando desafiadora a identificação dos interesses subjacentes às posições adotadas pelos mediandos, diante da pluralidade de visões quanto às soluções que devem ser perseguidas no âmbito consensual. A identificação das pautas subjetivas, nesse ambiente, se torna mais difícil.

Assim, sob o aspecto da governança, a institucionalização da mediação na esfera administrativa é fundamental para o fortalecimento e desenvolvimento da cultura dialógica para a resolução de conflitos. E essa institucionalização passa por alguns eixos principais.

O primeiro é a normatização robusta dos processos atinentes à mediação, com a definição de procedimentos e parâmetros claros a serem aplicados no âmbito consensual, sem que isso retire o necessário espaço de liberdade para a construção de soluções pelas próprias partes, que é o principal fator de reforço da efetividade no cumprimento dos ajustes.

O segundo é a divulgação contínua da mediação e de seus benefícios entre gestores, servidores e órgãos de controle, para que sejam demonstradas as vantagens de sua adoção em termos de economia, prevenção e redução de riscos, celeridade e eficácia quando comparada à opção pela judicialização, de modo que o diálogo e o consenso sejam naturalizados no ambiente da Administração Pública e, com isso, passem a ser considerados como alternativas viáveis e juridicamente seguras para a resolução de controvérsias.

O terceiro é a capacitação de gestores e servidores para a atuação nos procedimentos de mediação, não apenas na formação de mediadores, mas também no exercício seguro de suas competências no âmbito decisório, inclusive para identificar os casos em que a utilização do método consensual não seja a mais adequada.

A quarta é a utilização do método autocompositivo de forma preventiva à instalação do conflito. Nesse aspecto, a utilização de cláusulas escalonadas nos contratos administrativos, bem como o olhar atento para a identificação de situações de potencial dissenso são formas eficientes de atendimento do interesse público.

A respeito do tema, Elisa Berton Eidt, procuradora do Estado do Rio Grande do Sul, em *Autocomposição na Administração Pública*, pontua que:

> [...] A eficiência da prestação estatal está relacionada com o conceito de boa Administração Pública, defendida por Juarez Freitas (2014) como um verdadeiro direito fundamental. Explica o autor que a Administração Pública tem o dever de agir com eficiência e eficácia, inclusive sendo esses requisitos essenciais para dar juridicidade aos atos administrativos, sempre vinculados aos vetores constitucionais.
>
> O alcance de uma Administração eficiente perpassa, conforme fundamenta o autor, pela adoção de atitudes preventivas, em que o Estado "na certeza de evento danoso, tem a obrigação de evitá-lo, desde que no rol de suas atribuições competenciais e possibilidades orçamentárias" (FREITAS, 2014, p. 119).
>
> Ou seja, é extremamente desvantajoso para o Estado aguardar a ocorrência do dano para então se adotarem as medidas cabíveis, sobretudo quando já é possível vislumbrar a sua magnitude.
>
> Este paralelo com a atuação nos processos judiciais é bastante proveitoso, resultando em um verdadeiro dever aos entes públicos de pôr fim a litígios nos quais é possível visualizar o insucesso na defesa do ato administrativo em discussão. Esta postura, além de ser a única condizente com os princípios da legalidade e da moralidade, é também a única condizente com os princípios da eficiência, da razoabilidade da duração do processo e do acesso à justiça, pois evitará que incidam sobre o débito acréscimos moratórios decorrentes da morosidade do processo judicial, e permitirá o encerramento antecipado do litígio, aliviando o Judiciário da sobrecarga desnecessária representada pelo julgamento de inúmeros feitos em que resta vencido o Poder Público. (EIDT, 2017, p. 134-135)

3. A realidade da CASC

A Lei de Mediação – Lei nº 13.140 (BRASIL, 2015) – trouxe, dentre outras diretrizes, a possibilidade de os entes estatais criarem suas próprias câmaras de prevenção e resolução administrativa de conflitos[87], delegando a cada um deles a atribuição de editar regulamentos que prevejam as minúcias de composição e procedimentos.

Nas palavras do professor e também procurador do Estado do Rio de Janeiro, Flávio Amaral Garcia, em seu Parecer nº 09 de 2022:

> As Câmaras devem ser encaradas como estratégicas e prioritárias pelas advocacias públicas e pelos entes federados, principalmente nas demandas de massa, assumindo o advogado público a função, como acima referido, de verdadeiro "gestor de conflitos" ou de "arquitetos de processos dinâmicos".

A instituição dessas Câmaras no âmbito dos órgãos e entes públicos é o movimento que dá concretude à visão jurídica moderna de Administração Pública gerencial sob o espeque da solução consensual de conflitos. À medida que o ente estatal cria uma ferramenta de gestão administrativa que, efetivamente, busca minimizar o tempo e o custo despendidos com processos judiciais e, ao mesmo tempo, prestigia o diálogo e o acordo entre os pares, as novas disposições legais e a prática administrativa estão em harmonia.

E, neste passo, a experiência do Estado do Rio de Janeiro mostra-se avançada[88]. A Câmara Administrativa de Soluções de Controvérsias –

87. Art. 32. A União, os Estados, o Distrito Federal e os Municípios poderão criar câmaras de prevenção e resolução administrativa de conflitos, no âmbito dos respectivos órgãos da Advocacia Pública, onde houver, com competência para:
I - dirimir conflitos entre órgãos e entidades da administração pública;
II - avaliar a admissibilidade dos pedidos de resolução de conflitos, por meio de composição, no caso de controvérsia entre particular e pessoa jurídica de direito público;
III - promover, quando couber, a celebração de termo de ajustamento de conduta.
§1º O modo de composição e funcionamento das câmaras de que trata o caput será estabelecido em regulamento de cada ente federado.

88. Estados como Santa Catarina (Lei Complementar Estadual nº 780, de 23 de dezembro de 2021), Mato Grosso do Sul (Lei Complementar nº 95, de 26 de dezembro de 2001, com redação dada pela Lei Complementar nº 288, de 13 de dezembro de 2021), Minas Gerais (Decreto Estadual nº 47.963, de 28/05/2020) e Espírito Santo (Lei Complementar nº 1011/2022) são exemplos de entes que já instituíram suas próprias câmaras administrativas de solução de conflitos.

CASC, vinculada à Procuradoria Geral do Estado do Rio de Janeiro, foi criada por meio do Decreto estadual n° 46.522, de 10 de dezembro de 2018 (RIO DE JANEIRO, 2018).

Dada a redação do decreto, a CASC foi implementada com vistas à autocomposição de controvérsias administrativas ou judiciais que envolvam a Administração Pública Estadual Direta e Indireta do Estado do Rio de Janeiro, por intermédio da atuação de procuradores do Estado credenciados para atuar como mediadores e conciliadores.

Nesse processo de incorporação da mediação na práxis administrativa, foram também editadas pela Procuradoria-Geral do Estado do Rio de Janeiro a Resolução nº 4.710 de 2021 (RIO DE JANEIRO, 2021), que criou o Núcleo de Autocomposição da PGE, e a Resolução nº 4.827 de 2022 (RIO DE JANEIRO, 2022), que regulamenta o procedimento de autocomposição de controvérsias envolvendo a administração pública estadual, a ser observado pelos procuradores lotados nas procuradorias especializadas da Procuradoria-Geral do Estado.

O Núcleo de Autocomposição da PGE/RJ é vinculado ao gabinete do procurador-geral e engloba a Câmara Administrativa de Solução de Controvérsias da Procuradoria-Geral do Estado – CASC, o Ambiente de Diálogo e Composição Interna – ADCI e a supervisão jurídica da autocomposição no âmbito da Câmara de Resolução de Litígios de Saúde – CRLS.

Na CASC, os mediadores são sempre procuradores do Estado, designados para atuar nos processos de mediação por critérios de conhecimento da matéria objeto da controvérsia e de experiência profissional nas áreas afetas a ela. O procedimento de autocomposição administrativa é composto pelas fases de admissibilidade, sessões de mediação, autocomposição e transação ou termo de ajustamento de conduta.

As competências da CASC encontram-se elencadas no artigo 5º da Resolução nº 4.710 de 2021:

> Art. 5º - Compete à CASC atuar de ofício ou mediante provocação para:
>
> I - prevenir e dirimir controvérsias internas entre órgãos e entidades da Administração Pública Estadual Direta e Indireta;
>
> II - prevenir e dirimir controvérsias entre órgãos e entidades da Administração Pública Estadual Direta e Indireta, bem como entre esses e os Municípios;
>
> III - prevenir e dirimir controvérsias de particulares com os órgãos e entidades da Administração Pública Estadual Direta e Indireta;
>
> IV - resolver conflitos que envolvam equilíbrio econômico-financeiro dos contratos administrativos, a teor do disposto no § 5º, do art. 32 da Lei nº 13.140/2015. (RIO DE JANEIRO, 2021)

Ainda no compasso de institucionalização da mediação, foi publicada a Lei estadual nº 9.629, de 04 de abril de 2022, que "dispõe sobre a autocomposição no âmbito estadual e sobre a Câmara Administrativa de Solução de Controvérsias – CASC, de que trata o Decreto Estadual nº 46.522/2018". (RIO DE JANEIRO, 2022).

Esse diploma legal inova ao trazer previsão expressa acerca da necessidade de as instituições fomentarem a capacitação de seus membros para atuação em mediação e conciliação[89], o que denota a real intenção de consolidação do instituto na prática administrativa.

Importantes acordos vêm sendo celebrados no Estado do Rio de Janeiro por meio da atuação da Câmara Administrativa de Solução de Controvérsias.

Em 2024 foi firmado termo de autocomposição da chamada Operação Verão, tendo por objeto a construção de planos de segurança pública e de abordagem social, conforme determinação do Supremo Tribunal Federal nas Reclamações 64.800, 64.803,64.807 e 64.943 para a abordagem de crianças e adolescentes, criando-se um protocolo para ações da Polícia Militar e da Secretaria Municipal de Assistência Social para atuação conjunta com transparência de procedimentos.

89. Artigo 23 da Lei estadual nº 9.629/2022.

No mesmo ano, foi realizado acordo entre o Sindicato dos Trabalhadores em Empresas Ferroviárias da Zona Central do Brasil e a Companhia Estadual de Engenharia de Transportes e Logística em ação de cumprimento de acordo coletivo, que beneficiou 2.122 trabalhadores, pôs termo à controvérsia judicial que se arrastava há 23 anos e gerou uma economia ao Estado da ordem de 20%.

Também foi assinado Termo de Autocomposição com a União dos Professores Públicos no Estado (Uppes) para a extinção de 4.758 execuções individuais, com o pagamento da gratificação "Nova Escola", prevista em Decreto, aos servidores inativos e pensionistas, beneficiando mais de 4.700 pessoas, com redução de 30% em favor do Erário e encerrando processo judicial iniciado em 2014.

Outro importante acordo mediado pela CASC ocorreu entre o Estado do Rio de Janeiro, o Ministério Público e a Defensoria Pública do Estado para a melhoria do sistema prisional, prevendo a definição da política pública prisional utilizando-se de critérios e parâmetros acompanhados pelos órgãos de controle, com a desistência ou suspensão de 22 ações propostas em face do Estado.

No final de 2023 foi publicado no Diário Oficial do Estado, por extrato, termo de autocomposição firmado entre o Estado e a empresa Teltronic Brasil Ltda., que teve por objeto a extinção de dívidas não judicializadas no âmbito de um processo da Secretaria de Estado da Polícia Militar.

Em 2021, a Procuradoria do Estado do Rio de Janeiro formalizou acordo no qual o Opportunity Fundo de Investimento Imobiliário devolveu à posse do Estado do Rio de Janeiro alguns imóveis na Rua da Carioca. Foi divulgado, à época, que "o acordo entre o Estado e o Fundo Imobiliário gerou uma enorme economia de recursos humanos e financeiros, evitando um processo judicial que poderia durar anos"[90].

---

90. Disponível em: https://pge.rj.gov.br/imprensa/noticias/2021/06/pge-rj-faz-acordo-com-fundo-imobiliario-e-estado-retoma-imoveis-na-rua-da-carioca. Acesso em: 20 ago. 2024.

Como se vê, os frutos decorrentes da atuação da CASC já são realidade no Estado do Rio de Janeiro e a cultura da consensualidade vem sendo cada vez mais fortalecida, inclusive por meio da assinatura de Termos de Cooperação com o Tribunal de Justiça do Estado e o Tribunal Regional Federal da 2ª Região, para a prevenção e redução de litígios judiciais, identificação de causas repetitivas passíveis de autocomposição, racionalização da tramitação de processos e fomento à resolução consensual.

4. Considerações finais

Por este artigo, pretendeu-se abordar importantes aspectos da mediação em âmbito da Administração Pública, como forma de demonstrar as vantagens e os desafios a serem superados para sua efetiva aplicação pelos entes públicos, de modo a favorecer o seu reconhecimento como ferramenta de pacificação social.

Mesmo que a mediação ainda enfrente obstáculos ao pleno desenvolvimento na esfera administrativa, o caminho da incorporação deste método de solução consensual de conflitos está indo ao encontro da contemporaneidade legal, que busca prestigiar a redução das demandas judicializadas e elevar a cultura dialógica ao patamar de política pública efetivamente institucionalizada.

Referências

ALMEIDA, Tania. *Caixa de ferramentas em mediação*: aportes práticos e teóricos. São Paulo: Dash, 2014.

BINENBOJM, Gustavo. A consensualidade administrativa como técnica juridicamente adequada de gestão eficiente de interesses sociais. *Revista Eletrônica da Procuradoria Geral do Estado do Rio de Janeiro – PGE-RJ*, Rio de Janeiro, v. 3, n. 3, p. 2-3, 2020.

BRASIL. *Constituição da República Federativa do Brasil de 1988*. Brasília: Presidência da República. [1988]. Disponível em: https://www.planalto.gov.br/ccivil_03/constituicao/constituicao.htm. Acesso em: 23 ago. 2024.

BRASIL. Procuradoria Geral do Estado do Rio de Janeiro. Procuradoria Administrativa-PG17. Parecer nº 09/2022-FAG-PG17. Rio de Janeiro, 01 abr. 2022. Disponível em: https://documentacao.pge.rj.gov.br. Acesso em: 23 ago. 2024.

BRASIL. Lei 13.105, de 16 de março de 2015. Institui o Código de Processo Civil. Brasília: Presidência da República. [2015]. Disponível em: https://www.planalto.gov.br/ccivil_03/_ato2015-2018/2015/lei/l13105.htm. Acesso em: 23 ago. 2024.

BRASIL. Lei 13.140, de 26 de junho de 2015. Dispõe sobre a mediação entre particulares como meio de solução de controvérsias e sobre a autocomposição de conflitos no âmbito da administração pública; altera a Lei nº 9.469, de 10 de julho de 1997, e o Decreto nº 70.235, de 6 de março de 1972; e revoga o § 2º do art. 6º da Lei nº 9.469, de 10 de julho de 1997. Brasília: Presidência da República. [2015]. Disponível em: https://www.planalto.gov.br/ccivil_03/_ato2015-2018/2015/lei/l13140.htm. Acesso em: 23 ago. 2024.

BRASIL. Decreto-lei nº 4.657, de 4 de setembro de 1942. Lei de Introdução às normas do Direito Brasileiro. Brasília: Presidência da República. [1942]. Disponível em: https://www.planalto.gov.br/ccivil_03/decreto-lei/del4657compilado.htm. Acesso em: 23 ago. 2024.

BRASIL. Lei 14.133, de 01 de abril de 2021. Lei de Licitações e Contratos Administrativos. [2021]. Disponível em: https://www.planalto.gov.br/ccivil_03/_ato2019-2022/2021/lei/l14133.htm. Acesso em: 23 ago. 2024.

EIDT, Elisa Berton. *Autocomposição na Administração Pública*. Santa Cruz do Sul: Essere Nel Mondo, 2017.

RIO DE JANEIRO. Lei nº 9.629, de 04 de abril de 2022. Dispõe sobre a autocomposição no âmbito estadual e sobre a Câmara Administrativa de Solução de Controvérsias - CASC, de que trata o decreto estadual nº 46.522/2018. Rio de Janeiro: Assembleia Legislativa do Estado do Rio de Janeiro, [2022]. Disponível em: https://leisestaduais.com.br/rj/lei-ordinaria-n-9629-2022-rio-de-janeiro-dispoe-sobre-a-autocomposicao-no-ambito-estadual-e-sobre-a-camara-administrativa-de-solucao-de-controversias-casc-de-que-trata-o-decreto-estadual-no-46-522-2018. Acesso em: 23 ago. 2024.

RIO DE JANEIRO. Decreto estadual nº 46.522, de 10 de dezembro de 2018. Estabelece nova disciplina da Câmara Administrativa de Solução de Litígios - CASC, e dá outras providências. Rio de Janeiro: [2018]. Disponível em: https://leisestaduais.com.br/rj/decreto-n-46522-2018-rio-de-janeiro-estabelece-nova-disciplina-da-camara-administrativa-de-solucao-de-litigios-casc-e-da-outras-providencias. Acesso em: 23 ago. 2024.

RIO DE JANEIRO. Resolução da Procuradoria Geral do Estado nº 4.710, de 31 de maio de 2021. Cria o Núcleo de Autocomposição da Procuradoria Geral do Estado NAC/PGE, e dá outras providências. Rio de Janeiro: [2018]. Disponível em: https://biblioteca.pge.rj.gov.br/bnportal/pt-BR/search/109569?exp=4710&exp_default=(LEG%2FTIPO%2BJUR%2FTIPO)*. Acesso em: 23 ago. 2024.

RIO DE JANEIRO. Resolução da Procuradoria Geral do Estado nº 4.827, de 16 de março de 2022. Regulamenta, no âmbito da Procuradoria Geral do Estado do Rio de Janeiro, o procedimento de autocomposição de controvérsias envolvendo a administração pública estadual, a ser observado pelos procuradores lotados nas procuradorias especializadas da Procuradoria-Geral do Estado e no âmbito da administração direta ou indireta [...]. Rio de Janeiro: [2022]. Disponível em: https://biblioteca.pge.rj.gov.br/bnportal/pt-BR/search/111849?exp=4827&exp_default=(LEG%2FTIPO%2BJUR%2FTIPO)*. Acesso em: 23 ago. 2024.

Desafios para a implantação de métodos autocompositivos em empresas estatais

David Cohen[91]

Resumo

O presente artigo abordará os desafios para implantação de métodos autocompositivos em empresas estatais, com foco nas medidas de redução de contencioso e prevenção de disputas.

Abstract

This article will address the challenges of implementing self-composition methods in state-owned companies, focusing on measures to reduce litigation and prevent disputes.

Palavras-chave

Autocomposição – Mediação – Conciliação – Contencioso – Prevenção – Acordo

Keywords

Self-composition – Mediation – Conciliation – Litigation – Prevention – Agreement.

1. Introdução

Entre os maiores desafios do gestor de contencioso de empresas estatais encontram-se a redução do passivo judicial, o contingenciamento de demandas e a prevenção de litígios. De modo geral, empresas estatais, sejam elas empresas públicas ou sociedades de economia mista, acostumaram-se a adotar uma postura judicial baseada no confronto e na recorribilidade, o que faz com que o período de tramitação de suas demandas esteja entre os

---

91. Graduado em Direito pela Universidade Federal Fluminense – UFF e especialista em Direito Empresarial pela Função Getúlio Vargas – FGV. Advogado da Petrobras, onde exerce a função de Gerente Setorial de Prevenção de Contencioso e Redução de Litígios. Membro da Comissão de Mediação e Métodos Consensuais da OAB/RJ.

mais longos do Poder Judiciário. A celebração de acordos, originalmente, era solução excepcional, vista como ato de liberalidade e passível de censura por parte dos órgãos de controle. Aliás, conforme veremos mais adiante, o escrutínio dos órgãos de controle talvez seja um dos maiores temores de gestores públicos, sendo certo que a evolução do entendimento das Cortes de Contas contribuiu fortemente para que os métodos adequados de solução de disputas começassem a ter espaço no âmbito da Administração Pública.

Ao lado da redução da exposição financeira oriunda do contencioso, seja ele judicial ou arbitral, temos uma espécie de oásis a ser perseguido por gestores em geral: a prevenção de litígios.

Conseguir solucionar controvérsias na fase pré-contenciosa e, por conseguinte, eliminar o risco de judicialização, é uma boa prática que vem merecendo a atenção e estudo de profissionais do Direito, tanto sob o prisma gerencial quanto acadêmico.

2. Prevenção e redução de contencioso

Mas quais os principais benefícios de se evitar o litígio? Evitar o litígio significaria esvaziar o papel do advogado? Já adianto que a resposta para a segunda pergunta é negativa, mas, por ora, nos detenhamos na primeira. Inicialmente, a busca da solução da contenda antes mesmo do ajuizamento tem o condão de contribuir para a restauração do relacionamento entre as partes, que no âmbito da Administração Pública podem ser empregados públicos, prestadores de serviço ou mesmo parceiros comerciais.

Não raras vezes, ao judicializar uma demanda, a parte resgata uma série de insatisfações que poderiam ser mais facilmente contornadas no âmbito administrativo, encarecendo o litígio e aumentando o valor da ação. Além disso, custos associados ao processo, como honorários periciais e advocatícios, atrelados ao risco de sucumbência, também costumam onerar o litígio, criando um ambiente propício para o surgimento de reflexões acerca da utilização de outros meios de solução de disputas.

O desfecho de controvérsias na fase pré-contenciosa também possui um ingrediente fundamental, inerente à autocomposição de conflitos: a solução é fruto da vontade das partes envolvidas. Diferentemente dos métodos heterocompositivos, como a jurisdição e a arbitragem, em que a solução é definida por um terceiro, na autocomposição a solução é construída pelas partes, o que normalmente aumenta o sentimento de satisfação com o resultado obtido. Friso o "normalmente", pois sabemos que existem acordos em que a solução, por exemplo, é imposta pela parte economicamente mais forte, mas podemos deixar o aprofundamento desse ponto para um outro momento. Bom, já entendemos que gestores de contencioso almejam reduzir passivos judiciais, contingenciar demandas e prevenir litígios. Mas como fazer isso, especialmente no âmbito da Administração Pública?

Comecemos pela redução de contencioso. O primeiro passo para enfrentar um contencioso expressivo é, sem sombra de dúvidas, mapeá-lo. Como diria o filósofo grego Sócrates, "Conhece-te a ti mesmo". É impossível enfrentar um problema sem, primeiramente, dedicar-se a conhecê-lo. Saber quais são os principais temas e as causas raízes das ações. Medir sua taxa de sucesso e a posição da jurisprudência em relação às teses utilizadas. Conhecer seus principais *ex adversos*. Tudo isso é fundamental para um mapeamento de carteira bem-sucedido. É a gestão de contencioso baseada em dados.

Mas não basta olhar-se no espelho. Também é importante ter a curiosidade de olhar pela janela. Realizar *benchmarkings* e identificar boas práticas de outras empresas, sejam elas estatais ou não, também pode agregar bastante em um estudo de medidas efetivas para a redução de contencioso. Parafraseando Lavoisier, nada se cria, tudo se adapta. Conhecer as necessidades de sua empresa e as ferramentas disponíveis no mercado será fundamental para adaptar essas boas práticas às peculiaridades de uma empresa estatal, que possui governança mais robusta e legislações adicionais a serem observadas, especialmente na área de contratação.

Feito esse mapeamento, passamos então à elaboração de três políticas que caminham – ou pelo menos deveriam caminhar – juntas: Política de Acordos, Política de Recorribilidade e Política de Contingenciamento.

No passado, seria praticamente impensável que uma empresa estatal, mesmo aquelas que realizam atividade econômica, possuísse uma Política de Acordos. Mas o que seria essa tal Política de Acordos? São diretrizes, parâmetros, situações pré-definidas em que estaria autorizado o encerramento consensual do processo. Lembram-se de que, no começo deste artigo, mencionei que a tramitação dos processos de estatais encontrava-se entre as mais demoradas do Poder Judiciário? Isso se deve, sobremaneira, a uma cultura processual baseada na recorribilidade até as últimas instâncias, ainda que a expectativa de reversão fosse diminuta e que o valor de exposição estivesse crescendo de maneira exponencial. Por esse motivo, não há como se falar em acordo sem instituir-se uma política de não interposição de recursos.

Nesse sentido, hoje já é possível observar diversas empresas estatais, inclusive a própria Advocacia Geral da União – AGU, realizando Termos de Cooperação Técnica com o Poder Judiciário tendo por objetivo a redução de litigiosidade e racionalização de processos em curso. O próprio ministro do Supremo Tribunal Federal (STF) Luís Roberto Barroso, em pronunciamento realizado em 2021, afirmou que "nós vamos ter que em algum lugar do futuro realizar uma grande campanha pela desjudicialização da vida no Brasil". Mesmo que hoje, em sua maioria, sejam eletrônicos, os processos judiciais seguem abarrotando escaninhos virtuais, enquanto as partes aguardam por infindáveis prazos uma solução para suas controvérsias.

Outro bom exemplo que envolve o Poder Judiciário é o Programa Empresa Amiga da Justiça, instituído pelo Tribunal de Justiça do Estado de São Paulo e regulamentado pela Portaria nº 9.447/2017. O seu objetivo principal é incentivar a utilização de métodos autocompositivos de solução de conflitos, como a mediação e a conciliação, entre as empresas e seus clientes ou usuários, a fim de fomentar a cultura da pacificação social, principalmente no que se refere aos conflitos consumeristas, evitando a excessiva judicialização.

Entre as empresas contempladas já podemos identificar, inclusive, empresas estatais, como o Banco do Brasil, o que demonstra a efetividade da prática, que contribui para melhoria da relação com públicos de interesse, com a sociedade e com o próprio Poder Judiciário.

Além da Política de Acordos e da Política de Recorribilidade, temos a Política de Contingenciamento, com suas regras contábeis para quantificação da exposição financeira oriunda do contencioso. Especialmente em relação às sociedades de economia mista de capital aberto, essa política é fundamental para a provisão de recursos realizada para garantir a cobertura de despesas decorrentes dos processos, o que repercute sobre o valor das ações e sobre o interesse dos acionistas.

Portanto, não restam dúvidas de que, para que uma Política de Acordos seja eficaz, é muito importante a criação de critérios de não interposição de recursos e regras claras para a definição do risco processual, sendo certo que todos esses fatores, em sinergia, contribuem para o controle do passivo judicial a ser enfrentado.

Ainda sobre a redução de contencioso, é importante falarmos também sobre sua redução quantitativa – e não apenas de exposição financeira. Em relação a processos com baixa expectativa de êxito, é recomendável buscar-se o quanto antes seu encerramento, seja por meio de acordo, seja não recorrendo de decisões condenatórias.

Em relação aos acordos, principalmente no âmbito de empresas estatais, é preciso que seja demonstrada a chamada vantajosidade do acordo, exigência que vem dando ensejo ao surgimento de sofisticadas metodologias de análise de riscos para a definição da exposição financeira do litígio e, como consequência, auxiliando no fornecimento de parâmetros objetivos para composições. Ou seja, não basta celebrar o acordo, é preciso que fique evidenciada a existência de benefícios para a empresa, especialmente de cunho econômico, sob pena de responsabilização dos gestores que o autorizaram.

Esclarecidos os benefícios da redução de contencioso no âmbito de empresas estatais, passemos a discorrer um pouco sobre a sua prevenção.

Entre as principais modalidades de autocomposição de conflitos encontramos a negociação direta, a conciliação e a mediação. A despeito das diferenças existentes, em todos os casos temos o protagonismo das partes na construção da solução da controvérsia, o que gera um sentimento de pertencimento em relação ao desfecho consensado.

Na negociação direta, as partes buscam a solução consensual sem o auxílio de um terceiro. Já na mediação e na conciliação encontramos a figura de um terceiro imparcial, mas que possui papel diferente em cada modalidade. O mediador atua como um facilitador de diálogo, mas são as partes que apresentam as soluções. O conciliador, por sua vez, possui um papel mais ativo, podendo propor alternativas para que as partes atinjam o consenso. Tanto mediador quanto o conciliador não decidem sobre o caso, nem se pronunciam sobre quem tem razão.

Nesse diapasão, podemos citar algumas previsões legais e normativas que trazem a distinção entre mediação e conciliação, a começar pelo art. 165, §§ 2º e 3º do Código de Processo Civil (CPC) que assim dispõe:

> § 2º O conciliador, que atuará preferencialmente nos casos em que não houver vínculo anterior entre as partes, poderá sugerir soluções para o litígio, sendo vedada a utilização de qualquer tipo de constrangimento ou intimidação para que as partes conciliem.
>
> § 3º O mediador, que atuará preferencialmente nos casos em que

> houver vínculo anterior entre as partes, auxiliará aos interessados a compreender as questões e os interesses em conflito, de modo que eles possam, pelo restabelecimento da comunicação, identificar, por si próprios, soluções consensuais que gerem benefícios mútuos.

Chama a atenção no conceito do CPC a função restaurativa do trabalho do mediador, cuja atuação é recomendada nos casos em que houver vínculo anterior entre as partes. Neste sentido, a mediação seria indicada, por exemplo, para questões familiares, de vizinhança e, no âmbito corporativo, para tratamento de pleitos formulados por parceiros comerciais, especialmente nas situações em que o desgaste das relações acarreta problemas na comunicação.

Semelhante conceito é trazido pelo art. 1º da Resolução nº 174 do Conselho Superior da Justiça do Trabalho, abaixo transcrito:

> I – "Conciliação" é o meio alternativo de resolução de disputas em que as partes confiam a uma terceira pessoa – magistrado ou servidor público por este sempre supervisionado –, a função de aproximá-las, empoderá-las e orientá-las na construção de um acordo quando a lide já está instaurada, com a criação ou proposta de opções para composição do litígio;
>
> II – "Mediação" é o meio alternativo de resolução de disputas em que as partes confiam a uma terceira pessoa – magistrado ou servidor público por este sempre supervisionado –, a função de aproximá-las, empoderá-las e orientá-las na construção de um acordo quando a lide já está instaurada, sem a criação ou proposta de opções para composição do litígio;

Saliente-se, por oportuno, que as modalidades autocompositivas se distanciam do modelo adversarial, típico das espécies heterocompositivas. A negociação, seja ela direta ou intermediada, não é como um combate, um jogo no qual existirão vencedores e perdedores. Não sou eu contra você; sou eu junto com você, ao seu lado, contra um problema.

A bem da verdade, o mediador se aproxima do método filosófico denominado maiêutica, que teria sido criado por Sócrates para conduzir, por meio de perguntas, as pessoas à própria verdade. A maiêutica seria o "parto das ideias", o que reforça o papel não interventivo do mediador na condução do processo dialético por meio do qual o acordo é atingido. Outros autores, como Freud, também beberam dessa mesma fonte, mas podemos conter nosso parêntese por apreço à didática.

É importante ressaltar que não se está aqui a propugnar eventual hierarquia entre métodos heterocompositivos ou autocompositivos. Diante do caso examinado, é importante identificar o meio mais adequado para a solução da disputa, o que pode resultar na necessidade de uma liminar ou na instauração de um processo de mediação, o que for mais apropriado para a solução do problema.

Aliás, "solução do problema" talvez seja uma expressão-chave para este artigo. A visão tradicional de acesso à Justiça como acesso ao Poder Judiciário pode não levar, necessariamente, à solução do problema. Aguardar décadas por uma decisão judicial, que muitas vezes desagrada a ambos os lados, pode nos abrir para a reflexão sobre outros métodos de solução de disputas, que sejam mais céleres e efetivos.

Lembram-se de que adiei a resposta à pergunta sobre um possível esvaziamento do papel do advogado quando se evita o litígio? Pois bem, primeiramente, é importante deixar claro que podemos evitar o litígio, mas que é impossível evitar o dissenso. A discordância é inerente à natureza humana e será papel do advogado orientar seu cliente quanto ao método mais adequado de solução da controvérsia que lhe foi apresentada.

Talvez não seja simples para muitos advogados, formados para o contencioso desde os bancos universitários, orientar para novos caminhos. Muitas vezes a parte busca com o ajuizamento da ação o revanchismo e caberá ao advogado o papel de apresentar outras e mais adequadas modalidades de solução de disputas.

3. A mediação na Administração Pública

Nesse contexto, começa a ganhar destaque o papel da mediação como instrumento de facilitação de diálogo e construção de soluções amigáveis de controvérsias. Regulada pela Lei nº 13.140/2015, a mediação é conceituada por seu art. 1º, parágrafo único, como

> a atividade técnica exercida por terceiro imparcial sem poder decisório, que, escolhido ou aceito pelas partes, as auxilia e estimula a identificar ou desenvolver soluções consensuais para a controvérsia.

A partir do conceito trazido pela lei, já podemos extrair conclusões importantes sobre a mediação: é conduzida por um terceiro sem poder decisório que é escolhido pelas partes. Ou seja, não temos um "mediador natural", à semelhança do juiz natural, que irá impor às partes o seu entendimento sobre a questão, mas uma pessoa escolhida para auxiliar as partes no – por vezes tortuoso – caminho do consenso.

De acordo com o art. 32 da referida lei,

> A União, os Estados, o Distrito Federal e os Municípios poderão criar câmaras de prevenção e resolução administrativa de conflitos, no âmbito dos respectivos órgãos da Advocacia Pública (...)

No âmbito das empresas públicas e sociedades de economia mista que exploram atividade econômica, em razão de sua sujeição ao regime próprio das empresas privadas, aplicam-se as regras para mediação entre particulares, observando-se, para aprovação de eventuais transações, sua governança interna, bem como o já mencionado critério da vantajosidade.

Ainda neste sentido, recomenda-se também que a decisão por um possível acordo seja tomada sob a ótica do chamado *Business Judgment Rule*, visto que a jurisprudência mais recente do TCU tem admitido, no âmbito das empresas estatais que exploram atividade econômica em sentido estrito, que as decisões de gestão estão sujeitas ao risco inerente à atividade empresarial, sendo que eventual resultado negativo (prejuízo) não gera, por si só, a responsabilização dos gestores, desde que se trate de decisões informadas, refletidas e desinteressadas.

Em geral, após a definição conjunta do mediador, os custos de contratação do profissional são compartilhados entre as partes, que subscrevem o chamado "Termo de Mediação Extrajudicial", contendo o escopo da mediação, bem como a declaração de imparcialidade e neutralidade do mediador e o compromisso de confidencialidade da mediação, conforme previsão dos artigos 2º, VII, 14 e 30 da Lei nº 13.140/2015.

Cabe observar que o Termo de Mediação Extrajudicial independe da existência de Cláusula de Mediação e decorre, portanto, de um acordo de vontade das partes de submeterem seu conflito à mediação.

Contudo, a Cláusula de Mediação pode ser uma boa alternativa para algumas espécies de contratos, especialmente aqueles mais sensíveis e complexos, cujos pleitos formulados durante a execução pela contratada costumam desaguar em intermináveis controvérsias judiciais e arbitrais, como os serviços de engenharia, por exemplo.

Para tanto, recomendamos a realização de um cuidadoso planejamento e de um projeto-piloto, mapeando-se as melhores oportunidades de uso da mediação e analisando-se, ao final, os resultados obtidos, a fim de que a mudança de cultura ocorra de forma estruturante e gradual.

Na esfera trabalhista, o Conselho Superior da Justiça do Trabalho (CSJT) regulamentou recentemente as mediações pré-processuais individuais e coletivas no âmbito do primeiro e segundo graus. A mediação pré-processual é facultativa e ocorre antes do ajuizamento da reclamação trabalhista, quando os próprios interessados buscam espontaneamente o Poder Judiciário. A audiência é conduzida por mediadores judiciais para prevenir a apresentação da ação.

No começo deste artigo mencionamos que a evolução do entendimento dos órgãos de controle sobre a celebração de acordos foi fundamental para a mudança de cultura no âmbito da Administração Pública, especialmente nas empresas públicas e sociedades de economia mista.

A Instrução Normativa nº 91/2022 instituiu, no âmbito do Tribunal de Contas da União (TCU), procedimentos de solução consensual de controvérsias relevantes e prevenção de conflitos afetos a órgãos e entidades da Administração Pública Federal.

Com esse propósito, foi criada na reestruturação pela qual passou a Corte de Contas no final de 2022 a Secretaria de Controle Externo de Solução Consensual e Prevenção de Conflitos (SecexConsenso), subordinada à Secretaria-Geral de Controle Externo (Segecex) e tendo por atribuição desenvolver, propor, sistematizar, avaliar e disseminar diretrizes para a solução consensual de controvérsias afetas ao processo de controle externo.

Portanto, repise-se, a despeito da maior abertura das Cortes de Contas à possibilidade de soluções consensuais, para resguardo dos gestores envolvidos no processo decisório deverão ser observados:

a) as regras vigentes de governança interna para aprovação de transações;
b) a vantajosidade do acordo, ou seja, evidências de que a transação foi benéfica, especialmente do ponto de vista econômico, para a Administração Pública;
c) o *Business Judgment Rule*, ou seja, decisão foi tomada de maneira refletida, informada e desinteressada, baseada em estudos prévios e cercada das cautelas necessárias para a consecução do interesse público.

4. Conclusão

Não é fácil mudar a cultura de uma empresa, especialmente de estatais, sujeitas a rígidas previsões legais e controles dos atos decisórios. Tão ou mais difícil é mudar a imagem que a sociedade, parceiros comerciais e o próprio Poder Judiciário possuem dessas empresas, que muitas vezes figuram em desabonadores rankings de maiores litigantes do país.

Convencer as estruturas internas acerca dos benefícios da via autocompositiva demanda mais do que palavras. É importante demonstrar com dados e exemplos bem-sucedidos, o que exige desencastelamento e uma boa dose de coragem para fazer diferente.

Uma boa política de acordos não nasce pronta. É uma espécie de corpo vivo, em permanente construção e aperfeiçoamento. Retroalimenta-se a partir dos próprios erros, o que exige estudo e monitoramento constante.

Práticas autocompositivas, como a negociação direta e a mediação, são extremamente bem-vindas no âmbito de empresas estatais, evitando o surgimento ou incremento dos custos do litígio e contribuindo decisivamente para a melhoria das relações jurídicas.

Por fim, como diria o poeta Ferreira Gullar, "não quero ter razão, quero ser feliz". E uma das maiores fontes de felicidade nasce da solução de um problema que nos incomoda, de preferência de modo célere e não impositivo. Acho que, neste ponto, terão que me dar razão.

Mediação e infraestrutura, a evolução do tema nos contratos de concessão e parcerias público-privadas do Estado de São Paulo

Eugenia Cristina Cleto Marolla[92]

Resumo

O presente artigo pretende apresentar a importância da utilização de meios alternativos de solução de controvérsias, em especial a mediação, nos contratos dos setores de infraestrutura, tanto do ponto de vista jurídico quanto econômico. Pretende, ainda, apresentar a evolução da previsão da mediação nos contratos de concessão e parcerias público-privadas, os denominados contratos concessionais, no âmbito do Estado de São Paulo, tendo como paradigma os contratos de concessão de rodovias de todas as etapas do programa de concessão do Estado. Por fim, apresenta o único caso de mediação em contrato de concessão da administração direta/autárquica iniciado e concluído no âmbito estadual.

Abstract

This article aims to highlight the importance of using alternative methods for resolving disputes, specifically mediation, in contracts within the infrastructure sectors, from both a legal and economic perspective. It also aims to illustrate how mediation has evolved in concession contracts and public-private partnerships, known as concessional contracts, within the State of São Paulo, using the highway concession contracts from the state as a reference. Finally, it presents the only instance of mediation in a direct/local administration concession contract initiated and concluded at the state level.

Palavras-chave

Infraestrutura – Solução de controvérsias – Mediação – Contratos Concessionais – Estado de São Paulo

---

92. Doutora e Mestre em Direito do Estado pela PUC-SP. Procuradora do Estado de São Paulo. Assessora-Chefe da Assessoria Técnica do Governo do Estado de São Paulo. Atuou como Subprocuradora Geral do Estado na Área da Consultoria, coordenando as atividades de consultoria e assessoramento jurídico do Poder Executivo e das entidades autárquicas do Estado de São Paulo. Foi membro e supervisionou as atividades da Assistência de Arbitragens da PGE/SP. Associate do Chartered Institute of Arbitrators – CIArb.

Keywords
Infrastructure – Dispute resolution – Mediation – Concessional Contracts – State of São Paulo

1. Os meios adequados de solução de controvérsias nos contratos de infraestrutura

Os meios adequados de solução de controvérsias vêm ganhando cada vez mais espaço no Brasil, especialmente nos contratos relacionados aos setores de infraestrutura.

Em linhas gerais, esse fenômeno pode ser explicado pela necessidade de aumentar a segurança jurídica para que investidores possam aportar dinheiro em projetos de infraestrutura e auferir o retorno esperado, no tempo aprazado. O aumento da segurança jurídica diminui o risco de investimento, aumentando a quantidade de interessados e o fluxo de recursos para esses projetos.

As relações entre o Estado e os particulares nos setores de infraestrutura são relações de longo prazo, que demandam massivos aportes de recursos financeiros. São contratos complexos, que dão ensejo a celebração de centenas de outros contratos, gerando uma cadeia de relações jurídicas que formam microssistemas na ordem econômica.

Contratos de concessão e de parceria público-privada disciplinam a exploração econômica de serviços ou bens públicos por particulares, envolvendo a realização de investimentos na construção ou melhoramento de ativos de infraestrutura.

O grande montante de recursos financeiros exigido nesses arranjos econômicos-jurídicos faz com que esses contratos tenham longos prazos de duração para permitir a amortização dos investimentos realizados. Ou seja, esses contratos envolvem um compromisso de longo prazo entre parte pública e privada para a execução de um interesse público que demanda a realização de grandes aportes de recursos em ativos gerenciados e explorados pelos privados.

Em razão do longo prazo de duração, os contratos de concessão e de parceria público-privada são contratos naturalmente incompletos e sujeitos a mutação. Incompletos[93] ante a impossibilidade de se pré-definir todas as situações às quais estará sujeito durante sua vigência e que podem impactar a execução do seu objeto; mutáveis porque devem evoluir para permitir a realização de ajustes durante sua execução visando a consecução do interesse público.

Não se pode desconsiderar o fato de que esses contratos regulam a execução de serviços ou o uso de bens públicos por particulares, em um cenário de alteração do papel do Estado, que passa de executor de serviços para regulador da prestação de serviços por particulares, implicando a desmobilização de servidores e equipamentos públicos diretamente envolvidos na execução desses serviços pelos entes públicos. Além do mais, criam redes de relações jurídicas que envolvem milhares de pessoas e vultosos montantes de recursos, fazendo com que o seu término antecipado ou o comprometimento de sua execução por problemas não solucionados no tempo adequado tenham repercussões econômicas importantes, afetando de maneira significativa não apenas o concessionário, como também a administração, os cidadãos, os usuários do serviço e toda a rede de empresas e pessoas envolvidas na rede de relações jurídico-econômicas criadas a partir da concessão.

Contratos concessionários são contratos de investimentos. Assim, problemas severos em concessões e parcerias público-privadas podem gerar repercussão não apenas para o concessionário, mas para todos aqueles direta ou indiretamente relacionados à prestação do serviço. Criar mecanismos

93. Conforme leciona Flávio Amaral Garcia, a teoria econômica dos contratos incompletos reconhece que existirão lacunas (súbitas ou deliberadas) que demandarão uma relação cooperativa e pautada em comportamentos de boa-fé das partes, a fim de que sejam preenchidas a partir das novas realidades econômicas, financeiras, tecnológicas, sociais e políticas que se apresentem. Disponível em: https://agenciainfra.com/blog/opiniao-mutabilidade-dos-contratos-administrativos-solucoes-consensuais-e-o-papel-do-tribunal-de-contas-da-uniao/. Acesso em: 20 ago. 2024.

que permitam a evolução do contrato, mitigando a possibilidade de sua extinção antecipada por problemas com a execução do objeto e com a consecução do interesse público de maneira adequada e os riscos do investidor não é apenas desejável, mas necessário. A previsão de um sistema de solução de controvérsias no contrato é um desses mecanismos.

Os meios adequados de solução de controvérsias são um conjunto de ferramentas que podem ser utilizados pelas partes para prevenir ou solucionar disputas que surjam ao longo da execução contratual. Podem ser previstos quando da modelagem do contrato ou adotados pelas partes quando do surgimento do conflito. Eles permitem a superação de conflitos que, na maior parte das vezes, emergem de situações não previstas ou previstas de maneira insuficiente quando da modelagem contratual. Além disso, constituem alternativas mais rápidas e mais eficientes, por diminuírem os custos de transação, do que o recurso ao Judiciário.

2. A mediação como meio adequado de solução de controvérsias

A mediação é um meio de solução de conflitos, por meio do qual um terceiro imparcial e neutro auxilia as partes a encontrarem, de maneira cooperativa, a solução para um conflito. Trata-se de um modo autocompositivo de solução de controvérsias, na medida em que o terceiro não substitui a vontade das partes pela sua decisão, mas as auxilia a encontrarem, em conjunto, uma solução para a divergência.

Por permitir a discussão e a construção conjunta de uma solução que leva em conta diversos pontos de vista, ela é indicada para a resolução de conflitos multidimensionais ou complexos, como são os relacionados aos contratos de concessão e de parceria público-privada. As partes são instadas a construir, de maneira autônoma e solidária, a melhor solução para a questão controvertida. Para tanto, a mediação pressupõe a imparcialidade do mediador, a autonomia da vontade, a boa-fé e a isonomia das partes.

O procedimento de mediação é regido pela informalidade, oralidade, busca do consenso e confidencialidade, sendo que nenhuma das partes é obrigada a participar ou a permanecer em uma mediação.

Todas essas qualidades tornam a mediação uma forma de solução de controvérsias mais simples e menos custosa que a arbitragem ou o *dispute board*, sendo que sua adoção não obsta a previsão ou utilização de outros meios de solução de controvérsias.

De outro lado, dada a ampla liberdade das partes na negociação, a oralidade e a confidencialidade, a adoção da mediação pelos entes da administração pública não foi algo simples ou trivial. Apenas com a evolução da doutrina administrativista e da visão dos órgãos de controle sobre a atuação do Estado, aliada a novos marcos normativos, é que a mediação se tornou possível nos contratos administrativos.

Isso ocorreu principalmente após 2015, com a edição da Lei nº 13.140, que dispôs sobre a mediação entre particulares como meio de solução de controvérsias e sobre a autocomposição de conflitos no âmbito da administração pública.

Em 2018, a edição da Lei nº 13.655, para incluir na Lei de Introdução ao Direito Brasileiro disposições sobre segurança jurídica e eficiência na criação e na aplicação do direito público, permitiu um maior avanço no uso de meios de solução de controvérsias pelo Poder Público. Isso ocorreu na medida em que sedimentou, em âmbito normativo, a possibilidade de celebração de acordos pelo Poder Público para a eliminação de irregularidade, incerteza jurídica ou situação contenciosa na aplicação do direito público, abrindo espaço para uma nova visão sobre a utilização da consensualidade para superação de controvérsias pelos entes públicos e trazendo maior segurança jurídica para os gestores públicos.

A alteração da posição dos órgãos de controle acerca da utilização da mediação e de outros meios de solução de controvérsias pelo Poder Público ocorreu ainda mais recentemente, a partir de 2020, tendo o seu ápice na criação da Secretaria de Controle Externo de Solução Consensual e Prevenção de Conflitos (SecexConsenso), no final de 2022, com "o propósito de contribuir para *a efetividade das políticas públicas e a segurança jurídica* de soluções tempestivas construídas de modo colaborativo e célere com a sociedade e os entes públicos"[94].

A nova visão dos Tribunais de Contas sobre a utilização, pela Administração Pública, de outros meios de solução de controvérsias que não o Judiciário é especialmente importante como fator de segurança jurídica para os gestores que optam por essas novas soluções. No caso da mediação, ela é ainda mais relevante em razão de duas de suas características: a ampla autonomia das partes no desenho da solução do conflito e a forma de internalização da solução no contrato.

A autonomia da vontade, para o administrador público, traduz-se no conceito de discricionariedade. A discricionariedade, grosso modo, é a liberdade que o administrador público tem para agir dentro da lei, sem ultrapassar os limites legais. A autonomia do administrador público é limitada pela lei. Mas qual seria o limite do administrador público para negociar uma solução para um conflito em uma mediação? Poderia o administrador dispor de algum bem ou direito, ou mesmo de alguma posição jurídica para chegar à composição de um conflito? Como os órgãos de controle vão avaliar a decisão do administrador público tomada no âmbito de uma mediação?

Embora a questão da autonomia da vontade também exista na arbitragem, ela é mais significativa em relação à mediação, na medida em que nesta o papel das partes na construção da solução da controvérsia é muito mais direto e efetivo. De fato, na mediação, a solução decorre diretamente da manifestação de vontade das partes, enquanto na arbitragem quem dá a

94. Disponível em: < https://portal.tcu.gov.br/imprensa/noticias/voce-conhece-a-nova-sistematica-de-solucoes-consensuais-do-tcu.htm>. Acesso em: 23 ago. 2024. Grifos no original.

solução é um terceiro, a partir dos elementos trazidos aos autos pelas partes.

O outro ponto diz respeito ao fato de a solução acordada depender da celebração de um termo aditivo para sua internalização no contrato, sujeitando-a, enquanto parte do contrato, ao controle dos órgãos de contas[95]. Diversamente do que ocorre com a arbitragem e com as decisões judiciais, que são proferidas por um terceiro, substituindo a vontade das partes com força de coisa julgada, a solução na mediação é dada pelas próprias partes e sem força de coisa julgada, tornando-as pessoalmente responsáveis pelo acordo firmado, sujeitando a decisão, quando internalizada no contrato, e os gestores públicos, à avaliação dos órgãos de controle.

A partir do momento em que os Tribunais de Contas não apenas aceitam como passam a realizar mediação, admitindo a existência de um espaço de consensualidade para o administrador público, no qual existe a possibilidade de se construir soluções para problemas complexos, superando formalismos exacerbados que ao invés de auxiliar o atingimento do interesse público acabam impedindo sua consecução, tem-se um outro patamar de segurança jurídica para que os gestores públicos possam adotá-la.

3. Solução amigável de controvérsias nos contratos concessionais do Estado de São Paulo

O cenário geral descrito no item anterior é importante para entender o uso, ou melhor, o pouco uso da mediação como meio de solução de controvérsias nos contratos dos setores de infraestrutura do Estado de São Paulo.

Primeiro, é de se observar que não existe uniformidade na adoção da mediação como meio de solução de controvérsias nos contratos concessionais do Estado. Tal fato pode ser explicado pela evolução da compreensão

95. A internalização da decisão da mediação por meio de aditivo contratual é necessária para torná-la parte do contrato, independentemente da previsão contida no parágrafo único do artigo 20 da Lei nº 13.145/15, segundo o qual o termo final de mediação, na hipótese de celebração de acordo, constitui título executivo extrajudicial e, quando homologado judicialmente, título executivo judicial.

acerca do uso dos meios alternativos de solução de controvérsias pela Administração Pública. Ou seja, o processo evolutivo envolvendo a adoção dos meios alternativos de solução de controvérsias pelo Poder Público encontra-se refletido nos diversos contratos concessionais celebrados pelo Estado nos últimos 30 anos. Uma breve incursão nos contratos do setor rodoviário mostra esse cenário.

Os contratos de concessão do setor rodoviário[96] da primeira etapa, celebrados na década de 1990, previram a existência de uma Comissão de Conciliação, que nunca chegou a ser instalada. Formada por três membros com comprovada experiência em Direito Administrativo, sendo dois indicados por cada uma das partes e o terceiro escolhido de comum acordo pelos outros dois membros designados pelas partes, a comissão deveria decidir as controvérsias segundo o direito constituído e no prazo máximo de seis meses. Não havia previsão de mediação ou de autocomposição nesses contratos.

Os da segunda e da terceira etapa[97], a seu turno, foram celebrados na primeira década deste século. Esses contratos previram a existência de Juntas Técnicas, tal qual os contratos da primeira etapa, mas não trouxeram previsão da constituição da Comissão de Conciliação. Tampouco previram a utilização de mediação ou de outro meio autocompositivo de solução de controvérsias.

O contrato de PPP da Rodovia dos Tamoios, celebrado em 2014, marca a quarta etapa do programa de concessões de rodovias paulista[98]. Ele previu uma sistemática de solução amigável de controvérsias, constituído de uma etapa de negociação direta pelas partes e a possibilidade de instauração de

96. Exemplo de contrato de concessão de rodovias da primeira etapa é o da Autoban e o da segunda o da CART. Ambos podem ser acessados no site da ARTESP: <http://www.artesp.sp.gov.br/Style%20Library/extranet/transparencia/contratos-de-concessao.aspx>. Acesso em: 23 ago. 2024.

97. Exemplo de contrato da segunda etapa é o da CART. O contrato de concessão da terceira etapa é o da SPMAR, celebrado em 2010. Ambos estão disponíveis em: <http://www.artesp.sp.gov.br/Style%20Library/extranet/transparencia/contratos-de-concessao.aspx>. Acesso em: 23 ago. 2024.

98. Disponível em: <http://www.artesp.sp.gov.br/Style%20Library/extranet/transparencia/contratos-de-concessao.aspx>. Acesso em: 23 ago. 2024.

uma Junta Técnica para dirimir conflitos de interesse de natureza técnica envolvendo as obras da ampliação principal e aquelas a cargo do Poder Concedente, caso não houvesse concordância das partes na realização de negociação direta. Esse contrato não tratou da possibilidade de utilização da mediação.

A possibilidade de utilização de mediação como meio de solução de controvérsias apenas passou a ser prevista nos contratos de concessão de rodovias da quinta etapa do programa de concessões. Essa quinta etapa engloba os contratos de concessão da Entrevias e da Via Paulista[99], celebrados no ano de 2017. Os contratos preveem a solução amigável por meio da negociação direta, sem a participação de um terceiro imparcial facilitador, ou perante câmara de prevenção e resolução administrativa de conflitos ou por mediação, nos termos da Lei nº 13.140/15. Eles disciplinam de maneira analítica a negociação direta, mas são singelos quanto à disciplina da mediação, limitando-se, neste caso, a uma remissão às disposições legais.

O contrato de concessão do lote Piracicaba-Panorama – PIPA, da sexta etapa, o contrato do Econoroeste, da sétima etapa, e o contrato de PPP do Rodoanel Trecho Norte, da oitava e última etapa do programa, mantiveram essa sistemática[100].

O contrato do Rodoanel Trecho Norte foi um pouco além, prevendo a possibilidade de constituição de junta técnica, de contratação de relator independente ou outras formas de solução amigável de conflitos para dirimir questões técnicas e quaisquer eventuais dúvidas, bem como para solicitar esclarecimentos ou demandar parecer ou manifestações técnicas que sirvam à compreensão de aspectos relacionados aos técnicos. Nesses casos, as ma-

---

99. Disponível em: <http://www.artesp.sp.gov.br/Style%20Library/extranet/transparencia/contratos-de-concessao.aspx>. Acesso em: 23 ago. 2024.

100. Nesse sentido o contrato de concessão rodoviária do Lote Piracicaba-Panorama – PIPA, disponível em: file:///C:/Users/eumar/Downloads/CONTRATO%20n%C2%BA%200409-ARTESP_15.05.2020_Assinado_PIPA.pdf> e o contrato de concessão de aeroportos regionais, disponível em:< file:///C:/Users/eumar/Downloads/Contrato%20n%C2%BA%200465-ARTESP-2022_%20ASP_NOROESTE.pdf>. Acesso em: 25 ago. 2024.

nifestações são meramente opinativas e não vinculantes.

Mas o contrato concessional que melhor detalha a utilização da mediação no Estado de São Paulo não é do setor de rodovias, mas do setor metroferroviário. Trata-se do contrato de PPP do TIC – Eixo Norte[101]. Celebrado em junho de 2024, traz uma previsão analítica da utilização da mediação para solução de controvérsias contratuais em sua cláusula octogésima primeira. O contrato prevê a utilização de mediação institucional, preferencialmente ante a Câmara de Conciliação da Administração Estadual – CCAE[102], prevista nos artigos 54 e seguintes da Lei Complementar estadual nº 1.270/2015 e, caso não instalada, em câmara eleita pelas partes. Também prevê a possibilidade de as partes afastarem a utilização de mediação institucional, hipótese em que o procedimento deverá ser acordado em termo próprio entre as partes, o qual deverá conter, no mínimo, as regras para nomeação de mediadores e os prazos para conclusão do procedimento. Em qualquer hipótese, se houver acordo resultante da mediação, será firmado por escrito, formalizado em aditivo contratual ou em apostilamento ao contrato, publicado juntamente com a sua respectiva motivação.

4. A prática da mediação na Administração Direta e Autárquica do Estado de São Paulo

Apesar da ausência de previsão contratual, no ano de 2019, a concessionária de rodovias ViaRondon[103] solicitou a instauração de mediação no âmbito do Núcleo Permanente de Métodos Consensuais de Solução de Conflitos do Tribunal de Justiça de São Paulo, procedimento de mediação

101. Disponível em: << file:///C:/Users/eumar/Downloads/CONTRATO_TIC_EIXO_NORTE_assinado_vf%20(1).pdf>>. Acesso em: 23 ago. 2024.

102. A Câmara de Conciliação da Administração Estadual – CCAE foi prevista na Lei complementar estadual no 1.270, de 25 de agosto de 2015 – Lei Orgânica da Procuradoria Geral do Estado de São Paulo e disciplinada pela Resolução PGE nº 34, de 26 de julho de 2023.

103. Concessionária de rodovias da 2ª etapa do programa de concessões do Estado de São Paulo.

nº 0063145-60.2019.8.26.0100[104], com o encaminhamento de convite à Secretaria de Governo do Estado e/ou a ARTESP (Agência de Transporte do Estado de São Paulo) para participar do procedimento. O escopo da mediação, segundo a solicitação da concessionária, era o de

> ajustar questões atinentes ao cronograma de obras e equilíbrio econômico-financeiro da contratação, conforme sugestão deduzida no Parecer CJ/ARTESP n 71/2019 da Procuradoria Geral do Estado de São Paulo – Consultoria Jurídica da Agência Reguladora de Transportes do Estado de São Paulo (itens 22 a 28).

A ARTESP participou da mediação e as partes chegaram a um acordo, homologado em âmbito judicial. Embora o objetivo das partes com o processo de mediação tenha sido o de fortalecer o diálogo entre concessionária e agência reguladora, a fim de superar as irregularidades existentes no cumprimento do contrato de concessão, não tendo havido efetiva transação entre elas no processo, a realização da mediação e a celebração de um acordo foi paradigmática, não apenas por ter sido a primeira, mas por ter atingido o objetivo buscado pelas partes.

Não houve transação porquanto todos os requerimentos formulados pela concessionária e incluídos no acordo foram submetidos e decididos pelo Conselho Diretor da ARTESP, nos termos da Lei Complementar Estadual nº 914/2002 e do Regimento Interno da agência. Assim, os processos administrativos que veiculavam as questões submetidas à mediação seguiram o seu fluxo normal dentro da agência, culminando com a decisão do Conselho Diretor. A mediação, não obstante, foi um elemento catalisador desses processos, além de ter facilitado e estreitado a comunicação entre as partes. Nessa linha, pode-se afirmar que a primeira mediação realizada por uma autarquia estadual foi exitosa.

104. Disponível em: <https://esaj.tjsp.jus.br/cpopg/show.do?processo.codigo=2S0014EKQ0000&processo.foro=100&processo.numero=0063145-60.2019.8.26.0100&gateway=true>. Acesso em: 23 ago. 2024.

5. Conclusão

Não há dúvidas quanto à importância da mediação como meio eficiente para garantir a diminuição dos custos de transação em contratos de infraestrutura, na medida em que proporciona decisões mais céleres e menos custosas. Além disso, a participação das partes na construção da solução permite o estabelecimento de um relacionamento mais cooperativo e menos adversarial, algo bastante desejável em relações jurídicas de longa duração. A substituição de uma solução imposta por uma concertada tende a ser mais eficiente, na medida em que elaborada por aqueles que sofrerão os seus efeitos. Nesse cenário, as partes tendem a diminuir a assimetria de informações para construir uma solução que seja adequada para todos os envolvidos.

A utilização de meios adequados de solução de controvérsias, em especial a mediação, também tem o potencial de mitigar a possibilidade de encerramento antecipado do contrato em hipóteses em que os litígios geram impactos econômico-financeiros que acabam por impedir a prestação adequada do serviço público. Ela traz maior segurança jurídica para os investidores, além de possibilitar um resultado mais rápido, se comparado à via judicial.

Muito se avançou nos últimos dez anos em relação à utilização de meios adequados de solução de controvérsias, seja em sede doutrinária, seja no âmbito dos órgãos de controle. De fato, pode-se afirmar que a mudança foi radical, especialmente no que tange aos órgãos de controle, que passaram de uma posição de não aceitação do uso desses meios pela Administração Pública para algo diametralmente oposto: o seu fomento[105, 106].

Essa evolução pode ser constatada nos contratos concessionais do Es-

105. Nesse sentido, é emblemática a criação no ano de 2022 de uma câmara para prevenção e solução consensual de controvérsias relevantes em matérias sujeitas à competência do TCU, a SecexConsenso.

106. A Instrução Normativa – TCU Nº 91, de 22 de dezembro de 2022, instituiu, no âmbito do Tribunal de Contas da União, procedimentos de solução consensual de controvérsias relevantes e prevenção de conflitos afetos a órgãos e entidades da Administração Pública Federal. Disponível em: < https://pesquisa.apps.tcu.gov.br/documento/ato-normativo/*/TIPO%253A%2528%2522Instru%25C3%25A7%25C3%25A3o%2520Normativa%2522%2529%2520NUMATO%253A91/score%2520desc/0/%2520>. Acesso em: 22 ago. 2024.

tado de São Paulo. Tomando-se como referência os contratos de concessão rodoviária, celebrados entre os anos de 1998 e 2023, verifica-se uma lenta, mas consistente, evolução na previsão de mecanismos de solução de controvérsias. Assim, partiu-se da previsão de Comissões de Conciliação nos contratos da primeira etapa para a possibilidade de utilização de negociação direta e, posteriormente, de mediação ou autocomposição em câmara de prevenção e resolução administrativa de conflitos.

É verdade que, apesar dos inúmeros conflitos surgidos ao longo da execução dos contratos de concessão da primeira fase, não houve a instalação das Comissões de Conciliação contratualmente previstas. Também é verdade que a ausência de previsão contratual de utilização de mediação não impediu que a ARTESP participasse, no Tribunal de Justiça do Estado de São Paulo, de um procedimento de mediação solicitado pela concessionária, procedimento este que culminou com a celebração de acordo homologado pelo Judiciário. Contudo, é de se observar que o expediente de autocomposição mais utilizado no âmbito das concessões rodoviárias paulistas ainda é a negociação direta entre as partes.

A evolução continua e a perspectiva é a de que a mediação, dadas suas características e vantagens, cada vez mais se firme como método de solução de controvérsias previsto nos contratos e utilizado pelas partes. E isto não apenas no setor de rodovias, mas em todos os setores de infraestrutura do Estado de São Paulo.

Consensualidade na Advocacia-Geral da União: evolução normativa, multiplicidade de métodos e análise sistêmica de caso prático

Flávia Corrêa Azeredo de Freitas e Quésia Maria Mendes Neiva[107]

Resumo

A adoção de métodos consensuais de resolução de conflitos está prevista na legislação da AGU desde sua fundação, pela LC nº 73/1993. Ao longo desse tempo, observamos que o uso de técnicas consensuais passou por várias fases na instituição e percorreu uma longa evolução legal até sua efetiva aplicação sob variadas modalidades. O objetivo deste artigo é contribuir para compreensão dessas fases, sob a perspectiva dos advogados da União e dos procuradores federais. A partir da evolução normativa, é possível notar o aprimoramento dos acordos e transações judiciais de interesse da União e de suas autarquias e fundações públicas. Ao final, é analisado um acordo celebrado pela União, no qual a combinação de diversas técnicas de negociação e mediação demonstra a maturidade institucional alcançada pela AGU nesse contexto.

Abstract

The adoption of consensual conflict resolution methods has been provided for in the Attorney General´s Office- AGU legislation since its foundation by Law 73/1993. Over time, the use of consensual techniques has undergone various phases within the institution and has experienced a long legal evolution until they were effectively applied in their various forms. The aim of this article is to contribute to the understanding of these phases from the perspective of Attorney for Brazil and Attorney for Federal Agencies. From the normative evolution it is pos-

107. Flávia Corrêa Azeredo de Freitas é doutoranda em Direito do Estado (USP) e mestre em Política Social (UFF. Possui formação em mediação de conflitos (MEDIARE, TJ/RJ) e em negociação de conflitos (EAGU, FGV, ALGI e CMI INTERSER). Membro da *Task Force* Mediação com a Administração Pública do CAM-CCBC. Procuradora federal e integrante do Laboratório de Inovação da AGU – LABORI.

Quésia Maria Mendes Neiva é pós-graduada em Direito Público pela UNB. Especialista em Gestão Pública pela ENAP. Advogada da União.

sible to note the improvement of agreements and judicial transactions of interest to the Union and its federal agencies. In conclusion, the article presents an analysis of an agreement made by the Union, where the combination of various negotiation and mediation techniques demonstrates the institutional maturity achieved by the AGU in this context.

Palavras-chave

Advocacia-Geral da União – Consensualidade – Evolução normativa – Negociação – Mediação – Redução de litigiosidade

Keywords

Attorney General's Office – Consensuality – Normative Evolution – Negotiation – Mediation – Dispute Reduction

1. Introdução

A celebração de acordos pela Administração Pública é tema que desperta interesse acadêmico por variadas razões.

Primeiro, porque apesar da diretiva constitucional[108] pela solução pacífica dos conflitos viger há quase 40 anos, a adoção pelo Estado de práticas consensuais em suas disputas somente foi efetivamente regulada e implementada há cerca de 20 anos, permanecendo em constante evolução.[109]

Segundo, porque a indisponibilidade do interesse público interditou por longos anos o avanço da autocomposição administrativa e, ainda hoje, pauta os debates sobre os limites da discricionariedade da Administração ao firmar ajustes.

Em terceiro lugar, e sem a pretensão de esgotamento da matéria, porque a Administração Pública passou a ocupar espaço, ao lado do tradicional

108. Preâmbulo da CF/88: *Nós, representantes do povo brasileiro, reunidos em Assembléia Nacional Constituinte para instituir um Estado Democrático, destinado a assegurar o exercício dos direitos sociais e individuais, a liberdade, a segurança, o bem-estar, o desenvolvimento, a igualdade e a justiça como valores supremos de uma sociedade fraterna, pluralista e sem preconceitos, fundada na harmonia social e comprometida, na ordem interna e internacional, com a solução pacífica das controvérsias, promulgamos, sob a proteção de Deus, a seguinte CONSTITUIÇÃO DA REPÚBLICA FEDERATIVA DO BRASIL.*

109. No curso dessa evolução, podemos citar a Lei nº 9.469/97, a Resolução CNJ nº 125/2010, o CPC de 2015, a Lei de Mediação (Lei nº 13.140/2015) e a reforma da LINDB pela Lei nº 13.655/18, que incluiu o art. 26 (termo de compromisso).

locus do Poder Judiciário, no Sistema Multiportas de Solução de Conflitos, com destaque para suas Câmaras Administrativas de Prevenção e Resolução de Conflitos, cuja institucionalização nacional veio com a lei de mediação nº 13.140/2015 e onde conflitos são solucionados e litígios prevenidos.

A produção acadêmica em torno da consensualidade administrativa cresce em muitas frentes. Observamos, por exemplo, trabalhos sobre acordos substitutivos de sanção[110], câmaras administrativas de autocomposição de conflitos[111], transigibilidade administrativa[112] e mediação com a Administração Pública[113].

O presente artigo visa contribuir com o debate trazendo a perspectiva da Advocacia-Geral da União. A AGU é um importante ator neste cenário pois é o maior escritório jurídico do país que representa, judicial e extrajudicialmente a União, suas autarquias e fundações, além de prestar consultoria e assessoramento jurídicos ao Poder Executivo (Administração federal direta e entidades públicas da Administração federal indireta)[114].

A Advocacia-Geral da União compreende 4 grandes procuradorias:

---

110. PALMA, Juliana Bonacorsi de. Atuação Administrativa Consensual: estudo dos acordos substitutivos no processo administrativo sancionador. Dissertação (Mestrado em Direito do Estado) – Universidade de São Paulo, São Paulo, 2010, 332 p. MARRARA, Thiago. Compromissos como técnica de administração consensual: breves comentários ao art. 26 da LINDB. *Revista de Direito Administrativo*, [S. l.], v. 283, n. 1, p. 131–157, 2024. DOI: 10.12660/rda.v283.2024.90692. Disponível em: https://periodicos.fgv.br/rda/article/view/90692. Acesso em: 31 jul. 2024.

111. EIDT, Elisa Berton; CRISTÓVAM, José Sérgio da Silva. A autorização legal para realização de acordos pela Administração Pública e a sua aplicação no âmbito das câmaras administrativas. Revista Jurídica da Procuradoria-Geral do Estado do Paraná, Curitiba, n. 11, pp. 55-81, 2020. EIDT, Elisa. Autocomposição na Administração Pública: o desenvolvimento da consensualidade por meio das câmaras administrativas de prevenção e resolução de conflitos. Tese (Doutorado em Direito Estado e Sociedade) – Universidade Federal de Santa Catarina, Florianópolis, 2023, 235 p.

112. VALLE, Vanice Lírio do. Transigibilidade na Administração Pública: uma faceta da consensualidade no direito administrativo do século XXI. Fórum Administrativo. Belo Horizonte: Fórum, 2011. Disponível em: https://www.forumconhecimento.com.br/v2/revista/P124. Acesso em: 7 mai.2024. BINENBOJM, G. A consensualidade administrativa como técnica juridicamente adequada de gestão eficiente de interesses sociais. *Revista Eletrônica da PGE-RJ*, [S. l.], v. 3, n. 3, 2020. Disponível em: https://revistaeletronica.pge.rj.gov.br/index.php/pge/article/view/190. Acesso em: 16 mai. 2024.

113. OLIVEIRA, Gustavo Justino de. Os acordos administrativos na dogmática brasileira contemporânea. *In*: MOREIRA, António Júdice *et al.* (coord.). *Mediação e Arbitragem na Administração Pública: Brasil e Portugal*. São Paulo: Almedina, 2020. BRAGA NETO, Adolfo. *A Mediação e a Administração Pública*. São Paulo: CL-A, 2021.

114. Lei Orgânica da AGU nº 73/1993, artigo 1º. A representação judicial e extrajudicial da União inclui os três Poderes da República (Executivo, Judiciário e Legislativo), poderes despersonalizados que integram o conceito de União Federal. Embora normalmente associada ao Poder Executivo, a AGU é Função Essencial à Justiça (art. 131 da CF/88), com atribuições que vão além do assessoramento jurídico do Poder Executivo. A estrutura regimental da AGU encontra-se no Decreto nº 11.328/2023.

(i) a Procuradoria-Geral da União, responsável pela representação judicial da União. A consultoria jurídica da União e de seus ministérios é feita pela Consultoria-Geral da União;

(ii) a Procuradoria-Geral Federal, responsável pela representação judicial e extrajudicial, além da consultoria jurídica das entidades integrantes da Administração Federal indireta (autarquias, fundações públicas e agências reguladoras federais);

(iii) a Procuradoria da Fazenda Nacional, responsável pela representação da União nas ações de natureza fiscal e da consultoria jurídica do Ministério da Fazenda; e

(iv) a Procuradoria-Geral do Banco Central do Brasil, responsável pela representação judicial e extrajudicial do Banco Central, além de sua consultoria jurídica.

A evolução da consensualidade na normativa interna da AGU é um bom espelho do aprimoramento da legislação nacional e, por essa razão, selecionamos duas normas de relevância ímpar que refletem o estado da arte atual: a Portaria PGU nº 21/2024[115], que trata de acordos judiciais e extrajudiciais em que a União seja devedora, e a Portaria PGF nº 498/2020[116], que cuida de acordos e transações judiciais de interesse das autarquias e fundações públicas federais. Seus aspectos centrais serão trazidos em tópico adiante.

A atuação dialógica da Administração Pública federal é multifacetária. Além da prática da negociação direta, observamos a adoção dos métodos de mediação e conciliação e o avanço no campo da redução da litigiosida-

115. PROCURADOR-GERAL DA UNIÃO. Portaria n. 21, de 22 de agosto de 2024. Regulamenta, no âmbito da Procuradoria-Geral da União e de seus órgãos de execução, o procedimento de celebração de acordos destinados a encerrar, mediante negociação, ações judiciais, ou a prevenir a propositura destas que envolvam débitos da União. Diário Oficial da União: seção 1, Brasília: DF, p. 04, 02 set. 2024. Disponível em: https://www.legisweb.com.br/legislacao/?id=463808 Acesso em: 17 mar. 2025.

116. ADVOCACIA-GERAL DA UNIÃO. Procuradoria Geral Federal. Portaria n. 498, de 15 de setembro de 2020. Subdelega as competências de que trata o Decreto n. 10.201, de 15 de janeiro de 2020, e dispõe sobre a celebração de acordos e transações judiciais no âmbito da Procuradoria-Geral Federal. Diário Oficial da União, seção 1, Brasília, DF, p. 1, 21 de setembro de 2020. Disponível em: <https://www.in.gov.br/web/dou/-/portaria-n-498/2020/pgf/agu-de-15-de-setembro-de-2020-278466823>. Acesso em: 28 ago. 2023.

de, esta última revelada, sobretudo, por atos de disposição processual e por meio dos acordos por adesão em demandas de massa. Traremos uma breve abordagem desse múltiplo agir administrativo para auxiliar na compreensão do amplo campo de atuação da AGU no contexto da pacificação social.

Na parte final do artigo abordaremos um caso prático negociado pela Procuradoria Regional da União no Rio de Janeiro envolvendo uma disputa por atrasados de reenquadramento funcional do poeta e compositor Vinícius de Moraes, que foi destituído do cargo de diplomata pelo regime militar.

A solução consensual do caso decorreu de negociação direta entre os envolvidos, com o emprego complementar de ferramentas da mediação de conflitos que muito auxiliaram na composição dos interesses.

2. Breves notas sobre a evolução da consensualidade nas normas da Advocacia-Geral da União

A previsão da adoção de meios autocompositivos pela AGU surgiu na sua própria Lei Orgânica, Lei Complementar nº 73, de 10 de fevereiro de 1993, ao inserir em seu art. 4º, VI, que o Advogado-Geral da União tem atribuição para *desistir, transigir, acordar e firmar compromissos nas ações de interesse da União, nos termos da legislação vigente.*

A regulamentação desse dispositivo veio com a Lei nº 9.469, de 10 de julho de 1997, conferindo ao Advogado-Geral da União a competência para autorizar, diretamente ou mediante delegação, a realização de acordos, sejam judiciais ou extrajudiciais, para prevenir ou terminar litígios.

Conhecida como norma geral de acordos da Administração Pública federal, a Lei nº 9.469/97 trata, em verdade, de uma variedade de temas que refletem a atuação multifacetária da AGU no tema da consensualidade administrativa. São eles:

a) competência para autorizar, diretamente ou por delegação, a realização de acordos ou transações (art. 1º e §4º; art. 2º);

b) autorização e requisitos para firmar Termo de Ajuste de Conduta (art. 4º-A);

c) acordos em matéria de cobrança e recuperação de créditos (art. 1º-A e art. 2º§§2º ao 4º); e

d) uniformidade de atuação na prevenção e redução de litígios (art. 4º).

A delegação de competência na autorização de acordos veio com a Portaria AGU nº 990/2009, que evoluiu para a atual Portaria AGU nº 173/2020. Se em 2009 a autorização para acordos carecia de parâmetros precisos, inclusive com valores de alçada, a norma de 2020 confere ampla autorização na celebração de acordos e transações, para prevenir e terminar litígios, até o valor de cinquenta milhões de reais. A partir dessa alçada, os acordos necessitam de autorização conjunta do Ministro de Estado da pasta correspondente ou de qualquer outra autoridade prevista nos §§ 1º e 2º do art. 2º do Decreto nº 10.201, de 15 de janeiro de 2020[117].

A delegação de competência viabilizou os primeiros normativos sobre acordos envolvendo créditos e débitos da União e suas autarquias e fundações. A partir daí a política de negociação deixava de ser uma previsão legal que dependia de autorização do Advogado-Geral da União, para ganhar formalização e procedimento destinado à ampla aplicação pelos Advogados da União e Procuradores Federais.

117. Esse Decreto regulamentou o § 4º do art. 1º e o art. 2º da Lei nº 9.469, de 10 de julho de 1997, para fixar os valores de alçada para a autorização de acordos ou transações celebradas por pessoa jurídica de direito público federal e por empresas públicas federais, para prevenir ou terminar litígios, inclusive os judiciais. Apenas a partir dele que as normas da AGU puderam prever, com segurança jurídica, valores de alçada superiores ao teto dos juizados especiais federais (60 salários mínimos).

Art. 2º O Advogado-Geral da União, diretamente ou mediante delegação, e os dirigentes máximos das empresas públicas federais, em conjunto com o dirigente estatutário da área à qual estiver afeto o assunto, poderão autorizar a realização de acordos ou transações para prevenir ou terminar litígios, inclusive os judiciais, que envolvam, respectivamente, a União e empresa pública federal.

§ 1º A realização de acordos ou transações que envolvam créditos ou débitos com valor igual ou superior a R$ 50.000.000,00 (cinquenta milhões de reais) dependerá de prévia e expressa autorização do Advogado-Geral da União e do Ministro de Estado a cuja área de competência estiver afeto o assunto.

§ 2º Na hipótese de interesse dos órgãos do Poder Legislativo ou Judiciário, do Tribunal de Contas da União, do Ministério Público da União ou da Defensoria Pública da União, a autorização prévia e expressa de acordos e transações, inclusive os judiciais, que envolvam créditos ou débitos com valores iguais ou superiores aos referidos no § 1º será concedida, em conjunto com o Advogado-Geral da União, pelo Presidente da Câmara dos Deputados, do Senado Federal, do Tribunal de Contas da União, de Tribunal ou de Conselho, pelo Procurador-Geral da República ou pelo Defensor Público-Geral Federal, no âmbito de suas competências.

Destacamos a Ordem de Serviço PGU nº 13, de 09 de outubro de 2009, direcionada aos Advogados da União e a Portaria PGF nº 915, de 16 de setembro de 2009, dirigida aos Procuradores Federais. Ambas as normas evoluíram para as regras atuais constantes, respectivamente, na Portaria PGU nº 21/2024 e na Portaria PGF nº 498/2020, sobre as quais trataremos adiante.

Em outra frente, a regulamentação interna do termo de ajustamento de conduta (TAC) foi reforçada com o advento das Portarias AGU nº 690/2009, PGF nº 201/2013 e CGU/AGU nº 03/2021. A norma de 2009 exige a comunicação aos respectivos órgãos de direção superior quaisquer tratativas que visem à formalização de TAC, esteja a entidade pública na condição de compromitente ou de compromissária. A norma de 2013, circunscrita à Procuradoria-Geral Federal, estabelece os procedimentos para a solicitação de autorização para a celebração de TAC, judicial ou extrajudicial, em que as autarquias e fundações públicas federais figurem como parte. Já Portaria de 2021 regula a atuação dos advogados da união no firmamento de TAC preventivo de litígio no interesse da União.

O regime legal de transação tributária e não tributária dos créditos públicos federais é composto por leis específicas (por exemplo, Lei nº 10.522/02 – art. 10-C e Lei nº 13.988/20) e por normas internas da AGU. Dentre estas, destacamos a Portaria PGFN nº 6.757/22, que regulamenta a transação na cobrança de créditos da União e do FGTS e a Portaria AGU nº 130/24, que trata da transação por proposta individual dos créditos administrados pela Procuradoria-Geral Federal, Procuradoria-Geral do Banco Central e Procuradoria-Geral da União.

A uniformidade na atuaçao contenciosa visando a redução da litigiosidade é regulamentada por duas principais normas: Portaria AGU nº 487/2016, dirigida aos advogados da União, e AGU nº 488/2016, dirigida aos procuradores federais. Ambas destinam-se estabelecer os casos de

(i) dispensa da propositura de ações;

(ii) reconhecimento da procedência do pedido;

(iii) desistência de recurso já interposto; e

(iv) abstenção de contestação, impugnação ao cumprimento de sentença, apresentação de embargos à execução e interposição de recurso.

A evolução da consensualidade na AGU foi, ainda, impactada por duas importantes leis: a Lei nº 13.140/2015 (Lei de Mediação) e que também dispõe sobre a autocomposição de conflitos na Administração Pública, e pela Lei nº 13.105/2015, que alterou o Código de Processo Civil Brasileiro e alçou o uso da consensualidade como meio de resolução de conflito a ser estimulado por todos os atores do sistema de Justiça. Esse arcabouço legislativo propiciou o nascimento de uma nova forma de atuar na Advocacia-Geral da União. Os advogados públicos federais, antes voltados precipuamente para o litígio e para o esgotamento recursal, agora se voltam também para a perspectiva da construção de soluções consensuais, visando resultados mais céleres e econômicos para a Administração Pública federal.

3. A multifacetária atuação consensual da Advocacia-Geral da União: mediação, conciliação, negociação e redução da litigiosidade

Apesar de os métodos consensuais estarem previstos desde a edição da Lei Orgânica da AGU, o seu uso sistemático virou realidade a partir da regulamentação interna, brevemente comentada acima, e do advento, sobretudo, da Lei nº 13.140/2015.

No contexto jurídico atual, observamos que a atuação consensual da AGU não se resume à negociação direta para prevenção ou solução de conflitos; ela vai além, incluindo a estruturação de sua Câmara de Mediação e de Conciliação da Administração Pública Federal (CCAF) e orientação geral aos seus advogados públicos quanto às melhores práticas processuais para redução da litigiosidade contra os entes públicos federais.

A mediação e conciliação são praticadas pela Câmara de Mediação e Conciliação da AGU e por seus órgãos descentralizados, chamados de Câmaras Locais de Conciliação (CLCs).

A CCAF decorreu da evolução das chamadas câmaras administrativas *ad hoc*, disciplinadas pela Portaria AGU nº 118/2007 (art. 1º). Ela foi formalmente criada pelo Ato Regimental nº 5/2007, do advogado-geral da União, e incluída dentro da estrutura da Consultoria-Geral da União. Sua atribuição circunscreve-se à adoção dos métodos de mediação e conciliação para prevenir litígios ou solucionar (ainda que parcialmente) conflitos e litígios[118] entre órgãos e entidades da Administração Pública federal[119].

Enquanto câmara de autocomposição de conflitos, a CCAF não tem atribuição para dirimir *controvérsia jurídica*. A controvérsia se revela quando há:

(i) choque entre interpretações legais;

(ii) dúvida a respeito da forma de execução de uma decisão judicial; ou

(iii) concorrência entre teses doutrinárias divergentes acerca de um mesmo instituto ou norma constitucional ou infraconstitucional[120].

Sendo a controvérsia jurídica de ordem técnico-jurídica, o conflito é de ordem sociológica. As partes podem ter uma divergência meramente interpretativa da norma e não estarem em conflito.

O art. 36, §1º da Lei n. 13.140/15 define ser atribuição do advogado-geral da União dirimir a controvérsia jurídica entre órgãos ou entidades de direito público que integram a Administração Pública Federal. Essa atribuição está relacionada às suas competências previstas no art. 4º da LC nº 73/93: (i) assessorar o Presidente da República em assuntos de natureza

118. Entendemos que conflito e litígio são conceitos distintos. O conflito tem caráter polissêmico e transdisciplinar, sendo resultado de interações sociais, situando-se na antagonia de comportamentos e sentimentos. Já o litígio é o conflito judicializado.

119. A CCAF encontra-se atualmente regulada no art. 41 do Decreto nº 11.328/2023. Dentre suas atribuições, estão também incluídas a autocomposição de conflitos envolvendo a Administração Pública Federal e a Administração Pública dos Estados, do Distrito Federal e dos Municípios e, ainda, conflitos que envolvam particular e órgão ou entidade da administração pública federal.

120. PEIXOTO, José Roberto da Cunha; FERREIRA, Kaline. A Autocomposição e sua identidade consensual: ensaio sobre conceitos. Revista Jurídica da Procuradoria-Geral do Estado do Paraná, Curitiba, n. 11, p. 23, 2020.

jurídica, elaborando pareceres e estudos ou propondo normas, medidas e diretrizes (inciso VII); e (ii) unificar a jurisprudência administrativa, garantir a correta aplicação das leis, prevenir e dirimir as controvérsias entre os órgãos jurídicos da Administração Federal (inciso XI). Será, então, aberto um procedimento administrativo para uniformização do entendimento jurídico pelo advogado-geral da União[121].

A CCAF, como câmara administrativa de *autocomposição* de conflitos, se utiliza, por vezes, de uma combinação de técnicas de mediação, negociação e conciliação nos casos que lhe são submetidos. Pode haver, portanto, uma combinação dos métodos, a depender das exigências fáticas do caso em exame. Ainda assim, a mediação é o método mais utilizado e a CCAF observa os princípios dispostos no art. 2º da Lei nº 13.140/15[122].

A CCAF conta com advogados públicos federais que atuam como mediadores e conciliadores, capacitados precipuamente pela própria CCAF ou pela Escola da AGU. Por terem *expertise* não apenas em técnicas de mediação e negociação, como, muitas vezes, no próprio direito material em discussão, os mediadores-conciliadores da CCAF podem propor soluções, não ficando restritos às opções oferecidas pelas partes.

Após a edição da Ordem de Serviço PGU nº 13/2009, a negociação no âmbito da AGU, especificamente na Procuradoria-Geral da União, teve seu segundo grande impulso com a edição da Portaria PGU nº 02/2012, que criou as Centrais de Negociação[123]. A norma abriu a possibilidade de formação de equipes voltadas para isso, embora ainda não de forma exclusiva.

121. Essa técnica é também chamada de arbitramento, que não se confunde com a arbitragem da Lei nº 9.307/96.

122. Art. 2º A mediação será orientada pelos seguintes princípios: I - imparcialidade do mediador; II - isonomia entre as partes; III - oralidade; IV - informalidade; V - autonomia da vontade das partes; VI - busca do consenso; VII - confidencialidade; VIII - boa-fé.

123. O artigo 3º da Portaria PGU nº 02/2012 trata do objetivo das Centrais de Negociação: "fomentar o paradigma da alternativa eficiente e diferenciada de solução e de prevenção de conflitos no âmbito da Procuradoria-Geral da União e respectivos órgãos de execução; organizar e uniformizar os procedimentos e parâmetros para a celebração de acordos e transações envolvendo a União; disseminar a prática da negociação; coordenar as negociações nos órgãos de execução da PGU; e, identificar práticas que auxiliem na prevenção e na redução da litigiosidade, bem como matérias elegíveis a negociação."

Naquele momento, o foco das Centrais de Negociação era a solução de demandas de massa, ou seja, matérias repetitivas em que a jurisprudência era favorável ao jurisdicionado e não à União, como as ações de gratificação de desempenho de servidores civis. O êxito da iniciativa resultou na celebração, em 2014, de 17 mil acordos, gerando economia direta de R$ 20,7 milhões para a União e indireta de R$ 126 milhões. Os resultados deram destaque às Centrais de Negociação e em 2015 o projeto ganhou o Prêmio Innovare na categoria Premiação Especial[124].

O sucesso da atuação das Centrais de Negociação gerou amadurecimento institucional, do que resultou a criação das Coordenações de Negociação, pela Portaria PGU nº 26/2020. Formaram-se equipes de advogados da União voltados exclusivamente para propor soluções autocompositivas, em qualquer matéria, nos processos em que a União figurasse como devedora. Essas equipes passaram a atuar tanto com negociação singular, como com negociação em ações de massa.

Enquanto a Portaria PGU nº 26/2020 estabeleceu de forma definitiva as Coordenações de Negociação na estrutura organizacional da Procuradoria-Geral da União, a Portaria PGU nº 11/2020 – atualizada pela Portaria PGU nº 21/2024 – regulamentou o procedimento de negociação a ser seguido para a celebração dos acordos destinados a encerrar as ações judiciais relativamente a débitos da União. Além de regulamentar os procedimentos para realização dos acordos, a Portaria PGU nº 11/2020 também criou os Planos Nacionais de Negociação[125] como instrumento para o enfrentamento da judicialização

---

124. Disponível em: <https://www.conjur.com.br/2015-dez-31/projeto-ajuda-uniao-reduzir-litigios-meio-conciliacao/>. Acesso em 20 ago. 2024.

125. "Art. 18. A padronização de propostas de acordo a respeito de determinada matéria litigiosa poderá ser feita mediante a elaboração de Planos de Negociação.
§ 1º Os planos de negociação poderão ter caráter nacional, regional ou local, conforme sejam elaborados, respectivamente, pela Procuradoria-Geral da União, pelas Procuradorias-Regionais da União ou pelas Procuradorias da União e Procuradorias-Seccionais da União.
§ 2º Os planos de negociação conterão os fundamentos para o acordo, a metodologia de cálculo a ser empregada, a indicação de deságio mínimo ou padrão e a forma de cumprimento da obrigação". A Portaria PGU nº 21/2024 reproduziu a essência dessas previsões em seu art. 18, §§1º e 2º.

de massa, sistematizando a padronização das propostas de acordo.

Os Planos Nacionais de Negociação são instrumentos que trazem a matéria elegível para acordo e os parâmetros gerais que os advogados da União devem observar no acordo a ser oferecido no processo judicial. A PGU conta até o momento da redação deste artigo com 28 Planos desse tipo[126].

A sistematização da matéria através de planos de conciliação previamente divulgados viabilizou a reunião dos processos pela Justiça Federal em seus Centros de Conciliação, criando um círculo virtuoso entre as equipes da PGU e da JF. A possibilidade do encerramento desses processos através de acordos estimula os juízos a encaminharem as ações judiciais sobre aqueles temas aos Centros de Conciliação de sua circunscrição judiciária. O advogado da União, por seu turno, ao identificar matéria passível de negociação, também pode requerer o envio dos autos àqueles Centros[127].

Os Planos podem ser aplicados em qualquer fase do processo judicial, com o objetivo de encerrá-lo definitivamente, cabendo ao advogado que está analisando os autos decidir o melhor momento para oferecer o acordo. A aplicação ou não do Plano de Negociação para o encerramento de um litígio é orientada não só pela matéria, mas também pela observação das condições específicas de cada processo. Mesmo com a aplicação dos parâmetros criados nos Planos Nacionais de Negociação, o advogado da União, ao analisar o caso concreto, deve identificar se a propositura do acordo é viável e do interesse da União.

A experiência exitosa dos Planos Nacionais de Negociação da PGU estimulou a PGF na criação de seus modelos nacionais de acordos em demandas de massa. Até abril de 2025 foram identificados 7 modelos de acordos na PGF relacionados à matéria administrativa e de servidor público.

126. Disponíveis em: <https://www.gov.br/agu/pt-br/acesso-a-informacao/acoeseprogramas/planos-nacionais-de-negociacao>. Acesso em 21 ago. 2024.

127. Ainda que o processo não seja encaminhado ao Centro de Conciliação, as tratativas para o acordo, havendo a consentimento da parte autora, podem ocorrer no Juízo para a qual a demanda foi originariamente distribuída.

A manifestação regional referencial, prevista no art. 6º da Portaria PGF nº 498/2020, é outra forma de estímulo aos acordos em demandas de massa das autarquias e fundações públicas federais. Essa manifestação deverá analisar os requisitos indispensáveis à formalização de qualquer acordo na Procuradoria-Geral Federal e, uma vez emitida quanto a determinado tema, reputar-se-ão demonstrados os referidos requisitos para as demandas da mesma espécie[128].

Ao lado das negociações em demandas de massa, que contam com minutas de acordo pré-formuladas, as negociações singulares, aquelas relacionadas a casos únicos, que possuem especificidades próprias, são reguladas, em especial, pelas Portarias PGU nº 21/2024 (sucessora da Portaria PGU nº 11/2020) e PGF nº 498/2020.

Finalmente, em termos de redução de litigiosidade, além das Portarias AGU nº 487/2016 e nº 488/2016[129], vale destacar o projeto da PGF denominado 'Pró Estratégia'.

O Pró Estratégia teve início em 2020 como resultado da assinatura do Acordo de Cooperação Técnica nº 04/2020, celebrado entre o Superior Tribunal de Justiça e a Advocacia-Geral da União, com a proposta de racionalizar a tramitação dos processos relacionados aos órgãos e às entidades públicas representados pela AGU, além de desenvolver ações ligadas à prevenção de litígios, ao gerenciamento de precedentes qualificados e ao fomento da resolução consensual de controvérsias.

Como resultado direto do trabalho realizado pelo Projeto Pró Estratégia, no período de junho de 2020 a julho de 2023, houve 8.220 pedidos de

---

128. Art. 6º Em relação às demandas de massa, as Procuradorias Regionais Federais poderão elaborar manifestação referencial regional, analisando, tanto a probabilidade de êxito da entidade representada em juízo, quanto a vantajosidade da solução consensual, além da viabilidade técnica, operacional e econômico-financeira dos termos celebrados, para o cumprimento de obrigações de fazer, não fazer, ou de entregar coisa. Esses requisitos serão adiante estudados.

129. Essas Portarias, como já dito, têm por objetivo racionalizar a atuação da AGU em juízo, autorizando os advogados públicos federais a praticar atos de disposição processual em razão de jurisprudência pacífica dos Tribunais Superiores ou de Súmula da AGU, por exemplo. Elas autorizam, também, que seja avaliada a possibilidade de oferecimento de propostas de acordo em massa ao invés da adoção de meros atos de disposição processual, os quais não terminam com o litígio, apenas o encurtam.

desistência e 2.055.264 abstenções recursais[130], números que contribuíram para a redução da litigiosidade, racionalização das demandas da PGF no STJ e, sobretudo, para a legitimação da atuação da AGU neste tribunal[131].

4. Aspectos centrais das Portarias PGU nº 21/2024 e PGF nº 498/2020

A Portaria nº 11, de 08 de junho de 2020, ao revogar por completo a OS PGU nº 13/2009[132], instituiu uma nova regulamentação, trazendo princípios norteadores (art. 1, §1º)[133] e inovando ao dispor o passo a passo a ser observado pelo advogado da União para firmar um acordo.

A norma foi atualizada pela Portaria PGU nº 21/2024, a qual, mantendo a essência e as diretrizes da Portaria anterior, aperfeiçoou sua redação, seja contemplando a atual estrutura da Procuradoria-Geral da União, seja trazendo disposições mais alinhadas com as especificidades da negociação pública.

As fases (ou requisitos) que devem ser observadas, segundo o art. 5º da Portaria PGU nº 21/2024 são:

I. exame de probabilidade de êxito das teses defendidas pelas partes;
II. análise de viabilidade jurídica do acordo;
III. exame de economicidade do acordo para União;
IV. autorização superior, quando necessário; e
V. homologação judicial, quando necessária.

130. Números extraídos do Sistema SAPIENS da AGU. Sobre o Pró-Estratégia e seus números parciais, foi publicada a seguinte matéria no site da AGU: https://www.gov.br/agu/pt-br/comunicacao/noticias/agu-e-stj-prorrogam-acordo-que-ja-conseguiu-encerrar-2-1-milhoes-de-processos. Acesso em 20 ago. 2024.

131. Disponível em: https://www.stj.jus.br/sites/portalp/Paginas/Comunicacao/Noticias/2023/31052023-PGF-apresenta-ao-STJ-resultados-de-projeto-de-gestao-de-demandas--reducao-de-litigiosidade-.aspx. Acesso em: 19 ago. 2024.

132. A OS nº 13/2009 traziam alguns entraves à adoção plena dos meios negociais pelos Advogados da União; tais como: alçada de 60 salários-mínimos para formalização de acordo, sem necessidade de autorização; vedação a celebração de acordos em matéria de alienação de patrimônio da União; proibição do uso de acordo em processos cujo objeto fosse a aplicação de penalidade a agentes públicos; bem como em processos cujo objeto fosse a reparação por dano moral.

133. "O procedimento de negociação de que trata esta Portaria pressupõe a obtenção de benefícios mútuos para os envolvidos e obedecerá aos princípios da legalidade, da voluntariedade, da autonomia, da oralidade, da boa-fé, da desburocratização, da eficiência e da economicidade." Essa disposição foi reproduzida no art. 1º§1º da Portaria PGU nº 21/2024.

O exame de probabilidade de êxito consiste na análise individualizada das teses jurídicas efetivamente utilizadas, no caso concreto, pela União e pela parte contrária, a fim de estimar a possibilidade de manutenção ou reversão das decisões proferidas no processo judicial. Considerando um caso envolvendo obrigação de pagar pela União, quanto maior for a probabilidade de êxito da sua tese de defesa, maior poderá ser o deságio praticado no acordo. Do contrário, quanto menor for a probabilidade de êxito, menor poderá ser o deságio aplicado pela União na proposta de pagamento de seu débito.

O exame da probabilidade de êxito na matéria analisada não é determinante para a celebração do acordo; questões relacionadas à economicidade e duração média do processo devem ser levadas em consideração nessa equação.

A análise de viabilidade jurídica do acordo se destina a aferir a existência, no caso concreto, de óbices legais para a formalização do acordo.

Já a economicidade é aferida, alternativamente, pela:

a) possibilidade de redução no valor estimado do pedido ou da condenação;
b) existência de condições de pagamento mais benéficas à União;
c) previsão de transferência do ônus de pagamento ou de cumprimento de obrigação para a outra parte ou interessado;
d) superioridade do custo do prosseguimento do processo judicial frente o custo do seu encerramento;
e) possibilidade da obrigação de fazer poder ser cumprida da forma mais favorável à União; ou
f) constatação do interesse social na solução célere da controvérsia.

A economicidade, portanto, não se reflete unicamente na redução dos valores que serão pagos pela União; ela também pode ser atestada no interesse social da resolução do conflito, nesse caso, a pasta ministerial responsável pela política pública questionada em juízo deverá se manifestar favoravelmente à realização do acordo.

Seguindo a análise desses requisitos, o advogado da União pode formalizar acordo sobre qualquer matéria, inclusive sobre aquelas que o Poder Judiciário ainda não tenha se manifestado conclusivamente, pois o fato de haver o encerramento de um processo através do acordo não implica que haja o reconhecimento pela União da tese defendida pelo autor. O normativo assegura que

> a formalização do acordo não implica o reconhecimento do direito discutido no litígio, nem acarreta a desistência da tese defendida pela União em casos semelhantes[134]

Em vista disso, as análises prévias sobre a minuta de acordo, considerando o princípio da confidencialidade e as estratégias de atuação judicial, salvo consenso entre as partes, não podem ser levadas aos autos judiciais e, por vezes, são cadastradas com restrição de acesso no sistema de registro de ações utilizado pela AGU[135].

Ou seja, o fato de a União ter celebrado um acordo em determinada matéria para encerrar um processo específico não significa que ela perdeu o interesse em continuar litigando pela mesma matéria em outros processos. Significa que, para aquele caso concreto, as condições do processo apontavam que haveria maior economicidade no seu encerramento através do acordo do que na continuidade do litígio.

A Portaria PGF nº 498/2020 também representou uma evolução substancial no regramento de acordos e transações judiciais envolvendo inte-

---

134. Art. 1º, § 2º, da Portaria PGU nº 21/2024.

135. Nesse sentido, o art. 12 da Portaria PGU n. 21/2024: "Salvo consenso entre as partes, os processos e manifestações que veiculam tratativas de negociação não poderão ser disponibilizados, considerando o princípio da confidencialidade, nos termos do art. 166 do Código de Processo Civil, e a estratégia de atuação judicial neles contida, nos termos do art. 7º, II e XIX, da Lei n. 8.906, de 4 de julho de 1994, e no art. 19, I e III, da Portaria AGU n. 529, de 23 de agosto de 2016.Parágrafo único. É vedada a juntada de cópia ou de informações aos autos judiciais, bem como a reprodução do conteúdo das notas, pareceres e despachos proferidos em processos administrativos que examinaram o interesse da União na celebração do acordo."
A Portaria PGF n. 498/2020 tem dispositivo similar (art. 9º), que diz ser "vedada a juntada, nos autos judiciais, das manifestações das tratativas de negociação, tenha sido ela frutífera ou não, em observância ao princípio da confidencialidade, insculpido no art. 166 do Código de Processo Civil, bem como para preservar a eleição de estratégia processual, nos termos do art. 7º, incisos II e XIX, da Lei n. 8.906/94 c/c o art. 19, incisos I e III, da Portaria AGU n. 529, de 23 de agosto de 2016."

resses das autarquias e fundações públicas federais, independentemente do polo processual ocupado pelo ente público.

Sua antecessora, a Portaria PGF nº 915/2009, continha valores defasados de alçada, exigindo autorização superior, inclusive de Ministro de Estado, em causas cujo conteúdo econômico não era expressivo, estreitando a ampla adoção dos acordos. Além disso, a norma não previa cláusulas mínimas e requisitos dos acordos, fatores que causavam insegurança jurídica aos procuradores federais e, consequentemente, desestimulavam a concretização da consensualidade.

A Portaria PGF nº 498/2020 representou um salto de segurança jurídica e maturidade institucional na matéria. Tal como a Portaria PGU nº 21/2024, ela também exige (art. 2º) a análise da probabilidade de êxito da tese defendida em juízo pela entidade representada, o exame de viabilidade jurídica (bem como viabilidade técnica, operacional e econômico-financeira), além da economicidade, nomeando-a como *vantajosidade* da solução consensual para a autarquia ou fundação pública federal[136].

Segundo a Portaria PGF nº 498, vantajosidade deve ser compreendida como o estabelecimento de vantagem econômica (aqui compreendida no sentido patrimonial-financeiro) e jurídica, em relação ao provável desfecho da demanda judicial. A vantajosidade jurídica, em nosso entendimento, deve ser compreendida em um contexto sistêmico, que compreende a efetividade que o acordo trará no cumprimento de normas jurídicas e atendimento de políticas públicas relevantes.

Com suas especificidades e semelhanças, ambas as normas contribuem na segurança jurídica de negociações envolvendo o interesse público, seja sob a forma de acordos em demandas de massa, seja sob a forma de acordos

136. Art. 2º São requisitos para a celebração do acordo ou transação judicial: I - a análise da probabilidade de êxito da entidade representada em juízo; II - a vantajosidade da solução consensual para a autarquia ou fundação pública federal; III - o exame de viabilidade técnica, operacional e econômico-financeira dos termos celebrados, para o cumprimento de obrigações de fazer, não fazer, ou de entregar coisa; IV - a observância às cláusulas imprescindíveis à formalização.

singulares, onde há uma maior paridade entre Administração e administrado, como no caso a seguir analisado.

5. Técnicas da mediação e da negociação de conflitos empregadas em um caso prático: o acordo com as herdeiras do poeta e compositor Vinícius de Moraes[137]

Em 1994, as herdeiras do poeta e compositor Vinícius de Moraes, falecido em 09/07/1980, ingressaram com uma ação em face da União pleiteando a promoção *post mortem* do seu pai, diplomata aposentado compulsoriamente em 30/04/1969, em virtude do Ato Institucional n. 5, de 13/12/1968. Foi pedida, ainda, indenização por danos morais pelos transtornos sofridos em decorrência da referida aposentadoria compulsória.

A sentença foi prolatada em 1998 e julgou procedente em parte a demanda para conceder às autoras a promoção *post mortem* ao seu pai, com o respectivo pagamento das diferenças entre o valor da pensão de 3º Secretário, na qual foi compulsoriamente aposentado, e o de Ministro de 1ª Classe, posto ao qual teria chegado caso não tivesse sido afastado. Foi negado o pedido de indenização por danos morais.

Da decisão judicial recorreram tanto as Autoras como a União. Em 2007 o Tribunal Regional Federal da 2ª Região (TRF2) acolheu o recurso das autoras e a indenização por danos morais foi acrescida à condenação da União, que teve seu recurso improvido.

Após o acordão regional, o processo trilhou um longo caminho recursal, indo ao Superior Tribunal de Justiça e, depois, ao Supremo Tribunal Federal. Foram mais de 20 anos entre o ajuizamento da ação e o seu trânsito em julgado, ocorrido em 2016.

Diante das dificuldades para iniciar a execução, as autoras pediram ao

137. O acordo foi divulgado na grande mídia. Disponível em: <https://g1.globo.com/rj/rio-de-janeiro/noticia/2021/05/11/acordo-na-justica-federal-concede-indenizacao-de-r-34-milhoes-a-familia-de-vinicius-de-moraes.ghtml>. Acesso em: 22 ago. 2024.

juízo que fosse requisitado ao Ministério das Relações Exteriores todos os dados relativos ao pensionamento recebido desde óbito do compositor, a fim de obterem os valores das diferenças entre o que efetivamente receberam e o que entendiam que deveriam receber.

O processo de execução somente teve início em 2019, com a apresentação de cálculo no valor de R$ 6.088.655,59 em face da União.

A União impugnou a execução, apontando um excesso de R$ 5.814.595,52. Em sua defesa, a União alegou que o título executado era parcialmente ilíquido, em virtude da ausência de documentos que lastreassem o valor cobrado de atrasados de promoção. Então, se limitou a apresentar cálculo da parte líquida da decisão exequenda, referente aos valores de danos morais.

Diante do cenário de incerteza sobre os parâmetros adequados para cálculo do valor devido e das dificuldades para a obtenção de documentos aptos a liquidarem o julgado, os próprios advogados da parte autora entraram em contato com a União, por meio de sua Procuradoria Regional no Rio de Janeiro (PRU 2ª Região), a fim de propor uma negociação para encerrar o caso.

Instaurada a negociação, a Coordenação de Negociação da PRU2 adotou, inicialmente, as providências habituais à obtenção de informações sobre o caso concreto junto à Administração, oficiando o Ministério das Relações Exteriores. O Ministério, por sua vez, respondeu pela impossibilidade de fornecer as informações pedidas, tendo em vista que, à época, a remuneração de Ministro era composta por vantagens pessoais e outras parcelas, e não por subsídio, sugerindo que se oficiasse o então Ministério do Planejamento, Desenvolvimento e Gestão (MPOG)[138], detentor do registro dos vencimentos básicos históricos de todo o funcionalismo público federal.

O MPOG foi oficiado para apresentar os valores pagos aos ministros

138. Atualmente, Ministério do Planejamento e Orçamento.

de Primeira Classe, entre os anos de 1989 e 2010. Contudo, os dados se limitavam a tabelas genéricas que pouco ou nada auxiliavam na construção de uma proposta a ser levada na mesa de negociação.

Além disso, os valores encontrados com base no material enviado eram muito aquém daqueles executados pelas autoras e o setor de cálculos da AGU também apontava para a necessidade de complementação daqueles elementos.

Diante do impasse, os advogados da União atuantes no caso perceberam a necessidade de uma atuação mais proativa e especializada e entraram em contato diretamente com a Consultoria Jurídica do Ministério das Relações Exteriores. O objetivo era explicar o caso concreto, expor as dificuldades e solicitar apoio para a continuidade do processo de negociação.

A partir daí, foram realizadas reuniões específicas com a área técnica do Ministério. Em um primeiro momento, a área técnica apontou para a impossibilidade da obtenção dos dados tendo em vista a singularidade da estrutura de promoção da carreira diplomática e pela inexistência de um caso paradigma como orientador. Com o avanço das discussões, abriu-se a possibilidade de uma solução através da *simulação* dos valores que o instituidor da pensão receberia se tivesse permanecido na carreira e cumprido o tempo e condições mínimas necessárias para galgar ao cargo de ministro de Primeira Classe.

O passo seguinte foi a elaboração de ofício específico contendo os parâmetros para a construção da base de cálculo necessária a dar sustentação ao processo de negociação.

Os parâmetros foram previamente apresentados à parte autora e esclarecida a forma pela qual eles foram fixados. Tendo as partes concordado com os critérios de legitimidade para confecção do cálculo, houve o peticionamento conjunto em juízo, solicitando a suspensão do processo judicial, nos termos do art. 313, II, do CPC, para a continuidade da negociação no âmbito administrativo.

As autoras apresentaram proposta de acordo com base nos novos parâmetros de cálculo e informações prestadas pela área técnica do Ministério das Relações Exteriores.

Os novos valores foram avaliados pela Contadoria da União, que constatou a convergência com a base de cálculo construída pela própria União.

Restava estabelecer um percentual de deságio que fosse aceito pela exequente e que indicasse a economicidade necessária à contraproposta a ser feita. Sobre o valor global encontrado foi aplicado, então, o deságio de 5%, incidindo também o PSS (Contribuição ao Plano de Seguridade Social) sobre os atrasados a partir 2004. O mesmo percentual de deságio foi aplicado nos honorários sucumbenciais devidos.

A contraproposta oferecida pela União foi, enfim, aceita. Considerando o montante inicialmente cobrado na execução, antes das tratativas, e o valor final acordado, a economia aos cofres públicos foi na ordem de 40%.

Importante considerar, nesse contexto, que a dificuldade na liquidação do julgado foi determinante para a discrepância entre o valor executado e aquele finalmente ajustado. Em uma ação singular e complexa como essa é natural e esperado que isso ocorra. O dispositivo de uma sentença, por mais específico e detalhado que seja, pode ser de difícil implementação quando a ausência de elementos e paradigmas para o cálculo obrigam o intérprete da decisão simular a nova realidade imposta.

Quando se simula uma configuração jurídica há risco das partes se sentirem inseguras e tendentes, portanto, a não aceitar o resultado simulado. A insegurança deverá ser sopesada com as possíveis consequências de não se adotar a simulação: continuar a disputa ou buscar encontrar outra forma para resolver o impasse, somado ao tempo e recursos dispendidos em cada uma dessas alternativas.

A eleição de critérios objetivos[139] que confiram legitimidade ao acordo é

139. Consiste em uma técnica de negociação que integra o método de negociação de Harvard. Cf. FISHER, Roger; URY, William; PATTON, Bruce. *Como chegar ao sim*: como negociar acordos sem fazer concessões. Tradução Ricardo

indispensável para o sucesso de qualquer negociação, sobretudo aquela que envolva interesse público, e confere segurança jurídica à simulação utilizada na solução de um conflito.

Nesse ponto, observamos o cuidado dos negociadores da União em compartilhar[140] com a parte autora os parâmetros de cálculo inicialmente definidos e, mais que isso, em obter a anuência quanto a eles, após esclarecimentos técnicos. Houve efetiva troca entre as partes negociantes e, ao invés de imposição, convencimento à luz de dados objetivos.

O papel dos especialistas[141] (Recursos Humanos do Ministério das Relações Exteriores e contadores) é outro dado relevante. Como cumprir uma decisão judicial ilíquida sem o auxílio deles? Opções viáveis surgem, na maioria das vezes, em reuniões que contam com diversidade de profissionais e saberes, que contribuem para a maior qualificação do debate.

A invenção de opções de ganhos mútuos[142] é outra diretriz importante. Uma vez ajustada a forma de cálculo, a parte exequente se beneficiou com a economia de tempo que a resolução consensual trouxe e a parte executada se beneficiou com o deságio aplicado. Além disso, as partes ganharam com a satisfação de se chegar a um consenso que se revelou justo para ambas. A pacificação social é uma decorrência desse estado de harmonia alcançado por um acordo solidamente construído.

O papel de agente de realidade[143] dos advogados (público e privado) durante a negociação é outro aspecto digno de nota.

A persistência e perseverança dos advogados da União envolvidos foram

---

Vasques Vieira. Rio de Janeiro: Solomon, 2014, p. 91-101.

140. O compartilhamento dos objetivos de cada etapa é uma técnica utilizada na mediação. Cf. ALMEIDA, Tania. *Caixa de Ferramentas em Mediação*: aportes práticos e teóricos. São Paulo: Dash, 2014, p. 52.

141. A procura por técnicos/especialistas é outra ferramenta empregada na mediação de conflitos. Cf. ALMEIDA, Tania, *op. cit.*, p. 62.

142. Invenção de opções de ganhos mútuos compõe o método Harvard de negociação de conflitos. Cf. FISHER, Roger; URY, William; PATTON, Bruce, *op. cit.*, p. 71-89.

143. O agente de realidade é aquele que provoca reflexão sobre os custos e benefícios inerentes às alternativas geradas e às opções eleitas. Alternativas são os caminhos possíveis em caso de não acordo, enquanto opções são as possibilidades dentro do acordo. Cf. ALMEIDA, Tania, *op. cit.*, p. 121.

fundamentais. Durante a negociação, eles atuaram apresentando o contexto fático e os riscos processuais a diversas instâncias e atores do Poder Executivo. Mesmo diante de empecilhos iniciais, insistiram para o encontro de uma configuração que, pautada em critérios objetivos, pudesse atender ambos os lados.

Os advogados da parte autora também assim agiram, esclarecendo às autoras os riscos e benefícios da composição e assegurando às suas clientes a razoabilidade dos parâmetros de cálculo adotados, diante do cenário de incertezas.

Após a assinatura do acordo, ele foi levado ao juízo para homologação e extinção da ação. Os atrasados foram pagos por precatório (art. 100 da Constituição Federal).

6. Conclusão

A Advocacia-Geral da União avançou substancialmente em sua política conciliatória. Ao longo dos últimos 20 anos notou-se o aprimoramento de suas normas, em convergência com a evolução legislativa sobre o tema. Atualmente, advogados da União e procuradores federais dispõem de regras mais coesas e claras que conferem segurança jurídica à celebração de acordos, no âmbito judicial ou extrajudicial.

O relato de um caso prático com aportes de técnicas (ou ferramentas) próprias da negociação e da mediação de conflitos demonstra que o processo de negociação de acordos no âmbito da AGU encontra-se em um estágio de maturidade que beneficia toda a sociedade.

Como Função Essencial à Justiça, a AGU prova que, além de ator do Sistema de Justiça, é capaz de promover a justiça, ora sediando câmara autocompositiva de conflitos, ora lançando mão de técnicas variadas e concatenando recursos humanos e materiais da Administração Pública em prol da solução consensual e efetiva dos conflitos.

Referências

ADVOCACIA-GERAL DA UNIÃO. Procuradoria-Geral da União. Portaria n. 11, de 08 de junho de 2020. Regulamenta, no âmbito da Procuradoria-Geral da União e de seus órgãos de execução, o procedimento de celebração de acordos destinados a encerrar, mediante negociação, ações judiciais ou a prevenir a propositura destas, relativamente a débitos da União. Diário Oficial da União, seção 1, Brasília, DF, p. 1, 12 de junho de 2020. Disponível em: <https://legis.agu.gov.br/intralegis/Atos/TextoAto/169599>. Acesso em 25 set. 2023.

ADVOCACIA-GERAL DA UNIÃO. Procuradoria Geral Federal. Portaria n. 498, de 15 de setembro de 2020. Subdelega as competências de que trata o Decreto n. 10.201, de 15 de janeiro de 2020, e dispõe sobre a celebração de acordos e transações judiciais no âmbito da Procuradoria-Geral Federal. Diário Oficial da União, seção 1, Brasília, DF, p. 1, 21 de setembro de 2020. Disponível em: <https://www.in.gov.br/web/dou/-/portaria-n-498/2020/pgf/agu-de-15-de-setembro-de-2020-278466823>. Acesso em: 28 ago. 2023.

ALMEIDA, Tania. *Caixa de Ferramentas em Mediação*: aportes práticos e teóricos. São Paulo: Dash, 2014.

BINENBOJM, G. A consensualidade administrativa como técnica juridicamente adequada de gestão eficiente de interesses sociais. *Revista Eletrônica da PGE-RJ,* [S. l.], v. 3, n. 3, 2020. Disponível em: https://revistaeletronica.pge.rj.gov.br/index.php/pge/article/view/190. (Acesso em: 16 maio. 2024).

BRAGA NETO, Adolfo. *A Mediação e a Administração Pública*. São Paulo: CL-A, 2021.

EIDT, Elisa Berton; CRISTÓVAM, José Sérgio da Silva. A autorização legal para realização de acordos pela Administração Pública e a sua aplicação no âmbito das câmaras administrativas. *Revista Jurídica da Procuradoria-Geral do Estado do Paraná*, Curitiba, n. 11, pp. 55-81, 2020.

EIDT, Elisa. *Autocomposição na Administração Pública: o desenvolvimento da consensualidade por meio das câmaras administrativas de prevenção e resolução de conflitos.* Tese (Doutorado em Direito Estado e Sociedade) – Universidade Federal de Santa Catarina, Florianópolis, 2023, 235 p.

FISHER, Roger; URY, William; PATTON, Bruce. *Como chegar ao sim*: como negociar acordos sem fazer concessões. Tradução Ricardo Vasques Vieira. Rio de Janeiro: Solomon Editores, 2014.

MARRARA, T. Compromissos como técnica de administração consensual: breves comentários ao art. 26 da LINDB. *Revista de Direito Administrativo*, [S. l.], v. 283, n. 1, p. 131–157, 2024. DOI: 10.12660/rda.v283.2024.90692. Disponível em: https://periodicos.fgv.br/rda/article/view/90692. Acesso em: 31 jul. 2024.

OLIVEIRA, Gustavo Justino de. Os acordos administrativos na dogmática brasileira contemporânea. *In*: MOREIRA, António Júdice *et al.* (coord.). *Mediação e Arbitragem na Administração Pública: Brasil e Portugal*. São Paulo: Almedina, 2020.

PALMA, Juliana Bonacorsi de. *Atuação Administrativa Consensual: estudo dos acordos substitutivos no processo administrativo sancionador*. Dissertação (Mestrado em Direito do Estado) – Universidade de São Paulo, São Paulo, 2010, 332 p.

PEIXOTO, José Roberto da Cunha; FERREIRA, Kaline. A Autocomposição e sua identidade consensual: ensaio sobre conceitos. *Revista Jurídica da Procuradoria-Geral do Estado do Paraná*, Curitiba, n. 11, p. 23, 2020.

VALLE, Vanice Lírio do. Transigibilidade na Administração Pública: uma faceta da consensualidade no direito administrativo do século XXI. *Fórum Administrativo*. Belo Horizonte: Fórum, 2011. Disponível em: https://www.forumconhecimento.com.br/v2/revista/P124. Acesso em: 7 maio 2024.

A confidencialidade prevista na Lei de Mediação e os processos de autocomposição envolvendo entes públicos

Kaline Ferreira[144]

Resumo

Neste texto é feita uma análise do princípio da confidencialidade aplicado na mediação, quando ela envolve entidades públicas. A convivência do princípio da publicidade e do acesso à informação gera a necessidade de interpretação constitucional da Lei nº 13.140/2015. Importante viabilizar os procedimentos conciliatórios envolvendo entes públicos, sem malograr garantias importantes do estado democrático de direito.

Abstract

This text analyzes the principle of confidentiality applied in mediation, when it involves public entities. The coexistence of the principle of publicity and access to information generates the need for constitutional interpretation of law no. 13.140 / 2015. It is important to enable conciliation procedures involving public entities, without undermining important guarantees of the democratic state of law.

Palavras-chave

Confidencialidade – Autocomposição – Mediação – Publicidade – Acesso à informação.

Keywords

Confidentiality – Autocomposition – Mediation – Advertising – Access to information.

---

144. Doutora em Direito Público – Université Montesquieu Bordeaux IV. Mestre em Direito Público pela Universidade Federal da Bahia. Professora adjunta de Direito Administrativo da Universidade Federal da Bahia. Advogada da União.

1. Introdução

O essencial da temática posta em foco é a aplicação dos arts. 2º, inc. VII; 30 e 31 da Lei nº 13.140 de 26 de junho de 2015, segundo os quais a confidencialidade seria um princípio da mediação; para os procedimentos conciliatórios envolvendo entes públicos, que, por integrarem a Administração Pública, devem se submeter ao princípio constitucional da publicidade que rege a Administração Pública, e do princípio constitucional do acesso à informação, sedimentado também na Lei nº 12.527, de 18 de novembro de 2011, a intitulada Lei de Acesso à Informação, regulamentada pelo Decreto nº 7.724/2012.

Para adentrarmos na sensível questão, imprescindível tecer alguns comentários acerca da utilização do consenso como forma de resolução de conflitos envolvendo entes públicos e suas peculiaridades em relação à mediação entre particulares.

2. A resolução de conflitos envolvendo entes públicos e sua necessária distinção com a mediação havida entre particulares

Os entes públicos são, por sua natureza, desprovidos de vontade autônoma, portanto, acatar o consenso, que é encontro de vontades, como elemento para solucionar conflitos no âmbito da Administração Pública, requer uma releitura da essência do elemento consenso e de sua adaptação a uma vontade de natureza diversa da vontade humana, a vontade administrativa.

A Administração Pública brasileira nunca foi impedida, pela lei ou pela Constituição, de resolver, em âmbito interno, seus próprios conflitos. A Lei de Mediação – Lei nº 13.140/2015 –, que chegou no nosso ordenamento jurídico oito anos depois da criação, implantação e funcionamento da CCAF, veio emprestar segurança jurídica aos nossos membros, que se ressentiam de uma ancoragem legal mais sólida para desempenhar com maior independência e altivez a função autocompositiva.

A Lei nº 13.140/15 dispõe sobre a mediação entre particulares e sobre a autocomposição de conflitos no âmbito da Administração Pública.

No texto legal existe uma definição de "mediação" como sendo a*tividade técnica exercida por terceiro imparcial sem poder decisório, que, escolhido ou aceito pelas partes, as auxilia e estimula a identificar ou desenvolver soluções consensuais para a controvérsia.* Não existe no texto legal qualquer definição de autocomposição, todavia, segundo a hermenêutica jurídica, a lei não contém palavras inúteis (*verba cum effectu sunt accipienda*), o que nos leva a crer que o legislador em algum momento percebeu que se tratava de pessoas – públicas e privadas – regidas por regimes jurídicos diferentes, e que por isso teria que fazer alguma distinção entre elas, quando utilizassem o consenso para resolver seus conflitos.

A lógica do regime jurídico-administrativo brasileiro é pautada na supremacia do interesse público, o que reveste os entes públicos das chamadas prerrogativas, características que não são comuns aos entes privados, que ficam em posição de nítida inferioridade em relação ao ente público. Essa verticalidade nas relações de direito público é própria do regime jurídico -administrativo brasileiro, que justifica essa supremacia estatal pela titularidade e defesa dos interesses públicos pelo Estado.

Os princípios insculpidos no art. 2º da Lei nº 13.140/2015 são orientadores da mediação, bem como todos os elementos de definição traçados pela lei caracterizam a mediação. A título de ilustração, podemos citar o seu Art. 1º, que considera mediação a atividade técnica exercida por *terceiro imparcial, escolhido e aceito pelas partes*.

No sentido normativo textual, as câmaras públicas, sendo órgão da Administração Pública não praticariam mediação, mas, sim, praticariam algo distinto, que a lei denomina de autocomposição. Verifique-se que os mediadores em câmaras públicas não são escolhidos pelas partes e, embora sejam equidistantes do conflito apresentado para resolução, não se pode dizer que são imparciais, posto que são advogados públicos federais e, portanto, representam o Ente Público a que estão vinculados[145].

A autocomposição, termo escolhido pela Lei de Mediação, é encontrada em alguns dispositivos do CPC, sendo o mais significativo o abaixo transcrito:

> Art. 165. Os tribunais criarão centros judiciários de solução consensual de conflitos, responsáveis pela realização de sessões e audiências de conciliação e mediação e pelo desenvolvimento de programas destinados a auxiliar, orientar e estimular a autocomposição.
>
> § 1° A composição e a organização dos centros serão definidas pelo respectivo tribunal, observadas as normas do Conselho Nacional de Justiça.
>
> § 2° O conciliador, que atuará preferencialmente nos casos em que não houver vínculo anterior entre as partes, poderá sugerir soluções para o litígio, sendo vedada a utilização de qualquer tipo de constrangimento ou intimidação para que as partes conciliem.
>
> § 3° O mediador, que atuará preferencialmente nos casos em que houver vínculo anterior entre as partes, auxiliará aos interessados a compreender as questões e os interesses em conflito, de modo que eles possam, pelo restabelecimento da comunicação, identificar, por si próprios, soluções consensuais que gerem benefícios mútuos.
>
> Art. 166. A conciliação e a mediação são informadas pelos princípios da independência, da imparcialidade, da autonomia da vontade, da confidencialidade, da oralidade, da informalidade e da decisão informada.
>
> § 1° A confidencialidade estende-se a todas as informações produzidas no curso do procedimento, cujo teor não poderá ser utilizado para fim diverso daquele previsto por expressa deliberação das partes.
>
> § 2° Em razão do dever de sigilo, inerente às suas funções, o conci-

145. Nesse o Estado desempenha o papel fundamental de equidistância e distanciamento das partes (ressalvada a sua situação também de parte, nos casos em que compareça como autor, réu, litisconsorte ou interessado). Como julgador, o Estado exclui-se da tensão litigiosa, pois ele se põe como elemento de desfazimento e solução do conflito. ROCHA, Carmen Lúcia. Princípios Constitucionais do Processo Administrativo do Direito Brasileiro. *Revista de Direito Administrativo*. Rio de Janeiro, 2019:189-222. p.216.

> liador e o mediador, assim como os membros de suas equipes, não poderão divulgar ou depor acerca de fatos ou elementos oriundos da conciliação ou da mediação.
>
> § 3º Admite-se a aplicação de técnicas negociais, com o objetivo de proporcionar ambiente favorável à autocomposição.
>
> § 4º A mediação e a conciliação serão regidas conforme a livre autonomia dos interessados, inclusive no que diz respeito à definição das regras procedimentais.

Deduz-se desses dispositivos que a autocomposição é um gênero que abarca técnicas como a mediação, negociação e conciliação. Dessa forma, somos levados a crer que, quando o legislador ordinário diferenciou terminologicamente as práticas de resolução consensual de conflito na Lei de Mediação, a intenção dele não era afastar da Administração Pública a prática de técnicas autocompositivas, mas, sim, diferenciar normativamente a mediação privada da autocomposição a ser exercida na seara da Administração Pública. Isso demonstra o respeito às diferenciações de regime jurídico do público e do privado, o que se faz necessário.

Assim, podemos afirmar que, algumas disposições contidas na Lei nº 13.140/2015 não são aplicáveis, na mesma dimensão e peso, quando a autocomposição envolve os entes públicos.

3. Princípio da Confidencialidade e Princípio da Publicidade da Administração Pública. Lei nº 13.140/2015 e Lei nº 12.527/2011

Não existem princípios de aplicação absoluta. Pela própria textura aberta dessa norma, ela tem uma convivência harmônica e de acomodação com outros princípios, e pode também ser excepcionada episodicamente por uma lei. As leis, normas de textura mais fechada, contêm regras de aplicação "de tudo ou nada", o que faz com que obedeçam a critérios de aplicação como especialidade, temporalidade, hierarquia; já em relação aos princípios, superamos as colisões num sistema de ponderação, isto é, diante de uma situação fática, atribuímos um maior peso a determinado princípio em detrimento de outro. É uma relação de otimização de normas, e não de inaplicabilidade. Essa relação de ponderação e otimização é estabelecida entre princípios como o da eficiência e da publicidade; ou entre o princípio do devido processo legal e da razoabilidade, enfim, entre normas de mesma natureza[146].

Consideramos, nesse caso específico, que a confidencialidade, prevista como princípio na Lei de Mediação, no art. 2º, não se aplica da forma principiológica à Administração Pública, mas tão somente à mediação privada. Destaque-se que a lei ordinária apenas declara a existência de princípios, não tendo o poder de criar princípios jurídicos, muito menos de criar princípios exatamente antagônicos a um princípio constitucional. Nesse caso, se admitíssemos a confidencialidade como princípio quando a mediação envolvesse entes públicos, negaríamos o princípio constitucional da publicidade/acesso à informação, o que é inadmissível. Para nós, ou temos um princípio constitucional de publicidade, ou temos um princípio de confidencialidade quando tratamos de mediação envolvendo entes públicos.

Negar aplicação da confidencialidade como princípio, todavia, não equivale a negar, que, episodicamente, o princípio da publicidade ceda espaço, pontual, para admitir o sigilo e a limitação à divulgação de informações. O importante é que o princípio de regência da Administração Pública e de seus processos e procedimentos continua sendo a publicidade/acesso à informação, o que garante ao particular a isonomia de tratamento, mesmo em se tratando de uma relação com o Poder Público.

---

146. As regras, nas palavras de Dworkin, "são aplicáveis à maneira do tudo-ou-nada". DWORKIN, Ronald. *Levando direitos a sério*. Tradução Nelson Boeira. São Paulo: Martins Fontes, 2002. p. 39.
Nesse sentido, a sua incidência não pode ser relativizada, devendo a consequência prevista ser aplicada quando a sua condição estiver presente. As controvérsias sobre a sua execução estão no âmbito da validade, demandando soluções que pressupõem a incidência dos critérios hermenêuticos da especialidade, temporalidade e hierarquia. Destarte, quando há um conflito entre regras (uma antinomia), Alexy afirma que, salvo na hipótese de uma cláusula de exceção, uma das regras deve ser declarada inválida e extirpada do sistema, uma vez que "o conceito de validade jurídica não é graduável. Ou uma norma jurídica é válida ou não é". ALEXY, Robert. *Teoria dos direitos fundamentais*. Tradução Virgílio Afonso da Silva. São Paulo: Malheiros, 2008.

A maior garantia de um particular quando dialoga com o Estado é o processo. A atividade conciliatória realizada internamente pela Administração Pública é desenvolvida por intermédio de um processo/procedimento administrativo que garante: igualdade de tratamento entre as partes; direito de ser ouvido e de expressar oralmente e por escrito o que entender necessário; observância de prazo razoável de duração; formalização de diligências necessárias etc. O processo administrativo é forma de atuação válida da Administração Pública em um evento de encontro de vontades que, em muitos casos, pertencerão a mundos diversos – público e privado. A vontade administrativa, diferente da humana, é objetiva, institucional, externa, impessoal e deve ser controlada; portanto, o processo é a única via hábil e legítima para que um particular possa conhecer a formação dessa vontade e controlá-la. Um processo sigiloso, em parte inacessível ao particular, seria um não processo, algo kafkiano, indesejável, principalmente quando tratamos de consenso como forma de resolução de litígios.

Inexiste nesse ponto uma diferenciação possível para o tratamento do sigilo ou da confidencialidade nas câmaras públicas de autocomposição, quando tratarmos de um processo com o particular ou de um processo com outro ente público. O destinatário da garantia principiológica é o público, o coletivo, esteja ele fazendo parte ou não do processo de que se quer obter informação. Destaque-se, que a publicidade e o acesso a informação têm destinatário difuso, pretendendo-se com esses princípios garantir, a qualquer um, a possibilidade de conhecer a atividade administrativa expressa em um processo e controlá-la.

O princípio da publicidade, traduzido na transparência das formas e na visibilidade das condutas, não pode conviver com outra norma de natureza e conteúdo idênticos e em sentido oposto. O que se admite, e que ocorre cotidianamente na aplicação do Direito, é a excepcionalidade, diante de uma regra, de uma lei ou de outro princípio: um deles pode ceder em parte ou ser excepcionado, sem desguarnecer o destinatário da norma que necessita da proteção. Isso porque a segurança jurídica estará preservada pelos limites legais dessa excepcionalidade.

Configuram excepcionalidades consentidas, aquelas previstas na Lei de Acesso à Informação – Lei nº 12.527/2011, no decreto regulamentador – Decreto nº 7.724/2012 e em todas as outras normas que preveem essas excepcionalidades, como o sigilo profissional, o segredo industrial etc.

4. A Lei de Acesso à Informação - Lei nº 12.527/2011 - O Decreto nº 7.724/2012 e os critérios objetivos e procedimentais de observância do sigilo nos processos conciliatórios

Afastar a incidência da confidencialidade como princípio na autocomposição envolvendo entes públicos, ratificando o que já se afirmou, não significa afastar a observância do sigilo e da confidencialidade nas circunstâncias e nos atos procedimentais que a lei assim permitir ou exigir.

A Lei nº 12.527/2011(LAI), por conter as regras gerais de acesso e de proteção à informação na Administração Pública, será utilizada como principal parâmetro para balizar nossa forma de atuação quando o assunto for "publicidade x sigilo". A LAI prevê várias exceções ao princípio da publicidade[147].

147. Art.4º
[...]
III - informação sigilosa - informação submetida temporariamente à restrição de acesso público em razão de sua imprescindibilidade para a segurança da sociedade e do Estado, e aquelas abrangidas pelas demais hipóteses legais de sigilo;
IV - informação pessoal - informação relacionada à pessoa natural identificada ou identificável, relativa à intimidade, vida privada, honra e imagem; [...]
Art. 7º.
§ 1º O acesso à informação previsto no caput não compreende as informações referentes a projetos de pesquisa e desenvolvimento científicos ou tecnológicos cujo sigilo seja imprescindível à segurança da sociedade e do Estado.
§ 2º Quando não for autorizado acesso integral à informação por ser ela parcialmente sigilosa, é assegurado o acesso à parte não sigilosa por meio de certidão, extrato ou cópia com ocultação da parte sob sigilo.
§ 3º O direito de acesso aos documentos ou às informações neles contidas utilizados como fundamento da tomada de decisão e do ato administrativo será assegurado com a edição do ato decisório respectivo. [...]
Art. 22. O disposto nesta Lei não exclui as demais hipóteses legais de sigilo e de segredo de justiça nem as hipóteses de segredo industrial decorrentes da exploração direta de atividade econômica pelo Estado ou por pessoa física ou entidade privada que tenha qualquer vínculo com o poder público.

Notadamente, em relação às informações que possam pôr em risco a intimidade, vida privada, honra e imagem da pessoa; às hipóteses de sigilo previstas na legislação, como fiscal, bancário, de operações e serviços no mercado de capitais, comercial, profissional, industrial e segredo de justiça; bem como às informações referentes a projetos de pesquisa e desenvolvimento científicos ou tecnológicos cujo sigilo seja imprescindível à segurança da sociedade e do Estado, a LAI já estabeleceu a restrição de acesso, independentemente de classificação de sigilo. Nesses casos, a divulgação das informações está limitada aos agentes públicos legalmente autorizados, a pessoas a que elas se referirem e a terceiros legalmente autorizados ou consentidos[148].

Nosso processo conciliatório se enquadra justamente nessas hipóteses: o sigilo que devemos resguardar ou deriva da proteção à privacidade, ou de proteção à legislação esparsa, a exemplo de todas aquelas citadas no dispositivo da LAI, e outras que vierem a surgir posteriormente, dentre elas a própria Lei nº 13.140/2015, ainda não promulgada à época na edição da LAI, em virtude do que não poderia ser citada textualmente.

Nesse caso, todos os atos próprios e essenciais à autocomposição, cuja divulgação possa impedir o êxito da conciliação/mediação, deverão ter seu

---

Art. 23. São consideradas imprescindíveis à segurança da sociedade ou do Estado e, portanto, passíveis de classificação as informações cuja divulgação ou acesso irrestrito possam:
I - pôr em risco a defesa e a soberania nacionais ou a integridade do território nacional;
II - prejudicar ou pôr em risco a condução de negociações ou as relações internacionais do País, ou as que tenham sido fornecidas em caráter sigiloso por outros Estados e organismos internacionais;
III - pôr em risco a vida, a segurança ou a saúde da população;
IV - oferecer elevado risco à estabilidade financeira, econômica ou monetária do País;
V - prejudicar ou causar risco a planos ou operações estratégicos das Forças Armadas;
VI - prejudicar ou causar risco a projetos de pesquisa e desenvolvimento científico ou tecnológico, assim como a sistemas, bens, instalações ou áreas de interesse estratégico nacional;
VII - pôr em risco a segurança de instituições ou de altas autoridades nacionais ou estrangeiras e seus familiares; ou
VIII - comprometer atividades de inteligência, bem como de investigação ou fiscalização em andamento, relacionadas com a prevenção ou repressão de infrações.
O Decreto nº 7.724/2012 acrescenta outros casos excepcionais:
Art. 6º O acesso à informação disciplinado neste Decreto não se aplica:
I - às hipóteses de sigilo previstas na legislação, como fiscal, bancário, de operações e serviços no mercado de capitais, comercial, profissional, industrial e segredo de justiça; e
II - às informações referentes a projetos de pesquisa e desenvolvimento científicos ou tecnológicos cujo sigilo seja imprescindível à segurança da sociedade e do Estado, na forma do §1º do art. 7o da Lei nº 12.527, de 2011.

148. BRANCO, Paulo Gustavo Gonet; COELHO, Inocêncio Mártires; MENDES, Gilmar Ferreira. *Curso de Direito Constitucional*. São Paulo: Saraiva, 2010, p. 123.

acesso restrito por decisão administrativa motivada, que indicará especificamente qual é o ato ou a informação a ser protegida e os motivos pelos quais sua divulgação afetará o bom andamento do processo.

O fundamento para que se imponha a referida exceção ao princípio da publicidade/acesso à informação é a Lei de Mediação, que tem por essência o papel de zelar pelo bom e eficiente andamento do processo conciliatório. Advirta-se nesse ponto que, da mesma forma que uma lei resguarda o sigilo profissional, o segredo de justiça, o segredo industrial, a Lei nº 13.140/2015 resguarda o sigilo nos processos conciliatórios e deve ser respeitada na mesma medida que as outras normas aqui citadas.

Não admitir como princípio da Administração Pública, mesmo que restrito aos processos conciliatórios, a confidencialidade, não acarreta a abertura ilimitada do processo de autocomposição a ponto de inviabilizá-lo; ao contrário, tratando a publicidade/acesso à informação como o princípio e a confidencialidade como a exceção, nós garantimos a segurança jurídica tanto para os envolvidos no processo, como para a coletividade em geral, evitando abusos de ambos os lados. Isso faz parte de uma conduta republicana!

5. A confidencialidade como dever para os envolvidos no processo

Em um processo de conciliação, podemos ter inúmeros envolvidos, públicos e privados, pessoas físicas e jurídicas. Nesse caso, é insuficiente pensar no dever de resguardar o sigilo apenas pelo ente público envolvido, que guarda a informação e que zela pelo processo. As informações e documentos são compartilhados por todos, e qualquer um que tenha acesso a eles deve se responsabilizar pela sua divulgação indevida.

Dessa forma, a assinatura de um termo pelas partes, com a informação adequada acerca dos limites legais dessas medidas, e com indicação dos documentos e informações que vierem a ser abrangidos por esta proteção no curso do processo, evitará desgastes futuros, dissipará dúvidas a respeito da participação no processo e individualizará as responsabilidades de cada um dos partícipes.

A manifestação livre e expressa de vontade em um ato formal declaratório no início do processo conciliatório servirá para atestar a ciência inequívoca da natureza das informações sujeitas aos limites de divulgação, e para assegurar que todos, proporcionalmente ao acesso que detêm aos documentos e informações, assumam a responsabilidade pelo resguardo daquilo que for considerado sigiloso pela Administração Pública que conduz o processo.

Advirta-se que não se trata de manifestação de vontade para tornar um ato ou informação sigilosos, mas, sim, de resguardar por ato próprio, devidamente formalizado, o sigilo de uma informação, um ato ou documento considerado sigiloso pela Administração Pública, em ato motivado e fundamentado por lei. O fundamento para o resguardo da informação é legal, e não volitivo, e visa à proteção do êxito das tratativas conciliatórias, sem o qual não se viabilizará jamais a obtenção do consenso como forma de resolução de um conflito.

6. Conclusão

Os procedimentos conciliatórios em curso nas câmaras públicas de autocomposição, sejam entre particular e Administração Pública, ou somente entre entes ou órgãos públicos, serão orientados pelo princípio da publicidade/acesso a informação, cabendo as exceções baseadas na Lei nº 13.140/2015, nos outros diplomas específicos que prevejam sigilo, ou relacionadas com a privacidade do participante ou de qualquer outra pessoa envolvida no processo, sem necessidade de classificação com base na LAI.

As restrições de sigilo e confidencialidade que visem resguardar a viabilidade do processo conciliatório com base na Lei nº 13.140/2015 não serão genéricas nem lacônicas, cabendo à Administração decidir motivadamente quais são os atos, documentos e informações abrangidos pelo sigilo e declinar os motivos que ensejam tal excepcionalidade, motivos esses que deverão sempre estar conexos com o risco de inviabilização do processo de conciliação.

Os envolvidos em processo conciliatório, sejam públicos ou privados, poderão assinar um documento no qual se obrigam a não divulgar o conteúdo de documentos, respeitando as decisões de confidencialidade motivadamente proferidas no curso do processo de conciliação, com base na Lei nº 13.140/2015.

Referências

ALEXY, Robert. *Teoria dos direitos fundamentais*. Tradução Virgílio Afonso da Silva. São Paulo: Malheiros, 2008.

BRANCO, Paulo Gustavo Gonet; COELHO, Inocêncio Mártires; MENDES, Gilmar Ferreira. *Curso de Direito Constitucional*. São Paulo: Saraiva, 2010, p. 123.

DAVI, Kaline Ferreira. A autocomposição e as pessoas jurídicas de direito público o que mudou depois da lei de mediação?. *Revista dos Tribunais*: SP, v. 982, p. 323-333, 2017.

___________.Magistratura de Influência - Uma alternativa ao contencioso administrativo tradicional. *ReDAC*, v. 9, p. 203-216, 2014

___________.Brasil e França em busca de alternativas para o contencioso administrativo. *Revista dos Tribunais*: SP, v. 914, p. 21-44, 2011.

DWORKIN, Ronald. *Levando direitos a sério*. Tradução Nelson Boeira. São Paulo: Martins Fontes, 2002., p. 39.

MOESSA, Luciane. *Meios Consensuais de Solução de Conflitos Envolvendo entes públicos e a Mediação de Conflitos Coletivos*. Tese de Doutorado, 2010, Biblioteca da Universidade Federal de Santa Catarina

ROCHA, Carmen Lúcia. Princípios Constitucionais do processo Administrativo do Direito Brasileiro. *Revista de Direito Administrativo*. Rio de Janeiro, 2019:189-222. p.216

Novo Regulamento de Mediação do CAM-CCBC e a Administração Pública

Luíza Helena Cardoso Kömel e Jamyle Terceiro Jardim[149]

Resumo

Este artigo aborda a mediação no CAM-CCBC, analisando sua evolução, seus fundamentos e práticas institucionais. Discute as mudanças que consolidaram a mediação como método adequado de resolução de disputas em constante expansão. Examina o Novo Regulamento de Mediação de 2024 e o histórico de normas que culminaram no novo texto. Também trata dos aspectos práticos da mediação envolvendo a Administração Pública. Conclui com uma análise do papel do CAM-CCBC na promoção da mediação no Brasil.

Abstract

This article addresses mediation at CAM-CCBC, analyzing its historical evolution, foundations, and institutional practices. It discusses the changes that have consolidated mediation as an appropriate and continuously expanding method of dispute resolution. The article examines the New Mediation Regulations of 2024 and the history of rules which resulted in the new text. It also explores the practical aspects of mediation involving Public Administration. The article concludes with an analysis of CAM-CCBC's role in promoting mediation in Brazil.

Palavras-chave

Mediação – CAM-CCBC – Regulamento de Mediação –Administração Pública – Resolução de Disputas.

Keywords

Mediation – CAM-CCBC – Mediation Rules – Public Administration – Dispute Resolution.

149. Luíza Helena Cardoso Kömel é secretária-geral do Centro de Arbitragem e Mediação da Câmara de Comércio Brasil-Canadá (CAM-CCBC) e reúne mais de 12 anos de prática com a administração de arbitragens, mediações e outros métodos adequados de solução de conflitos. É *Fellow* do Chartered Institute of Arbitrators (FCIArb), advogada em São Paulo e formou-se em Direito pela Universidade de São Paulo (USP).

Jamyle Terceiro Jardim é assessora da Secretaria Geral do CAM-CCBC, advogada em São Paulo e formou-se em Direito pela Universidade Federal de Rondônia (UNIR). Pós-graduada em Direito Empresarial pela Fundação Getúlio Vargas.

1. Introdução

Nos últimos anos, a mediação se desenvolveu no país tanto no número de procedimentos realizados quanto no crescente reconhecimento por parte da comunidade jurídica, acadêmica e empresarial. Esse crescimento, combinado com uma maior compreensão das especificidades do método, favoreceu não apenas a solidificação de suas práticas, mas gerou uma maior expectativa quanto ao amadurecimento do método.

No âmbito do CAM-CCBC, a mediação institucional adota um modelo não confrontacional, orientado para a busca de soluções consensuais, especialmente em conflitos relacionados à interpretação ou execução de contratos. Para tanto, o Regulamento de Mediação do CAM-CCBC, fruto de anos de práticas e aprimoramentos, estabelece os parâmetros que regem esse procedimento.

Este artigo tem como objetivo analisar o Novo Regulamento de Mediação de 2024, que introduziu modificações relevantes no procedimento, tornando-o mais alinhado às demandas contemporâneas do contexto jurídico e empresarial brasileiro.

Inicialmente, será realizada uma análise dos fatos que marcaram a evolução da mediação no CAM-CCBC, destacando os resultados obtidos com o incentivo ao uso desse método.

Antes de adentrarmos na análise detalhada do Regulamento de Mediação de 2024, será apresentada uma breve reflexão sobre a evolução normativa da mediação no âmbito do CAM-CCBC, revisitando as mudanças introduzidas pelo Roteiro de Mediação de 1998, pelo Regimento de Mediação de 2012 e pelo Regulamento de Mediação de 2016.

Na sequência, serão discutidos três aspectos principais do novo regulamento: os antecedentes que motivaram a revisão das normas anteriores, as mudanças introduzidas no Regulamento de Mediação de 2024 e as modificações na Tabela de Custos e Honorários na Mediação, com o intuito de proporcionar uma compreensão abrangente dos fundamentos e impactos dessas alterações.

Por fim, serão abordados os dispositivos normativos e institucionais no âmbito do CAM-CCBC que incentivam o uso da mediação pelo Poder Público, assim como os elementos que indicam uma tendência de crescimento do uso da mediação para a resolução de conflitos entre particulares e a Administração Pública.

2. A evolução da mediação no CAM-CCBC: história, fundamentos e prática

Os métodos adequados de resolução de conflitos percorreram um longo caminho até se consolidarem como os conhecemos hoje. No Brasil, esse percurso começou de forma pioneira com a fundação da Comissão de Arbitragem da Câmara de Comércio Brasil-Canadá, em 26 de julho de 1979. Naquela época, o país ainda vivia um cenário de insegurança jurídica quanto à legalidade da arbitragem, o que fez com que as atividades da comissão se concentrassem na divulgação das vantagens e dos benefícios desse método. Nesse contexto, surgiu o primeiro Regulamento de Arbitragem da instituição, marcando o primeiro passo para o avanço dos métodos adequados de resolução de conflitos.

Com o passar dos anos, a mediação empresarial emergiu como uma opção estratégica, ganhando espaço no meio corporativo. A criação de um ambiente propício para negociações eficientes e menos conflituosas refletiu o amadurecimento do mercado e da sociedade em relação à resolução consensual de disputas. O CAM-CCBC, sempre à frente, passou a incorporar a mediação ao seu portfólio em 1998.

Nesse ano, a então Comissão de Arbitragem, já renomeada como Centro de Arbitragem e Mediação da Câmara de Comércio Brasil-Canadá (CAM-

CCBC), lançou o primeiro Roteiro de Mediação[150]. Anexo ao Regulamento de Arbitragem[151] daquele ano, o documento simbolizou a formalização de uma nova etapa, marcada pela busca por disseminar conhecimento e fomentar a adesão aos métodos consensuais de resolução de conflitos no Brasil.

O Roteiro de Mediação foi aprovado em Assembleia Geral Extraordinária em 15 de julho de 1998 e estabeleceu as regras e os procedimentos para a mediação de controvérsias. É composto por sete seções que descrevem desde os princípios gerais da mediação até disposições administrativas e complementares.

Com o tempo, à medida que a prática da mediação evoluía, tornou-se evidente a necessidade de revisar o Roteiro de Mediação para acompanhar os desafios e demandas emergentes no mercado. Em resposta a esse cenário, foi convocada uma nova Assembleia Geral Extraordinária, que, em 2011, deu início ao processo de revisão. O resultado dessa atualização foi o Regimento de Mediação de 2012, aprovado e lançado em 10 de abril daquele ano.

Nesse contexto, a promulgação da Lei nº 13.140/2015, conhecida como a Lei de Mediação, veio consolidar o movimento em direção à sistematização e à expansão da mediação no Brasil. A lei representou um marco jurídico, ao se dedicar exclusivamente aos métodos consensuais de resolução de conflitos, estabelecendo normas detalhadas e introduzindo importantes inovações, como a regulamentação da mediação extrajudicial, um tema até então não contemplado pela legislação.

Em consonância com os avanços trazidos pela nova legislação, o CAM-CCBC instituiu o Regulamento de Mediação de 2016. Este novo Regula-

150. CENTRO DE ARBITRAGEM E MEDIAÇÃO DA CÂMARA DE COMÉRCIO BRASIL-CANADÁ (CAM-CCBC). Roteiro de Mediação. São Paulo: CAM-CCBC, 1998. Disponível em: https://www.ccbc.org.br/cam-ccbc-centro-arbitragem-mediacao/resolucao-de-disputas/mediacao/regulamento-1998/. Acesso em: 14 nov. 2024.

151. CENTRO DE ARBITRAGEM E MEDIAÇÃO DA CÂMARA DE COMÉRCIO BRASIL-CANADÁ (CAM-CCBC). Anexo I: Regulamento de Arbitragem. São Paulo: CAM-CCBC, 1998. Disponível em: https://www.ccbc.org.br/cam-ccbc-centro-arbitragem-mediacao/resolucao-de-disputas/arbitragem/regulamento-1998/. Acesso em: 14 nov. 2024.

mento incorporou as disposições legais e aprimorou ainda mais os processos internos. O CAM-CCBC passou, também, a contar com um processo mais rigoroso para a inclusão de profissionais na lista de mediadores. Ademais, o lançamento do novo Regulamento veio acompanhado da inauguração de uma sala de mediação como parte da estrutura física (*hearing center*) do CAM-CCBC. Como resultado de todos esses esforços, a instituição passou a administrar um número crescente de mediações.

Foi criado, ainda, o Conselho Consultivo de Mediação por meio da Resolução Administrativa nº 24, de 8 de março de 2017[152]. O Conselho tem como objetivo auxiliar a Direção por meio de sugestões de medidas e políticas que fortaleçam o prestígio e a boa qualidade dos serviços prestados na administração de mediações pelo Centro.

Uma das iniciativas criadas pelo Conselho foi a *Task Force* de Mediação com a Administração Pública, que tem como objetivo divulgar e expandir a prática da mediação com o Poder Público, tanto para os órgãos, instituições e empresas públicas do âmbito federal, estadual e municipal quanto para os profissionais de áreas correlatas.

Entre as ações de destaque da *Task Force,* o Café da Manhã | Mediação com a Administração Pública tem se mostrado um sucesso contínuo. Com sua quinta edição em 2024, o encontro se firmou como uma importante plataforma para a troca de experiências e conhecimento sobre a mediação com o setor público.

Além disso, a *Task Force* também idealizou o *podcast* Mediação com a Administração Pública[153], disponível através do *site* do CAM-CCBC e do

---

152. CENTRO DE ARBITRAGEM E MEDIAÇÃO DA CÂMARA DE COMÉRCIO BRASIL-CANADÁ (CAM-CCBC). Resolução Administrativa nº 24/2017: Criação do Conselho Consultivo de Mediação do CAM -CCBC. São Paulo: CAM-CCBC, 2017. Disponível em: https://www.ccbc.org.br/cam-ccbc-centro-arbitragem-mediacao/resolucao-de-disputas/resolucoes-administrativas/ra-24-2017-criacao-do-conselho-consultivo-de-mediacao-do-cam-ccbc/. Acesso em: 19 nov. 2024.

153. CENTRO DE ARBITRAGEM E MEDIAÇÃO DA CÂMARA DE COMÉRCIO BRASIL-CANADÁ (CAM-CCBC). *Podcast* "Mediação com Administração Pública". Disponível em: https://www.ccbc.org.br/cam-ccbc-centro-arbitragem-mediacao/podcasts-cam-ccbc/. Acesso em: 15 nov. 2024.

Spotify. Com duas temporadas e dezessete episódios lançados no total até a publicação deste artigo, o *podcast* apresenta um conteúdo inovador, uma abordagem acessível, e busca fomentar o diálogo sobre os benefícios da mediação, sobretudo nas interações entre o público e o privado.

Destaca-se outra iniciativa do Conselho Consultivo de Mediação: a aprovação da Resolução Administrativa nº 27/2017, que deu publicidade ao processo de inclusão e revisão da Lista de Mediadores do CAM-CCBC[154], inclusive explicitando os requisitos desejáveis para o profissional que pretende se candidatar a integrar o corpo de mediadores:

i) Formação ou capacitação em mediação;
ii) Experiência profissional em mediação;
iii) Qualificação acadêmica e profissional;
iv) Apresentação de cartas de recomendação de partes.

Outra iniciativa relevante para incentivar o uso da mediação foi a criação da Resolução Administrativa nº 36/2019[155], que estabeleceu condições para a concessão de descontos nas taxas de administração das mediações no CAM-CCBC, quando a solução consensual é buscada antes da instauração de uma arbitragem ou durante o trâmite do procedimento arbitral. Buscou-se facilitar o acesso aos métodos consensuais de resolução de disputas e estimular a mediação como uma ferramenta eficaz, em clara demonstração de comprometimento da instituição com o incentivo à mediação.

Todas essas medidas resultaram, de fato, no aumento do uso da mediação no âmbito do CAM-CCBC. Até a entrada em vigor da Lei de Mediação, o CAM-CCBC havia administrado, historicamente, um total de

154. CENTRO DE ARBITRAGEM E MEDIAÇÃO DA CÂMARA DE COMÉRCIO BRASIL-CANADÁ (CAM-CCBC). Resolução Administrativa nº 27/2017. Inclusão e revisão da Lista de Mediadores do CAM-CCBC. Disponível em: https://www.ccbc.org.br/cam-ccbc-centro-arbitragem-mediacao/resolucao-de-disputas/resolucoes-administrativas/ra-27-2017-inclusao-e-revisao-da-lista-de-mediadores-do-cam-ccbc/. Acesso em: 05 jan. 2025.

155. CENTRO DE ARBITRAGEM E MEDIAÇÃO DA CÂMARA DE COMÉRCIO BRASIL-CANADÁ (CAM-CCBC). Resolução Administrativa nº 36/2019. Resolução sobre concessão de desconto na taxa de administração do procedimento de mediação do CAM-CCBC. Disponível em: https://www.ccbc.org.br/cam-ccbc-centro-arbitragem-mediacao/resolucao-de-disputas/resolucoes-administrativas/ra-36-2019/. Acesso em: 14 nov. 2024.

24 mediações. Entre 2016 e 2022, esse número cresceu significativamente, alcançando 71 procedimentos. Em 2023, o Centro recebeu 16 novas mediações e, em 2024, registrou um recorde, com 19 procedimentos iniciados. Com isso, o CAM-CCBC atingiu, em 2024, a marca histórica de 131 mediações administradas, consolidando seu papel de destaque na resolução consensual de disputas no Brasil.

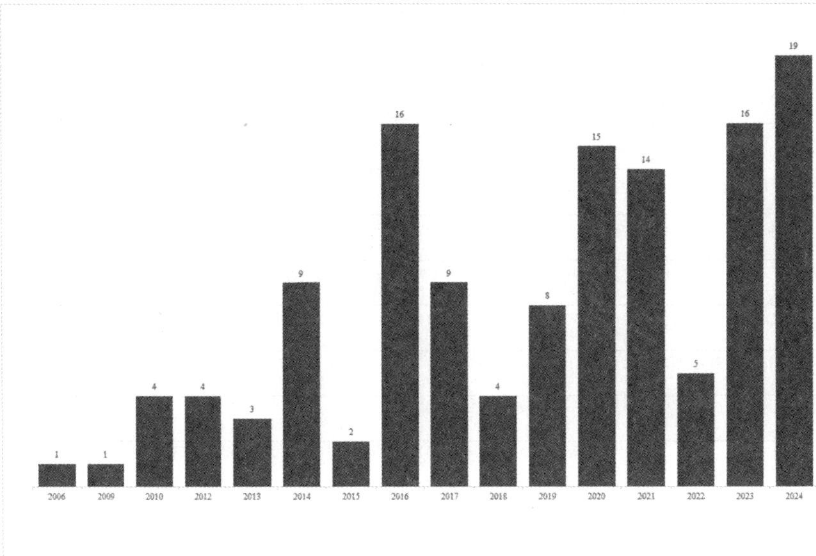

Figura 1 – Requerimentos de mediação recebidos por ano no CAM-CCBC

Os dados do CAM-CCBC refletem uma tendência consistente, corroborada pela pesquisa *Mediação em Números*[156], coordenada por Daniela Monteiro Gabbay e Vera Cecília Monteiro de Barros, que apontou um crescimento significativo no uso da mediação institucional entre 2012 e 2022 nas câmaras analisadas, evidenciando a tendência de expansão do uso desse método em todo o Brasil.

156. GABBAY, Daniela Monteiro; BARROS, Vera Cecília Monteiro de. (coord.). *Mediação em Números:* 10 anos – 2012 a 2022. FGV Direito SP e Canal Arbitragem. São Paulo, 2023. Disponível em: https://canalarbitragem.com.br/wp-content/uploads/2023/05/Mediacao-em-Numeros_RelatorioPesquisa.pdf. Acesso em: 14 nov. 2024.

3. Evolução dos Regulamentos de Mediação no CAM-CCBC

Antes de iniciarmos a análise do Regulamento de Mediação de 2024, é pertinente refletir sobre a evolução normativa da mediação no âmbito do CAM-CCBC e revisitar as mudanças introduzidas pelo Roteiro de Mediação de 1998, Regimento de Mediação de 2012 e Regulamento de Mediação de 2016, destacando brevemente as inovações de cada um e como as alterações responderam aos desafios de seu tempo.

Em primeiro lugar, o Roteiro de Mediação de 1998 estabeleceu diretrizes para a mediação no CAM-CCBC, iniciando-se com a notificação de uma das partes, que resulta na organização de uma reunião inicial de pré-mediação, gratuita e sem compromisso (artigo 2). Nessa reunião, são apresentadas as metodologias e responsabilidades do processo. Se as partes concordarem, o CAM-CCBC fornece uma lista de mediadores para que a escolha seja feita de forma conjunta. Caso não haja consenso, a presidência do CAM-CCBC designa o mediador. Após a definição, uma reunião é agendada para formalizar o Termo de Mediação (artigo 3), no qual são estabelecidos o cronograma, os custos e os honorários do mediador, dando início ao procedimento com prazo de até 30 dias para conclusão. Caso as partes cheguem a um acordo, o Termo de Acordo é redigido e registrado pelo mediador em conjunto com partes e advogados (artigo 4).

Caso se identifique que o impasse criado é insanável, o mediador ou qualquer das partes poderão interromper o procedimento de mediação a qualquer momento (artigo 5.1). Nessa hipótese, o mediador também pode sugerir alternativas, como a arbitragem (artigo 5.2). Qualquer pessoa que tiver atuado como mediador ficará impedida de atuar como árbitro, salvo convenção em contrário das partes (artigo 5.3).

O Roteiro também regulamenta o sigilo do procedimento, assegurando que as informações obtidas durante a mediação não sejam usadas em litígios subsequentes (artigo 5.4 e 5.5). E ainda prevê que, em caso de omissões ou dúvidas, o regulamento de arbitragem do CAM-CCBC serve como fonte normativa subsidiária (artigo 7).

Em segundo lugar, o Regimento de Mediação do CAM-CCBC de 2012 trouxe mudanças significativas em relação à norma anterior, promovendo uma estrutura mais detalhada para os procedimentos de mediação. Entre as principais alterações, destaca-se a ampliação das normas que regulam a condução do processo, com a inclusão de capítulos e artigos que detalham prazos, custos e etapas de mediação.

A primeira mudança que se observa é a inclusão de uma verificação de admissibilidade, com a qual o CAM-CCBC informará se o tema é passível de ser resolvido por mediação e indicará, se for o caso, outro método mais adequado, de forma justificada (artigo 2).

O Regimento de 2012 também detalhou etapas como a notificação e a reunião inicial (artigo 3.1), procedimento conduzido pela Secretaria Executiva e que confere maior organização e previsibilidade às partes interessadas.

Outra mudança relevante é a introdução de critérios e processos mais rigorosos para a seleção dos mediadores (artigo 3.3) que atuarão em cada caso, os quais devem responder ao Questionário de Conflitos de Interesse e Disponibilidade, com a finalidade de assegurar maior imparcialidade na escolha do mediador (artigo 3.3.5). O Regimento também especificou a possibilidade de comediação (artigo 3.5).

Em relação ao Termo de Mediação, documento que rege o procedimento, o Regimento lista elementos obrigatórios, como identificação das partes, custos, regras do processo e cronograma de reuniões, assegurando maior clareza sobre as responsabilidades e os compromissos de todos os envolvidos (artigo 4).

Uma das maiores inovações foi o estabelecimento de requisitos mínimos de capacitação para os mediadores (artigo 6), tais como: capacitação, mínima de 80 horas em mediação facilitativa; especialização empresarial, mínima de 40 horas em mediação facilitativa; prática em mediação empresarial, mínima de 150 horas; e educação continuada.

Além disso, o Regimento de 2012 inclui um capítulo dedicado ao acordo ou finalização do processo de mediação, seja por acordo entre as partes (artigo 8) ou desistência (artigo 9), bem como a forma de encerramento da mediação (artigo 10).

Por fim, o Regimento de 2012 incluiu um capítulo dedicado a tabela de despesas (artigo 11), reembolso de valores antecipados (artigo 12) e prestação de contas (artigo 13).

O sigilo e a confidencialidade, já previstos no Roteiro, foram reforçados, com previsões específicas para que fatos, propostas e quaisquer outras informações obtidas durante a mediação não sejam revelados em posterior arbitragem ou processo judicial (artigo 14.3).

Em relação à contagem de prazo, estabeleceu-se que os prazos seriam contínuos (artigo 14.4). O Regimento previu que caberia ao presidente do CAM-CCBC ou aos mediadores escolhidos a tarefa de interpretar e aplicar o Regimento em casos específicos, em tudo o que concerne aos seus poderes e obrigações (artigo 14.6), de modo que eventuais lacunas não seriam mais preenchidas pelo Regulamento de Arbitragem, como estabelecido anteriormente pelo Roteiro de 1998.

Em terceiro lugar, o Regulamento de Mediação de 2016 do CAM-CCBC reflete uma evolução em relação ao texto de 2012, com a finalidade de adequar a norma aos novos marcos legais da mediação, a saber: a Lei nº 13.140/2015 (Lei de Mediação) e a Lei nº 13.105/2015 (Código de Processo Civil), incluindo expressamente a possibilidade de participação da Administração Pública.

O texto de 2016 já iniciou incluindo a possibilidade de adaptação das regras do Regulamento para disputas envolvendo a Administração Pública, conforme seja necessário para atender às exigências legais (artigo 1.1.1), aumentando sua aplicabilidade em conflitos resolvidos através da mediação institucional.

O regulamento introduz uma estrutura robusta e detalhada para os atos iniciais, incluindo a formalização de reuniões prévias (artigo 2), que têm caráter informativo e antecedem o início do procedimento, e anteriormente eram denominadas reunião "pré-mediação".

A escolha do mediador também foi aprimorada, através da inclusão de critérios para desempate e a manutenção do Questionário de Conflitos de Interesse e Disponibilidade, (artigo 3). Além disso, manteve-se a possibilidade de comediação (artigo 4). O Regulamento também detalha os requisitos do Termo de Mediação (artigo 5) e as formas de reuniões no âmbito do procedimento (artigo 6).

Em relação ao encerramento, o Regulamento previu a assinatura do Termo de Acordo (artigo 7) e outras hipóteses de encerramento (artigo 8), a saber: mediante comunicação escrita do mediador aos participantes ou dos participantes; e pelo decurso do prazo de 30 dias após a assinatura do Termo de Mediação.

Por fim, o Regulamento de 2016 incluiu um capítulo dedicado aos custos da mediação, abrangendo a tabela de custos e honorários dos mediadores (artigo 9) e prestação de contas (artigo 10). Nesse item, a gestão financeira foi aprimorada com a formalização de uma tabela pública de custos e honorários, além da previsão de prestação de contas detalhada e reembolsos em casos aplicáveis.

Outro avanço é o fortalecimento do sigilo, com a proibição de divulgação de informações ou documentos obtidos durante o procedimento, salvo por determinação legal ou acordo expresso (artigo 11.3 e 11.4). A integração do Código de Ética e Conduta[157], novidade do Regulamento de 2016,

157. CENTRO DE ARBITRAGEM E MEDIAÇÃO DA CÂMARA DE COMÉRCIO BRASIL-CANADÁ (CAM-CCBC). Código de Ética e Conduta para os Mediadores. Disponível em: https://www.ccbc.org.br/cam-ccbc-centro-arbitragem-mediacao/resolucao-de-disputas/mediacao/codigo-etica/. Acesso em: 22 nov. 2024.

também eleva os padrões de atuação dos mediadores e das partes envolvidas, promovendo um ambiente de maior confiança (artigo 11.5).

Ao contrário do regimento anterior, o Regulamento de 2016 elimina as referências ao Roteiro de Mediação de 1988, rompendo com o passado e ampliando o alcance e a confiabilidade do método, deixando-o completamente alinhado com a legislação vigente.

4. Novo Regulamento de Mediação de 2024: Histórico e Principais Mudanças

Nesta seção, serão abordados três aspectos principais do novo regulamento: os antecedentes que motivaram a revisão das normas anteriores, as mudanças introduzidas no regulamento e as modificações na Tabela de Custos e Honorários na Mediação, para proporcionar maior compreensão sobre os fundamentos e impactos das alterações.

4.1. Histórico: o estudo preliminar

O processo de revisão do Regulamento de Mediação do CAM-CCBC iniciou-se com a elaboração de estudo preliminar pela Secretaria do CAM-CCBC[158]. Esta pesquisa estabeleceu as bases para a reflexão sobre as modificações no regulamento.

O estudo consistiu em uma análise comparativa de regulamentos adotados por diversas instituições, como ICC (França), CPR, AAA e JAMS (EUA), LCIA e CEDR (Reino Unido), WIPO (ONU), BCDR (Bahrein), Mediare, CAMARB e CIESP-FIESP (Brasil), SCC (Suécia), ADRIC (Canadá), VIAC (Áustria), HKIAC (Hong Kong), Oslo Chamber of Commerce (Noruega), DIS (Alemanha), SMC e SIMC (Singapura) e CEPANI (Bélgica).

Foram analisadas diversas categorias, incluindo: aplicação do regula-

158. Nossos agradecimentos a Marina Gouveia e Sabrina Liz, à época *case managers* do CAM-CCBC especializadas em mediação.

mento, termos definidos, contagem de prazos, representação, requerimentos, notificações, administração pública, taxa de registro, idioma, escolha do mediador, comediação, termo de mediação, custas, confidencialidade, proteção de dados, mediação *fast-track*, entre outras.

Com o objetivo de identificar práticas relevantes e pontos de melhoria no Regulamento, buscou-se compreender as melhores práticas internacionais, as peculiaridades locais e as inovações no campo da mediação.

Após esta etapa, os membros do Conselho Consultivo de Mediação iniciaram a análise e discussão de uma proposta para a revisão do regulamento, coordenados por Vera Cecília Monteiro de Barros e Silvia Brega. O objetivo era elaborar uma versão que, após um intenso processo de debates internos, fosse encaminhada à Presidência e ao Conselho Deliberativo como sugestão formal do Conselho de Mediação.

O primeiro grande desafio foi definir a metodologia mais apropriada para a revisão. Em um cenário recente, a instituição havia reformado o Regulamento de Arbitragem, o que proporcionou uma rica experiência comparativa. A reformulação do Regulamento de Arbitragem, que completou dez anos em 2022, e foi utilizado em mais de mil casos, gerou uma base substancial de aprendizado. Essa extensa aplicação prática permitiu identificar de forma clara as fragilidades, ambiguidades e pontos de divergência que necessitavam de ajustes.

Entretanto, o contexto da mediação era substancialmente diferente. O Regulamento de Mediação, ainda em vigor há pouco mais de cinco anos, fora aplicado em cerca de 50 procedimentos, evidenciando uma base de experiência menos consolidada. Essa diferença quantitativa de aplicação prática levou os envolvidos a uma reflexão importante: o método adotado para a revisão do Regulamento de Arbitragem, com suas extensas discussões e ajustes finos de redação, não seria adequado para o de mediação.

A mediação, por sua vez, já estava alinhada com a Lei nº 13.140/2015, que a regulava, conferindo-lhe um caráter mais moderno e adaptado à legislação vigente. O Regulamento de Mediação, por ser mais conciso e ter sido desenvolvido de forma mais recente, não apresentava as mesmas lacunas ou questões de interpretação que haviam sido observadas no caso da arbitragem. Logo, a revisão demandaria um enfoque distinto, pautado não pela identificação de questões problemáticas que se observaram com a experiência, mas pela adaptação e pelo aprimoramento de aspectos pontuais.

Diante desse cenário, o estudo comparativo detalhado foi enviado aos conselheiros, convidando-os a refletir sobre as propostas e a apresentar suas sugestões. Com isso, iniciou-se um ciclo de análise e reflexão, conduzido pela Secretaria Geral do CAM-CCBC, no qual o objetivo era garantir que o regulamento permanecesse atualizado e alinhado às necessidades do mercado, respeitando sua estrutura consolidada, moderna e, até então, eficaz.

4.2. Principais mudanças do novo Regulamento de Mediação de 2024

Em 1º de agosto de 2024, o Conselho Deliberativo do CAM-CCBC aprovou o Regulamento de Mediação de 2024. O Regulamento trouxe inovações importantes para atender às demandas do mercado, mas manteve disposições que funcionavam bem na vigência do Regulamento anterior.

A primeira alteração perceptível é a disposição sobre os requisitos desejáveis do Requerimento de Mediação, de forma a auxiliar o solicitante a informar os principais dados para a apresentação da petição, conforme disposto no artigo 1.1.1 do Regulamento. Cabe ressaltar que, em virtude do princípio de voluntariedade do método, a mediação pode ser proposta mesmo na ausência de previsão contratual. A inserção desse artigo foi promovida em caráter educacional, de modo a auxiliar, no momento de apresentação de um Requerimento de Mediação, partes ou representantes que não tenham experiência prévia ou familiaridade com o desenvolvimento de um procedimento de mediação.

A "reunião prévia de mediação" prevista no Regulamento de 2016 passa a ser denominada "sessão de pré-mediação" no novo Regulamento. Essa sessão não configura o início do procedimento de mediação e tem caráter essencialmente informativo, ou seja, visa esclarecer dúvidas dos participantes sobre o funcionamento da mediação, além de buscar criar confiança (*rapport*) entre os participantes e a Secretaria. Normalmente, essas sessões são realizadas de forma separada com os polos, mas podem ser conduzidas com todos os participantes, caso assim desejem. A mudança na terminologia visou evitar qualquer confusão com a chamada "primeira reunião de mediação", constante da Lei de Mediação, à qual as partes deverão necessariamente comparecer quando existir cláusula de mediação, nos termos do parágrafo 1º do artigo 2º da Lei ("*§ 1º Na hipótese de existir previsão contratual de cláusula de mediação, as partes deverão comparecer à primeira reunião de mediação*".).

O artigo 3.1.1 traz a previsão sobre o dever dos participantes de informar a existência de financiamento de terceiros, permitindo que o mediador avalie possível conflito de interesses em sua atuação. Essa prática de revelação, já incorporada nas arbitragens administradas pelo CAM-CCBC, foi devidamente introduzida na mediação, com o objetivo de auxiliar o mediador no cumprimento do dever de revelação, conforme estabelecido no Código de Ética e Conduta para os Mediadores do CAM-CCBC[159].

O artigo 3.6 prevê, como alternativa à nomeação consensual do mediador e à escolha por meio de listas (já presentes no Regulamento anterior), a possibilidade de os participantes indicarem as particularidades desejadas para o mediador, a serem consideradas pela Presidência, dentro do possível. Além disso, quando a escolha for realizada pela Presidência, será apresentada uma lista com três nomes para que os participantes expressem sua opi-

---

159. CENTRO DE ARBITRAGEM E MEDIAÇÃO DA CÂMARA DE COMÉRCIO BRASIL-CANADÁ (CAM-CCBC). Código de Ética e Conduta para os Mediadores. Diretrizes sobre os princípios e condutas aplicáveis à mediação no âmbito do CAM-CCBC. Disponível em: https://www.ccbc.org.br/cam-ccbc-centro-arbitragem-mediacao/resolucao-de-disputas/mediacao/codigo-etica/. Acesso em: 22 nov. 2024.

nião, classificando-os por ordem de preferência. Com base na somatória da ordem de preferência de cada nome nessas listas, a Presidência do CAM-CCBC procederá à nomeação do mediador.

Alterando o regime de prazos previsto no Regulamento de 2016, o artigo 12.5 estabelece que os prazos previstos no novo Regulamento serão contínuos e corridos, ou seja, serão computados todos os dias, sem considerar apenas os dias úteis. Essa alteração visa conferir maior celeridade ao procedimento, especialmente na fase administrativa, isto é, antes da assinatura do Termo de Mediação.

O artigo 4 mantém a possibilidade de comediação nos mesmos moldes do Regulamento de 2016. A comediação, que consiste na realização de mediação por dois ou mais profissionais distintos, é uma técnica especialmente indicada para casos mais complexos, como aqueles que envolvem muitos participantes, valores vultosos, questões excessivamente técnicas e/ou a necessidade de uma perspectiva multidisciplinar. Assim como no Regulamento de 2016, nos termos dos artigos 4.1 e 4.2, a comediação pode ser recomendada pelo mediador ou solicitada pelos participantes, sendo o segundo profissional, em qualquer um dos casos, indicado pelo mediador.

O artigo 5.1, relativo ao Termo de Mediação, faz referência à suspensão dos prazos prescricionais durante o transcorrer do procedimento de mediação, em consonância com o que já está previsto no artigo 17, parágrafo único, da Lei nº 13.140/2015. Embora já seja previsto em lei, a reiteração no Regulamento proporciona maior segurança aos participantes e estabelece o marco de início do procedimento de mediação, que é o ato de assinatura do Termo de Mediação, momento em que se aplica o efeito de suspensão aos prazos prescricionais.

O artigo 6 inova em relação ao Regulamento de 2016 ao estruturar o procedimento de mediação, prevendo a possibilidade de o mediador solicitar memoriais escritos aos participantes, a fim de que estes apresentem seus interesses e objetivos na mediação. Além disso, o artigo 6.3 estabelece o dever de as pessoas presentes na mediação comprovarem seus poderes e autoridade para negociar e celebrar acordos, evitando a realização de negociações com pessoas sem poderes para firmar acordos. Já o artigo 6.3.1 incentiva que os participantes garantam o comparecimento do mesmo representante em todas as sessões, mantendo, assim, a consistência das negociações.

O artigo 11 adequa o procedimento de mediação do CAM-CCBC às melhores práticas de coleta, uso, processamento, transferência e armazenamento de dados pessoais, criando um ambiente mais seguro não apenas durante as negociações, mas também após o encerramento do procedimento. Isso garante que, uma vez finalizada a mediação, todos os dados tratados sejam destruídos ou devolvidos, conforme previsto no artigo 11.4. Essa inovação está alinhada com a entrada em vigor da Lei Geral de Proteção de Dados (LGPD), Lei nº 13.709 de 14 de agosto de 2018.

Na sequência do Regulamento, o artigo 12.2.1 dispõe sobre a possibilidade de o CAM-CCBC publicar dados estatísticos referentes aos procedimentos de mediação sob sua administração, sem revelar a identidade dos participantes ou informações que permitam identificá-los. Essas publicações contribuem para o desenvolvimento de melhores práticas no âmbito dos métodos adequados de resolução de conflitos, auxiliando também na realização de pesquisas acadêmicas e mercadológicas sobre o tema.

Ademais, o artigo 12.4 estabelece que a mediação pode ser instaurada antes, durante ou após um processo judicial ou arbitral. A instauração de um processo arbitral ou judicial não impede o prosseguimento do procedimento de mediação ou o seu início, caso seja do interesse comum dos participantes. Essa disposição evita que as partes envolvidas em um processo contencioso tenham resistência à instauração da mediação, temendo que a arbitragem ou o processo judicial precisem ser suspensos.

Nesse sentido, prevalece a autonomia da vontade das partes, em concordância com os Enunciados 169[160], 198[161] e 216[162] da II Jornadas de Prevenção de Litígios[163] do Conselho da Justiça Federal e, se assim desejarem, as partes poderão se submeter à mediação em qualquer fase do procedimento arbitral ou judicial, independentemente da suspensão do procedimento.

Por fim, o novo Regulamento de Mediação, atendendo às demandas de inovação e sustentabilidade ambiental, passa a adotar um procedimento totalmente eletrônico.

Além disso, para além das reuniões presenciais previstas no Regulamento anterior, o novo regulamento também abrange reuniões em formatos remoto e híbrido, permitindo maior flexibilidade na condução da mediação.

O infográfico da próxima página, desenvolvido por Nelson Martins da Silva Neto, Maria Luíza Neves e Mayara Lima Ribeiro de Souza, integrantes da Secretaria do CAM-CCBC, apresenta as principais etapas do procedimento de mediação no âmbito da instituição. Dividido em fases sequenciais, o material descreve o funcionamento do procedimento, com foco na fase administrativa, desde a solicitação inicial até o início das reuniões e o encerramento.

---

160. **Enunciado 169:** A qualquer momento do procedimento arbitral, as partes podem ser convidadas para a mediação, especialmente quando a complexidade do conflito puder ser reduzida, esclarecida ou mesmo solucionada por esse método.

161. **Enunciado 198:** A suspensão do processo arbitral ou judicial para iniciar a mediação, com ou sem previsão de cláusula contratual, deve ser compreendida como uma faculdade dos mediandos.

162. **Enunciado 216:** As partes, se assim desejarem e manifestarem expressamente, poderão se submeter à mediação em qualquer fase do procedimento arbitral ou judicial, independentemente da suspensão do procedimento.

163. BRASIL. Conselho da Justiça Federal. II Jornada – Enunciados aprovados – 2021. Disponível em: https://www.cjf.jus.br/cjf/corregedoria-da-justica-federal/centro-de-estudos-judiciarios-1/prevencao-e-solucao-extrajudicial-de-litigios. Acesso em: 21 nov. 2024.

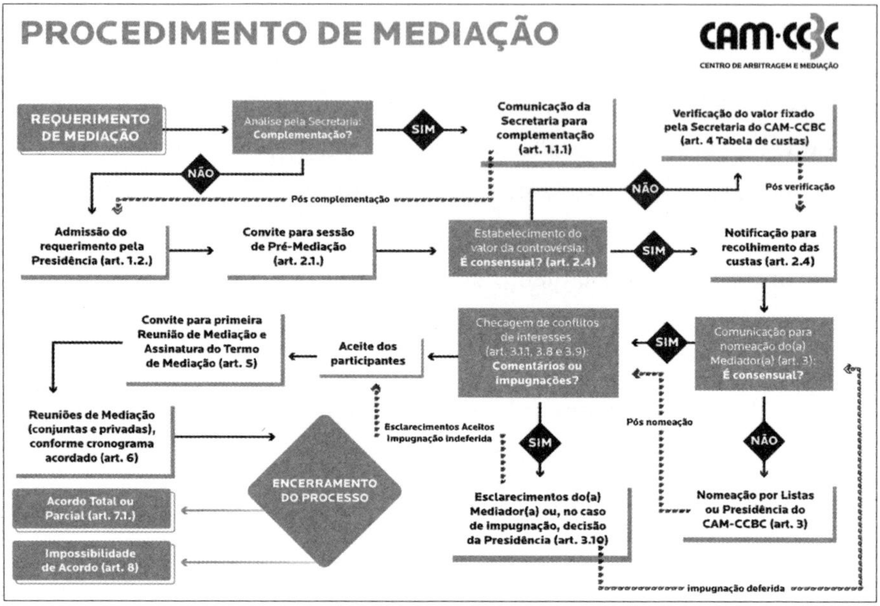

Figura 2 - Infográfico do Procedimento de Mediação segundo o Regulamento de Mediação do CAM-CCBC de 2024[164] por Nelson Martins da Silva Neto, Maria Luíza Neves e Mayara Lima Ribeiro de Souza.

5. Mediação com a Administração Pública: aspectos práticos

A mediação tem se consolidado no Brasil como um método legítimo e eficaz para a resolução de disputas envolvendo direitos patrimoniais disponíveis, incluindo aquelas em que o Poder Público figura como parte. A promulgação da Lei nº 13.140/2015, que disciplina a mediação no ordenamento jurídico, representou um marco normativo ao regulamentar sua aplicação no âmbito da Administração Pública.

Esse avanço reflete uma tendência crescente de valorização de métodos consensuais no gerenciamento de conflitos envolvendo a Administração

164. Agradecemos a Lucas Gritti Fogolin pelo *design* do infográfico.

Pública, como destacado pelo Enunciado 210 das II Jornadas de Prevenção de Litígios do Conselho da Justiça Federal[165]. Esse enunciado sugere que, desde que respeitados os requisitos legais, o Poder Público pode recorrer a mediadores e câmaras privadas credenciadas ou estabelecer convênios com tribunais e entidades de classe para a realização de mediações.

No cenário prático, instituições como o CAM-CCBC têm se preparado para atender às peculiaridades das mediações envolvendo entes públicos. O Regulamento de 2016 previa expressamente a possibilidade de participação da Administração Pública e a revisão de 2024 reafirmou essa disposição.

Adicionalmente, a disponibilização de modelos de cláusulas escalonadas (Med-Arb)[166], que conciliam mediação e arbitragem, assegura que o procedimento atenda aos princípios da publicidade e do sigilo, conforme determinações legais, adaptando-se às necessidades da Administração Pública.

Ainda que os números atuais de mediações envolvendo a Administração Pública sejam modestos, os dados disponíveis indicam uma trajetória de crescimento. Entre 2019 e 2023, o CAM-CCBC registrou quatro mediações com a Administração Pública, das quais três resultaram em acordos. Em 2024, o CAM-CCBC registrou uma nova mediação envolvendo a Administração Pública. Ao todo, das 21 mediações em andamento no ano de 2024, duas envolveram o Estado brasileiro ou empresas estatais. Em paralelo, o aumento de arbitragens com entes públicos em 2023[167] mostra que

165. O Enunciado 210 dispõe que "no sentido de viabilizar a mediação de conflitos entre particulares e a Administração Pública, entre outras maneiras de prestação desse serviço, é possível o credenciamento de mediadores e câmaras de mediação privados, convênios com Tribunais e entidades de classe, observados os requisitos adequados de contratação e de remuneração". (BRASIL. Conselho da Justiça Federal. II Jornada – Enunciados aprovados – 2021. Disponível em: https://www.cjf.jus.br/cjf/corregedoria-da-justica-federal/centro-de-estudos-judiciarios-1/prevencao-e-solucao-extrajudicial-de-litigios. Acesso em: 21 nov. 2024.)

166. CENTRO DE ARBITRAGEM E MEDIAÇÃO DA CÂMARA DE COMÉRCIO BRASIL-CANADÁ (CAM-CCBC). Modelos de cláusulas. Disponível em: <https://ccbc.org.br/cam-ccbc-centro-arbitragem-mediacao/resolucao-de-disputas/arbitragem/modelos-de-clausula/>. Acesso em: 21 nov. 2024.

167. Segundo o relatório "Fatos e Números 2023", o CAM-CCBC registrou 4 novas arbitragens envolvendo o Estado Brasileiro e empresas estatais. Havia 34 procedimentos arbitrais em andamento envolvendo o Estado brasileiro e empresas estatais. (CENTRO DE ARBITRAGEM E MEDIAÇÃO DA CÂMARA DE COMÉRCIO BRASIL-CANADÁ. Fatos e Números 2023. Disponível em: https://www.ccbc.org.br/cam-ccbc-centro-arbitragem-mediacao/fatos-e-numeros/. Acesso em: 21 nov. 2024.)

há espaço para ampliar o uso de estratégias como as "janelas de mediação", que suspendem o procedimento arbitral para buscar resoluções consensuais ou, caso as partes prefiram, que os procedimentos possam ocorrer simultaneamente. Essa prática, aliada ao crescente uso de cláusulas escalonadas em contratos de longa duração, especialmente nos firmados pela Administração Pública, evidencia a progressiva consolidação de mecanismos que promovem o diálogo e o consenso, fortalecendo o papel estratégico da mediação como ferramenta de resolução de conflitos.

Esse cenário é reforçado por medidas regulamentares, como o próprio artigo 12.4[168] do Regulamento de Mediação de 2024, que permite a instauração de mediações antes, durante ou após processos judiciais ou arbitrais, o que amplia as possibilidades de adesão ao método pela Administração Pública, já adepta aos procedimentos de arbitragem.

Além disso, as recentes mudanças na Tabela de Custos e Honorários na Mediação, implementadas no Regulamento de Mediação de 2024, refletem mais uma iniciativa para fomentar a adesão ao método. Dentre as alterações, destaca-se a já mencionada determinação de rateio da Taxa de Administração entre os participantes de cada polo da mediação, de forma que o solicitante e a solicitada passam a arcar, cada um, com 50% do valor total. Além disso, foi incorporada à tabela a possibilidade de concessão de descontos na taxa de administração, medida que busca tornar o procedimento mais acessível e atrativo.

O crescimento registrado no âmbito do CAM-CCBC pode ser interpretado como reflexo de uma tendência mais ampla no mercado. A pesquisa *Mediação em Números*[169], que analisa dados de câmaras administradoras

168. CENTRO DE ARBITRAGEM E MEDIAÇÃO DA CÂMARA DE COMÉRCIO BRASIL-CANADÁ (CAM-CCBC). Regulamento de Mediação, vigente a partir de 1º de agosto de 2024. Disponível em: https://www.ccbc.org.br/cam-ccbc-centro-arbitragem-mediacao/resolucao-de-disputas/mediacao/regulamento-2024/. Acesso em 16 out. 2024.

169. GABBAY, Daniela Monteiro; BARROS, Vera Cecília Monteiro de. (coord.). *Mediação em Números:* 10 anos – 2012 a 2022. FGV Direito SP e Canal Arbitragem. São Paulo, 2023. Disponível em: https://canalarbitragem.com.br/wp-content/uploads/2023/05/Mediacao-em-Numeros_RelatorioPesquisa.pdf. Acesso em: 14 nov. 2024.

de mediação entre 2012 e 2022, corrobora essa visão ao revelar que outras instituições também têm administrado procedimentos de mediação envolvendo o Poder Público.

Por fim, a mudança da cultura da sentença para a cultura da pacificação reflete um movimento crescente, embora desafiador. Assim, por mais que a adoção da mediação pela Administração Pública ainda seja incipiente, as evidências indicam um crescimento, alinhado a uma transformação cultural e normativa que privilegia soluções consensuais – gradativa e constante.

6. Conclusão

Este artigo objetivou a análise do Novo Regulamento de Mediação de 2024, que introduziu modificações no procedimento de mediação no âmbito do CAM-CCBC, alinhando-o, ainda mais, às melhores práticas nacionais e internacionais do método.

Para tanto, foi apresentada uma breve reflexão sobre a evolução normativa da mediação no âmbito do CAM-CCBC, revisitando as mudanças introduzidas pelo Roteiro de Mediação de 1998, Regimento de 2012 e Regulamento de 2016.

Demonstramos os antecedentes que motivaram a revisão das normas anteriores e as mudanças introduzidas no Regulamento de Mediação de 2024, com o intuito de compreender os fundamentos e impactos dessas alterações.

Por fim, elencamos os dispositivos normativos e institucionais no âmbito do CAM-CCBC que incentivam o uso da mediação pelo Poder Público, assim como os elementos que indicam a tendência de crescimento do uso da mediação para a resolução de conflitos entre particulares e a Administração Pública.

Conclui-se, portanto, que a mediação é um método de resolução de disputas em crescimento no Brasil, evidenciado tanto pelo aumento no número de procedimentos iniciados quanto pelo crescente reconhecimento de seus benefícios pela comunidade jurídica, acadêmica e empresarial. Esse crescimento tem sido gradual, progressivo e constante, contando com o apoio de iniciativas institucionais, como as do CAM-CCBC, que impulsionam o uso cada vez maior da mediação.

Referências

BRASIL. Lei nº 13.140, de 26 de junho de 2015. Dispõe sobre a mediação como mecanismo de solução de conflitos. Diário Oficial da União, 26 jun. 2015. Disponível em: https://www.planalto.gov.br/ccivil_03/_Ato2015-2018/2015/Lei/L13140.htm. Acesso em: 21 nov. 2024.

BRASIL. Conselho da Justiça Federal. II Jornada – Enunciados aprovados – 2021. Disponível em: https://www.cjf.jus.br/cjf/corregedoria-da-justica-federal/centro-de-estudos-judiciarios-1/prevencao-e-solucao-extrajudicial-de-litigios. Acesso em: 21 nov. 2024.

CENTRO DE ARBITRAGEM E MEDIAÇÃO DA CÂMARA DE COMÉRCIO BRASIL-CANADÁ. Código de Ética e Conduta para os Mediadores. Disponível em: https://www.ccbc.org.br/cam-ccbc-centro-arbitragem-mediacao/resolucao-de-disputas/mediacao/codigo-etica/. Acesso em: 22 nov. 2024.

CENTRO DE ARBITRAGEM E MEDIAÇÃO DA CÂMARA DE COMÉRCIO BRASIL-CANADÁ. Fatos e Números 2023. Disponível em: https://www.ccbc.org.br/cam-ccbc-centro-arbitragem-mediacao/fatos-e-numeros/. Acesso em: 21 nov. 2024.

CENTRO DE ARBITRAGEM E MEDIAÇÃO DA CÂMARA DE COMÉRCIO BRASIL-CANADÁ. Modelos de cláusulas. Disponível em: https://ccbc.org.br/cam-ccbc-centro-arbitragem-mediacao/resolucao-de-disputas/arbitragem/modelos-de-clausula/. Acesso em: 21 nov. 2024.

CENTRO DE ARBITRAGEM E MEDIAÇÃO DA CÂMARA DE COMÉRCIO BRASIL-CANADÁ. Regulamento de Mediação, vigente a partir de 1º de agosto de 2024. Disponível em: https://www.ccbc.org.br/cam-ccbc-centro-arbitragem-mediacao/resolucao-de-disputas/mediacao/regulamento-2024/. Acesso em: 16 out. 2024.

CENTRO DE ARBITRAGEM E MEDIAÇÃO DA CÂMARA DE COMÉRCIO BRASIL-CANADÁ. Roteiro de Mediação. São Paulo: CENTRO DE ARBITRAGEM E MEDIAÇÃO DA CÂMARA DE COMÉRCIO BRASIL-CANADÁ, 1998. Disponível em: https://www.ccbc.org.br/cam-ccbc-centro-arbitragem-mediacao/resolucao-de-disputas/mediacao/regulamento-1998/. Acesso em: 14 nov. 2024.

CENTRO DE ARBITRAGEM E MEDIAÇÃO DA CÂMARA DE COMÉRCIO BRASIL-CANADÁ. Anexo I: Regulamento de Arbitragem. São Paulo: CENTRO DE ARBITRAGEM E MEDIAÇÃO DA CÂMARA DE COMÉRCIO BRASIL-CANADÁ, 1998. Disponível em: https://www.ccbc.org.br/cam-ccbc-centro-arbitragem-mediacao/resolucao-de-disputas/arbitragem/regulamento-1998/. Acesso em: 14 nov. 2024.

CENTRO DE ARBITRAGEM E MEDIAÇÃO DA CÂMARA DE COMÉRCIO BRASIL-CANADÁ. *Podcast* "Mediação com Administração Pública". Disponível em: https://www.ccbc.org.br/cam-ccbc-centro-arbitragem-mediacao/podcasts-cam-ccbc/. Acesso em: 15 nov. 2024.

CENTRO DE ARBITRAGEM E MEDIAÇÃO DA CÂMARA DE COMÉRCIO BRASIL-CANADÁ. Resolução Administrativa nº 24/2017. São Paulo: CENTRO DE ARBITRAGEM E MEDIAÇÃO DA CÂMARA DE COMÉRCIO BRASIL-CANADÁ, 2017. Disponível em: https://www.ccbc.org.br/cam-ccbc-centro-arbitragem-mediacao/resolucao-de-disputas/resolucoes-administrativas/ra-24-2017-criacao-do-conselho-consultivo-de-mediacao-do-cam-ccbc/. Acesso em: 19 nov. 2024.

CENTRO DE ARBITRAGEM E MEDIAÇÃO DA CÂMARA DE COMÉRCIO BRASIL-CANADÁ. Resolução Administrativa nº 36/2019. Resolução sobre concessão de desconto na taxa de administração do procedimento de mediação do CENTRO DE ARBITRAGEM E MEDIAÇÃO DA CÂMARA DE COMÉRCIO BRASIL-CANADÁ. Disponível em: https://www.ccbc.org.br/cam-ccbc-centro-arbitragem-mediacao/resolucao-de-disputas/resolucoes-administrativas/ra-36-2019/. Acesso em: 05 jan. 2025.

GABBAY, Daniela Monteiro; BARROS, Vera Cecília Monteiro de, (coord.). *Mediação em Números:* 10 anos – 2012 a 2022. FGV Direito SP e Canal Arbitragem. São Paulo, 2023. Disponível em: https://canalarbitragem.com.br/wp-content/uploads/2023/05/Mediacao-em-Numeros_RelatorioPesquisa.pdf. Acesso em: 14 nov. 2024.

A mediação com a Administração Pública no Município de São Paulo: análise do caso Campo de Marte

Mauricio Morais Tonin[170]

Resumo

O artigo apresenta a política de desjudicialização instituída no âmbito da Administração Pública direta e indireta do Município de São Paulo, que visa à redução da litigiosidade e à solução adequada das controvérsias através da utilização de meios alternativos de solução de conflitos, entre os quais a mediação. O artigo discorre brevemente sobre a implementação dessa política e analisa o caso do Campo de Marte, que foi resolvido por um acordo entre o Município de São Paulo e a União, em 2022, após mais de 60 anos de disputa judicial, resultando na divisão da área entre as partes e numa compensação de R$ 24 bilhões.

Abstract

The article presents the dejudicialization policy established within the scope of the direct and indirect Public Administration of the Municipality of São Paulo, which aims to reduce litigation and to achieve adequate resolution of controversies through alternative dispute resolution methods, including mediation. The article briefly discusses the implementation of this policy and analyzes the case "Campo de Marte", which was resolved by an agreement between the Municipality of São Paulo and the Federal Government, in 2022, after more than 60 years of legal dispute, resulting in the division of the area between the parties and a compensation of R$24 billion.

Palavras-chave

Desjudicialização – Mediação – Administração Pública – Município de São Paulo – Campo de Marte – Acordo

---

170. Doutor e Mestre em Direito Processual Civil pela USP. Bacharel em Direito pela USP. Membro do Instituto Brasileiro de Direito Processual – IBDP. Membro da *Task Force* de Mediação com a Administração Pública do CAM-CCBC. Membro da lista de mediadores do CAM-CCBC. Procurador do Município de São Paulo, coordenador do Núcleo de Desjudicialização e Arbitragem. Advogado, atua como árbitro, mediador e consultor.

Keywords
Dejudicialization – Mediation – Public Administration – Municipality of São Paulo – Mars Field ("Campo de Marte") – Agreement

1. Introdução

A Administração Pública é, há muito, a maior litigante da Justiça. Os relatórios anuais do Conselho Nacional de Justiça sistematicamente demonstram que a maior parte dos processos judiciais envolvem um ente da Administração Pública direta ou indireta, no polo ativo ou passivo, ou em ambos.

Ciente da ineficiente atuação estatal em relação à solução dos seus litígios, o Poder Público em geral tem se esforçado para mudar essa realidade. O Poder Judiciário, por exemplo, tem atuado de forma a estimular a utilização de mecanismos consensuais de solução de conflitos, judiciais e extrajudiciais, fomentando cada vez mais a autocomposição e a pacificação social. A criação de centenas de Centros Judiciários de Solução de Conflitos e Cidadania – CEJUSCs nos últimos anos em todo o Brasil é evidência disso[171].

Da mesma forma, o Poder Legislativo tem editado leis em âmbito federal, estadual e municipal prevendo o uso de meios alternativos de solução de conflitos, inclusive com a Administração Pública, até mesmo em matéria tributária. Prevista no Código Tributário Nacional desde 1966 como forma de extinção do crédito tributário (arts. 156, inc. III e 171, CTN), a transação tributária finalmente foi regulamentada e efetivamente implementada no Brasil[172].

Ainda, o Poder Executivo, em todas as suas esferas, tem implementado políticas de solução adequada dos conflitos e desjudicialização, com a utilização de mecanismos online de solução de conflitos, dos CEJUSCs, de

171. Segundo o relatório *Justiça em Números* do Conselho Nacional de Justiça de 2024 (ano-base 2023), p. 252, havia ao final de 2023 um total de 1.930 CEJUSCs instalados em todo o Brasil, sendo a maior parte na Justiça Estadual (89,3%).

172. Citem-se a Lei Federal nº 13.988/2020, que institui a transação tributária em âmbito federal; a Lei Estadual nº 17.293/2020, que institui a transação tributária no âmbito do Estado de São Paulo (arts. 41 a 56, posteriormente revogados pela Lei Estadual nº 17.843/2023, que deu nova disciplina ao tema); e a Lei Municipal nº 17.324/2020 do Município de São Paulo, que institui a política de desjudicialização no âmbito da Administração Pública direta e indireta do Município de São Paulo e será objeto deste artigo.

câmaras de mediação (públicas e privadas), da arbitragem e, ainda de forma incipiente, do comitê de solução de disputas ou *dispute board*.

A jurisprudência igualmente vem fortalecendo a utilização dos meios adequados de solução de conflitos, reconhecendo a sua validade e eficácia, exceto nos casos de ilegalidade e desvios. Até mesmo o Tribunal de Contas da União – TCU criou uma câmara de mediação dentro da sua estrutura, que vem obtendo resultados expressivos[173].

É fato que, mesmo com esse movimento crescente no âmbito do Estado brasileiro, ainda há muito a avançar, sem desprezar o que já foi feito.

A esse respeito, no Município de São Paulo foi editada a Lei Municipal nº 17.324, de 2020, que instituiu a política de desjudicialização no âmbito da Administração Pública direta e indireta. Desde então, a Procuradoria Geral do Município tem atuado para reduzir a litigiosidade; estimular a solução adequada de controvérsias; promover, sempre que possível, a solução consensual dos conflitos; e aprimorar o gerenciamento do volume de demandas administrativas e judiciais.

Dentre tantos acordos judiciais e extrajudiciais que foram celebrados nos últimos anos – seja por negociação direta ou através de procedimentos de mediação –, destaca-se o acordo realizado com a União, em 2022, no âmbito da Câmara de Mediação e de Conciliação da Administração Pública Federal – CCAF da Advocacia Geral da União – AGU e homologado pelo Supremo Tribunal Federal, em relação a um processo que tramitava na Justiça desde 1958 sobre a disputa do Campo de Marte, na Zona Norte da cidade de São Paulo, onde funciona um aeroporto para aeronaves de pequeno porte.

Pelo acordo, a controvérsia foi integralmente resolvida com a divisão do terreno entre as partes e a compensação da indenização devida pela União com uma dívida do Município, à época, de R$ 24 bilhões[174].

---

173. A Secretaria de Controle Externo de Solução Consensual e Prevenção de Conflitos (SECEXConsenso) do TCU foi criada em dezembro de 2022 pela Instrução Normativa nº 91/2022, alterada pela Instrução Normativa nº 92/2023.

174. Precisamente R$ 23.912.137.413,52, posicionado para 31 de janeiro de 2022. Atualizando-se o valor de janeiro

Neste estudo, pretende-se apresentar a política de desjudicialização instituída na Administração Pública do Município de São Paulo, com estudo do caso do Campo de Marte.

2. A implementação da Política de Desjudicialização na Administração Pública do Município de São Paulo

O Município de São Paulo instituiu a Política de Desjudicialização no âmbito da Administração Pública Municipal Direta e Indireta pela Lei nº 17.324, de 18 de março de 2020. Posteriormente, foi editada a Lei nº 17.914, de 7 de março de 2023, que, dentre outras providências, alterou e incluiu alguns dispositivos na Lei nº 17.324/2020, especificamente na seção de transação tributária[175,176].

A lei está dividida em 5 capítulos. O Capítulo I dispõe sobre as disposições gerais, com os objetivos da Política de Desjudicialização e as ações atribuídas à Procuradoria Geral do Município. O Capítulo II dispõe sobre os instrumentos para a solução adequada de controvérsias, divididos em acordos, mediação e arbitragem, transação tributária e transação por adesão. Em seguida, o Capítulo III autoriza o Poder Executivo a criar a Câmara de Prevenção e Resolução Administrativa de Conflitos, enquanto o Capítulo IV estabelece medidas para o gerenciamento do volume de processos administrativos e judiciais, como mutirões de conciliação e a elaboração de desenho de sistemas de disputas. Por fim, o Capítulo V prevê as disposições finais.

A lei prevê relevante política pública de enfrentamento da demasiada judicialização, visando à solução adequada das controvérsias nas quais a

---

de 2022 a março de 2025 pelo IPCA, chega-se a R$ 28.309.050.622,74, considerando a inflação de 18,39% acumulada no intervalo (Fonte: IBGE).

175. Íntegra da lei disponível em: <https://legislacao.prefeitura.sp.gov.br/leis/lei-17324-de-18-de-marco-de-2020>. Acesso em 10 jan.2025.

176. Para uma análise detalhada da lei: TONIN, Mauricio Morais. Lei nº 17.324/2020 do Município de São Paulo: Institui a Política de Desjudicialização no Âmbito da Administração Pública Municipal Direta e Indireta. *Revista Brasileira de Arbitragem*, v. 66, p. 157-174, 2020.

administração direta e indireta da Prefeitura de São Paulo estiver envolvida. O Decreto nº 60.939, de 23 de dezembro de 2021, alterado pelo Decreto nº 62.936, de 21 de novembro de 2023, regulamentou a lei[177].

A lei é fruto de um trabalho da Procuradoria Geral do Município iniciado anos antes, que estabeleceu como prioridade a atuação em desjudicialização e a utilização de meios alternativos de solução de conflitos. Neste contexto, estabeleceu-se como objetivo inicial a aprovação de projeto de lei sobre o assunto, o que aconteceu no início de 2020[178].

Os objetivos da Política de Desjudicialização, previstos na lei, são:

(i) reduzir a litigiosidade;

(ii) estimular a solução adequada de controvérsias;

(iii) promover, sempre que possível, a solução consensual dos conflitos; e

(iv) aprimorar o gerenciamento do volume de demandas administrativas e judiciais.

A política em questão visa atender às disposições das Leis Federais nº 10.259, de 2001 (Lei dos Juizados Especiais Federais)[179], nº 12.153, de 2009 (Lei dos Juizados Especiais da Fazenda Pública)[180], nº 13.105, de 2015 (Código de Processo Civil)[181], nº 13.140, de 2015 (Lei de Mediação)[182], bem como Leis nº 9.307, de 1996 (Lei de Arbitragem) e nº 13.655,

177. Íntegra do decreto disponível em: <https://legislacao.prefeitura.sp.gov.br/leis/decreto-60939-de-23-de-dezembro-de-2021>. Acesso em: 10 jan. 2025.

178. O projeto de lei foi apresentado pelos vereadores Eduardo Tuma e Janaína Lima, que defenderam essa proposta na Câmara Municipal e conseguiram a sua aprovação.

179. O art. 9º, parágrafo único da Lei nº 10.259/2001 prevê que os representantes judiciais da União, autarquias, fundações e empresas públicas federais, bem como os indicados na forma do caput, ficam autorizados a conciliar, transigir ou desistir, nos processos da competência dos Juizados Especiais Federais. O Município figura como parte nos processos do Juizado Especial Federal quando é litisconsorte passivo da União nas demandas propostas pelos interessados.

180. O art. 8º da Lei nº 12.153/2009 dispõe que os representantes judiciais dos entes públicos (Estados, Distrito Federal, Territórios e Municípios, bem como autarquias, fundações e empresas públicas a eles vinculadas) presentes à audiência poderão conciliar, transigir ou desistir nos processos da competência dos Juizados Especiais, nos termos e nas hipóteses previstas na lei do respectivo ente da Federação.

181. O art. 3º, § 2º do CPC dispõe que o Estado promoverá, sempre que possível, a solução consensual dos conflitos. O § 3º do mesmo artigo prevê que a conciliação, a mediação e outros métodos de solução consensual de conflitos deverão ser estimulados por juízes, advogados, defensores públicos e membros do Ministério Público, inclusive no curso do processo judicial.

182. O Capítulo II da Lei de Mediação dispõe sobre a autocomposição de conflitos em que for parte pessoa jurídica de direito público.

de 2018, que introduziu importantes inovações na Lei de Introdução às Normas do Direito Brasileiro (LINDB).

A coordenação da política ficou a cargo da Procuradoria Geral do Município – PGM. Em maio de 2022, a PGM criou o Núcleo de Desjudicialização e Arbitragem – NDA para a coordenação das atividades de negociação, conciliação, mediação, arbitragem e *dispute board*, bem como elaboração de programas de desjudicialização.

A lei prevê, nos artigos 6º e 7º, que a Administração Pública Municipal direta e indireta poderá: (i) prever cláusula de mediação nos contratos administrativos, convênios, parcerias, contratos de gestão e instrumentos congêneres; e (ii) utilizar-se da arbitragem para dirimir conflitos relativos a direitos patrimoniais disponíveis, nos termos da Lei Federal nº 9.307/1996. A previsão expressa na lei paulistana reforça o estímulo à utilização destes mecanismos[183].

Especificamente sobre a arbitragem, foi elaborado um regulamento através do Decreto nº 59.963, de 7 de dezembro de 2020[184]. O Município já participou de um caso de arbitragem perante o Centro de Arbitragem e Mediação da Câmara de Comércio Brasil-Canadá (CAM-CCBC), o qual se encerrou em 2023 com vitória quase total (94%) da Municipalidade[185]. Há vários contratos com cláusulas compromissórias, notadamente no programa de desestatização do município, que poderão resultar em novas arbitragens.

Frise-se que, apesar de não expressamente mencionado na Lei nº

183. Especificamente em relação à arbitragem, já existia previsão legal no âmbito do Município de São Paulo. Citem-se: Lei nº 14.517/2007, que institui o Programa Municipal de Parcerias Público-Privadas (art. 9º); Lei nº 16.703/2017, que disciplina as concessões e permissões de serviços, obras e bens públicos que serão realizadas no âmbito do Plano Municipal de Desestatização – PMD (art. 14); Lei nº 16.696/2017, que disciplina a concessão do Complexo do Pacaembu, a ser realizada no âmbito do Plano Municipal de Desestatização – PMD (art. 2º); e Lei nº 16.873/2018, que regulamenta o *dispute board* em contratos públicos e prevê a possibilidade de utilização da arbitragem (art. 2º, p.ú.).

184. Íntegra do decreto disponível em: <https://legislacao.prefeitura.sp.gov.br/leis/decreto-59963-de-7-de-dezembro-de-2020>. Acesso em: 10 jan. 2025.

185. A disputa envolveu o Município de São Paulo e a Ambiental Transportes Urbanos S/A, tendo a São Paulo Transportes (SPTRANS) atuado como assistente do Município. A controvérsia girou em torno do pedido de indenização em relação aos trólebus, após a decretação de caducidade do contrato de concessão. Para mais informações sobre o caso, acesse a página de arbitragem da PGM na internet, disponível em: <https://capital.sp.gov.br/web/procuradoria_geral/w/cejusc/315494>. Acesso em: 10 jan. 2025.

17.324/2020, o *dispute board*, ou Comitê de Prevenção e Solução de Disputas, foi regulamentado no Município de São Paulo pela Lei nº 16.873/2018[186] e pelo Decreto nº 60.067/2021[187]. Este mecanismo também está inserido no contexto de desjudicialização e utilização do sistema multiportas de solução de conflitos no âmbito da administração paulistana, já previsto em diversos contratos com cláusulas escalonadas de mediação, comitê de prevenção e solução de disputas e arbitragem, a exemplo dos contratos de concessão do Mercado Santo Amaro, do Complexo Esportivo do Pacaembu e do Parque Ibirapuera.

A Lei nº 17.324/2020 autoriza a criação da Câmara de Prevenção e Resolução Administrativa dos Conflitos, vinculada à Procuradoria Geral do Município. Na realidade, tal Câmara já existe na PGM desde 2016, criada pelo art. 33 do Decreto Municipal nº 57.263/2016, denominada Câmara de Solução de Conflitos da Administração Municipal.

Neste ponto, a grande inovação da lei foi ter seguido a sistemática do art. 32 da Lei de Mediação e do art. 174 do Código de Processo Civil, ao prever a possibilidade de serem admitidos para tentativa de autocomposição no âmbito da Câmara os conflitos entre particulares e a Administração Pública Municipal. Isso porque a previsão de 2016 somente permitiu à Câmara dirimir, por meios autocompositivos, as controvérsias entre os órgãos e entidades da Administração Pública Municipal direta e indireta.

A Câmara promoverá a autocomposição extrajudicial, podendo utilizar métodos consensuais de solução de conflitos como a negociação, a conciliação e a mediação. Ademais, a Câmara indicará, para cada processo em que couber mediação, um procurador do município para atuar como mediador e conduzir o procedimento de comunicação entre as partes, buscando o en-

186. Íntegra da lei disponível em: <https://legislacao.prefeitura.sp.gov.br/leis/lei-16873-de-22-de-fevereiro-de-2018>. Acesso em: 10 jan. 2025.

187. Íntegra do decreto disponível em: <https://legislacao.prefeitura.sp.gov.br/leis/decreto-60067-de-10-de-fevereiro-de-2021>. Acesso em: 10 jan. 2025.

tendimento e o consenso e facilitando a resolução do conflito[188]. Se houver consenso entre as partes, o acordo será reduzido a termo e constituirá título executivo extrajudicial.

A Câmara está regulada pelos artigos 14 a 14-D do Decreto nº 60.939/2021 e pela Portaria nº 16/2016-PGM[189], alterada pela Portaria nº 118/2023-PGM[190]. Desde a sua criação em 2016, foram cerca de 40 mediações realizadas (três em andamento no momento da redação deste artigo), com mais de 20 acordos totais ou parciais das controvérsias celebrados. Como se observa, a câmara não foi criada com o objetivo de realizar uma grande quantidade de mediações, mas para promover especificamente a conciliação em conflitos envolvendo entes da própria Prefeitura e, mais recentemente, conflitos pontuais com empresas contratadas no programa de desestatização, cujos contratos preveem cláusulas de mediação e elegem expressamente a câmara para realizar o procedimento.

Além disso, a Lei nº 17.324/2020 dispõe que poderá ser autorizado o não ajuizamento de ações, o reconhecimento da procedência do pedido, a não interposição de recursos, o requerimento de extinção das ações em curso e a desistência dos recursos judiciais pendentes de julgamento, diretamente ou mediante delegação:

(i) pelo procurador geral do Município nas demandas em que a Administração Direta, autarquias e fundações representadas judicialmente pela Procuradoria Geral do Município figurem como partes;
(ii) pelo dirigente máximo das entidades de direito público não representadas judicialmente pela Procuradoria; e

188. Admite-se a comediação com mediador particular indicado pela empresa privada, ficando esta responsável pelo pagamento dos seus honorários.

189. Acesso à íntegra da portaria: <https://legislacao.prefeitura.sp.gov.br/leis/portaria-procuradoria-geral-do-municipio-pgm-26-de-22-de-novembro-de-2016>

190. A portaria foi alterada em 2023 para permitir a mediação com particulares. Até então, somente eram permitidas mediações entre entes da própria Administração Municipal. Desde a alteração, já foram instituídas 3 mediações envolvendo empresas contratadas da Prefeitura, com acordos celebrados em 2 casos, ainda em andamento o 3º caso quando da conclusão deste artigo em 25 de agosto de 2024.

(iii) pelo dirigente máximo das entidades de direito privado quando a controvérsia envolver as empresas públicas, as sociedades de economia mista e suas subsidiárias.

Diante dessa robusta legislação no Município sobre desjudicialização, transação tributária, arbitragem, *dispute board* etc., a Procuradoria tem atuado intensamente para utilizar esses mecanismos da melhor maneira possível, em constante contato com diversas secretarias e outros órgãos da própria Prefeitura, o Poder Judiciário, o Ministério Público, outros órgãos do Poder Público nas esferas municipal, estadual e federal, e com particulares e coletividades com quem está envolvida em conflitos, judicializados ou não.

Um exemplo disso é o CEJUSC Fazenda Pública. Instalado em 2017 no Fórum da Fazenda Pública Hely Lopes Meirelles, a participação do Município de São Paulo, através da PGM, nesse CEJUSC vem crescendo anualmente, sendo que, só no ano de 2023, participou de 1.268 conciliações com 1.042 acordos (82% frutíferos), dos quais 806 pré-processuais (717 acordos) e 462 processuais (325 acordos)[191].

Diversos outros acordos foram celebrados, seja em negociação direta com a parte contrária, seja em procedimentos de mediação, judicial ou extrajudicial, inclusive acordos de não persecução civil em ações de improbidade administrativa.

Ressalte-se que a PGM não objetiva o acordo como um fim em si mesmo: somente são celebrados acordos nos casos em que a solução consensual se mostra vantajosa ao Município, observada a legalidade em análise rea-

191. Em 2023, em razão da grande quantidade de pedidos de conciliação relativos a multas de trânsito, a PGM e o CEJUSC da Fazenda Pública estabeleceram um procedimento que dispensa a audiência de conciliação, com a manifestação por petição nos autos da reclamação pré-processual sobre a viabilidade ou não do acordo solicitado, seguido de homologação em caso positivo. Nesta modalidade, foram 752 acordos homologados e 131 expedientes cancelados ante impossibilidade de acordo após manifestação do Município. Em 06 de dezembro de 2023, foi editada a Portaria Conjunta PGM/CET nº 03 que regulamenta o Decreto nº 60.982/2021. Referido decreto transferiu para a CET o passivo judicial e extrajudicial em defesa da validade dos atos típicos da Autoridade de Trânsito. A portaria previu que os novos casos sejam encaminhados para a CET (data do ajuizamento a partir de 20/12/2023). Assim, esses dados de multa de trânsito no CEJUSC serão monitorados pela CET e não mais pela PGM.

lizada em processo administrativo, tal como previsto no art. 3º da Lei nº 17.324/2020[192].

Entre tantos acordos celebrados, um se destaca entre os demais. Trata-se do acordo do Campo de Marte, obtido após mais de 60 anos de disputa judicial quando não havia nenhuma previsão de quando seria definitivamente resolvido pela Justiça. É o que será tratado em maiores detalhes a seguir.

3. Caso Campo de Marte

O caso do conflito entre o Município de São Paulo e a União relativo à área onde se encontra o Campo de Marte, situado na Avenida Santos Dumont, nº 1979, Santana, Zona Norte do município, remonta à Revolução Constitucionalista de 1932, quando Getúlio Vargas derrotou os revolucionários em São Paulo, ocupou a área – que estava sob domínio do Município – e instalou o aeroporto no local sob sua gestão[193].

Após o fim do Estado Novo e da ditadura Vargas em 1945, as partes iniciaram as primeiras tratativas da devolução do imóvel ao Município. Contudo, foram frustradas as negociações, razão pela qual, em 1958, o Mu-

192. Art. 3º A celebração de acordos para a solução consensual de controvérsias dependerá da prévia análise de sua vantajosidade e viabilidade jurídica em processo administrativo, observados os seguintes critérios:
I - o conflito deve versar sobre direitos disponíveis ou sobre direitos indisponíveis que admitam transação;
II - antiguidade do débito;
III - garantia da isonomia para qualquer interessado em situação similar que pretenda solucionar o conflito consensualmente;
IV - edição de ato regulamentar das condições e parâmetros objetivos para celebração de acordos a respeito de determinada controvérsia quando for o caso;
V - capacidade contributiva;
VI - qualidade da garantia.
§ 1º O consenso das partes envolvendo direitos indisponíveis que admitam transação deve ser homologado em juízo, exigida a oitiva do Ministério Público, nos termos das Leis Federais nº 13.105, de 2015, e nº 13.140, de 2015.
§ 2º O disposto no § 1º deste artigo não se aplica ao termo de compromisso de ajustamento de conduta e outras hipóteses em que a lei dispense a oitiva do Ministério Público e a homologação judicial.
§ 3º A autocomposição poderá versar sobre todo o conflito ou parte dele.
§ 4º Nos conflitos judiciais, a autocomposição poderá abranger o reconhecimento da procedência do pedido formulado na ação ou na reconvenção, a transação ou a renúncia à pretensão formulada na ação ou na reconvenção.

193. Fonte: Folha de S.Paulo. Disputa pelo Campo de Marte entre SP e União começou com Vargas e envolve dívida bilionária. 17/04/2022 – Cotidiano. Disponível em: https://www1.folha.uol.com.br/cotidiano/2022/04/disputa-pelo-campo-de-marte-entre-sp-e-uniao-comecou-com-vargas-e-envolve-divida-bilionaria.shtml. Acesso em: 19 ago. 2024.

nicípio propôs ação possessória em face da União com pedido subsidiário de indenização pelo valor atual da gleba objeto da lide. O processo, posteriormente, veio a receber o número 0068278-78.1974.403.6100 na Justiça Federal e discutiu a posse e o domínio do Campo de Marte.

A sentença julgou improcedente o pedido do Município, por considerar que houve retomada da posse da área que já era da União pelos motivos mais relevantes,

> que envolvem a própria segurança nacional, sempre com vistas aos mais elevados anseios da nação brasileira, que temia o crescimento de uma onda popular de cunho segregacionista.[194]

O Município interpôs recurso de apelação, sob o argumento de que a natureza da terra era devoluta, a qual, nessa condição, foi transferida ao domínio do Estado de São Paulo pela Constituição de 1891 e deste para o Município de São Paulo, pela Lei de Organização Municipal de 13/11/1891. Portanto, em 1932, quando ocupada pelo Governo Vargas, a terra era municipal.

O Tribunal Regional Federal da 3ª Região (TRF/3) igualmente decidiu em favor da União, defendendo que a ocupação do Campo de Marte "foi uma operação de guerra, não um esbulho possessório" e que o domínio era da União por não ter natureza de terra devoluta. O Município interpôs recurso especial ao Superior Tribunal de Justiça (STJ).

Em 2008, o STJ deu provimento ao recurso especial do Município (RESP 991.243/SP), pois reconheceu o domínio municipal sobre o Campo de Marte. O STJ entendeu serem devolutas as terras (terras devolvidas à Coroa Portuguesa) e, consequentemente, repassadas ao Estado pela Constituição de 1891 e ao Município pela Lei de Organização Municipal do mesmo ano[195].

---

194. Cf. relatório do voto do min. Herman Benjamin no RESP 991243/SP. Ainda segundo o min. Herman, constou da sentença o seguinte trecho: "Credite-se às Forças Armadas essa vitória da nação, que conseguiu arredar de São Paulo a ameaça de uma situação semelhante, agindo sempre de forma patriótica e serena, de modo a ir vencendo de forma gradativa e constante as resistências regionais contra a hegemonia do poder central, de modo a se ter nos dias atuais um País unido, forte e cheio de esperanças para lutar – essa é a guerra que importa – por dias mais felizes e venturosos".

195. O min. Herman Benjamin, notando o viés emotivo constante da sentença de 1ª instância, abriu seu voto com o seguinte alerta: "Antes de adentrar o mérito recursal, anoto que a discussão em torno do conflito militar de 1932

Contudo, considerando que a área estava afetada ao serviço público federal de aviação, o STJ entendeu que era insuscetível de reintegração de posse, aplicando-se, por analogia, o art. 2º, §2º, do Decreto-Lei nº 3.365/1941[196], que é a lei de desapropriações. Assim, determinou que a União devolvesse ao Município apenas a parcela da área não afetada. Ainda, determinou o retorno dos autos à origem para que (a) verifique qual a parcela da área em litígio efetivamente afetada ao serviço público federal e, por consequência, insuscetível de reintegração; (b) analise o pedido de indenização quanto a ela; e (c) determine a imediata reintegração da parcela eventualmente não afetada.

A União recorreu ao Supremo Tribunal Federal (STF), mas, em 2020, o ministro Celso de Mello não conheceu o recurso extraordinário (RE 668.869) em razão da qualificação infraconstitucional da controvérsia (ofensa reflexa à Constituição Federal), o que obsta a análise do mérito pela Suprema Corte.

Desta decisão, a União interpôs agravo regimental, o qual foi incluído na pauta para julgamento virtual da 2ª Turma com voto do min. Nunes Marques desfavorável ao provimento. Em razão do pedido de destaque, o caso foi retirado de pauta. Nesse momento, em maio de 2021, as partes voltaram a se comunicar com o intuito de estudar a possibilidade de negociar um acordo.

---

ou das razões político-militares pelas quais a União tomou o Campo de Marte são irrelevantes para a solução da demanda. Tampouco cabe discutir a justiça da causa constitucionalista ou do regime varguista que se instalou com o Estado Novo. Faço essas considerações para afastar, desde já, o debate emotivo que levou o juiz sentenciante a definir a Revolução de 1932 como 'segregacionista' e ofensiva aos anseios da Nação Brasileira e a creditar ao Governo central um alto valor patriótico em sua luta contra São Paulo. Há que respeitar a reverência do povo paulista por sua luta constitucionalista, orgulhosamente evocada pela Municipalidade (fl. 900), sem que isso, evidentemente, oriente a decisão judicial. Mais sereno e conveniente ao bom julgamento da causa foi o alerta feito pelo Tribunal Regional, para o qual essas condições históricas devem ser invocadas 'apenas por reverência ao passado'".

196. Art. 2º Mediante declaração de utilidade pública, todos os bens poderão ser desapropriados pela União, pelos Estados, Municípios, Distrito Federal e Territórios.
(...)
§ 2º Os bens do domínio dos Estados, Municípios, Distrito Federal e Territórios poderão ser desapropriados pela União, e os dos Municípios pelos Estados, mas, em qualquer caso, ao ato deverá preceder autorização legislativa. (texto vigente até 2023)
§ 2º Será exigida autorização legislativa para a desapropriação dos bens de domínio dos Estados, dos Municípios e do Distrito Federal pela União e dos bens de domínio dos Municípios pelos Estados. (Redação dada pela Lei nº 14.620, de 2023)

O acordo foi mediado pela Câmara de Mediação e de Conciliação da Administração Pública Federal – CCAF da Advocacia Geral da União – AGU. Os mediadores da CCAF são advogados da União especialmente capacitados para atuar nesta função, mediando conflitos entre a União e outros entes públicos ou empresas privadas, nos casos previstos no seu regulamento[197].

Os pontos centrais das negociações foram considerar:

(i) se a área deveria ser considerada municipal ou não;

(ii) se era devida indenização pela União;

(iii) quais os critérios a serem considerados para o cálculo do valor da indenização;

(iv) como seria quitada a indenização; e

(v) qual destinação seria dada ao Campo de Marte.

O fato objetivo era que o Município tinha uma decisão favorável do STJ em relação ao domínio do imóvel que muito dificilmente seria revertida no STF. Assim, fazia sentido considerar como premissa inicial que a área deveria ser considerada como municipal. Por outro lado, a própria decisão do STJ obstava a reintegração de posse em favor do Município da área afetada ao serviço de aviação.

Considerando que o Município requereu a reintegração de posse ou indenização equivalente, o direito ao recebimento da indenização seria consequência direta da primeira premissa, isto é, se a área era municipal, mas insuscetível de reintegração, caberia indenização. Ademais, considerando o uso da área indevidamente durante todos esses anos, também seria devida indenização relativa ao uso do terreno no período pretérito.

Contudo, os critérios a serem considerados para o cálculo da indenização ainda não estavam definidos pela Justiça, mesmo depois de mais de sessenta anos de disputa judicial. Dessa forma, a depender dos critérios uti-

197. A CCAF está prevista no art. 41 do Anexo I do Decreto Federal nº 11.328, de 1º de janeiro de 2023 e é regulamentada por Portarias e Ordens de Serviço previstas na página da AGU na internet (https://www.gov.br/agu/pt-br/composicao/cgu/cgu/ccafdir/base-normativa. Acesso em 30 out.2024).

lizados, o valor poderia variar muito nas diferentes simulações, o que gerava incerteza para os dois lados. Na melhor das hipóteses para o município, o valor poderia chegar a R$ 48 bilhões.

Por outro lado, o Município era devedor de um valor bilionário para a União, oriundo de um contrato de empréstimo assinado entre as partes no ano de 2000[198]. O Município vinha pagando as parcelas, contudo o valor dos juros era tão alto que a dívida foi aumentando e gerou uma pressão enorme nas suas contas[199]. Em 2022, quando as partes negociaram o acordo, a dívida era da ordem de R$ 24 bilhões[200] e a parcela mensal paga ao governo federal era de cerca de R$ 283 milhões[201], ou seja, R$ 3,4 bilhões por ano[202].

Assim, essa dívida entrou na negociação do acordo, com a intenção de gerar uma quitação recíproca e isentar o Município de continuar pagando o empréstimo e isentar a União de pagar qualquer valor ao Município pelo uso pretérito do Campo de Marte e pela aquisição da propriedade da área afetada, ou seja, uma compensação entre créditos e débitos.

Essa foi uma das questões mais importantes para a análise do acordo, pois as concessões recíprocas estavam na casa dos bilhões de reais, o que certamente preocupava os responsáveis pela assinatura do acordo. A análise

198. Contrato de Confissão, Consolidação, Promessa de Assunção e Refinanciamento de Dívidas, assinado em 03/05/2000, bem como do Termo de Convalidação de Valores, assinado pelas partes em 23/02/2016, com fundamento na Medida Provisória nº 2.185-35 de 24 de agosto de 2001 e na Lei Complementar nº 148, de 25 de novembro de 2014.

199. Isso porque, em 2016, a Prefeitura conseguiu renegociar o índice de correção da dívida, que até então era o IGP-DI (Índice Geral de Preços - Disponibilidade Interna) mais 9% ao ano, e passou a ser o IPCA (Índice Nacional de Preços ao Consumidor Amplo) mais 4% ao ano, limitada à variação da SELIC (Fonte: Folha de S.Paulo, Folga inédita no caixa da Prefeitura de SP incluiu ações de Haddad e Nunes, de 18/10/2024. Disponível em: https://www1.folha.uol.com.br/poder/2024/10/folga-inedita-no-caixa-da-prefeitura-de-sp-incluiu-acoes-de-haddad-e-nunes.shtml. Acesso em 31 out. 2024).

200. Precisamente R$ 23.912.137.413,52, posicionado para 31 de janeiro de 2022. Atualizando-se o valor de janeiro de 2022 a março de 2025 pelo IPCA, chega-se a R$ 28.309.050.622,74, considerando a inflação de 18,39% acumulada no intervalo (Fonte: IBGE).

201. Precisamente R$ 283.124.674,21, posicionado para 31 de janeiro de 2022. Atualizando-se o valor de janeiro de 2022 a março de 2025 pelo IPCA, chega-se a R$ 335.185.039,97, considerando a inflação de 18,39% acumulada no intervalo (Fonte: IBGE).

202. Precisamente R$ 3.397.496.090,52, posicionado para 31 de janeiro de 2022. Atualizando-se o valor de janeiro de 2022 a março de 2025 pelo IPCA, chega-se a R$ 4.022.220.479,66, considerando a inflação de 18,39% acumulada no intervalo (Fonte: IBGE).

dos dois lados foi pela vantajosidade do acordo, considerando as chances de êxito, o tempo estimado de demora para solução definitiva pela Justiça e as vantagens imediatas do encerramento da disputa[203].

Por fim, em relação à destinação do Campo de Marte, foi acordada uma divisão. Prevaleceu o entendimento que a área afetada ao serviço de transporte aéreo, controlado pela União, deveria permanecer funcionando no local, ficando a União com a sua propriedade. Já a área remanescente ficou para o Município.

Segundo o mapa anexado ao acordo, o que está identificado como área A, com 1,7 milhão de metros quadrados, ficou para a União. Já a área B, com 405 mil metros quadrados, ficou para o Município de São Paulo:

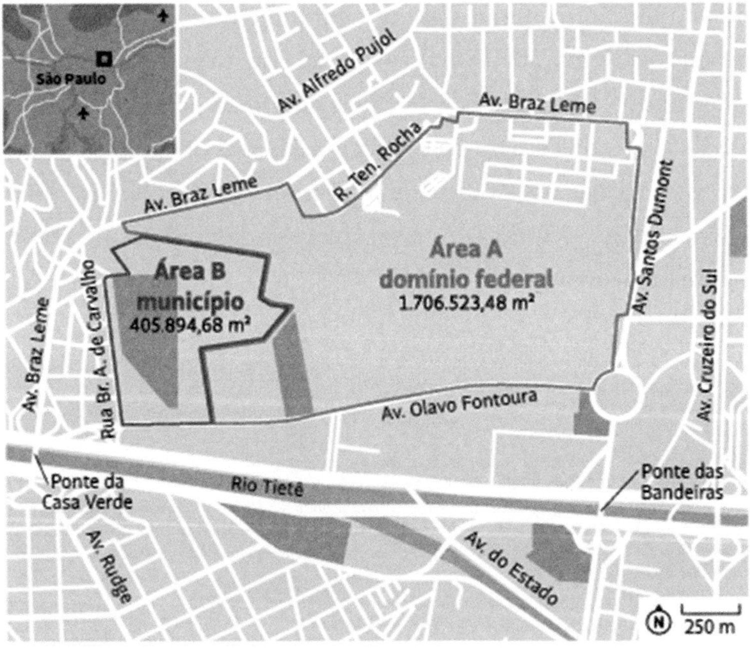

Figura 1: divisão da área do Campo de Marte prevista no acordo
Fonte: Folha de S.Paulo

---

203. Um dos consideranda do acordo assim dispõe: "CONSIDERANDO que o interesse público no caso indica como potencialmente prejudicial para ambas as partes a continuidade da discussão judicial a respeito do valor da dívida decorrente do debate dominial acerca da área denominada 'Campo de Marte', objeto do RE nº 668.869 e no Resp nº 991.243".

Pelo Município, foi editada a Lei Municipal nº 17.726, de 17 de dezembro de 2021[204], para autorizar a celebração do acordo, com previsão expressa para que fosse possível "inclusive renunciar a potencial crédito excedente que viesse a ser reconhecido no processo judicial em referência"[205]. Esta autorização legislativa foi muito importante para dar segurança jurídica para as partes e, principalmente, tranquilidade para a Procuradoria Geral do Município que negociou e assinou o acordo. Pelo lado da União, o acordo foi autorizado pelo advogado geral da União e pelo ministro de Estado da Economia.

A redação do ajuste foi concluída na reunião de mediação de 14 de fevereiro de 2022, no âmbito da CCAF. O acordo foi efetivamente assinado em 17 de março de 2022, no Gabinete do Presidente da República no Palácio do Planalto, em Brasília[206]. No mesmo dia 17 de março de 2022, a União e o Município peticionaram no STF requerendo a homologação judicial do acordo extrajudicial[207]. No dia seguinte, o min. Nunes Marques abriu vista à Procuradoria-Geral da República, que se manifestou no dia 24 de março, favoravelmente à homologação do acordo.

Em 28 de março de 2022, o min. Nunes Marques do STF homologou o acordo, pondo fim a mais de 60 anos de disputa judicial e permitindo ao município uma capacidade imediata de investimento na cidade, tão necessitada de serviços básicos.

Ainda foi necessária aprovação de projeto de lei orçamentária fede-

---

204. Acesso à íntegra da lei: <https://legislacao.prefeitura.sp.gov.br/leis/lei-17726-de-17-de-dezembro-de-2021>.

205. Art. 1º Fica autorizada a celebração de acordo judicial com a União nos autos do processo nº 0068278-78.1974.403.6100, desde que a contrapartida para o Município seja a extinção da dívida decorrente do "Contrato de Confissão, Consolidação, Promessa de Assunção e Refinanciamento de Dívidas" pactuado com base na MP 2.185-35, de 24 de agosto de 2001, podendo o Poder Executivo, por meio da Procuradoria Geral do Município, transigir, transacionar, firmar compromisso, desistir, transferir, remir e o que se fizer necessário para a realização do Acordo, inclusive renunciar a potencial crédito excedente que viesse a ser reconhecido no processo judicial em referência.

206. O acordo extrajudicial resulta na compensação entre o saldo devedor em 31 de janeiro de 2022, do Município de São Paulo referente Contrato de Confissão, Consolidação, Promessa de Assunção e Refinanciamento de Dívidas, e a potencial condenação da União, relativa à indenização a ser liquidada no âmbito da ação judicial de reintegração de posse nº 0068278-78.1974.403.6100.

207. As Partes também solicitaram o reconhecimento jurídico dos efeitos de consignação em pagamento de depósitos judiciais realizados pelo Município e a devolução das verbas eventualmente retidas ou a conversão dos valores em favor da União para o caso de não ser realizada a homologação do acordo.

ral para autorizar a compensação prevista no acordo, considerando que a União deixaria de receber o valor das parcelas da dívida do Município já a partir do exercício de 2022. Somente após essa aprovação no Congresso Nacional a compensação efetivamente se realizou.

Frise-se que alguns políticos de partidos de oposição ao Prefeito apresentaram representações no Ministério Público e no Tribunal de Contas do Município, sob o argumento de que o acordo foi desvantajoso para o Município. Até o momento da redação deste artigo, nenhuma tentativa de questionar o acordo prosperou, considerando todas as vantagens obtidas e, ainda, a autorização concedida por lei aprovada na Câmara Municipal de São Paulo e a homologação pelo Supremo Tribunal Federal.

Em 2024, o Município decidiu conceder a área remanescente à iniciativa privada para a construção do Parque Municipal Campo de Marte, pelo prazo de 35 anos. A licitação ocorreu em agosto de 2024, tendo o consórcio vencedor se comprometido a investir R$ 202 milhões no parque.

Essa é a situação de acordo que se chama de ganha-ganha-ganha: ganhou a União, ganhou o Município e ganhou toda a coletividade, já que foi preservado um serviço relevante de aviação em São Paulo, houve o aporte de bilhões de reais em serviços essenciais para a população da cidade (valores que deixaram de ser destinados aos cofres da União para pagamento da dívida), e, ainda, viabilizou-se a criação de um novo parque na zona norte.

4. Conclusão

A criação e a implementação de políticas de desjudicialização no âmbito do Poder Público são uma tendência que tem sido observada nos últimos anos. A utilização de meios alternativos ao processo judicial pela Administração Pública, quando recomendável, garante a solução adequada das controvérsias, o que favorece toda a sociedade.

O Município de São Paulo é um exemplo de ente da Federação que criou essa política e tem atuado com afinco na sua implementação. Dada a sua inquestionável importância no cenário nacional e internacional, certamente serve de referência para muitos outros municípios e Estados da Federação.

O caso do Campo de Marte exemplifica bem como a solução judicial pode demorar décadas, gerando angústia às partes e perpetuando um problema que poderia ser resolvido rapidamente de forma consensual, através da mediação. O acordo obtido entre o Município e a União, celebrado no âmbito da CCAF/AGU, permitiu encerrar mais de 60 anos de disputa judicial, viabilizando a divisão da área entre as partes, a permanência do aeroporto no local, a criação de um parque municipal e a compensação de dívidas de R$ 24 bilhões, liberando imediatamente vultosos recursos para investimentos pela Prefeitura de São Paulo em serviços essenciais.[208]

---

208. Este artigo foi pensado e escrito em homenagem à Dra. Marina Magro Beringhs Martinez (*in memoriam*), procuradora-geral do Município de São Paulo de 2019 a 2024, que com dedicação conduziu toda a negociação brilhantemente.

A adoção da mediação extrajudicial de conflitos pela empresa pública: da resistência à implementação

Melina Kurcgant[209]

Resumo

As vantagens que decorrem da adoção da mediação como método de solução de conflitos podem sugerir que elas, por si só, justificariam sua fácil aceitação e adoção pelos entes públicos. O presente artigo demonstrará, porém, que na prática tal aceitação não é tão simples. Sem pretender aprofundar no tema e, mais ainda, com a certeza de que as realidades internas de cada ente público podem ser bastante distintas entre si, busca-se neste trabalho elucidar os pontos críticos – de ordem administrativa, técnica, política e jurídica – identificados em determinada empresa pública integrante da Administração Pública indireta do Estado de São Paulo e as soluções propostas para a superação daqueles entraves e que, ao final, resultaram na autorização formal para a aceitação da mediação como instrumento de solução de conflitos de que ela possa ser parte.

Abstract

The advantages resulting from the adoption of Mediation as a method of conflict resolution may suggest that they, in themselves, justify its easy acceptance and adoption by public entities. This article will demonstrate, however, that in practice such acceptance is not so simple. Without intending to make a detailed analysis of the subject and, furthermore, with the certainty that the internal realities of each public entity can be quite different from one another, this paper seeks to elucidate the critical points – of an administrative, technical, political and legal nature – identified in a certain public company of São Paulo´s Government and

209. Possui formação continuada em Negociação Estratégica e Gestão de Conflitos pelo Insper/SP, em Negociação e Administração de Conflitos pela FGV/SP e em Arbitragem, também pela FGV/SP. É especialista em Direito Constitucional pela Escola Superior de Direito Constitucional/SP e em Processo Civil pela PUCCOGEAE/SP. Advogada graduada pela PUC/SP e Administradora de Empresas pela FAAP/SP, é membro do Comitê Brasileiro de Arbitragem e integra o Comitê de Infraestrutura da CAMARB. Na última década, dedicou-se ao estudo e à aplicação dos métodos adequados de resolução de conflitos, particularmente no âmbito da Administração Pública Indireta. É coordenadora do Núcleo de Mediação e Arbitragem da Companhia Paulista de Trens Metropolitanos – CPTM.

the solutions proposed to overcome these obstacles and which, after all, resulted in the formal authorization for the acceptance of mediation as a tool of conflict resolution of which that company maybe part.

Palavras-chave
Mediação Extrajudicial – Empresa Pública – Entraves – Identificação e Superação – Normatização – Treinamento – Implementação.

Keywords
Extrajudicial Mediation – Public Company – Obstacles - Identification and Overcoming – Standardization – Training – Implementation.

1. Introdução

As vantagens da adoção da mediação, como ferramenta de solução de conflitos, já há muito vêm sendo defendidas pela doutrina nacional e internacional, assim como pelo próprio Poder Judiciário.

Entretanto, foi somente em 2015, com a publicação da Lei Federal nº 13.140, de 26 de junho de 2015 que tal instituto, que já vinha sendo aplicado na prática, foi efetivamente regulamentado no Brasil.

Mas a citada lei federal, que dispõe sobre a adoção da mediação entre particulares, igualmente tratou de regulamentar a adoção do instrumento para a autocomposição de conflitos surgidos no âmbito de contratos firmados pela Administração Pública.

Muito embora, é verdade, leis anteriores à Lei Federal de Mediação já contivessem, ainda que de maneira indireta, a previsão do uso do instituto para a resolução de disputas decorrentes de ajustes administrativos, a exemplo da Lei de Concessão e Permissão de Prestação de Serviços Públicos, publicada em 1995[210], e da Lei de Parcerias Público-Privadas, de

210. BRASIL. Lei Federal nº 8.987, de 13 de fevereiro de 1995, art. 23, inciso XV. Art. 23. São cláusulas essenciais do contrato de concessão as relativas: ... XV - ao foro e ao modo amigável de solução das divergências contratuais, e Art. 23-A. O contrato de concessão poderá prever o emprego de mecanismos privados para resolução de disputas decorrentes ou relacionadas ao contrato, inclusive a arbitragem, a ser realizada no Brasil e em língua portuguesa, nos termos da Lei nº 9.307, de 23 de setembro de 1996 (Incluído pela Lei nº 11.196, de 2005). Disponível em: https://www.planalto.gov.br/ccivil_03/Leis/L8987cons.htm. Acesso em 25 ago.2024.

2004[211], o tema somente foi objeto de regulamentação específica no Brasil com o advento da publicação da Lei de Mediação, cujo Capítulo II trata exclusivamente 'Da Autocomposição de Conflitos em que for Parte Pessoa Jurídica de Direito Público'.

Bem, é cediço que as práticas comerciais das pessoas jurídicas de direito público em muito se distinguem daquelas praticadas pelas pessoas jurídicas de direito privado, posto que possuem funções completamente distintas. Enquanto as primeiras correspondem à própria Administração Pública direta, às autarquias e às fundações, e se destinam ao exercício de atividades de interesse público imediato, as pessoas jurídicas de direito privado, a seu turno, são criadas por lei e, embora tenham como único sócio ou como principal acionista ente integrante da Administração Pública direta, têm por objetivo a exploração de atividade econômica pelo governo e, portanto, visam à obtenção de lucro. Trata-se do Estado na qualidade de empresário.

E é este o caso das empresas públicas e das sociedades de economia mista, que correspondem às

> sociedades que se regem pelo direito privado, ou seja, por normas comerciais e trabalhistas (CF, art. 173, § 1º), e também por normas tributárias, mas com a cautela do direito público, ante o fato de estarem sujeitas a certos princípios juspublicistas, como, p. ex., a licitação, porque lidam com recursos ou capitais públicos.[212]

Pois bem, serão justamente estas ou, mais especificamente, a realidade experimentada pela autora em empresa pública, o foco do presente trabalho.

A intenção deste artigo é apresentar ao leitor o desenrolar das várias

211. BRASIL. Lei Federal nº 11.079, de 30 de dezembro de 2004, art. 11, inciso III: O instrumento convocatório conterá minuta do contrato, indicará expressamente a submissão da licitação às normas desta Lei e observará, no que couber, os §§ 3º e 4º do art. 15, os arts. 18, 19 e 21 da Lei nº 8.987, de 13 de fevereiro de 1995, podendo ainda prever: ... III - o emprego dos mecanismos privados de resolução de disputas, inclusive a arbitragem, a ser realizada no Brasil e em língua portuguesa, nos termos da Lei nº 9.307, de 23 de setembro de 1996, para dirimir conflitos decorrentes ou relacionados ao contrato. Disponível em: https://www.planalto.gov.br/ccivil_03/_Ato2004-2006/2004/Lei/L11079.htm. Acesso em: 25 ago. 2024.

212. DINIZ, Maria Helena. *Curso de Direito Civil Brasileiro*, v. 1: Teoria Geral do Direito Civil, 13. ed. São Paulo: Saraiva, 1997, p. 148.

etapas cumpridas em um processo de aceitação oficial da mediação extrajudicial como ferramenta alternativa para a solução de conflitos surgidos no âmbito de instrumentos firmados por empresa pública integrante da Administração Pública indireta do Estado de São Paulo. Do convencimento à efetiva adoção do instituto, passando pela normatização e pelo treinamento dos empregados, a experiência vivida pela autora para cada uma de tais etapas será sucintamente aqui compartilhada.

2. No início, a resistência

Embora as vantagens da adoção da mediação extrajudicial como instrumento de solução de conflitos sejam amplamente conhecidas dos setores público e privado, nos mercados nacional e internacional, não se pode só por isto acreditar que a utilização do instituto seja naturalmente aceita pelos gestores públicos. Ao menos foi esta a realidade enfrentada pela autora e que será aqui relatada.

É manifesto que o alcance dos resultados esperados pela adoção da mediação pressupõe a observância dos princípios legais que a regem: imparcialidade do mediador, isonomia entre as partes, oralidade, informalidade, autonomia da vontade das partes, busca de consenso, confidencialidade e boa-fé[213].

Ao princípio da isonomia entre as partes, se dará aqui especial atenção.

Desde que o mundo é mundo, o poder fascina o ser humano.

Poder, palavra originada do latim, *potentia*. Poder, substantivo masculino descrito como força física ou moral, imposição de obediência, controle total, grande influência, domínio exercido sobre algo, total superioridade para governar.

E foi por este desejo do ser humano de 'ditar as regras' que a autora se deparou com o primeiro impasse à adoção, pela empresa pública, da mediação

213. BRASIL. Lei Federal nº 13.140/15, art. 2º. Disponível em: https://www.planalto.gov.br/ccivil_03/_ato2015-2018/2015/lei/L13140.htm. Acesso em: 25 ago.2024.

como instrumento extrajudicial de solução de conflitos: a perda de poder pelo ente público ou, melhor dizendo, a mera sensação de perda de poder!

O processo de globalização e o intenso avanço tecnológico em nível mundial impactaram a autoridade dos governos estabelecidos e intensificaram a premência de uma mudança comportamental dos entes públicos, inclusive no Brasil. Se, antes, o Estado agia sob regras por ele próprio estabelecidas, sob o pretexto de defender o interesse da coletividade que representava e cujas demandas se apresentavam, de certa forma, limitadas, hoje, pequenas e grandes distâncias foram superadas pelo avanço tecnológico, fazendo com que surjam de todos os lados carências, necessidades e interesses das mais diversas naturezas.

Em um contexto tão diversificado e ávido por respostas, uma certeza fica: aquele que não se adequa, não sobrevive.

E não há dúvidas de que é justamente em razão do panorama apresentado que o poder público tem se valido cada vez mais da associação com o setor privado, como um braço de atuação da própria Administração Pública.

Na origem, embora absolutamente centralizado e uno, bastava apenas o Estado para criar as regras, para fazê-las cumprir e, ao menos em tese, para atender aos anseios da sociedade que regulava.

Depois, tornou-se necessária a descentralização por meio da criação de autarquias, fundações, empresas públicas e sociedades de economia mista, tentáculos do Estado voltados a atender às novas demandas da sociedade, sem que para isto lhe fosse necessário abdicar de poder.

O mundo atual, porém, impõe nova forma de governar. O Estado, sozinho ou por meio dos órgãos e entidades que o representam, já não consegue atender às necessidades de uma coletividade cada vez mais numerosa, diversificada e antenada com novas tendências e recursos, locais e internacionais. A consequência natural desta insuficiência dos recursos públicos, sejam eles financeiros, pessoais, administrativos ou técnicos, é o surgimento da necessidade de delegação de serviços à iniciativa privada ou, se não tanto, minimamente de uma aproximação entre o público e o privado.

Ainda que possuam interesses distintos, o estreitamento relacional proposto atrai investimentos ao setor público e pode contribuir à melhoria na realização das atividades públicas, em termos de qualidade e eficiência. Para tanto, torna-se crucial que se estabeleça um canal de comunicação funcional e objetivo entre o setor público e o privado.

Mas, a concretização deste diálogo mais estreito e igualitário exige que as partes sejam tratadas com isonomia, o que fez despertar no ente público uma indigesta sensação de perda de poder.

3. Processo de convencimento

A verdade, porém, é que o respeito não afasta o poder. Ao contrário, quando presente o respeito recíproco entre as partes, a sensação de poder é de ambas e, neste sentido, o poder que daquele – o respeito – emana apenas se fortalece.

Assim é que a transformação do papel da Administração Pública na sociedade atual, hoje cada vez mais próxima do parceiro privado, mais do que nunca exige do ente administrativo a aceitação, a assimilação e a prática da cultura do 'ganha-ganha' diante de situações de conflito.

E é neste cenário que a mediação, seja ela judicial ou extrajudicial, encontra espaço para ser aplicada como valiosa ferramenta para solução de disputas.

Partindo da premissa de que os conflitos submetidos à mediação extrajudicial por empresa pública ou sociedade de economia mista têm origem, via de regra, em contratos, convênios e instrumentos congêneres firmados com o setor privado, é de se supor que o objetivo primeiro das partes seja o integral cumprimento do quanto estabelecido no instrumento; isto é, que cada parte cumpra com as obrigações nele estabelecidas, ao mesmo tempo em que tenham assegurados os direitos também nele consignados.

É sabido, porém, que ao longo da execução do objeto contratado surgem imprevistos, dificuldades ou interferências que impactam, negativamente, o cumprimento adequado do instrumento. E, não raro, delas decorrem prejuízos que afetam ao menos uma, quando não ambas as partes.

Instaurado o conflito, a questão que se apresenta é como as partes interessadas agirão diante da situação. Em termos hipotéticos, as opções são inúmeras e vão desde uma inércia total até um embate perante o Judiciário, sendo certo que por décadas a última opção foi a prevalente em grande parte das sociedades modernas.

Mas as razões já suscitadas neste artigo têm obrigado os entes públicos a repensarem posturas. As sociedades democráticas contemporâneas esperam de seus dirigentes posturas pautadas na moral e na eficiência, valores que por si só os obrigam a agir com moderação, com motivação e competência, sob pena de experimentarem uma aceleração na concessão dos serviços públicos ao setor privado.

À autora parece ser este, portanto, o principal motivo pelo qual se passou a repensar a preferência pela adoção da forma contenciosa de busca de soluções, obrigando os entes públicos a reconsiderarem a antipatia que tinham, e não se pode negar que há quem ainda a tenha, mesmo que em menor representatividade, pela adoção de soluções alternativas.

Foi assim, neste contexto de relutância e desconhecimento do tema pelos dirigentes da empresa pública do Estado de São Paulo em que a autora trabalha, que foi a eles apresentada proposta para que a adoção da mediação extrajudicial passasse a ser oficialmente aceita pela companhia, como método de solução de desavenças.

A apresentação, registrada em Nota Técnica Jurídica, tinha dois principais objetivos: o primeiro deles, o de contextualizar a proposta apresentada com o atual cenário das contratações públicas e de esclarecer o conceito e as vantagens inerentes ao instituto da mediação extrajudicial. Na sequência, a Nota Técnica Jurídica sugeria os critérios e procedimentos a serem observados pela empresa, para a instauração e desenvolvimento de processos de mediação extrajudicial voltados à solução de conflitos surgidos no âmbito da execução de contratos, convênios e instrumentos congêneres, por ela firmados com terceiros.

3.1. Contextualização da mediação extrajudicial no atual cenário das contratações públicas, conceito e vantagens

De plano, além de fazer menção à legislação antes aqui destacada, a Nota Técnica Jurídica conferiu também destaque ao teor da Nota Recomendatória 002/2022, emitida pela Associação dos Membros dos Tribunais de Contas do Brasil (Atricon) e cujo teor aconselha aos próprios Tribunais de Contas brasileiros que

> dentro de uma perspectiva de atuação marcada pela consensualidade, considerem, sempre que possível e nos termos do ordenamento jurídico, a adoção e a implementação de normas voltadas à solução consensual de conflitos quando do enfrentamento de temas controvertidos relacionados à Administração Pública e ao controle externo, com o objetivo de efetivar os princípios da eficácia e da eficiência, de forma a prestigiar ações de controle preditivo e preventivo.[214]

O alerta parecia relevante, na medida em que nunca foi segredo para ninguém a preocupação ou reticência dos dirigentes de empresas e órgãos vinculados à Administração Pública, independente da esfera de governo a que pertençam, em adotarem medidas inovadoras que lhes possa render questionamentos futuros, especialmente pelos órgãos externos de controle, em especial os Tribunais de Contas e o Ministério Público.

Neste sentido, a Nota Recomendatória 002/2022, exarada justamente por associação representativa de membros daqueles tribunais, serviria como respaldo à decisão que se buscava; qual seja, a de que passasse a ser formal-

214. Disponível em: https://atricon.org.br/notas-recomendatoria/. Acesso em 18 jun.2024.

mente admitido o uso da mediação extrajudicial para a solução de conflitos de que aquela empresa pública fosse parte interessada.

Depois de apresentado o conselho da Atricon, passou-se a apontar o panorama atual da adoção da mediação extrajudicial pelos entes públicos; afinal, a adoção cada vez mais frequente dos métodos adequados de solução de conflitos, inclusive pela Administração Pública, é uma tendência que não podia continuar sendo ignorada pela empresa.

As vantagens que podem resultar às partes de sua utilização, as quais justificam o significativo aumento da incidência do uso de tal ferramenta, são suficientes para que se reconheça que o Poder Judiciário deixou de ser a única opção para resolução de disputas.

Mas a mediação, como um destes métodos, se apresenta como estratégia autocompositiva de resolução de conflitos, na medida em que o mediador não propõe e não estabelece ele próprio uma solução para a controvérsia, limitando-se apenas a contribuir para que as próprias partes conflitantes sejam protagonistas do processo de identificação de uma solução para o entrave. E é justamente esta natureza autocompositiva do instituto que, mais uma vez, poderia gerar desconforto ao gestor público.

Ora, a inserção da empresa pública neste novo cenário pressupõe a disseminação interna da cultura do respeito, o desenvolvimento da conscientização e responsabilização do gestor contratual e, principalmente, a avocação, pelo gestor público, da autonomia de poder decisório, tão intrínseca à própria gestão pública.

Dito de outra forma, torna-se necessário tirar a todos, dirigentes ou simples empregados da empresa pública, de uma zona de conforto na qual críticas e acusações às execuções contratuais brotam fácil e diariamente, mas para as quais o próprio gestor público, com frequência, não revela disposição ou preparo para propor soluções ou tomar decisões.

Historicamente, não se percebe que haja, no Brasil, a preocupação em se exigir do gestor público uma capacitação técnica mínima que lhe permita, de forma satisfatória e profícua, dialogar com a sociedade.

E se assim é em relação às autoridades públicas, o que dizer então acerca dos gestores de contrato, muitas das vezes antigos na empresa, ingressos por concurso público para cargos de carreira e que, ao se destacarem no exercício da atividade que desempenham, são alçados a cargos gerenciais, sem que lhes seja sequer oferecido um treinamento voltado a capacitá-los para o exercício da nova função.

Como adotar a mediação, se o gestor do contrato em que surgiu o embate muitas vezes sequer está habilitado a fazer uma gestão adequada dos documentos vinculados à execução contratual; se talvez jamais tenha sido orientado de como proceder diante de reclamações e pleitos de contratados; de como manter diálogos preventivos de conflitos com a outra parte ou, quando já consumado, de como travar um diálogo proveitoso para ambos os lados, na busca de uma solução que venha causar o menor impacto negativo possível para todos os interessados?

Tal panorama pode parecer absurdo a alguns, mas é absolutamente passível de ser encontrado, especialmente diante da realidade de contratos firmados por municípios desprovidos de grandes estruturas administrativas.

Defende-se aqui, portanto, que a adoção da mediação extrajudicial por uma empresa pública vai muito além da simples escolha de uma ferramenta de resolução de conflito, alternativa ao Poder Judiciário. Tal decisão precisa estar permeada por uma mudança de cultura, que impõe uma revisão de procedimentos internos e comportamentais.

Toda mudança, por si só, já encontra alguma resistência e é evidente, portanto, que quando se trata de mudanças complexas, ainda mais. Fazia-se premente, assim, apresentar aos dirigentes, em maior detalhamento, as vantagens decorrentes do uso da mediação extrajudicial.

Neste sentido, conferiu-se também destaque à contribuição da mediação para a redução do impacto emocional negativo das partes na busca de uma solução, posto que passam a agir com maior racionalidade do que, imagina-se, resultará em ampliação da percepção dos aspectos relevantes da disputa. A empatia, neutralidade e transparência do mediador contribuem para que as partes construam uma solução em que ambas serão ganhadoras.

As transações negociais da sociedade atual, independente do segmento da economia a que pertençam, demandam cada vez mais celeridade, menor burocracia e especialização nas tomadas de decisão. E é claro que tais adjetivos se tornam ainda mais urgentes, quando já se tem um conflito instaurado e que impõe às partes a busca de uma solução rápida e eficiente.

Uma comunicação funcional e objetiva é elemento fundamental à superação de conflitos empresariais, o que pressupõe objetividade no trato entre as partes, a prevalência da razão sobre a emoção.

Ocorre que nem sempre os profissionais diretamente envolvidos nos conflitos conseguem conversar com o distanciamento emocional necessário à contextualização dos fatos e à análise objetiva do problema. Daí a relevância da mediação que, em razão da posição neutra do mediador, contribuirá para que as partes encontrem uma solução para o conflito a um baixo custo, em tempo reduzido, sob um risco significativamente menor de desgaste das relações negociais existentes.

A mediação, método ágil e economicamente acessível, contribui para que o conflito seja avaliado por um especialista no tema, de maneira imparcial, sem o peso da emoção inerente a qualquer análise feita pelas partes envolvidas no conflito, colaborando desta forma para que elas compreendam que a análise binária "ganhar x perder" raramente leva ao melhor resultado em termos de execução contratual.

Na atual sociedade globalizada a melhor solução exige, necessariamente, uma avaliação do conflito sob várias perspectivas, de maneira a manter o relacionamento das partes e evitar futuras perdas de oportunidades de negócios.

Esta preocupação pode ser ainda maior quando se trata de empresa pública, atuante em segmento econômico que conta com um número restrito de fornecedores.

A mediação pressupõe, assim, uma mudança de cultura da empresa pública, no sentido de passar a lidar com os conflitos de uma forma mais positiva, enfrentando-os como oportunidades de crescimento e como ferramenta para o afastamento de responsabilizações e de redução de valores indenizatórios.

3.2. Situações recomendatórias para adoção do instituto

A resistência aqui relatada, por si só, já serviria de entrave à adoção do instituto para a solução de conflitos surgidos no âmbito de instrumentos firmados pela empresa pública.

De outro lado, a tão necessária mudança comportamental dos gestores públicos, tal como antes já relatada, poderia sugerir que o estabelecimento de regra impositiva à tentativa de mediação extrajudicial para solução de conflitos envolvendo ente público (cláusula escalonada), seria o pontapé necessário para que tal método passasse a ser efetivamente por eles adotado.

Ocorre que os métodos adequados de solução de conflitos apresentam especificidades próprias e, bem por isto, considera-se arriscada a imposição de um método que poderá se revelar inócuo à solução do conflito instaurado.

Foi partindo desta premissa que se apresentou aos dirigentes da empresa um rol de situações recomendatórias, e não obrigatórias, para a adoção do instituto.

Considerando a novidade do tema para a empresa, bem como a insegurança quanto à sua adoção, tão própria daqueles que ainda desconhecem o assunto, foi elaborada minuta de normativo interno para que o tema passasse a ser oficialmente regulado na companhia. Na norma, ficou estabelecido o procedimento a ser adotado pelas áreas envolvidas no conflito quando optarem pela busca de uma solução amigável, particularmente por meio da mediação, além de ter sido apresentada proposta de cláusula denominada

'Solução Amigável de Conflito', para ser inserida nos instrumentos firmados pela companhia.

4. Normatização

4.1. Procedimento interno

A proposição de norma interna teve por objetivo o estabelecimento de critérios e procedimentos a serem adotados pela empresa, para sua participação em processos de mediação extrajudicial, em conformidade com a legislação vigente.

Sem embargo de se tratar de mera recomendação para a adoção da mediação extrajudicial, foram estabelecidas etapas internas de trabalho, distribuídas responsabilidades dentre os empregados da companhia, fixadas condutas a serem observadas pelos envolvidos ao longo do procedimento de mediação extrajudicial, além de apresentada a já mencionada cláusula de 'Solução Amigável de Conflito', a ser inserida nos instrumentos.

Em linhas gerais, o texto proposto recomenda que as controvérsias não superadas entre as partes, decorrentes da interpretação ou cumprimento de instrumento firmado com terceiros, ou com estes relacionadas, e que versem sobre direitos patrimoniais disponíveis, sejam submetidas a processo de mediação extrajudicial, quando configurada uma das seguintes hipóteses:

a) o valor alvo e estimado do conflito seja igual ou superior a R$ 650.000,00, que corresponde ao valor mínimo das transações extrajudiciais que demandam a autorização da diretoria plena da companhia;
b) quando se tratar de conflito surgido no âmbito da execução de contratos compreendidos em programas do Governo do Estado de São Paulo;
c) quando se tratar de conflito surgido no âmbito da execução de contratos que possam contribuir para o cumprimento das metas estra-

tégicas da companhia; e

d) quando se tratar de conflito surgido no âmbito de convênios, termos de cooperação, protocolos de intenção e outros instrumentos congêneres, firmados entre a empresa pública e terceiros.

Tais recomendações fundaram-se na relevância, complexidade e alto valor econômico que, geralmente, envolvem as contratações de tais naturezas e que estão a justificar a busca de soluções mais rápidas e econômicas, que permitam às partes mitigar eventuais prejuízos futuros que coloquem em risco o sucesso da execução contratual.

Evidente, porém, que não foi estabelecido qualquer impedimento para que seja instaurado procedimento de mediação extrajudicial para solução de conflitos contratuais resultantes de outras hipóteses, caso seja do interesse das partes envolvidas e desde que alcançados pela própria Lei de Mediação.

A norma estabelece, ainda, o procedimento a ser internamente adotado para as situações em que a notificação de mediação extrajudicial for emitida por iniciativa do contratado/conveniado, propondo pontuais distinções em relação ao procedimento estabelecido para as mediações extrajudiciais instauradas por notificação do próprio ente público contratante.

Em ambos os casos, porém, a norma ressalta a necessidade de que sejam elaborados relatórios técnicos circunstanciados pela área gestora responsável pelo acompanhamento da execução contratual, que contenham a descrição detalhada do objeto do conflito, com indicação de datas, valores envolvidos e relato cronológico dos fatos, desde o surgimento da controvérsia. O relatório deve ser enviado ao Núcleo de Mediação e Arbitragem – NMA, da gerência jurídica da companhia, devidamente acompanhado de cópia do instrumento firmado entre as partes e respectivos termos de aditamento, assim como de cópia de todas as correspondências trocadas entre elas, *e-mails* e atas de reunião que versem sobre o objeto do conflito.

A norma destaca, portanto, a importância das informações técnicas que subsidiarão a formulação de qualquer proposta de acordo à outra parte e, por conseguinte, evidencia a relevância do papel do gestor ao longo do processo de mediação.

Uma vez recebido, pelo NMA, o pleito de instauração de procedimento de mediação extrajudicial, este o avaliará, a fim de se certificar quanto à existência de enquadramento jurídico para a instauração do procedimento; verificará a natureza da cláusula de resolução de conflitos estabelecida no instrumento (processo judicial x processo arbitral); analisará os documentos que instruem o processo e convocará o gestor do contrato e representantes de outras áreas, conforme entender pertinente, para reuniões de discussão do assunto e esclarecimento do próprio procedimento de mediação. Nas reuniões devem ser apontadas pelos presentes as competências que possuem, inclusive técnica e quanto ao conhecimento do conflito, além de ser comunicado o comportamento esperado dos representantes da empresa nas reuniões com o mediador e/ou com a parte contrária; informados os limites do poder de negociação dos representantes da companhia nas reuniões com o mediador e/ou parte contrária, conforme regramento interno da empresa, além do dever de confidencialidade, em relação a terceiros, com que deverão ser tratadas todas as informações e documentos apresentados por quaisquer das partes durante o procedimento de mediação.

A norma também fixa diretrizes internas de observância obrigatória pelo NMA ao longo do procedimento de mediação extrajudicial, tais como:

- comunicar à gerência jurídica a instauração do procedimento de mediação extrajudicial, ressaltando o compromisso das partes de não iniciarem procedimento arbitral ou processo judicial até que formalmente encerrado o procedimento de mediação;
- manter a gerência jurídica, a gerência financeira, o gestor do contrato e o diretor interessado informados quanto ao andamento do processo e as perspectivas de acordo;

- integrar a equipe multidisciplinar que estará encarregada de elaborar o relatório de vantajosidade de acordo;
- cuidar para que sejam cumpridos internamente, inclusive pelas autoridades competentes para autorizarem a celebração do acordo, todos os prazos fixados no processo de mediação;
- zelar, na hipótese de as partes chegarem a um consenso, para que o 'Termo de Acordo' celebrado constitua instrumento válido e exequível;
- garantir para que seja conferida publicidade ao resultado do procedimento, seja por meio da divulgação do acordo firmado entre as partes ou, na hipótese de falta de consenso, do correspondente 'Termo de Encerramento' do procedimento de mediação.

A proposta de norma também impõe aos empregados envolvidos no processo de mediação extrajudicial o dever de confidencialidade previsto em lei e estabelecido na cláusula contratual de mediação.

A sugestão de norma destaca, ainda, nos termos da lei, que a celebração de acordo entre as partes não afasta o dever da empresa pública de apurar responsabilidades internas para o surgimento do conflito patrimonial discutido no processo de mediação, sempre que deste for possível depreender que a ação e/ou omissão de empregado da companhia, que contribuiu para a existência do conflito patrimonial, constituiu, em tese, infração disciplinar.

Por fim, a norma ressalta que os empregados da empresa pública que participarem do processo de mediação somente poderão ser responsabilizados civil, administrativa ou criminalmente quando, mediante dolo ou fraude, receberem qualquer vantagem patrimonial indevida, permitirem ou facilitarem sua recepção por terceiro, ou para tal concorrerem (Lei Federal nº 13.140/15, art. 40).

4.2. A mediação prevista em contrato

A proposta de norma sugere a inserção de duas novas cláusulas contratuais.

A primeira delas, a ser inserida no próprio corpo do instrumento contratual e denominada "Solução Amigável de Conflito", para estabelecer que qualquer das partes poderá notificar a outra de seu interesse em solucionar amigavelmente conflito surgido no âmbito da execução do contrato, para o que deverão ser observados os critérios e procedimentos estabelecidos em documento anexo ao instrumento contratual.

A segunda cláusula sugerida configurará o mencionado anexo do contrato e consistirá nos "Critérios e Procedimentos para a adoção da Mediação Extrajudicial pelas Partes".

Além de reiterar as situações para as quais se recomenda a adoção do instituto, a sugestão de cláusula estabelece algumas diretrizes, tais como:

- o idioma em que o procedimento deverá ser conduzido;
- a regra de rateio dos honorários e despesas incorridas ao longo do processo;
- a extensão da cláusula de confidencialidade;
- a definição de critérios e prazo para a escolha da câmara de mediação e do mediador;
- a fixação de prazo para a realização da primeira reunião de mediação extrajudicial, estabelecendo como obrigatório o comparecimento das partes a ao menos três reuniões, sob pena de a parte faltante ser obrigada a assumir parte das custas e honorários advocatícios em eventual processo arbitral ou judicial que venha a ser instaurado para discussão do próprio escopo da mediação.

Acerca da imposição de as partes participarem de ao menos três reuniões com o mediador, a autora destaca a distinção entre a situação prevista no artigo 2º, § 1º da Lei de Mediação[215] e a aquela estabelecida na norma interna aqui comentada.

Enquanto a hipótese legal trata da reunião de mediação decorrente de

215. BRASIL. Lei Federal nº 13.140/15. Disponível em: https://www.planalto.gov.br/ccivil_03/_ato2015-2018/2015/lei/l13140.htm. Acesso em: 21 abr.2025.

cláusula escalonada prevista em contrato e, portanto, de realização obrigatória, motivo pelo qual a legislação restringiu a obrigatoriedade de participação das partes em uma única reunião, na medida em que "considera-se instituída a mediação na data para a qual for marcada a primeira reunião de mediação"[216], de forma diversa, as reuniões estipuladas na norma proposta decorrem da própria vontade das partes de buscarem uma solução pela via da mediação e, neste sentido, considerou-se necessária a realização de ao menos três reuniões com o mediador para que pudessem compreender o processo de mediação e, desta forma, identificarem se haverá, de fato, chances para a formalização de um acordo, bem como se a mediação se apresenta efetivamente como a via de solução mais adequada para a solução do conflito.

Não obstante tal obrigatoriedade, o anexo contratual "Critérios e Procedimentos para a adoção da Mediação Extrajudicial pelas Partes" inclui, no rol de possíveis fatos geradores do encerramento do procedimento, a identificação posterior, pelas partes, de que tal método não se apresenta como o mais adequado à solução do conflito em discussão, hipótese em que poderão, de comum acordo, propor a adoção de método alternativo diverso que se apresente mais adequado às características, ao momento e ao contexto em que inserida a disputa e cuja escolha deverá restar indicada no competente "Termo de Encerramento".

Tal previsão pode parecer sem sentido, mas tem por objetivo alavancar o uso futuro de outros métodos de solução de disputas pela empresa, nas hipóteses em que a mediação não se mostrar como a mais adequada.

5. Treinamento

É inegável a importância da participação dos gestores contratuais no

216. BRASIL. Lei Federal nº 13.140/15, art. 17, caput. Disponível em: https://www.planalto.gov.br/ccivil_03/_ato2015-2018/2015/lei/l13140.htm. Acesso em: 21 abr.2025.

processo de mediação, posto que responsáveis por acompanhar a evolução da execução contratual e por adotar as primeiras providências voltadas à mitigação de prejuízos quando não for possível evitar o surgimento do conflito.

Ainda assim, conforme aqui já relatado, nem sempre eles são capazes de bem identificar suas próprias obrigações e atribuições e, menos ainda, o modo de realizá-las.

Bem por isto, a Nota Técnica Jurídica recomenda que seja também promovida pela empresa a capacitação destes profissionais, de maneira que eles tenham clareza não apenas de suas responsabilidades, que vão muito além de acompanhar a execução do contrato em campo ou de aprovar medições, mas também para que tenham ciência e consciência das consequências negativas que resultam de uma inadequada gestão contratual, seja para eles próprios, seja para os resultados alcançados em processos de resolução de disputas de que a empresa seja parte.

6. Implementação

Em que pese a proposta de treinamento apresentada aos dirigentes, não se considerou que tal capacitação configurava pressuposto para a implementação da mediação como ferramenta de solução de conflitos pela companhia.

Diante da diversidade de temas passíveis de serem solucionados por meio da mediação e da variada complexidade e valor dos conflitos, não se justificava aguardar o treinamento dos gestores contratuais para que tal implementação viesse a ocorrer.

E assim foi. Depois de estruturada a norma, a minuta foi encaminhada à apreciação da Gerência de Governança, Controles Internos e Riscos Corporativos, para a qual foram esclarecidos alguns pontos de dúvida. O documento já foi também, ainda que de maneira informal, submetido ao conhecimento do presidente da companhia e encontra-se, no momento da redação deste artigo, em vias de ser apreciado e aprovado pela diretoria da empresa.

A empresa vivencia sua segunda experiência prática com o tema. A primeira delas, nos idos de 2016 e, portanto, poucos meses após a publicação da Lei Federal nº 13.140/15, restou infrutífera e culminou na instauração de processo de arbitragem pela parte contrária.

O caso atual trata de conflito surgido no âmbito da execução de contrato firmado com particular para execução de obra. As dificuldades enfrentadas pelo contratado durante o período da pandemia de Covid-19 o teriam impedido de dar cumprimento ao cronograma originalmente pactuado, motivo pelo qual pleiteia a compreensão da empresa pública e o reequilíbrio econômico-financeiro do instrumento contratual em razão dos custos adicionais que alega ter incorrido.

Não há dúvida de que, à época, foram inúmeros os pleitos neste sentido, mas a empresa está ciente de que a simples ocorrência da pandemia não constitui motivo suficiente para que o pleito seja considerado incontroverso.

De outro lado, conforme aqui dito e repisado, a execução adequada do contrato é importante para a Administração Pública. Aliás, tão importante quanto, pode ser também manter a relação negocial já construída com o contratado, especialmente quando a contratante tem natureza de empresa pública e, portanto, ambiciona a obtenção de lucro.

Todavia é importante frisar que não se está aqui propondo atender ao pleito do particular, de maneira aleatória. Evidente que não.

A escolha da mediação encontra respaldo justamente nos argumentos apresentados ao longo deste artigo e que apontam esta ferramenta como o instrumento mais adequado para que a melhor solução seja encontrada, devendo entender-se por melhor solução aquela que, observados os ditames e limites legais, resultará em ganhos para ambos os interessados, a partir de concessões mútuas das partes.

7. Considerações finais

A autora conclui, assim, que não há motivos plausíveis para que os entes públicos resistam à adoção da mediação para a solução de conflitos em que sejam parte interessada, exceto pelo próprio perfil da controvérsia, que poderá demandar a adoção de outros métodos adequados de solução de controvérsias admitidos pela legislação pátria.

Quaisquer argumentos que se afastem da natureza própria do conflito estarão inexoravelmente pautados no desconhecimento do tema ou, e aqui deixa-se um registro de preocupação, na intenção do gestor público de promover acordos estritamente no âmbito administrativo, aos quais raramente se confere publicidade e que, desta forma, passam ao largo do conhecimento e crivo dos órgãos externos de controle.

Operacionalizando janelas de mediação nos procedimentos arbitrais envolvendo a administração pública: uma sugestão para melhores práticas

Nelson Martins da Silva Neto[217]

Resumo

O artigo analisa a aplicação das janelas de mediação nos procedimentos arbitrais envolvendo a administração pública, tendo em vista o ambiente normativo-institucional do Centro de Arbitragem e Mediação da Câmara de Comércio Brasil-Canadá. Constatada a possibilidade no uso da referida técnica, a pesquisa se aprofunda em como operacionalizar essas janelas de mediação, verificando que o mais efetivo é pelo termo de arbitragem.

Abstract

The article analyses the application of mediation windows in arbitration proceedings involving state entities, considering the institutional and regulatory environment of the Center for Arbitration and Mediation of the Chamber of Commerce Brazil-Canada. Once the possibility of using this technique has been verified, the research delves into how to operationalize these mediation windows, verifying that the most effective way is through the term of reference.

Palavras-chave

Administração Pública – Arbitragem – Mediação – Janelas de Mediação

Keywords

State Entities – Arbitration – Mediation – Mediation Windows

217. Mestrando em Direitos Humanos na Faculdade de Direito da Universidade de São Paulo (FD-USP). Especialista em Direito Processual Civil pela Universidade Presbiteriana Mackenzie e bacharel em Direito pela mesma Universidade. Advogado em Yarshell Advogados. Foi *Case Manager*, na Secretaria n ° 5, do Centro de Arbitragem e Mediação da Câmara de Comércio Brasil-Canadá (CAM-CCBC).

1. Introdução

O presente artigo busca identificar formas de melhor operacionalizar janelas e oportunidades para a mediação durante o procedimento de arbitragem envolvendo a administração pública. Para tanto, analisaremos brevemente a adequação da gestão pública aos meios adequados de solução de conflitos. Em seguida, verificaremos como as janelas de mediação podem ser instrumentalizadas, considerando a estrutura institucional-normativa do Centro de Arbitragem e Mediação da Câmara de Comércio Brasil-Canadá (CAM-CCBC).

Esta pesquisa foi realizada com base no método dedutivo, com base na bibliografia e dados estatísticos sobre o tema. Conta ainda com reflexões do autor, considerando a experiência na administração (*case management*) de procedimentos de arbitragem e de mediação institucionais.

2. O uso da mediação pela Administração Pública

A Constituição de 1988 garante direitos fundamentais aos cidadãos e a prevalente efetividade e proteção dos direitos humanos[218]. Dentre os direitos e garantias fundamentais reconhecidos aos cidadãos, verificamos as disposições atinentes ao adequado acesso à justiça, isto é, a garantia ao devido processo legal, ao contraditório e à ampla defesa e à razoável duração do processo e aos meios que garantam a celeridade de sua tramitação[219].

Essas garantias processuais determinam que o Estado brasileiro promova e adeque a sua atuação, tanto como ente político quanto como sujeito contratante, para propiciar e utilizar meios adequados, justos e céleres de resolver litígios. Melhor dizendo, isso implica, para além de outras ques-

218. Isso fica evidente, por exemplo, nos fundamentos da República Federativa do Brasil (art. 1º), nos objetivos do Estado brasileiro (art. 3º), nos princípios que regem as relações internacionais do Brasil e, principalmente, no rol de direitos e garantias fundamentais (art. 5º).

219. Artigo 5º, incisos LIII, LIV, LV e LXXVIII, da Constituição da República Federativa do Brasil de 1988.

tões, a conformidade dessas garantias com a atuação da Administração Pública na prevenção e solução de conflitos com os administrados e com os particulares com quem contrata.

Essa adequação deve se realizar, principalmente, nos princípios e premissas nos quais se baseiam a Administração Pública e o direito administrativo. Por exemplo, a supremacia do interesse público[220] (axioma do Direito Público[221]), isto é, o atendimento ao bem-estar coletivo[222], deve ser interpretada para que a Administração Pública realize a apropriada gestão de seus conflitos. Em outras palavras, entendemos que é de interesse público que a Administração Pública recorra às formas mais adequadas de prevenção e solução de litígios, sejam elas adversariais ou consensuais. Inclusive, sobre o uso de meios autocompositivos de solução de conflitos e o princípio da supremacia do interesse público, Juliana Bonacorsi de Palma destaca que:

> [...] o ato consensual pode ser considerado o próprio interesse público, de forma que a atuação administrativa consensual não determina a prevalência do interesse privado em detrimento do interesse público, pelo contrário, segundo esse argumento a consensualidade corresponderia ao processo de satisfação do interesse público concretizado no acordo administrativo. O ponto está em considerar não apenas o ato administrativo como expressão do interesse público, mas também o acordo firmado entre a Administração e o administrado no âmbito do processo no qual não haja negociação de prerrogativa pública. Tendo em vista os possíveis efeitos positivos da consensualidade – como a efetividade da decisão bilateral, a economia de tempo e de custos, bem como a maior adequação da solução negociada em relação às particularidades da situação concreta – é

220. Apesar das recentes críticas sobre a existência e aplicabilidade deste princípio em razão da primazia dos direitos e garantias fundamentais e do regime jurídico consubstanciado na Constituição da República Federativa de 1988 (MEDAUAR, Odete. *Direito administrativo moderno*. 19ª Edição. São Paulo: Revista dos Tribunais, 2015. p. 150), entendemos que ele não constitui um impeditivo para que a administração pública se utilize de meios extrajudiciais e adequados de prevenção e solução de conflitos.

221. MELLO, Celso Antônio Bandeira de. *Curso de direito administrativo*. 31. ed. São Paulo: Malheiros, 2014. p. 55-57.

222. PIETRO, Maria Sylvia Zanella Di. *Direito Administrativo*. 37. ed. Rio de Janeiro: Forense, 2024. p. 79. *E-book*. Disponível em: https://app.minhabiblioteca.com.br/reader/books/9786559649440/. Acesso em: 20 nov. 2024.

> importante que se reconheça o ato consensual como a própria expressão do interesse público.[223]

Esse entendimento é mais perceptível quando verificamos a atuação da administração pública sob a luz do princípio (dever) de eficiência[224]. O princípio da eficiência[225] ou eficácia determina que a Administração Pública "[...] deve agir, de modo rápido e preciso, para produzir resultados que satisfaçam as necessidades da população"[226]. Nesse sentido, a Administração Pública deve promover a contínua conformidade de sua atuação às soluções mais práticas e produtiva, conforme ensina Marçal Justen Filho:

> [a] satisfação do princípio da eficácia administrativa pressupõe uma avaliação permanente das finalidades a serem atingidas, das necessidades concretas existentes, dos recursos públicos econômicos e não econômicos disponíveis e das soluções técnico-científicas aplicáveis. A realidade é dinâmica e exige a intervenção contínua dos agentes estatais para evitar a cristalização de práticas antiquadas – que podem ter encontrado alguma justificativa no passado, mas que se tornaram obsoletas.[227]

O princípio da eficiência ou eficácia da Administração Pública é particularmente relevante quando refletimos sobre a utilização de meios extrajudiciais e adequados de prevenção e solução de conflitos no âmbito da Administração Pública. Entendemos que, pelas considerações feitas a seguir, a arbitragem e a mediação têm o potencial de promover eficiência na gestão de conflitos nesse âmbito. Notadamente, sobre a mediação de conflitos, percebemos que:

> [d]entre os princípios em comento, este [princípio da eficiência] pa-

---

223. PALMA, Juliana Bonacorsi de. *Atuação Administrativa Consensual - Estudo dos acordos substitutivos no processo administrativo sancionador*. Orientador: Floriano de Azevedo Marques Neto. 2019. Dissertação (Mestrado em Direito) – Universidade de São Paulo, São Paulo, 2019. Disponível em: www.teses.usp.br. Acesso em: 18 nov. 2024.

224. Consoante ao art. 37 da Constituição de 1988.

225. Artigo 37, caput, da Constituição de 1988.

226. MEDAUAR, Odete. *Direito administrativo moderno*. 19. ed. São Paulo: Revista dos Tribunais, 2015. p. 161.

227. FILHO, Marçal Justen. *Curso de Direito Administrativo*. 15. ed. Rio de Janeiro: Forense, 2024. p. 75. *E-book*. Disponível em: https://app.minhabiblioteca.com.br/reader/books/9786559649822/. Acesso em: 20 nov. 2024.

> rece ser o mais adequado à possibilidade da Mediação face à Administração Pública, pois, [...], demanda elementos mais atuais e adequados à Administração da pós-modernidade, e a Mediação pode proporcionar essa eficiência.[228]

Assim, refletir sobre os meios mais adequado de se resolver uma disputa – existente ou futura – é uma tarefa que não deve ser exercida apenas por advogados, procuradores públicos, promotores e defensores públicos, mas também pelos empresários e aqueles que exercem as funções atinentes à gestão pública[229]. Sobre este último, o desafio de realizar a adequada gestão para a prevenção e solução de conflitos é imperativo, uma vez que o Estado brasileiro é o maior litigante do país[230].

Nesse sentido, em respeito ao princípio da eficiência, entendemos que cabe ao administrador público buscar as formas mais céleres e eficazes de prevenir e resolver seus conflitos. Isso porque, a título ilustrativo, verificamos que a média de duração dos processos na Justiça Estadual e na Justiça Federal é de quatro a cinco anos[231]; já a média de duração de procedimentos arbitrais[232] é de cerca de 19 meses[233].

Para além do tempo de duração desses processos adversariais, ao considerarmos as despesas para a interposição da ação e de eventual condenação, os valores despendidos nesses litígios podem superar as expectativas das partes. Ainda, a solução resultante desses processos pode não ser a mais adequada, uma vez que em um processo heterocompositivo é consequência natural

---

228. BRAGA NETO, Adolfo. *A mediação e a administração pública*. São Paulo: CL-A Cultural, 2021. p. 246.

229. Para a definição da melhor forma de se resolver um conflito, é preciso analisar o mérito da disputa, verificar os interesses e posições das partes e o que deve ser priorizado de forma estratégica, sem perder de vista que a escolha deve se adequada ao litígio e não o contrário. TARTUCE, Fernanda; GABBAY, Daniela; FALECK, Diego. *Meios alternativos de solução de conflitos*. Rio de Janeiro: FGV, 2013. p. 11.

230. CONSELHO NACIONAL DE JUSTIÇA (CNJ). *Grandes Litigantes*. Disponível em: https://justica-em-numeros.cnj.jus.br/painel-litigantes/. Acesso em: 19 nov. 2024.

231. CONSELHO NACIONAL DE JUSTIÇA (CNJ). *Justiça em Números 2024*. Disponível em: https://www.cnj.jus.br/wp-content/uploads/2024/05/justica-em-numeros-2024.pdf. Acesso em: 19 nov. 2024. p. 282-290.

232. O número de arbitragens envolvendo a administração pública direta e/ou indireta brasileira vem crescendo, resultando em 10,71% das arbitragens administradas pelas principais instituições de arbitragem e mediação do Brasil. LEMES, Selma (coord.). *Arbitragem em Números*: Pesquisa 2021 /2022. Canal Arbitragem. São Paulo, 2023. p. 12.

233. LEMES, Selma (coord.), *op. cit.*, p. 16.

que uma das partes saia vencida e com suas expectativas frustradas. Consequentemente, a relação contratual/empresarial/comercial tida anteriormente pode restar abalada. Além disso, as partes possuem baixo controle sobre a decisão, uma vez que cabe ao juiz/árbitro sentenciar o conflito.

Contudo, reconhecemos que os processos adversariais são adequados em determinados tipos de conflitos, como aqueles que possuem grau de complexidade técnico-jurídica, que exige extensa produção probatória, produção de pareceres e laudos técnicos e, ainda, contam com um grau de litigiosidade entre as partes que impede o desenvolvimento do diálogo e, assim, a realização de um acordo; ou simplesmente, porque os direitos e deveres em litígio não admitem transação. Assim, os meios adversariais devem ser utilizados quando se mostrarem mais adequados para a solução dos conflitos.

Tendo em vista os objetivos deste trabalho, faremos uma breve análise sobre os institutos da arbitragem e da mediação extrajudicial. Apesar de diferentes em sua essência e finalidade, ambos têm por base o consenso e a autonomia da vontade das partes[234]. Ademais, entendemos que esses procedimentos podem ser utilizados de forma conjunta, contribuindo para melhor solução do conflito posto.

O uso da arbitragem pela administração pública[235] é positivo em disputas contratuais complexas ou em setores que demandam produção probatória aprofundada e a atuação de profissionais especializados na matéria. Em litígios envolvendo questões administrativas e contratuais dificultosas ou obras de infraestrutura, a arbitragem se mostra assertiva, uma vez que as partes em disputa podem nomear árbitros especialistas na matéria e, ainda, contar com a atuação de peritos e assistentes técnicos para possibilitar a

234. Tanto a arbitragem como a mediação extrajudicial se baseiam na convenção das partes em escolher determinado procedimento para a resolução do conflito.

235. A Lei nº 13.129/2015 alterou a Lei nº 9.307/1996 (Lei Brasileira de Arbitragem) para expressamente autorizar a utilização da arbitragem pela administração pública (art. 1º, § 1º), apesar do entendimento majoritário de que Administração Pública poderia recorrer à arbitragem para a solução de conflitos mesmo antes dessa previsão legal.

apreciação mais justa do conflito[236].

A mediação também é benéfica à Administração Pública, especialmente naqueles conflitos em que a preservação da relação contratual é de interesse das partes e que a celebração de um acordo se mostra viável. Sua utilização, tanto judicial quanto extrajudicial, é, inclusive, incentivada pelo Estado brasileiro[237], uma vez que o método é percebido como uma forma eficaz, barata e célere de resolver disputas[238]. Ainda,

> [...] mesmo não havendo contato anterior entre os representantes, quando se tratar de assuntos complexos que exijam várias reuniões, também será recomendável o uso da mediação.[239]

A aderência ao uso da mediação, alternativa ou conjuntamente aos métodos heterocompositivos de solução de conflitos, ainda se mostra desafiadora[240]. Todavia, a mudança da cultura da sentença para a cultura da pacifi-

---

236. Neste sentido: "[...] podemos concluir que da perspectiva do modelo gerencial da Administração Pública, voltada para a busca da eficiência administrativa, a arbitragem na esfera pública identifica-se não apenas como uma política de resolução de conflitos e desjudicialização de demandas, mas como uma escolha estratégica, que tem natureza de decisão técnica administrativa. [...] a utilização da arbitragem pela Administração Pública deve ser realizada à luz dos princípios e regras constitucionais, além daqueles inerentes ao próprio regime jurídico administrativo, de modo proteger o interesse público, não se mostrando este basilar princípio incompatível com a arbitragem, ao contrário, é claramente forma legítima para consecução dos objetivos administrativos e, por consequência, dos interesses da coletividade". BATISTA, Larissa Pereira; LUZ, Rodrigo Barbosa; GOMES, Luiz de Souza; MOTA, Raquel Cistrina Lucas; SANTOS, Ciro Meneses. A arbitragem como contraponto à morosidade judicial na resolução dos conflitos da administração pública. *Revista Políticas Públicas & Cidades*, [S.l.], v. 13, n. 2, p. e833, 2024. p. 11. DOI: 10.23900/2359-1552v13n2-35-2024. Disponível em: https://journalppc.com/RPPC/article/view/833. Acesso em: 21 nov. 2024.

237. A Lei nº 13.105/2015 (Código de Processo Civil), em seu art. 3º, § 3º, dispõe que "[a] conciliação, a mediação e outros métodos de solução consensual de conflitos deverão ser estimulados por juízes, advogados, defensores públicos e membros do Ministério Público, inclusive no curso do processo judicial". Essa mesma lei regula a mediação e a conciliação judiciais nos artigos 165 a 175. Nesse mesmo sentido, o Código de Ética e Disciplina da Ordem dos Advogados do Brasil (OAB), Resolução nº 02/2015, fixa no art. 2º, parágrafo único, inciso VI, o dever do advogado de "estimular, a qualquer tempo, a conciliação e a mediação entre os litigantes, prevenindo, sempre que possível, a instauração de litígios". A Lei nº 13.140/2015 (Lei de Mediação) dispõe sobre o uso da mediação extrajudicial por particulares e sobre a autocomposição de conflitos no âmbito da administração pública. Em se tratando da administração pública, a Lei nº 14.133/2021 (Lei de Licitações e Contratos Administrativos) autoriza, no art. 151, o uso de métodos alternativos de prevenção e resolução de conflitos, como a mediação, nas contratações reguladas pela Lei.

238. CARNEIRO, C. D.; DUZERT, Y.; ALMEIDA, R. A. de. The economic benefits of business mediation in the Brazilian scenario. *Revista de Administração de Empresas,* v. 64, n. 3, p. e2023-0132, 2024. Disponível em: https://doi.org/10.1590/S0034-759020240304. Acesso em: 19 nov. 2024.

239. TONIN, Mauricio Morais. Mediação e Administração Pública: a participação estatal como parte e como mediador de conflitos. *In*: NASCIMBENI, Asdrubal Franco; BERTASI, Maria Odete Duque; RANZOLIN, Ricardo Borges (org.). *Temas de Mediação e Arbitragem III.* 3. ed. São Paulo: Lex, 2019. p. 202.

240. Por exemplo, em estudo realizado pelo Conselho Nacional de Justiça junto ao Tribunal de Justiça de Pernambuco foi verificado que o número de acordos realizados por meio de procedimentos autocompositivos nos processos judiciais ainda está abaixo de 10% (CONSELHO NACIONAL DE JUSTIÇA (CNJ). Estudos apresentam dados sobre

cação[241] é um movimento crescente que ocorrerá de forma mais efetiva com a devida harmonização entre os meios heterocompositivos e autocompositivos de prevenção e resolução de disputas.

A mediação tem potencial de ser muito mais célere[242] e menos custosa[243] do que o processo judicial ou arbitral. Além disso, oferece às partes controle e previsibilidade sobre a solução do conflito, já que as próprias partes, com a facilitação do mediador, definirão os termos do acordo.

Nesse sentido, nos propomos a verificar se o uso da mediação em conjunto com a arbitragem é uma alternativa viável e positiva à Administração Pública. Dada a flexibilidade da mediação, é possível que ela seja utilizada durante o procedimental arbitral, otimizando assim a solução do conflito posto.

Considerando as limitações deste trabalho, verificaremos como a mediação pode agregar ao procedimento de arbitragem para a solução de conflitos.

3. Operacionalizando janelas de mediação no procedimento de arbitragem

Conforme verificamos, a mediação extrajudicial pode ser utilizada na solução de litígios envolvendo a Administração Pública brasileira, sendo

---

eficiência do uso mediação e conciliação na Justiça brasileira. Disponível em: https://www.cnj.jus.br/estudos-apresentam-dados-sobre-eficiencia-do-uso-mediacao-e-conciliacao-na-justica-brasileira/. Acesso em: 19 nov. 2024). No âmbito extrajudicial, podemos comparar o número de procedimentos de arbitragem e mediação recebidos pelo Centro de Arbitragem e Mediação da Câmara de Comércio Brasil-Canadá em 2023, sendo 117 arbitragens e 16 mediações. CENTRO DE ARBITRAGEM E MEDIAÇÃO DA CÂMARA DE COMÉRCIO BRASIL-CANADÁ (CAM-CCBC). Fatos e números 2023. Disponível em: https://www.ccbc.org.br/cam-ccbc-centro-arbitragem-mediacao/fatos-e-numeros-2023-pt/. Acesso em: 19 nov. 2024.

241. WATANABE, Kazuo. Cultura da sentença e cultura da pacificação. *In: Estudos em homenagem à Professora Ada Pelegrini Grinover.* São Paulo: DPJ Ed, 2005. p. 684-690. Disponível em: https://repositorio.usp.br/item/001471740. Acesso em: 19 nov. 2024.

242. Em média, um procedimento de mediação extrajudicial dura cerca de 3 a 4 meses. GABBAY, Daniela Monteiro; BARROS, Vera Cecília Monteiro de (coord.). *Mediação em Números:* 10 Anos – 2012 a 2022. FGV Direito SP e Canal Arbitragem. São Paulo, 2023. Disponível em: https://canalarbitragem.com.br/wp-content/uploads/2023/05/Mediacao-em-Numeros_RelatorioPesquisa.pdf. Acesso em: 19 nov. 2024.

243. A título de exemplo, em uma mediação institucional no CAM-CCBC, com valor em disputa de até R$ 10.000.000,00, tem os custos de taxa de administração e honorários do mediador (20 horas) de R$ 30.000,00 para cada polo. CENTRO DE ARBITRAGEM E MEDIAÇÃO DA CÂMARA DE COMÉRCIO BRASIL-CANADÁ ("CAM-CCBC"). Regulamento de Mediação de 2024. Disponível em: https://www.ccbc.org.br/cam-ccbc-centro-arbitragem-mediacao/resolucao-de-disputas/mediacao/regulamento-2024/. Acesso em: 19 nov. 2024.

um procedimento adequado aos princípios de eficiência que regem a sua atuação. Assim, analisaremos como a mediação extrajudicial pode auxiliar as partes a otimizarem a arbitragem como forma de solução de conflitos por meio da técnica de janelas de mediação.

Ainda, realizaremos a reflexão sobre o tema considerando o arcabouço institucional-normativo mantido pelo Centro de Arbitragem e Mediação da Câmara de Comércio Brasil-Canadá (CAM-CCBC). O CAM-CCBC, além de contar com subsídios tanto para a administração de procedimentos arbitrais quanto para procedimentos de mediação, é uma das instituições de arbitragem e mediação mais bem conceituadas do país[244], administrando cerca de 40% das arbitragens institucionais em território brasileiro[245].

Descritos os critérios e recortes metodológicos, passemos à análise das janelas de mediação no procedimento arbitral envolvendo a Administração Pública, tendo em vista os Regulamentos de Arbitragem de 2022 e de Mediação de 2024 do CAM-CCBC.

A janela de mediação é uma oportunidade de consenso no procedimento arbitral, sendo um período em que a arbitragem é suspensa para que as partes participem de um procedimento de mediação com a finalidade de resolver o conflito de forma integral ou parcial[246]. A suspensão do procedimento arbitral para a mediação é necessária para que as partes possam convergir esforços na negociação de um acordo. Todavia, caso as partes entendam ser mais benéfico, a mediação e a arbitragem podem ocorrer de forma concomitante. As janelas de mediação podem ser: espontâneas, utilizadas voluntariamente e conforme a conveniência pelas partes; contratuais, fixadas na cláusula sobre a forma de resolução de conflitos decorrentes do

244. LEADERS LEAGUE. *Ranking Best Arbitration Centers 2024 - Brazil.* Disponível em: https://www.leadersleague.com/en/rankings/brazil-best-arbitration-centers-2024. Acesso em: 17 nov. 2024.

245. LEMES, Selma (coord.). *Arbitragem em Números:* Pesquisa 2021 /2022. Canal Arbitragem. São Paulo, 2023. p. 6.

246. SUSSMAN, Edna. The Mediation Window: An Arbitration Process Measure to Facilitate Settlement. *NY Dispute Resolution Lawyer*, v. 13, n. 1, p. 20, 2020.

contrato em que está inserida; institucionais, inserida e promovida pelas normas da instituição de arbitragem e mediação[247].

Partindo dessas tipificações, especialmente da janela de mediação institucional, indagamos se é possível e como operacionalizar janelas de mediação nas arbitragens administradas pelo CAM-CCBC. Isto é, há permissão para tanto ou incentivos institucionais pelo CAM-CCBC para a realização de janelas de mediação espontâneas? Podemos verificar disposições normativas sobre janelas de mediação no CAM-CCBC?

3.1. É permitido e incentivado o uso de janelas de mediação no CAM-CCBC?

O Regulamento de Arbitragem nada dispõe sobre o uso da mediação no procedimento arbitral. Isso significa que o seu uso não é vedado e a escolha pelo seu uso cabe às partes. O Regulamento de Mediação, por sua vez, dispõe em seu art. 12.4 que:

> [a] Mediação pode ser instaurada antes, durante ou após um processo judicial ou arbitral. A eventual instauração de processo arbitral ou judicial não impedirá o prosseguimento do procedimento de mediação ou o seu início, caso seja do interesse comum dos Participantes.[248]

Podemos considerar essa disposição como um incentivo do CAM-CCBC ao uso da janela de mediação no procedimento arbitral. Há, ainda, um relevante mecanismo de incentivo à mediação no âmbito do CAM-CCBC: a Resolução Administrativa nº 36/2019[249].

Essa Resolução Administrativa tem dois importantes aspectos. O pri-

247. FALECK, Diego. Opening Mediation Windows: Role of Parties, Contracts and Institutions. *NY Dispute Resolution Lawyer*, v. 14, n. 1, 2021.

248. CENTRO DE ARBITRAGEM E MEDIAÇÃO DA CÂMARA DE COMÉRCIO BRASIL-CANADÁ. Regulamento de Mediação, vigente a partir de 1º de agosto de 2024.

249. CENTRO DE ARBITRAGEM E MEDIAÇÃO DA CÂMARA DE COMÉRCIO BRASIL-CANADÁ. Resolução Administrativa nº 36/2019 – Hipóteses de concessão de desconto na Taxa de Administração do Procedimento de Mediação do CAM-CCBC. Disponível em: https://www.ccbc.org.br/cam-ccbc-centro-arbitragem-mediacao/resolucao-de-disputas/resolucoes-administrativas/ra-36-2019/. Acesso em: 16 out. 2024.

meiro é institucional, ao reconhecer a mediação como método adequado de solução de conflitos, célere e que preza pela manutenção do relacionamento das partes e, assim, que tem potencial de agregar ao procedimento arbitral; e o segundo é o prático, ao conceder incentivos econômicos para a oportunidade de mediação na arbitragem, com desconto na taxa de administração. A taxa de administração é o valor cobrado pelos serviços de secretariado administrativo (*case management*), financeiro-contábil e relativos à infraestrutura do CAM-CCBC, como as salas de audiências e reuniões (físicas) e suporte para videoconferência.

As hipóteses de desconto incidem em dois casos:

i) quando a mediação, realizada no CAM-CCBC, ocorrer e se encerrar antes da instauração da arbitragem no CAM-CCBC, isto é, antes da constituição do tribunal arbitral com a assinatura dos termos de independência pelos árbitros[250], sendo o período antes do próprio requerimento de arbitragem até o fim da fase administrativa do procedimento arbitral;

ii) se, durante o procedimento arbitral no CAM-CCBC, as partes requererem a sua suspensão para a realização da mediação, também no CAM-CCBC.

No primeiro caso, o desconto é de 100% do valor da taxa de administração do procedimento de mediação, já na segunda hipótese o desconto é de 50% dessa mesma taxa. Ainda, no primeiro caso, o desconto incide sobre o valor da taxa de administração da arbitragem; na segunda hipótese, o desconto se efetiva no pagamento da taxa de administração do procedimento de mediação.

Assim, verificamos que o uso de janelas de mediação no CAM-CCBC

250. Nesse sentido, o art. 16.2 do Regulamento de Arbitragem dispõe que "[c]onsiderar-se-á instituída a arbitragem e constituído o tribunal arbitral na data em que for recebida pela secretaria o(s) termo(s) de independência firmado(s) pelo(s) árbitro(s) indicado(s)". CENTRO DE ARBITRAGEM E MEDIAÇÃO DA CÂMARA DE COMÉRCIO BRASIL-CANADÁ. Regulamento de Arbitragem, vigente a partir de 1º de novembro de 2022. Disponível em: https://www.ccbc.org.br/cam-ccbc-centro-arbitragem-mediacao/resolucao-de-disputas/arbitragem/regulamento-de-arbitragem-2022/. Acesso em: 16 out. 2024.

não é apenas permitido como incentivado. Contudo, se analisarmos mais profundamente, poderemos verificar que existe um instrumento no procedimento de arbitragem que pode ser usado para dar mais efetividade às janelas de mediação: o termo de arbitragem.

3.2. Operacionalizando janelas de mediação nas arbitragens administradas pelo CAM-CCBC

O artigo 23 do Regulamento de Arbitragem dispõe sobre o termo de arbitragem, documento que tem a função de organizar o procedimento arbitral[251]. O artigo 23.2[252] do referido Regulamento dispõe sobre os requisitos mínimos do Termo de Arbitragem:

> 23.2 O Termo de Arbitragem conterá:
>
> (a) nome e qualificação das partes e dos árbitros;
>
> (b) sede da arbitragem;
>
> (c) a transcrição da convenção de arbitragem;
>
> (d) se for o caso, a autorização para que os árbitros julguem por equidade (*ex aequo et bono*);
>
> (e) idioma em que será conduzida a arbitragem;
>
> (f) objeto do litígio;
>
> (g) lei aplicável;
>
> (h) os pedidos de cada uma das partes;
>
> (i) valor em disputa na arbitragem;
>
> (j) calendário inicial do procedimento; e
>
> (k) a expressa aceitação de responsabilidade pelo pagamento dos custos de administração do procedimento, despesas, honorários de peritos e dos árbitros à medida em que forem solicitados pelo CAMCCBC.

O termo de arbitragem desempenha função ordenadora no procedi-

251. LEMES, Selma Ferreira. *O Termo de Arbitragem e suas Peculiaridades*. 2010.

252. CENTRO DE ARBITRAGEM E MEDIAÇÃO DA CÂMARA DE COMÉRCIO BRASIL-CANADÁ. *Regulamento de Arbitragem*, vigente a partir de 1º de novembro de 2022.

mento arbitral, dispondo sobre regras consoantes e suplementares ao Regulamento de Arbitragem e fixando os limites de atuação das partes e dos membros do tribunal arbitral. Dentre os referidos itens do termo de arbitragem, destacamos o "(i) calendário inicial do procedimento".

Também chamado de "calendário provisório", este item fixa os prazos iniciais do processo arbitral, como as datas para as apresentações das manifestações pelas partes e, até mesmo, as datas para realização da audiência de apresentação do caso ou, ainda, da audiência de instrução. Esse calendário é, geralmente, construído em conjunto entre as partes e o tribunal arbitral, com a observância aos princípios do contraditório, da ampla defesa e do tratamento igualitário das partes. Na hipótese de as partes divergirem quanto ao calendário, caberá ao tribunal arbitral decidir sobre seu conteúdo, com base nos referidos princípios.

O calendário inicial é organizado conforme as especificidades do caso concreto. Assim, os prazos para a apresentação de manifestações pelas partes podem ser consecutivos ou simultâneos[253]. Ainda, alternativamente, tendo em vista a complexidade do litígio e visando dar maior eficiência ao procedimento, é possível que a arbitragem seja bifurcada[254] em duas fases, com a prolação de sentenças arbitrais parciais, uma após a primeira fase e outra ao fim do procedimento.

Assim, verificamos que o calendário inicial é uma ferramenta procedimental relevante não apenas para a organização da arbitragem, mas como guia para que as partes e o tribunal arbitral se programem em como se desenvolverá o procedimento arbitral. Tendo isso em vista, é no termo de arbitragem e, especialmente, no item sobre o calendário inicial que verifica-

253. A definição de prazos simultâneos se mostra pertinente, por exemplo, quando o polo requerido apresenta pedidos contrapostos na arbitragem.

254. "Essentially, bifurcation is a procedural device aimed at reducing the risk of having to hold a final hearing on the merits, by determining a dispositive issue first. In a 'successful' bifurcation, the parties will proceed along one track until the matter terminates and will never have to use the second track for that dispositive issue". GREENWOOD, Lucy. Revisiting Bifurcation and Efficiency in International Arbitration Proceedings. SCHERER, Maxi (ed.). *Journal of International Arbitration. Kluwer Law International*, 2019. v. 36, n. 4, p. 421-430. p. 422.

mos a melhor oportunidade para se operacionalizar as janelas de mediação na arbitragem.

Isto é, as partes podem inserir as janelas de mediação no calendário provisório, no momento que acharem mais oportuno conforme o caso concreto. Assim, a título exemplificativo: as partes podem entender proveitoso inserir uma janela de mediação antes da apresentação das alegações iniciais; ou a janela de mediação pode ocorrer após o protocolo da tréplica; ou, ainda, pode se verificar mais produtivo que a mediação ocorra antes ou depois da audiência de instrução etc. As possibilidades são diversas e variam conforme a sensibilidade das partes e, principalmente, de seus advogados, sobre a disputa[255].

Essa previsão de janela de mediação pode ser complementada de forma a tornar as janelas de mediação mais efetivas, uma vez que, para que a mediação seja instaurada na forma do Regulamento de Mediação, é preciso cumprir alguns passos, quais sejam: realização da sessão de pré-mediação com a Secretaria do CAM-CCBC, fixação do valor da controvérsia e nomeação do mediador – consoante aos artigos 2 e 3 do Regulamento de Mediação. Mas esses passos podem ser superados e formalizados no próprio termo de arbitragem:

i) Visando à melhor organização do procedimento de mediação que se iniciará com a fixação de janela(s) de mediação, entendemos oportuna a inclusão de um item próprio no termo de arbitragem sobre o tema, na mesma seção em que está inserido o calendário provisório. Assim, sugerimos a seguinte redação: "N.N. Considerando a previsão de janela(s) de mediação no calendário provisório (item X.X), dispomos o que segue:";

ii) Sobre a suspensão do procedimento arbitral: "N.N.1. O procedi-

255. Em pesquisa coordenada por Daniela Monteiro Gabbay, verificou-se uma maior preferência pela utilização da mediação logo no início do procedimento arbitral e uma menor propensão para o uso após a prolação da sentença parcial. GABBAY, Daniela M.; NANI, Ana Paula R.; BRITO, Anna Flávia; BERTHO, Bianca B.; SPALLETTA, Giulia; FERREIRA, Lorena B.; TENANI, Thaís Helena T. Análise empírica sobre oportunidades para a mediação no curso da arbitragem no Brasil. *Revista de Arbitragem e Mediação*. vol. 73. ano 19. p. 137-165. São Paulo: Ed. RT, abr./jun. 2022. Por isso, entendemos que o uso da janela de mediação deve ser uma escolha das partes, em atenção às características do caso concreto, sem a imposição da instituição de arbitragem e mediação ou dos árbitros.

mento arbitral [será/não será] suspenso durante a realização do procedimento de mediação. Após o encerramento da mediação, as Partes comunicarão o Tribunal Arbitral e a Secretaria do CAM-C-CBC sobre o interesse no prosseguimento desta arbitragem".

iii) Quanto ao valor em disputa na mediação, entendemos que ele deve refletir o valor da causa da arbitragem. Nesse sentido, sugerimos a inclusão da seguinte cláusula: "N.N.2. O valor da causa fixado no item X.X deste termo de arbitragem será utilizado para os fins do art. 2.4 do Regulamento de Mediação de 2024 do CAM-CCBC e recolhimento das custas e honorários na mediação. Na hipótese de o valor da causa previsto no referido item ser reavaliado pelo Tribunal Arbitral ou pela Secretaria Geral do CAM-CCBC, antes do início da mediação, deverá ser considerado o valor atualizado".

iv) Sobre as sessões de pré-mediação, considerando seu caráter informacional, entendemos ser produtivo que sejam realizadas com as Partes imediatamente após a assinatura do termo de arbitragem, assim: "N.N.3. Em atenção ao artigo 2 do Regulamento de Mediação do CAM-CCBC de 2024, as sessões de pré-mediação com as partes serão realizadas após a assinatura deste termo arbitragem, de forma [virtual/híbrida/presencial]. A sessão de pré-mediação com a parte Requerente será realizada no dia [dd.mm.aaaa] às [horas]. A sessão de pré-mediação com a parte Requerida ocorrerá no dia [dd.mm.aaaa] às [horas]. A Secretaria formalizará a ocorrência dessas sessões por meio de notificação, às Partes e ao Tribunal Arbitral".

v) Quanto à nomeação do mediador (ou mediadores em caso de co-mediação), verificamos ser produtivo a nomeação do mediador já no termo de arbitragem: "N.N.4. As Partes nomeiam, em comum acordo, o(a/s) seguinte(s) profissional(is) para atuar(em) como mediador(es): [NOME(s)], [endereço eletrônico]. Uma vez iniciado o procedimento de mediação, a Secretaria do CAM-CCBC deverá tomar as providências previstas nos artigos [3.7[256],] 3.8 e 3.9[257] do Regulamento de Mediação do CAM-CCBC de 2024"[258]. O(s) mediador(es) seriam comunicados sobre a escolha apenas quando iniciado o procedimento de mediação.

Compreendemos que a formalização desses pontos no termo de arbitragem tem o condão de acelerar o início do procedimento de mediação e de torná-lo mais efetivo. A devida organização procedimental contribuiria para maximizar as características positivas da mediação, como a celeridade e redução de custos, atendendo ao princípio da eficiência que rege a Administração Pública.

Considerando a Administração Pública como parte, entendemos que a adequação de eventuais questões específicas referentes ao procedimento de mediação, como a confidencialidade mitigada, deverão ser dispostas no próprio termo de mediação, que será firmado pelas partes no âmbito do procedimento de mediação[259].

Ressaltamos, contudo, a previsão de janelas de mediação no termo de arbitragem não se confunde com as cláusulas escalonadas (MED-ARB ou

256. "3.7 Os Participantes poderão indicar nome que não integre a Lista de Mediadores. A indicação de pessoa que não integre a Lista de Mediadores deverá ser acompanhada do seu currículo, que será submetido à aprovação da Presidência do CAM-CCBC". CENTRO DE ARBITRAGEM E MEDIAÇÃO DA CÂMARA DE COMÉRCIO BRASIL-CANADÁ. *Regulamento de Mediação*, vigente a partir de 1º de agosto de 2024.

257. "3.8 O Mediador escolhido será convidado pela Secretaria do CAM-CCBC a confirmar sua aceitação, respondendo às questões postas no Questionário de Conflitos de Interesse e Disponibilidade do CAM-CCBC (denominado "Questionário"), no prazo de 5 (cinco) dias. 3.9 O Questionário respondido pelo Mediador será enviado aos Participantes, que terão 5 (cinco) dias para apresentar eventuais comentários, questões ou impugnações". CENTRO DE ARBITRAGEM E MEDIAÇÃO DA CÂMARA DE COMÉRCIO BRASIL-CANADÁ. *Regulamento de Mediação*, vigente a partir de 1º de agosto de 2024.

258. Essa técnica é muito semelhante ao "mediador reserva", tema explorado em pesquisa coordenada por Daniela Monteiro Gabbay. GABBAY, Daniela M.; NANI, Ana Paula R.; BRITO, Anna Flávia; BERTHO, Bianca B.; SPALLETTA, Giulia; FERREIRA, Lorena B.; TENANI, Thaís Helena T. Análise empírica sobre oportunidades para a mediação no curso da arbitragem no Brasil. R*evista de Arbitragem e Mediação*. vol. 73. ano 19. p. 137-165. São Paulo: Ed. RT, abr./jun. 2022.

259. Sobre isso, o Regulamento de Mediação do CAM-CCBC de 2024 dispõe no art. 1.1.2 que "[em]m havendo a participação da Administração Pública direta ou indireta, as regras deste Regulamento serão adaptadas conforme seja necessário para atender às exigências legais, sujeitas à aprovação da Presidência do CAM-CCBC". CENTRO DE ARBITRAGEM E MEDIAÇÃO DA CÂMARA DE COMÉRCIO BRASIL-CANADÁ. *Regulamento de Mediação*, vigente a partir de 1º de agosto de 2024.

ARB-MED) para a prevenção e resolução de disputas. As cláusulas escalonadas são inseridas como cláusulas de resolução de disputas em determinado contrato, tendo a eficácia de derrogar a jurisdição estatal para a solução de conflitos por arbitragem e mediação na forma da Lei nº 9.307/1996 e Lei nº 13.140/2015. O termo de arbitragem não é um contrato, mas um instrumento com a função de ordenar a condução do procedimento arbitral.

Assim, considerando a voluntariedade e a autonomia da vontade das partes, entendemos que as partes podem desistir da realização da janela de mediação, ainda que unilateralmente. Isso não seria possível, contudo, se a janela de mediação estivesse prevista na cláusula de solução de disputas, hipótese em que as partes deveriam comparecer a, pelo menos, primeira reunião de mediação, conforme determinado no § 1º do art. 2º da Lei nº 13.140/2015.

Ademais, destacamos que o uso de janelas de mediação espontâneas no procedimento arbitral é sempre possível nas arbitragens administradas pelo CAM-CCBC, independente de qualquer previsão no Regulamento de Arbitragem ou no termo de arbitragem. Ressaltamos, todavia, que o CAM-CCBC tem se empenhado em promover essa boa prática, passando a inserir a seguinte cláusula em sua minuta padrão (modelo) de termo de arbitragem que é remetida às partes e ao tribunal arbitral:

> As Partes poderão, a qualquer momento, sem prejuízo do normal andamento da presente arbitragem, submeter a controvérsia, ou parte dela, à mediação, de acordo com o Regulamento de Mediação do CAM-CCBC. Nessa hipótese, será concedido um desconto de 50% (cinquenta por cento) no valor devido a título de Taxa de Administração do procedimento de mediação, nos termos do item V.B do Regramento de Custas.

Ainda que não inserida no termo de arbitragem, a hipótese é sempre possível, tendo em vista o disposto nos Regulamentos e na Resolução Administrativa, servido essa cláusula como um incentivo e lembrete às partes sobre a possibilidade de mediação.

4. Conclusões

Demonstramos que o uso dos métodos adequados de solução de conflitos pela Administração Pública, especialmente da mediação, não só é permitido como também é imperioso para uma melhor gestão dos conflitos. Verificamos, ainda, que a harmonização entre a arbitragem e a mediação pode ser uma ferramenta útil para a resolução de conflitos mais célere e menos custosa às partes, sendo a técnica de janelas de mediação o instrumento mais adequado para isso.

Ademais, analisamos como o ambiente institucional-normativo do CAM-CCBC oferece e incentiva oportunidades para a mediação de conflitos no âmbito da arbitragem. Sugerimos, ao final, forma de melhor operacionalizar janelas de mediação por meio do termo de arbitragem.

Concluímos que a operacionalização de janelas de mediação por meio do termo de arbitragem contribui para a efetivação da mediação, tendo em vista que a instauração da mediação exige a superação de fases e que elas podem ser supridas já no termo de arbitragem. Isso tende a tornar o processo de resolução de conflitos mais célere e dinâmico.

Evidenciamos que essa forma de operacionalização de janelas de mediação exige das partes e dos advogados um bom nível de consenso e cordialidade, bem como criatividade para adequar a sistemática das janelas de mediação ao caso concreto.

Todavia, constatamos que essa dinâmica pode ser facilitada quando a arbitragem é instituída em uma instituição de arbitragem e mediação, como o CAM-CCBC, que possui a *expertise*, funcionários capacitados em resolução de disputas e o compromisso em auxiliar às partes em melhor resolver seus conflitos.

Referências

BATISTA, Larissa Pereira; LUZ, Rodrigo Barbosa; GOMES, Luiz de Souza; MOTA, Raquel Cistrina Lucas; SANTOS, Ciro Meneses. A arbitragem como contraponto à morosidade judicial na resolução dos conflitos da administração pública. *Revista Políticas Públicas & Cidades*, [S. l.], v. 13, n. 2, p. e833, 2024. DOI: 10.23900/2359-1552v13n2-35-2024. Disponível em: https://journalppc.com/RPPC/article/view/833. Acesso em: 21 nov. 2024.

BRAGA NETO, Adolfo. *A mediação e a administração pública*. São Paulo: CL-A Cultural, 2021.

CARNEIRO, C. D.; DUZERT, Y.; ALMEIDA, R. A. de. The economic benefits of business mediation in the Brazilian scenario. *Revista de Administração de Empresas*, v. 64, n. 3, p. e2023-0132, 2024. Disponível em: https://doi.org/10.1590/S0034-759020240304. Acesso em: 19 nov. 2024.

CENTRO DE ARBITRAGEM E MEDIAÇÃO DA CÂMARA DE COMÉRCIO BRASIL-CANADÁ (CAM-CCBC). *Fatos e números 2023*. Disponível em: https://www.ccbc.org.br/cam-ccbc-centro-arbitragem-mediacao/fatos-e-numeros-2023-pt/. Acesso em: 19 nov. 2024

CENTRO DE ARBITRAGEM E MEDIAÇÃO DA CÂMARA DE COMÉRCIO BRASIL-CANADÁ ("CAM-CCBC"). *Regulamento de Mediação de 2024*. Disponível em: https://www.ccbc.org.br/cam-ccbc-centro-arbitragem-mediacao/resolucao-de-disputas/mediacao/regulamento-2024/. Acesso em: 19 nov. 2024.

CENTRO DE ARBITRAGEM E MEDIAÇÃO DA CÂMARA DE COMÉRCIO BRASIL-CANADÁ. *Regulamento de Mediação*, vigente a partir de 1º de agosto de 2024. Disponível em: https://www.ccbc.org.br/cam-ccbc-centro-arbitragem-mediacao/resolucao-de-disputas/mediacao/regulamento-2024/.

CENTRO DE ARBITRAGEM E MEDIAÇÃO DA CÂMARA DE COMÉRCIO BRASIL-CANADÁ. *Resolução Administrativa nº 36/2019* – Hipóteses de concessão de desconto na Taxa de Administração do Procedimento de Mediação do CAM-CCBC. Disponível em: https://www.ccbc.org.br/cam-ccbc-centro-arbitragem-mediacao/resolucao-de-disputas/resolucoes-administrativas/ra-36-2019/. Acesso em 16 out. 2024.

CONSELHO NACIONAL DE JUSTIÇA (CNJ). *Estudos apresentam dados sobre eficiência do uso mediação e conciliação na Justiça brasileira*. Disponível em: https://www.cnj.jus.br/estudos-apresentam-dados-sobre-eficiencia-do-uso-mediacao-e-conciliacao-na-justica-brasileira/. Acesso em: 19 nov. 2024.

CONSELHO NACIONAL DE JUSTIÇA (CNJ). *Grandes Litigantes*. Disponível em: https://justica-em-numeros.cnj.jus.br/painel-litigantes/. Acesso em: 19 nov. 2024.

CONSELHO NACIONAL DE JUSTIÇA (CNJ). *Justiça em Números 2024*. Disponível em: https://www.cnj.jus.br/wp-content/uploads/2024/05/justica-em-numeros-2024.pdf. Acesso em: 19 nov. 2024.

FALECK, Diego. Opening Mediation Windows: Role of Parties, Contracts and Institutions. *NY Dispute Resolution Lawyer*, v. 14, n. 1, 2021.

FILHO, Marçal Justen. *Curso de Direito Administrativo*. 15. ed. Rio de Janeiro: Forense, 2024. *E-book*. Disponível em: https://app.minhabiblioteca.com.br/reader/books/9786559649822/. Acesso em: 20 nov. 2024.

GABBAY, Daniela M.; NANI, Ana Paula R.; BRITO, Anna Flávia; BERTHO, Bianca B.; SPALLETTA, Giulia; FERREIRA, Lorena B.; TENANI, Thaís Helena T. Análise empírica sobre oportunidades para a mediação no curso da arbitragem no Brasil. *Revista de Arbitragem e Mediação*. vol. 73. ano 19. p. 137-165. São Paulo: Ed. RT, abr./jun. 2022.

GABBAY, Daniela Monteiro; BARROS, Vera Cecília Monteiro de. (coord.). *Mediação em Números*: 10 Anos – 2012 a 2022. FGV Direito SP e Canal Arbitragem. São Paulo, 2023. Disponível em: https://canalarbitragem.com.br/wp-content/uploads/2023/05/Mediacao-em-Numeros_RelatorioPesquisa.pdf. Acesso em 19 nov. 2024.

GREENWOOD, Lucy. Revisiting Bifurcation and Efficiency in International Arbitration Proceedings. *In:* SCHERER, Maxi (ed.). *Journal of International Arbitration*. Kluwer Law International, 2019. v. 36, n. 4, p. 421-430.

LEADERS LEAGUE. *Ranking Best Arbitration Centers 2024 - Brazil*. Disponível em: https://www.leadersleague.com/en/rankings/brazil-best-arbitration-centers-2024. Acesso em 17 nov. 2024.

LEMES, Selma (coord.). *Arbitragem em Números*: Pesquisa 2021 /2022. Canal Arbitragem. São Paulo, 2023.

LEMES, Selma Ferreira. *O Termo de Arbitragem e suas Peculiaridades*. 2010.

MEDAUAR, Odete. *Direito administrativo moderno*. 19. ed. São Paulo: Revista dos Tribunais, 2015.

MELLO, Celso Antônio Bandeira de. *Curso de direito administrativo*. 31. ed. São

Paulo: Malheiros, 2014.

PALMA, Juliana Bonacorsi de. *Atuação Administrativa Consensual - Estudo dos acordos substitutivos no processo administrativo sancionador*. Orientador: Floriano de Azevedo Marques Neto. 2019. Dissertação (Mestrado em Direito) – Universidade de São Paulo, São Paulo, 2019. Disponível em: www.teses.usp.br. Acesso em: 18 nov. 2024.

PIETRO, Maria Sylvia Zanella Di. *Direito Administrativo*. 37. ed. Rio de Janeiro: Forense, 2024. *E-book*. Disponível em: https://app.minhabiblioteca.com.br/reader/books/9786559649440/. Acesso em: 20 nov. 2024.

SUSSMAN, Edna. The Mediation Window: An Arbitration Process Measure to Facilitate Settlement. *NY Dispute Resolution Lawyer*, v. 13, n. 1, p. 20, 2020.

TARTUCE, Fernanda; GABBAY, Daniela; FALECK, Diego. *Meios alternativos de solução de conflitos*. Rio de Janeiro: FGV, 2013.

TONIN, Mauricio Morais. Mediação e Administração Pública: a participação estatal como parte e como mediador de conflitos. *In*: NASCIMBENI, Asdrubal Franco; BERTASI, Maria Odete Duque; RANZOLIN, Ricardo Borges (org.). *Temas de Mediação e Arbitragem III*. 3. ed. São Paulo: Lex, 2019.

WATANABE, Kazuo. Cultura da sentença e cultura da pacificação. *In: Estudos em homenagem à Professora Ada Pelegrini Grinover*. São Paulo: DPJ, 2005. p. 684-690. Disponível em: https://repositorio.usp.br/item/001471740. Acesso em: 19 nov. 2024.

Mediação como instrumento de satisfação do interesse público

Nicola Espinheira da Costa Khoury[260]

Resumo

O presente artigo estuda a evolução normativa da mediação no âmbito da Administração Pública no Brasil, em especial diante da Nova Lei de Licitações, incentivado por um contexto de expansão mundial da autocomposição, para melhor atender ao interesse público. O método de pesquisa contempla a avaliação da suficiência do marco normativo, bem como pesquisa bibliográfica sobre o tema, para entender a construção de soluções dialógicas na Administração Pública, diante do paradigma da relação entre os princípios da legalidade e da eficiência. Foi possível verificar que mediação na Administração Pública está na fronteira do Direito Administrativo, com múltiplas iniciativas demonstrando ser possível e desejável a sua expansão, eis que os resultados demonstram a essencialidade da utilização do instituto para melhor alcance do interesse público.

Abstract

This article studies the normative evolution of mediation in the public administration in Brazil, especially considering the New Procurement Law, encouraged by a context of worldwide expansion of self-composition, to better serve the public interest. The research method includes the assessment of the sufficiency of the normative framework, as well as bibliographical research on the subject, to understand the construction of dialogical solutions in public administration, in view of the paradigm of the relationship between the principles of legality and efficiency. It was possible to verify that mediation in public administration is on the frontier of administrative law, with multiple initiatives demonstrating that its expansion is possible and desirable, since the results demonstrate the essentiality of using the institute to better achieve the public interest.

---

260. Mestre em Direito (CEUB) e Advogado (IESPLAN), Especialista em Pavimentação Rodoviária (UFBA) e Engenheiro Civil (UFBA), Professor do Instituto Serzedello Corrêa e Professor Convidado em Governança e Gestão de Riscos na área de Infraestrutura da Faculdade Presbiteriana Mackenzie e do INSPER. Secretário de Controle Externo de Solução Consensual e Prevenção de Conflito do Tribunal de Contas da União, onde é Auditor Federal de Controle Externo desde 2009.

Palavras-chave
Administração Pública – Lei de Licitações – Mediação – Eficiência – Legalidade.
Keywords
Public Administration – New Bidding Law – Mediation; Efficiency – Legality.

1. Introdução

A Administração Pública no Brasil vem passando por um processo de transformação da forma como se relaciona com os particulares em geral, não somente com o cidadão beneficiário dos serviços públicos, por meio do aumento da transparência e da gestão participativa, mas também na relação com aqueles contratados para a prestação de serviços públicos, direta ou indiretamente responsáveis pela concretização de políticas públicas, que são de responsabilidade primária do Estado.

Tal transformação decorre não de uma mera faculdade da Administração Pública de generosamente dividir com o cidadão parte do seu poder decisório, mas, sim, de construções contemporâneas do Direito Administrativo no sentido de que as decisões unilaterais e imperativas da administração nem sempre melhor atendem ao interesse público, o que deve ser foco dos gestores e tomadores de decisão em nome da sociedade e das organizações públicas, eis que a complexidade dos problemas experimentados pela sociedade moderna dificulta a identificação de soluções outrora triviais.

Nem sempre é possível adotar unilateralmente uma decisão na Administração Pública que melhor atenda aos interesses públicos, mas que despreze ou mesmo viole interesses de particulares, a exemplo de previsíveis e necessárias mudanças no âmbito de contratos de longo prazo celebrados entre a Administração Pública e empresas privadas por meio de contratos de concessão de serviços públicos, que por definição são complexos e incompletos.

Decisões unilaterais constantemente são objeto de judicialização, quando particulares contratados ou atingidos entendem que houve violação ao seu direito, o que na prática acaba por postergar ou mesmo inviabilizar a implementação da decisão tomada, em decorrência do prazo necessário para decisão final judicial, gerando insegurança jurídica e afastando investidores e potenciais novos parceiros privados para a concretização de investimentos de interesse público, em parcerias entre a Administração Pública e grupos privados.

Desse modo, diante da necessidade de melhor atender ao interesse público, com decisões mais dialógicas e participativas, que levem em conta a visão dos particulares afetados, há crescente produção legislativa ampliando a mediação no âmbito da Administração Pública.

O presente trabalho dará destaque ao possível confronto entre princípios, aspectos legais e infralegais que podem gerar aparente colisão com soluções mais eficientes e que melhor atendam ao interesse público.

2. Direito Contemporâneo e decisões dialógicas

No Direito Internacional, de longa data o consensualismo e os meios de conciliação e autocomposição passaram a fazer parte do dia a dia da sociedade, como forma de melhor atender ao interesse público,

A título de exemplo, o Conselho da Europa, em 1981, aprovou recomendação para os seus países membros no sentido de encorajar a conciliação e resolução amigável de disputas envolvendo a Administração Pública e atores privados[261].

O arcabouço jurídico no Brasil tem caminhado para ampliar e dar clareza sobre a possível adoção de meios autocompositivos para que haja alternativas à judicialização e, com isso, porta de saída para problemas complexos que perduram quando judicializados.

261. Redação do item B.3 "Measures should be taken to facilitate or encourage, where appropriate, the conciliation of the parties and the amicable settlement of disputes before any court proceedings have been instituted or in the course of proceedings.". EUROPA. *Recommendation R 81-7*, de 14 de maio de 1981. Disponível em: chrome-extension://efaidnbmnnnibpcajpcglclefindmkaj/https://rm.coe.int/168050e7e4. Acesso em: 29 jun. 2024.

Assim, o Código de Processo Civil, Lei nº 13.105, de 16 de março de 2015, estabelece que "O Estado promoverá, sempre que possível, a solução consensual dos conflitos"[262], indicando que as soluções negociais e dialógicas devem ser priorizadas para a satisfação do interesse público, o que dependerá de concordância do particular contratado.

Já a Lei de Introdução às Normas do Direito Brasileiro, instituída pelo Decreto-Lei nº 4.657, de 4 de setembro de 1942, dispõe que, para eliminar irregularidade, incerteza jurídica ou situação contenciosa na aplicação do Direito Público, autoridade administrativa poderá celebrar compromisso com os interessados[263]. Ou seja, diante da possibilidade de haver a celebração de acordos no âmbito da Administração Pública, bem como com a busca preferencial por soluções consensuais, o ordenamento jurídico vem sendo construído para que soluções dialógicas sejam implementadas como um poder-dever do gestor público, e não apenas uma faculdade, como se fosse discricionário analisar ou não a possibilidade de solução negocial para resolver problemas.

Para a celebração de acordos, as partes precisam ouvir as ponderações reciprocamente, o que permite reduzir a assimetria de informação, condição necessária para que a posição inicial possa ser flexibilizada, com base nas novas informações apresentadas, o que logicamente dependerá da consistência dos elementos compartilhados no ambiente de construção coletiva da solução.

Assim, buscando incentivar o uso de meios autocompositivos, a Lei nº 13.140, de 26 de junho de 2015[264], prevê que a Administração Pública pode

262. Art. 3º, §2º, da Lei nº 13.105, de 16 de março de 2015. Código de Processo Civil. Disponível em: https://www.planalto.gov.br/ccivil_03/_ato2015-2018/2015/lei/l13105.htm. Acesso em: 29 jun. 2024.

263. Redação do art. 26: "Para eliminar irregularidade, incerteza jurídica ou situação contenciosa na aplicação do direito público, inclusive no caso de expedição de licença, a autoridade administrativa poderá, após oitiva do órgão jurídico e, quando for o caso, após realização de consulta pública, e presentes razões de relevante interesse geral, celebrar compromisso com os interessados, observada a legislação aplicável, o qual só produzirá efeitos a partir de sua publicação oficial". BRASIL. Decreto-Lei nº 4.657, de 4 de setembro de 1942. Disponível em: https://www.planalto.gov.br/ccivil_03/decreto-lei/del4657compilado.htm. Acesso em: 01 dez. 2024.

264. Redação do Art. 1º "Esta Lei dispõe sobre a mediação como meio de solução de controvérsias entre particulares e

usufruir dos mecanismos de autocomposição, o que tem aderência com os princípios de eficiência, interesse público e segurança jurídica, mas também comprova o pleno respeito ao princípio da legalidade.

Ainda em relação à evolução normativa da mediação no âmbito da Administração Pública, é esperado forte incremento na adoção do instituto, eis que a Nova Lei de Licitações, Lei nº 14.133, de 1º de abril de 2021, prevê, no seu artigo 151, a possibilidade de utilização de mediação para solucionar controvérsias surgidas nos contratos administrativos em geral[265], o que não estava previsto no texto expresso da Lei nº 8.666, de 21 de junho de 1993.

Apesar de a Advocacia Geral da União (AGU) possuir Câmara de Mediação especializada, conforme redação dada em 2015 ao §1º, artigo 1º, da Lei nº 9.469, de 10 de julho de 1997[266], não há qualquer indicação da Nova Lei de Licitações de que tais mediações seriam conduzidas pela AGU, o que na prática, considerando a quantidade de contratos administrativos que poderiam passar a adotar o instituto da mediação, seria algo inviável.

Por outro lado, outro instituto previsto no mesmo artigo 151 da Nova Lei de Licitações, o da arbitragem, tem sido largamente adotado em contratos de concessão e operacionalizado por meio de câmaras privadas especializadas, mesmo nos contratos celebrados pela Administração Pública com empresas privadas[267], caminho que parece ser essencial para alavancar o uso da mediação no âmbito da Administração Pública.

---

sobre a autocomposição de conflitos no âmbito da administração pública.". BRASIL. Lei nº 13.140, de 26 de junho de 2015. Disponível em: https://www.planalto.gov.br/ccivil_03/_ato2015-2018/2015/lei/l13140.htm. Acesso em: 01 dez. 2024.

265. Redação do art. 151 "Nas contratações regidas por esta Lei, poderão ser utilizados meios alternativos de prevenção e resolução de controvérsias, notadamente a conciliação, a mediação, o comitê de resolução de disputas e a arbitragem". BRASIL. Lei nº 14.133, de 1º de abril de 2021. Disponível em: https://www.planalto.gov.br/ccivil_03/_ato2019-2022/2021/lei/l14133.htm. Acesso em: 29 jun. 2024.

266. Redação do art. 1º, §1º "Poderão ser criadas câmaras especializadas, compostas por servidores públicos ou empregados públicos efetivos, com o objetivo de analisar e formular propostas de acordos ou transações". BRASIL. Lei nº 9.469, de 10 julho de 1997. Disponível em: https://www.planalto.gov.br/ccivil_03/leis/L9469compilado.htm. Acesso em 01 dez. 2024.

267. Advocacia Geral da União "Planilha de arbitragem da União". BRASIL. Disponível em: https://www.gov.br/agu/pt-br/composicao/cgu/cgu/neadir/casos-de-arbitragem-2/planilhas-de-arbitragem-da-uniao. Acesso em 01 dez. 2024.

O maior uso do instituto da arbitragem no âmbito da Administração Pública em relação à mediação evidencia a cultura do litígio presente no Brasil, eis que, mesmo quando passamos a buscar métodos alternativos ao Judiciário, optamos por brigar de uma forma mais eficiente, por meio da heterocomposição via processo arbitral, em detrimento de resolver sem brigar, por meio de processo autocompositivo.

No âmbito do Judiciário, tem ganhado força a conciliação e adoção de soluções mediadas[268], o que ajuda a dar respaldo aos institutos e aumentar a segurança jurídica, o que estimula a autocomposição para resolução de conflitos, mesmo em um país com tradição de litígio como o Brasil.

Em que pese a evolução normativa sobre o uso da mediação pela Administração Pública, para satisfação do interesse público, é natural que a nova forma de solucionar conflito traga dúvidas e imponha desafios para a sua efetiva implementação, como a identificação de limites para as soluções negociais e potenciais confrontos entre princípios basilares, como os princípios da eficiência e da legalidade[269].

3. Mediação e potencial conflito entre os princípios da legalidade e da eficiência

A busca por soluções consensuais de controvérsias envolvendo a Administração Pública e terceiros que com ela possuem relação contratual por vezes se depara com um aparente conflito entre os princípios da legalidade e da eficiência.

Pelo princípio da legalidade, previsto na Constituição Federal de 1988 desde a sua prolação, a Administração Pública só pode agir com o que está

268. "Para 79% dos juízes, mediação ajuda na solução de conflitos fundiários". BRASIL. Conselho Nacional de Justiça. 2024. Disponível em: https://www.cnj.jus.br/para-79-dos-juizes-mediacao-ajuda-na-solucao-de-conflitos-fundiarios/. Acesso em: 30 jun. 2024.

269. Nesse sentido, há Ação de Descumprimento de Preceitos Fundamentais de número 1.183 tramitando no Supremo Tribunal Federal, objetivando declaração de inconstitucionalidade da Instrução Normativa nº 91/2022 do TCU, que instituiu processo de solução consensual. Disponível em: https://portal.stf.jus.br/processos/detalhe.asp?incidente=6990125. Acesso em: 01 dez. 2024.

expressamente previsto em lei, enquanto o particular pode fazer tudo que a lei não veda[270]. Esse princípio tem por objetivo garantir que haja segurança jurídica, ou seja, que todos tenham previsibilidade quanto às ações do Estado em determinadas situações, com a proteção dos direitos dos cidadãos contra eventual abuso de poder.

A previsibilidade quanto à forma de atuação do poder estatal para resolver problemas surgidos na relação contratual administrativa é fator crítico para que os particulares decidam investir (ou não) em um país, pois a insegurança jurídica aumenta sobremaneira o risco de o investimento não gerar retorno ao parceiro privado, o que deixaria de justificar a alocação do investimento. Maior risco do investimento faz com que investidores exijam maior potencial retorno para justificar a alocação de recursos.

Por outro lado, o princípio da eficiência, introduzido na Administração Pública pela Emenda Constitucional nº 19/1998, demanda que a Administração Pública atue de forma a alcançar os melhores resultados possíveis com os recursos disponíveis, buscando a otimização de processos, a qualidade dos serviços prestados à população e a redução de desperdícios.

Tanto o princípio da legalidade quanto o princípio da eficiência estão previstos no mesmo artigo 37 da Carta Magna[271], não havendo hierarquia entre eles, sendo necessário sopesar as circunstâncias do caso concreto para a adequada tomada de decisão em casos em que haja potencial colisão entre os princípios.

Na produção legislativa recente, a Nova Lei de Licitações instituiu expressamente o princípio da eficiência, ladeado com outros princípios já tratados no presente artigo, notadamente os da legalidade, segurança jurídica e

270. Redação do art. 5º, inciso II "ninguém será obrigado a fazer ou deixar de fazer alguma coisa senão em virtude de lei". BRASIL. Constituição Federal de 1988. Disponível em: https://www.planalto.gov.br/ccivil_03/constituicao/constituicao.htm. Acesso em: 30 jun. 2024.

271. Redação do art. 37 "A administração pública direta e indireta de qualquer dos Poderes da União, dos Estados, do Distrito Federal e dos Municípios obedecerá aos princípios de legalidade, impessoalidade, moralidade, publicidade e eficiência". BRASIL. Constituição Federal de 1988. Disponível em: https://www.planalto.gov.br/ccivil_03/constituicao/constituicao.htm. Acesso em: 30 jun. 2024.

interesse público[272], indicando que a coexistência deles é que teria o condão de fazer com que o processo licitatório alcance o seu objetivo de "gerar o resultado da contratação mais vantajoso para a Administração Pública, inclusive no que se refere ao ciclo de vida do objeto"[273].

A coexistência dos princípios da legalidade e da eficiência, em um mundo em constante transformação e com crescentes demandas sociais complexas, faz com que a atividade de interpretar as normas com apego interpretativo exacerbado quanto a

> literalidades da lei, parece não conseguir corresponder aos anseios da sociedade por uma Administração Pública mais eficiente, rápida, efetiva, econômica, racional, proba e inovadora.[274]

Desse modo, ainda sobre a possibilidade de conflitos entre os princípios da legalidade e da eficiência, por vezes a origem desse aparente conflito reside numa interpretação mais restritiva dos dispositivos legais, que poderiam ter interpretação diversa, mas acabam por engessar a Administração Pública e induzem à tomada de decisão mais conservadora, preservando a legalidade, deixando decisão mais eficiente em segundo plano, que traria melhor retorno para o cidadão.

Logo, essa interpretação mais restritiva, quando comparada com a adoção de uma solução mais elástica, mas igualmente possível e legal, estaria advogando contra o interesse público, na medida em que privaria o cidadão do usufruto de um serviço prestado com qualidade melhor ou em menor tempo.

Assim, sopesar as consequências das possíveis interpretações não pode

---

272. Redação do art. 5º "Na aplicação desta Lei, serão observados os princípios da legalidade, da impessoalidade, da moralidade, da publicidade, da eficiência, do interesse público, da probidade administrativa, da igualdade, do planejamento, da transparência, da eficácia, da segregação de funções, da motivação, da vinculação ao edital, do julgamento objetivo, da segurança jurídica, da razoabilidade, da competitividade, da proporcionalidade, da celeridade, da economicidade e do desenvolvimento nacional sustentável, assim como as disposições do Decreto-Lei nº 4.657, de 4 de setembro de 1942 (Lei de Introdução às Normas do Direito Brasileiro)". BRASIL. Lei nº 14.133, de 1º de abril de 2021. Nova Lei de Licitações. Disponível em: https://www.planalto.gov.br/ccivil_03/_ato2019-2022/2021/lei/l14133.htm. Acesso em: 29 jun. 2024.

273. Art. 11, inciso I, Lei nº 14.133, de 1º de abril de 2021. Nova Lei de Licitações. Disponível em: https://www.planalto.gov.br/ccivil_03/_ato2019-2022/2021/lei/l14133.htm. Acesso em: 29 jun. 2024.

274. BARBOSA, Jandeson da Costa. A possibilidade de prorrogação de contratos administrativos por apostilamento. *Conteúdo Jurídico*. Brasília-DF: 2019. Disponível em: <https://conteudojuridico.com.br/

estar em segundo plano, pois o interesse público é que deve fundamentar a decisão, que pode não ser a mais conservadora, que mais preserve o decisor em relação a possível responsabilização.

Ainda sobre situações de aparente conflito entre os referidos princípios, o artigo "(Ir)Racionalizando a tomada de decisão jurídica – O que o NCPC e a LINDB falam sobre a decisão judicial"[275] cita a existência de três abordagens principais utilizadas no campo da tomada de decisão aplicadas na esfera judicial, mas que também podem ser adotadas de modo comparativo para os Tribunais de Contas.

Em primeiro lugar, cita a abordagem Cognitiva, influenciada pela psicologia experimental, que sugere que as decisões são profundamente afetadas por vieses inconscientes e intuições morais, especialmente em casos moralmente significativos, nos quais tanto a eficiência quanto a legalidade ficariam em possível segundo plano.

Já a abordagem Comportamental, oriunda da ciência política, aponta que fatores como o desenho institucional do Judiciário e pressões políticas podem influenciar o resultado do julgamento, deixando como secundários os princípios da legalidade e da eficiência.

Em terceiro lugar, a abordagem Narrativa, relacionada às teorias da argumentação jurídica, apresenta diferentes modelos de justificação decisória, incluindo formalistas, particularistas, positivistas presumidos e particularistas sensíveis às regras.

Dentre tais modelos, o particularismo tem abordagem passível de ser aplicada em decisões consensuais, pois pode ser ajustado (recalibrado) para alcançar o resultado ótimo, não necessariamente alinhado à literalidade ou interpretação mais conservadora do Direito, mas contendo "as melhores razões morais".

---

275. ROCHA, David F. E. *(Ir)Racionalizando a tomada de decisão jurídica. O que o NCPC e a LINDB (não) falam sobre a decisão judicial?* Departamento de Direito. PUC. Rio de Janeiro-RJ: 2020. Disponível em: <chrome-extension://efaidnbmnnnibpcajpcglclefindmkaj/https://www.puc-rio.br/ensinopesq/ccpg/pibic/relatorio_resumo2020/download/relatorios/CCS/DIR/DIR-David%20F.E%20Rocha.pdf>. Acesso em: 30 jun. 2024.

Esse modelo pode ser visto como um tipo de instrumentalismo jurídico, que utiliza o Direito como meio para alcançar certos fins morais/políticos, sacrificando a busca por certeza, segurança e previsibilidade em favor da realização do "melhor direito possível".

O referido artigo aborda o desafio de assegurar a efetividade dos direitos fundamentais sociais, destacando a importância de uma "razoável dosagem de positivismo" combinada com uma interpretação baseada em valores, o que teria dado origem ao "Pós-Positivismo" ou "Neoconstitucionalismo", que focam menos nos textos normativos e mais na racionalidade discursiva do intérprete na busca por decisões alinhadas ao Direito.

É a mudança de paradigma do princípio da legalidade para a juridicidade, a "substituição da lei pela Constituição como cerne da vinculação administrativa à juridicidade"[276].

Insta destacar que não seria razoável que uma interpretação mais elástica da norma, que poderia ser interpretada como descumprimento da literalidade da norma, possa ter mais peso do que grandes ineficiências, com impactos negativos superiores para a sociedade.

É dizer, diante de um erro "formiga" relativo ao princípio da legalidade, optar por um erro "elefante" quanto ao princípio da eficiência parece não ser razoável. Dar mais peso para a formiga do que para o elefante seria uma interpretação equivocada que hierarquizaria princípios, em prejuízo do cidadão, que arcaria com as consequências danosas da falta do consequencialismo como calibrador da decisão do gestor público.

4. Estudo de caso

Quando esses dois princípios são avaliados no cenário de prestação de serviço público na área de infraestrutura, os contratos contemplam em

276. BINEMBOJM, Gustavo. *Uma Teoria do Direito Administrativo: direitos fundamentais, democracia e constitucionalização.* Rio de Janeiro: Renovar, 2008, p. 142.

muitos casos a construção, a ampliação de capacidade, manutenção, conservação e operação da infraestrutura construída, por meio de contrato de concessão, com particular assumindo a administração delegada da prestação do serviço público.

Na área de rodovias, diante da escassez de recursos para investimento direto em obras públicas, desde o início da década de 1990 houve celebração de contratos de concessão, prevendo a ampliação e manutenção da infraestrutura, além da operação, delegando a terceiros a realização desses serviços em troca da cobrança de uma tarifa de pedágio.

Quando um contrato de concessão rodoviária não consegue performar, independente da causa que deu origem a esse baixo desempenho, o primeiro a sofrer é o usuário (cidadão) que arca com a tarifa de pedágio e não tem a devida retribuição materializada na justa prestação do serviço público com a qualidade e a extensão originalmente pactuados.

Com vistas a corrigir tais discrepâncias, a legislação aplicada às concessões, notadamente a Lei nº 8.987, de 13 de fevereiro de 1995, trouxe mecanismos para tentar reparar essa situação. Como exemplo, temos o reequilíbrio econômico-financeiro (art. 9º, §2º), quando há a alteração de algum parâmetro não previsto em matriz de risco, ou até mesmo a transferência da concessão ou do controle societário da concessionária, situação em que a empresa não consegue mais performar por problemas intrínsecos a ela (art. 27).

De todo modo, há situações em que pode não ter havido uma equilibrada distribuição dos riscos, o que leva o problema para a fase da execução contratual, que em contratos de longo prazo pode gerar problema tempos depois da celebração com a falta de performance e litígios sobre a responsabilidade do enfrentamento das causas da não performance.

Se não houver equacionamento da disputa de modo tempestivo, quer seja de modo administrativo, arbitral ou mesmo judicial, haverá prejuízo ao cidadão, que continuará pagando a tarifa e não receberá a devida contraprestação.

Ao prolongar o tempo de solução via litígio, a discrepância entre o cronograma físico-financeiro originalmente pactuado e a realidade enfrentada pela concessão faz com que alterações marginais dos contratos não mais sejam capazes de resolver o problema para tornar o futuro do contrato viável, uma vez que vultosos investimentos realizados em contratos na metade de sua vida útil dificilmente conseguiriam ser amortizados no tempo restante ou o cidadão teria que arcar com tarifas elevadas.

Buscando porta de saída para o problema, a Medida Provisória nº 758/2016 trouxe para o arcabouço legal o instituto da relicitação em concessões públicas, que já está em vigor há oito anos, mas mostrou pouco resultado prático no campo das concessões rodoviárias.

Por outro lado, alterações de maior magnitude poderiam contrariar a vinculação do contrato ao instrumento convocatório, bem como quebrar a isonomia com os demais participantes do leilão, gerando potencial benefício indevido a particular contratado.

Aparentemente, não haveria solução trivial. Por um lado, manter o contrato sem performar, nos seus exatos termos, enfrentando controvérsias no âmbito de arbitragens ou ações judiciais, sem data para concluir a lide e, consequentemente, realizar os investimentos previstos, parecer não ser algo de interesse público.

Alternativamente, para as empresas que optaram por pedido de devolução do contrato via relicitação, pouquíssimos casos foram exitosos, mesmo havendo diversos pedidos de relicitação, destacando que, mesmo que algum caso seja concluído, a previsão é de que os novos investimentos sejam iniciados alguns anos após a nova contratada assumir, além de potencialmente deixar grande passivo para debate na via arbitral sobre indenizações.

Diante da dificuldade de solucionar a questão, o Ministério dos Transportes editou a Portaria nº 848, de 25 de agosto de 2023, objetivando a "readaptação e otimização dos contratos de concessão" de rodovias, estabelecendo uma janela para que empresas responsáveis por contratos que não estariam performando pudessem requerer análise da questão no âmbito do referido Ministério, para posterior busca de solução consensual no TCU, por meio de autocomposição decorrente do processo de Solicitação de Solução Consensual, regido pela Instrução Normativa nº 91, de 22 de dezembro de 2022.

Diante da não performance de diversos contratos de concessão de rodovias, bem como das dificuldades enfrentadas com a solução legislativa especificamente pensada para solucionar tais imbróglios, solução negocial passa a ser a alternativa que teria o maior potencial para dar viabilidade à implementação da política pública pretendida quando da concessão das rodovias, visando à readaptação e otimização dos contratos.

Para concretização de tais alterações, buscando a antecipação de investimentos e o atendimento ao interesse público por meio da otimização dos contratos, é necessário observar dois aspectos cruciais.

Em primeiro lugar, a estruturação de uma governança decisória robusta, o que foi contemplado pela IN nº 91/2022 do TCU, com protagonismo do ministério definidor da política pública, da agência reguladora responsável pela regulação do setor, do particular contratualmente afetado, ou seja, das partes, mas também da área especializada de auditoria do TCU e unidade especializada em coordenar a autocomposição.

Ademais, a procuradoria especializada da agência reguladora também participa e se manifesta, bem como a consultoria jurídica do ministério competente, além da oitiva obrigatória do Ministério Público junto ao TCU, com posterior homologação, ou não, da solução proposta pelo Plenário da Corte de Contas, respeitando toda a governança decisória de cada um dos atores envolvidos.

O segundo aspecto crucial diz respeito à mitigação do risco moral, já que, apesar de controvertido judicialmente ou em arbitragens por demanda das concessionárias, os representantes do Poder Público entendem que as empresas descumpriram os contratos, não podendo receber uma alteração significativa do contrato em benefício próprio.

Desse modo, considerando a previsão já citada na Lei de Concessões para troca de controle da concessionária contratada, seria possível pactuar, via solução negocial e mediação, cujas bases legais já foram indicadas em capítulo próprio, a realização de processo competitivo para troca de controle acionário, corrigindo eventuais distorções da modelagem do novo contrato, por meio de proposta de concorrentes interessados na assunção do novo contrato, readaptado para melhor atender ao interesse público.

Caso não haja interessados, a contratada poderia permanecer no contrato, eis que demonstrado que a modelagem estaria enxuta, tanto é que terceiros não se sentiram confortáveis em dar lance para o novo contrato.

Tal caminho, com prévia autorização do regulador, permitiria a antecipação da solução das controvérsias administrativas, judiciais e arbitrais, além da antecipação da concretização de investimentos em alguns anos, evidenciando o interesse público.

Por fim, destaca-se que o procedimento competitivo mitiga não somente o risco moral, mas também o risco relativo à assimetria de informação entre o particular detentor atual do contrato e Poder Público acerca das modificações propostas. Caso o contrato apresente excedentes, isso atrairá o interesse de terceiros em assumir e apresentar ofertas no processo competitivo. Tal racional fundamentou a prolação de acórdãos homologatórios[277] nos processos de SSC das rodovias 101/ES, 101/RJ e 163/MS.

4. Conclusão

Após discorrer sobre a evolução normativa que tem fortalecido o instituto da mediação no âmbito da Administração Pública, com forte produ-

277. Solução Consensual no Tribunal de Contas da União. BRASIL. Disponível em: https://portal.tcu.gov.br/solucao-consensual. Acesso em: 01 dez 2024.

ção legislativa no Brasil, com inspiração no direito internacional, há clara percepção do potencial de concretização do interesse público que novas abordagens dialógicas podem oferecer ao cidadão do Brasil.

Com governança decisória robusta, a IN nº 91/2022 do TCU estabeleceu rito que contempla a participação do ministério definidor da política pública, agência reguladora setorial, empresa contratada afetada pelas controvérsias, além de duas unidades técnicas do TCU, a especializada no tema objeto da controvérsia e a criada para exercer coordenação dos trabalhos para solução dos conflitos, com possível homologação do Plenário do TCU.

Em rodovias, diversos contratos não performaram e não entregaram a política pública pretendida, aumentando o custo do transporte, o risco para o usuário e o custo Brasil.

Após tentativas de soluções via judicial e arbitral ao longo da última década, pouco se avançou em termos de endereçamento de soluções. A alternativa então criada, relicitação dos contratos, até o presente momento não entregou os resultados pretendidos.

Dessa forma, a busca de solução dialógica, negocial entre os atores públicos e privados, por meio da mediação, passa a ser a esperança de concretização dos investimentos, mitigando o risco moral e de assimetria de informação, explorando de modo criativo o marco normativo e a fronteira do Direito Administrativo, buscando melhor atender ao interesse público por meio da antecipação de investimentos, quando comparado com outras soluções ou mesmo com o não acordo, que tem custo elevado para a sociedade.

Referências

BARBOSA, Jandeson da Costa. A possibilidade de prorrogação de contratos administrativos por apostilamento. *Conteúdo Jurídico*. Brasília-DF: 2019. Disponível em: <https://conteudojuridico.com.br/consulta/artigos/53469/a-possibilidade-de-prorrogao-de-contratos-administrativos-por-apostilamento>. Acesso em: 29 jun 2024.

BINEMBOJM, Gustavo. *Uma Teoria do Direito Administrativo: direitos fundamentais, democracia e constitucionalização*. Rio de Janeiro: Renovar, 2008.

BRASIL. *Constituição Federal de 1988*. Disponível em: https://www.planalto.gov.br/ccivil_03/constituicao/constituicao.htm. Acesso em 30 jun. 2024.

BRASIL. Decreto-Lei nº 4.657, de 4 de setembro de 1942. Disponível em: https://www.planalto.gov.br/ccivil_03/decreto-lei/del4657compilado.htm (Acesso em 1 dez. 2024).

BRASIL. Lei nº 9.469, de 10 julho de 1997. Disponível em: https://www.planalto.gov.br/ccivil_03/leis/L9469compilado.htm (Acesso em 1 dez. 2024).

BRASIL, Lei nº 13.105, de 16 de março de 2015. Código de Processo Civil. Disponível em: https://www.planalto.gov.br/ccivil_03/_ato2015-2018/2015/lei/l13105.htm (Acesso em 1 dez. 2024).

BRASIL. Lei nº 13.140, de 26 de junho de 2015. Disponível em: https://www.planalto.gov.br/ccivil_03/_ato2015-2018/2015/lei/l13140.htm (Acesso em 1 dez. 2024).

BRASIL. Lei nº 14.133, de 1º de abril de 2021. Nova Lei de Licitações. Disponível em: https://www.planalto.gov.br/ccivil 03/ ato2019-2022/2021/lei/l14133.htm (Acesso em 1 dez. 2024).

BRASIL. "Planilha de arbitragem da União" da Advocacia Geral da União. Disponível em: https://www.gov.br/agu/pt-br/composicao/cgu/cgu/neadir/casos-de-arbitragem-2/planilhas-de-arbitragem-da-uniao (Acesso em 1 dez. 2024).

BRASIL. Conselho Nacional de Justiça. 2024. Disponível em: https://www.cnj.jus.br/para-79-dos-juizes-mediacao-ajuda-na-solucao-de-conflitos-fundiarios/. Acesso em: 01 dez. 2024).

BRASIL. Tribunal de Contas da União. Instrução Normativa nº 91, de 22 de dezembro de 2022. Disponível em: https://pesquisa.apps.tcu.gov.br/documento/norma/*/COPIATIPONORMA%253A%2528%2522Instru%25C3%25A7%25C3%25A3o%2520Normativa%2522%2529%2520COPIAORIGEM%253A%2528TCU%2529%2520NUMNORMA%253A91%2520ANONORMA%253A2022/score%2520desc/0. Acesso em: 01 dez. 2024.

BRASIL. Tribunal de Contas da União. Solução Consensual no Tribunal de Contas da União. Disponível em https://portal.tcu.gov.br/solucao-consensual. Acesso em: 01 dez 2024.

BRASIL. Ministério dos Transportes. Portaria 848, de 25 de agosto de 2023. Disponível em: http://www.in.gov.br/web/dou/-/portaria-n-848-de-25-de-agosto-de-2023-505746177. Acesso em: 01 dez. 2024.

BRASIL. Supremo Tribunal Federal. Ação de Descumprimento de Preceitos Fundamentais 1.183. Disponível em: https://portal.stf.jus.br/processos/detalhe.asp?incidente=6990125. Acesso em: 01 dez. 2024.

EUROPA. *Recommendation R 81-7*, de 14 de maio de 1981. Disponível em: chrome-extension://efaidnbmnnnibpcajpcglclefindmkaj/https://rm.coe.int/168050e7e4. Acesso em: 01 dez. 2024.

ROCHA, David F. E. *(Ir)Racionalizando a tomada de decisão jurídica. O que o NCPC e a LINDB (não) falam sobre a decisão judicial?* Departamento de Direito. PUC. Rio de Janeiro-RJ: 2020. Disponível em: <chrome-extension://efaidnbmnnnibpcajpcglclefindmkaj/https://www.puc-rio.br/ensinopesq/ccpg/pibic/relatorio_resumo2020/download/relatorios/CCS/DIR/DIR-David%20F.E%20Rocha.pdf>. Acesso em: 30 jun. 2024.

Consensualismo na Administração Pública

Odete Medauar[278]

Resumo
O artigo oferece um panorama da evolução do consensualismo, sobretudo no Direito Administrativo brasileiro. Abriga noções dos principais meios consensuais de solução de litígios e indica a legislação básica que fundamenta o uso de tais meios nas atividades da Administração Pública.

Abstract
The article provides an overview of the evolution of consensualism, particularly within Brazilian Administrative Law. It covers the main consensual methods for resolving disputes and outlines the fundamental legislation that supports the use of such methods in Public Administration activities.

Palavras-chave
Consensualismo – Meios consensuais – Mediação

Keywords
Consensualism – Consensual Methods – Mediation

1. Introdução

Em 1993 o Conselho de Estado francês publicou estudo sob o título *Regler autrement les conflits*, ou seja, solucionar conflitos de outro modo. E após dois pontos vem o seguinte: arbitragem, transação, conciliação.

Na parte introdutória do estudo é mencionado o seguinte, como justificativa:

- processos mais rápidos e menos formais;
- há modos clássicos e novos modos de solução de litígios;

278. Professora Titular de Direito Administrativo da Faculdade de Direito da USP (aposentada).

- sobrecarga do Judiciário;
- multiplicação de litígios no fim do século XX;
- o custo do tempo.

Observe-se que essa publicação do Conselho de Estado francês, em 1993, revela significativa transformação, num país cioso e orgulhoso de sua jurisdição administrativa secular, demonstrando, também, o irresistível advento da consensualidade na Administração Pública.

É possível lembrar alguns primórdios em matéria de acordos no Brasil: em âmbito judicial, a fase de acordo na Justiça do Trabalho; os Termos de Ajustamento de Conduta – TACs, previstos na Lei de Ação Civil Pública – Lei nº 7.347/85, na redação da Lei nº 8.078/1990; os acordos no CADE, presentes na Lei nº 8.884/1994 e também na atual Lei nº 12.529/2011.

Embora houvesse anteriormente práticas consensuais na Administração Pública em reduzida escala, o estudo e a aplicação do consensualismo se divulgaram e expandiram, com intensidade, desde os primórdios do século XXI. Bem exprime tal quadro o subtítulo conferido por Diogo de Figueiredo Moreira Neto a estudo de sua autoria: "Eclode a Administração consensual"[279]; para o autor, "a consensualidade é um enriquecimento do Direito Administrativo"[280].

As práticas consensuais geram, nas pessoas físicas e jurídicas, a sensação de confiabilidade no Poder Público e propiciam a adesão às medidas aventadas e à rápida solução de questões, despertando também um sentido de segurança jurídica.

Nas palavras de Jessé Torres Pereira Júnior

> o consenso, definido como princípio da concertação nas relações de poder entre a sociedade e estado, é engrenagem essencial ao estado

279. Presente no livro *Mutações do direito público*. Renovar, 2007, p.333. O mesmo autor expõe sobre a matéria, por exemplo, no trabalho denominado Administração pública consensual, no livro *Mutações do direito administrativo*. 3. ed., Renovar, 2007, p. 37-48.

280. Administração pública consensual, no livro *Mutações do direito administrativo*. 3. ed. Renovar, 2007, p. 48

democrático de direito. A chamada concertação administrativa designa uma forma de administrar com base no consenso.[281]

Sem dúvida, o consensualismo expressa relevante aspecto da evolução do Direito Administrativo, na esteira de harmonizar o interesse público às aspirações e aos direitos das pessoas físicas ou jurídicas e de aproximação com a população em geral.

A busca de consenso permite que a Administração tenha a percepção dos vários lados de um assunto e possa ouvir e levar em conta as considerações dos particulares.

2. Terminologia

Sob vários nomes vem tratada a matéria da consensualidade na Administração Pública.

a) Os meios de acordo vem citados, por vezes sob a rubrica *meios alternativos de solução de litígios*. Aqui a palavra *alternativos* se coloca em referência ao que seria o meio principal ou comum, a via jurisdicional. Na feição atual da matéria, a expressão mostra-se inadequada, pois o meio consensual se apresenta tão relevante como o jurisdicional, permitindo mais célere solução de litígios, mais rápida pacificação, resultado satisfatório para as partes envolvidas.

b) São mencionados com o título de *mecanismos privados de solução de conflitos*, em virtude do seu primitivo emprego nos conflitos envolvendo particulares, em busca de solução fora do campo judicial. Havendo, na atualidade, o uso de tais meios em grande número de litígios envolvendo a Administração Pública, não mais seria adequado o adjetivo *privados*.

c) A matéria recebe ainda os nomes *Administração consensual*, *direito*

281. Presença da administração consensual no direito positivo brasileiro, *In*: FREITAS, Daniela Bandeira de; VALLE, Vanice Lírio do (coord). *Direito administrativo e democracia econômica*. Belo Horizonte: Fórum, 2012, p. 297.

administrativo do consenso e *transigibilidade*[282].

d) Melhor parece a expressão *meios consensuais de solução de conflitos* envolvendo a Administração Pública, ante a ideia mais ampla da consensualidade, ou seja, de uma Administração menos imperativa e mais propensa a negociação, acordos, respeito a direitos dos particulares.

e) Ao se discorrer sobre o tema, também se invoca a expressão *justiça multiportas*, sobretudo para significar inexistir um só meio de resolver litígios (o judicial), havendo outras "portas", ou seja, outros meios de acesso à solução de litígios, tão relevantes quanto o judicial.

3. O consensualismo na doutrina contemporânea

Autores nacionais e estrangeiros passaram a discorrer sobre a consensualidade em trabalhos específicos ou destinados a apontar transformações na Administração Pública e no Direito Administrativo. Alguns exemplos a seguir revelam o interesse suscitado pelo tema.

Na visão de Fernando Dias Menezes[283]

> é natural que um dos vetores da evolução do Direito Administrativo, na democracia, seja a substituição dos mecanismos de imposição unilateral – tradicionalmente ditos de "império" – por mecanismos de consenso, ou seja, por mecanismos que propiciem o acordo entre os sujeitos envolvidos na ação administrativa, tanto os governantes como os governados.

Vitor Rhein Schirato e Juliana Bonacorsi de Palma[284] inserem o consensualismo "num plano maior de transformações do Direito Administrativo".

282. A palavra transigibilidade é empregada por Vanice Lírio do Valle, no artigo Transigibilidade: uma faceta da consensualidade no direito administrativo do século XXI, Fórum Administrativo, Ed. Fórum, ano 11, n. 123, maio 2011, p. 9-18.

283. Mecanismos de consenso no Direito Administrativo. *In*: ARAGÃO, Alexandre dos Santos; MARQUES NETO, Floriano Azevedo (org.). *Direito administrativo e seus novos paradigmas*. Forum, 2008, p. 337.

284. Consenso e legalidade: vinculação da atividade administrativa consensual ao Direito. *Revista Brasileira de Direito Público – RBDP*, Fórum, ano 7, n.27, out.dez. 2009, p. 69 e 70.

De modo semelhante Vanice Lírio do Valle[285] pontifica:

> O direito administrativo da pós-modernidade, regido pela juridicidade, revela-se sensível à formação do consenso, como alternativa igualmente legítima àquela das relações verticais".

Juliana Bonacorsi de Palma[286] expõe um conceito: "atuação administrativa consensual como atuação da Administração Pública por meio de acordos em sentido amplo"; e pondera que o acordo administrativo é

um dos meios para a satisfação das finalidades públicas que a Administração tem ao seu dispor, o que certamente reforça o caráter instrumental da atuação administrativa consensual...

Bem ressalta José Carlos Vasconcellos dos Reis[287], a propósito:

> os avanços obtidos nas relações sociais com a ampliação do acesso à informação e o amadurecimento da prática democrática têm levado ao incremento da atuação consensual do Poder Público.

Na doutrina estrangeira Bernardo Giorgio Mattarella[288], ao tratar de mudanças nos caracteres do Direito Administrativo, invoca "o favorecimento de acordos." De seu lado, Giuseppe Piperata[289] menciona a influência do direito privado nas relações entre Administração e cidadão e indaga

> se a legitimação dos poderes públicos na realidade não mais deva estar na autoridade, que sempre distinguiu sua posição, mas na busca do consenso dos destinatários dos efeitos da decisão.

Para Jacques Chevallier,

> renunciando a impor suas visões, a administração aceita discutir em pé de igualdade com os representantes do meio social, tornando-os participantes na definição de sua ação: as decisões se tornam o re-

285. Transigibilidade na Administração Pública: uma faceta da consensualidade no direito administrativo do século XXI. *Fórum Administrativo*, Ed. Fórum, ano 11, n. 123, maio 2011, p. 12.

286. *Sanção e acordo na Administração Pública*. Malheiros, 2015, p. 111 e 112.

287. As modulações no direito administrativo. *In:* FREITAS; VALLE (coord.), *op. cit.*, p. 278.

288. Il rapporto autorità-libertà e il diritto amministrativo europeo. *Riv. trim. dir. pubbl.*, 4, 2006, p. 917.

289. La scienza del diritto amministrativo e il diritto privato. *In:* TORCHIA *et al.* (org.). *La scienza del diritto amministrativo nella seconda metà del XX secolo*. 2008, p. 192.

> sultado de trocas e a tradução de compromissos firmados entre os diferentes interesses em presença; o modo de relações tradicional, fundado sobre a distância e a autoridade, é substituído por relações com base na interação e na interdependência.[290]

Foram exemplificadas, no texto supra, contemporâneas manifestações doutrinárias no sentido do acolhimento de atuações consensuais na Administração Pública e no Direito Administrativo.

Mas, na dicção de Vanice Lírio do Valle[291],

> ainda hoje há temáticas que despertam resistência, sobretudo as que envolvem a incorporação da consensualidade no agir da Administração que sempre se pautou, ao contrário, pela atuação fundada na imperatividade;

Segundo a mesma autora:

> a transação em matéria de Direito Administrativo envolverá não uma abdicação do interesse público, mas a sua afirmação à vista das particularidades de um caso concreto que recomendam essa conduta.

Juliana Bonacorsi de Palma menciona "argumentos de resistência ao emprego de instrumentos consensuais para satisfação das competências administrativas", centrados, sobretudo, na indisponibilidade do interesse público e na supremacia do interesse público sobre o privado. Essa autora oferece alentados contra-argumentos a visão tão desatualizada[292].

Por sua vez, Jessé Torres Pereira Júnior[293] observa, com pertinência, o seguinte:

> A vasta gama de celebração de acordos, substituindo os tradicionais atos unilaterais, não significa disponibilidade do interesse público pelo Estado. Ao revés, esses atos são, em regra, mais eficientes e menos sujeitos a transgressões, além de valorizarem igualmente a proteção do

290. *Science administrative*. 5. ed. Paris: PUF, 2013, p. 425.

291. Transigibilidade na Administração Pública, *op.ult.cit*, p. 10.

292. *Sanção e acordo na Administração Pública*, 2015, p. 150. Para os profundos contrapontos aos referidos argumentos de resistência, ver em especial p.166-188.

293. *Op. cit.*, p. 298.

> interesse público e a concretização dos direitos fundamentais.

Luciano Parejo Alfonso[294], referindo-se a acordo, conciliação e arbitragem, afirma que

> a visão clássica de que, por sua natureza, o poder público não é suscetível de transação, é dogma que se deve considerar superado.

Quanto a tais argumentos contrários ou óbices invocados em oposição à consensualidade, pode-se dizer, em síntese, que o interesse público, em inúmeras situações, se cumpre de modo mais eficiente, ágil, sem questionamentos, mediante a obtenção de consenso, a celebração de acordos. E já se ressaltou: as práticas consensuais geram, nos cidadãos, a sensação de confiabilidade e boa fé na Administração e levam à adesão às medidas projetadas.

4. Quadro normativo da consensualidade

O Brasil conta hoje com arcabouço legal propiciador da utilização dos meios consensuais para solução de litígios com a Administração Pública, indicando-se na sequência os respectivos textos de lei, não sendo arroladas resoluções ou portarias. Não serão mencionadas normas dos Estados, Distrito Federal e Municípios.

4.1 Textos gerais

a) O Código de Processo Civil incentiva o uso dos meios consensuais, nos dispositivos a seguir:

> Art. 3º, §2º O Estado promoverá, sempre que possível, a solução consensual dos conflitos.
>
> Art. 3º,§ 3º A conciliação, a mediação e outros métodos de solução consensual de conflitos serão estimulados por juízes, advogados, defensores públicos e membros do Ministério Público, inclusive no curso do processo judicial.

294. Transformación y reforma del Derecho Administrativo en España. *In*: *Innovación y reforma en el Derecho Administrativo*. Sevilha, 2012, p. 570.

Por sua vez, o art. 174 prevê a criação de câmaras de mediação e conciliação pelos entes federativos:

> Art. 174 – A União, os Estados, o Distrito Federal e os Municípios criarão câmaras de mediação e conciliação, com atribuições relacionadas à solução consensual de conflitos no âmbito administrativo, tais como:
>
> I – dirimir conflitos envolvendo órgãos e entidades da administração pública;
>
> II – avaliar a admissibilidade dos pedidos de resolução de conflitos, por meio de conciliação, no âmbito da administração pública;
>
> III – promover, quando couber, a celebração de ajustamento de conduta.

De seu lado, o art. 175 abriga disposição sobre consensualidade extrajudicial realizada por profissionais independentes e por câmaras privadas, no teor seguinte:

> Art. 175 – As disposições desta Seção não excluem outras formas de conciliação e mediação extrajudiciais vinculadas a órgãos institucionais ou realizadas por profissionais independentes, que poderão ser regulamentadas por lei específica.
>
> Parágrafo único – Os dispositivos desta Seção aplicam-se, no que couber, às câmaras privadas de conciliação e mediação.

b) A Lei nº 13.655, de 25.4.2018, que acrescentou os arts. 20 a 30 à Lei de Introdução às Normas do Direito Brasileiro – LINDB (vetados o art.25 e alguns parágrafos), visando à segurança jurídica e à eficiência na aplicação do direito público, também estimula a realização de acordos, em seu art. 26, para eliminar irregularidades, incerteza jurídica ou situação contenciosa, após oitiva do órgão jurídico

4.2 Textos específicos

Para os contratos administrativos, pela primeira vez cogitou-se, de modo explícito, destes meios, inclusive a arbitragem, no âmbito de conflitos relacionados aos contratos de parceria público-privada, por força do art.

11, inciso II, da Lei nº 11.079, de 30/11/2005. O teor da redação deste inciso II, do art.11, irá se repetir, de forma quase idêntica, em posteriores diplomas legais. Lembre-se que no ordenamento brasileiro, *a arbitragem* foi disciplinada na Lei nº 9.307, de 23/09/1996, surgindo controvérsias quanto à sua aplicabilidade para conflitos envolvendo a Administração Pública. Tais controvérsias foram sanadas com alteração da referida lei para abrigar disposições em relação a litígios com a Administração Pública.

Depois, o acréscimo do art. 23-A à Lei nº 8.987/1995 – Lei de Concessões, efetuado mediante a Lei nº 11.196/2005, possibilitou o emprego de tais mecanismos nos contratos de concessão e permissão de serviço público, para conflitos referentes aos respectivos contratos.

Em seguida, a Lei nº 13.129, de 26/05/2015, alterou a Lei da Arbitragem – Lei nº 9.307/1996, para, no art. 1º, § 1º, *possibilitar que a Administração Pública direta e indireta utilize a arbitragem* para dirimir conflitos referentes a direitos patrimoniais disponíveis (e introduziu outros preceitos para a arbitragem envolvendo a Administração Pública).

Em 26/06/2015 editou-se a Lei nº 13.140, chamada Lei da Mediação, a qual, entre outras disposições, traz preceitos sobre a resolução de conflitos por meio de composição, no caso de controvérsia entre particular e Administração Pública. Além do vocábulo *mediação*, em alguns dispositivos se mencionam as palavras *acordo*, *transação*. O art. 33, parágrafo único, prevê o procedimento de *mediação coletiva de conflitos* relacionados à prestação de serviços públicos, podendo ser instaurado de ofício ou mediante provocação.

Numa das atuações mais incisivas da Administração Pública sobre o universo jurídico dos particulares, a desapropriação, a Lei nº 13.867, de 26/08/2019, possibilita a prática da mediação ou arbitragem quanto ao valor da indenização, tratando-se de casos de utilidade pública. E fixa a *obrigatoriedade de uma fase de acordo*, nos termos do art.10-A, acrescentado pela referida Lei ao Decreto-Lei nº 3.365/1941.

Outro indicador da incidência da consensualidade em face "imperativa" da Administração (pois retira bens dos particulares) se encontra na Lei nº 13.988/2020, com alterações posteriores, dispondo sobre requisitos para que a União, suas autarquias e fundações públicas, de um lado, e os devedores ou as partes adversas, de outro, possam realizar *transação* resolutiva de litígio relativo à cobrança de créditos da Fazenda Pública, de natureza tributária ou não tributária.

Outra alteração no ordenamento brasileiro adveio com a edição da chamada "Lei Anticrime", encerrando controvérsias sobre a possibilidade de acordo em matéria de improbidade administrativa. Lembre-se que o §1º do art. 17 da Lei nº 8.429, de 02/06/1992 – Improbidade Administrativa – vedava transação, acordo ou conciliação nas ações respectivas. A Lei nº 13.964, de 24/12/2019 – Lei Anticrime – alterou o referido § 1º do art. 17 para admitir a celebração de acordo de não persecução cível nas ações a respeito. A Lei de Improbidade foi alterada nos termos da Lei nº 14.230/2021, que revogou o referido §1º do art. 17, fixando a possibilidade de acordo no art. 17-B; aí se diz que o Ministério Público, conforme as circunstâncias do caso concreto, poderá celebrar acordo de não persecução civil. Hoje também essa legitimidade de acordo é atribuída a União, Estado, Distrito Federal e Municípios, ante decisão do STF, na ADIn nº 7.042.

A Lei nº 14.133/2021 – nova Lei de Licitações e Contratos Administrativos – dedica um capítulo aos meios consensuais, arts. 151 a 154, mencionando a mediação, o comitê de resolução de disputas e a arbitragem.

5. Mecanismos consensuais de solução de litígios envolvendo a Administração Pública

Quanto aos *tipos de meios consensuais de solução de conflitos*, podem ser citados, em especial: a *arbitragem*, a *conciliação*, a *mediação* e a *transação extrajudicial*. As breves menções a seguir dizem respeito à solução de disputas envolvendo a Administração, com a utilização desses meios, fora da via judicial, salientando-se depois aspectos da mediação.

a) A *arbitragem* é o mecanismo que exige um terceiro ou terceiros, escolhidos pelas partes em conflito, para o fim de emitir ou emitirem decisão que resolva a disputa. Com base no conceito de Carlos Alberto Carmona, a *arbitragem* é o meio de solução de controvérsias mediante a atuação de uma ou mais pessoas, que recebem seus poderes de uma convenção das partes, decidindo sem intervenção judicial[295]. Nos preceitos supra citados, que aventam o uso da arbitragem nos conflitos relativos a contratos administrativos, se exige que a arbitragem seja realizada no Brasil e em língua portuguesa.
b) Outro mecanismo situa-se na *conciliação*: é o método no qual um terceiro coordena a negociação para buscar uma solução de consenso entre as partes, inclusive sugerindo alternativas para sanar o conflito.
c) Por sua vez, a *transação extrajudicial* (consensual) é o mecanismo em que as partes, por si próprias, efetuam concessões recíprocas, com o objetivo de prevenir ou encerrar o litígio; aqui inexiste atuação de terceiros.
d) Na *mediação*, as partes recorrem a um terceiro, que irá ajudá-las a firmar um acordo para a solução do conflito, sem o mediador sugerir solução.

Nas palavras de Petronio Calmon[296],

> Mediação é a intervenção de um terceiro imparcial na negociação entre os envolvidos no conflito, facilitando o diálogo ou incentivando o diálogo inexistente, com vistas a que as próprias partes encontrem a melhor forma de acomodar ambos os interesses...

Jacqueline Morand Deviller, Pierre Bourdon e Florian Poulet transcre-

295. *Arbitragem e processo: um comentário à Lei 9.307/96*. São Paulo: Atlas, 2007, p. 51.
296. *Fundamentos da mediação e da conciliação*. 2. ed. Brasília: Gazeta Jurídica, 2013, p. 103.

vem noção contida no Código de Justiça Administrativa, que abriga um capítulo específico em matéria administrativa[297]:

> Todo processo estruturado, pelo qual duas ou mais partes tentam chegar a um acordo visando à solução amigável de suas controvérsias, com a ajuda de um terceiro, o mediador..."

A Lei nº 13.140, de 26.6.2015 – Lei da Mediação, oferece a seguinte noção:

> atividade técnica exercida por terceiro imparcial sem poder decisório, que, escolhido ou aceito pelas partes, as auxilia e estimula a identificar ou desenvolver soluções consensuais para a controvérsia.

"Ninguém será obrigado a permanecer em procedimento de mediação", conforme dispõe o art. 2º, § 2º. "Na hipótese de existir previsão contratual de cláusula de mediação, as partes deverão comparecer à primeira reunião de mediação" (art. 2º, §1º).

"O consenso das partes envolvendo direitos indisponíveis, mas transigíveis, deve ser homologado em juízo, exigida a oitiva do Ministério Público" (art. 3º, § 2º).

O art. 2º arrola os princípios norteadores da mediação: imparcialidade do mediador; isonomia entre as partes; oralidade; informalidade; autonomia da vontade das partes; busca do consenso; confidencialidade; boa-fé.

Referida lei cuida, ainda, nas seções ou capítulos, sobre: mediadores; procedimento de mediação extrajudicial e judicial.

Nos termos do art. 46, "a mediação poderá ser feita pela internet ou outro meio de comunicação que permita a transação à distância, desde que as partes estejam de acordo". A parte domiciliada no exterior poderá submeter-se à mediação segundo as regras fixadas nessa lei (art. 46, parágrafo único).

---

297. *Droit Administratif.* 16. ed. Paris: LGDJ, 2016, p. 56.

6. Conclusão

O ordenamento administrativo brasileiro vem avançando no acolhimento do consensualismo e seus meios, permitindo negociações e acordos entre a Administração e os particulares. E agora, na desapropriação, uma das atuações mais fortes da Administração no universo jurídico dos particulares, o que possibilita, realizado o consenso, o rápido pagamento da indenização, evitando o precatório, o que é benéfico para os dois lados (a ação judicial e a demora no pagamento da indenização levam o Poder Público a pagar honorários de peritos, outros custos da ação, juros e correção monetária etc.). E agora, também em matéria de tributos, outra atuação "imperativa" da Administração sobre os particulares.

Referências

CALMON, Petronio. *Fundamentos da mediação e da conciliação*. 2. ed. Brasília: Gazeta Jurídica, 2013.

CARMONA, Carlos Alberto. *Arbitragem e processo: um comentário à Lei 9.307/96*. São Paulo: Atlas, 2007.

CHEVALLIER, Jacques. *Science administrative*. 5. ed. Paris: PUF, 2013.

MATTARELLA, Bernardo Giorgio. Il rapporto autorità-libertà e il diritto amministrativo europeo. *Riv. trim. dir. pubbl.*, 4, 2006, p. 909-928.

MENEZES DE ALMEIDA, Fernando Dias. Mecanismos de consenso no Direito Administrativo. *In*: ARAGÃO, Alexandre Santos; MARQUES NETO, Floriano Azevedo (coord.). *Direito administrativo e seus novos paradigmas*. Fórum, 2008, p. 335-345.

MORAND-DEVILLER, BOURDON, Pierre; POULET, Florian. *Droit Administratif*. 16. ed. Paris: LGDJ, 2016.

MOREIRA NETO, Diogo de Figueiredo. *Mutações do direito administrativo*. 3. ed. Renovar, 2007

MOREIRA NETO, Diogo de Figueiredo. *Mutações do direito público*. Renovar, 2007.

PALMA, Juliana Bonacorsi de. *Sanção e acordo na Administração Pública*. São Paulo: Malheiros, 2015.

PALMA, Juliana Bonacorsi de; SCHIRATO, Vitor Rhein. Consenso e legalidade: vinculação da atividade administrativa consensual ao Direito. *Revista Brasileira de Direito Público*, ano 7, n.27, out./dez 2009, p. 67-93.

PAREJO ALFONSO, Luciano. Transformación y reforma del Derecho Administrativo en España. *In*: *Innovación y reforma en el Derecho Administrativo*. Sevilha: Gobal Law, 2012, p. 379-602.

PIPERATA, Giuseppe. La scienza del diritto amministrativo e il diritto privato. *In*: Torchia *et al.* (coord.). *La scienza del diritto amministrativo nella seconda metà del XX secolo*. 2008, p. 162-202.

SANTOS, Bruno Grego dos. *Transação extrajudicial na Administração Pública*. São Paulo: RT, 2019.

VALLE, Vanice Lirio do. Transigibilidade: uma faceta da consensualidade no direito administrativo do século XXI. *Fórum Administrativo*, Ed. Fórum, ano 11, n. 123, maio 2011, p. 9-18.

VASCONCELLOS DOS REIS, José Carlos. As modulações no direito administrativo. *In*: FREITAS, Daniela Bandeira de; VALLE, Vanice Lirio do (coord.). *Direito administrativo e democracia econômica*. Belo Horizonte: Fórum, 2012. p. 267-291.

O consenso e a eficiência como pressupostos da mediação pública

Renata Porto Adri[298]

Resumo

Este artigo foi elaborado a partir de inquietações profissional e acadêmica, que constituíram os elementos provocadores da análise e reflexão sobre alguns dos pressupostos para adoção da mediação pública. Partiu-se do contexto constitucional e legal de previsão dos parâmetros de escolha e aplicação da mediação no âmbito público. Indicaram-se os princípios da busca do consenso e da eficiência como pressupostos normativos de que se deve valer o agente público para motivar sua escolha. Destacou-se que a cultura e a implementação da ação dialogal para prevenção e solução de conflitos, na esfera pública, têm relevância e racionalidade econômica, que deve estar presente na análise de risco para a tomada de decisão. Buscou-se apontar como cerne desta ponderação a necessidade da interpretação sistemática dos princípios, em especial a busca do consenso e da eficiência administrativa, das normas e da racionalidade econômica, para construção de ações positivas e criativas de prevenção e resolução de conflitos que têm como principal foco a realização plena do interesse público.

Abstract

This article was written based on professional and academic concerns, which constituted the elements that provoked the analysis and reflection on some of the assumptions for adopting public mediation. The starting point was the constitutional and legal context of the provision of parameters for choosing and applying mediation in the public sphere. The principles of seeking consensus and efficiency were indicated as normative assumptions that public agents should use to motivate their choice. It was emphasized that the culture and implementation of dialogical

298. Doutora e Mestre em Direito do Estado pela Pontifícia Universidade Católica de São Paulo. Especialista em Mediação e Negociação pela Universidade Católica do Porto. Aluna visitante do Curso Theory and Tools of the Harvard Negotiation Project, Harvard Faculty Club, Harvard University. Mediadora Avançada com Certificação Internacional pelo Instituto de Certificação e Formação de Mediadores Lusófonos-ICFML. Mediadora formada pela ESMPSP. Analista de Direito do Ministério Público da União. Mediadora e assessora jurídica do Núcleo Permanente de Incentivo à Autocomposição da Procuradoria Geral do Trabalho.

action for conflict prevention and resolution in the public sphere have relevance and economic rationality, which should be present in the risk analysis for decision-making. The aim of this consideration was to point out as the core need for a systematic interpretation of the principles, especially the search for consensus and administrative efficiency, of the norms and economic rationality, to build positive and creative actions for conflict prevention and resolution that have as their main focus the full realization of the public interest.

Palavras-chave
Constituição da República de 1988 – Preâmbulo – Mediação – Atividade Administrativa – Interesse Público – Matriz de Risco – Tomada de Decisão – Autocomposição – Busca do Consenso – Consensualidade – Eficiência – Eficácia – Custo

Keywords
Constitution of the Republic of 1988 – Preamble – Mediation – Administrative Activity – Public Interest – Risk Matrix – Decision Making – Self-Composition – Search for Consensus – Consensuality – Efficiency – Effectiveness – Cost

1. Introdução

Este artigo propõe a breve reflexão sobre os parâmetros principiológicos e legais que dão suporte jurídico à aplicação da mediação de conflitos no âmbito do Direito Público.

Os estudos sobre a mediação de conflito são uma constante para esta autora, sendo o núcleo do tema escolhido – mediação pública – a conjunção das áreas acadêmica e profissional refletida na possibilidade de aprendizado.

As ponderações a seguir apresentadas têm o propósito de destacar a relevância da análise e da aplicação sistemática do arcabouço normativo, diante da realidade que clama pela valorização do processo e procedimento administrativo, de natureza extrajudicial, pela busca do consenso, por ações dialogais, pela eficiência das escolhas e por resultados mais satisfatórios tanto no âmbito privado como público, de grande valia para a eficácia e a efetividade do interesse público, assim como do fortalecimento da mediação no Brasil.

2. A mediação de conflitos no contexto legal brasileiro

O estudo da história da humanidade ensina que, em cada época, tem se inventado uma forma de solucionar conflitos, em sintonia com os costumes e crenças do momento.

Na Antiguidade, dentre os poderes soberanos, havia o de resolver contendas. Depois, esse poder foi delegado e alçado ao *múnus* de julgar, sendo conferido aos magistrados, que, no Ocidente, por Montesquieu, em *O espírito das leis*, se materializou na teoria da tripartição dos poderes e assumiu a função de poder do Estado. Assim, a prestação da justiça iniciou-se e desenvolveu-se com apego à jurisdição estatal e, na medida em que seu protagonismo crescia nessa seara, de outro lado, era incentivada a percepção generalizada da dificuldade ou incapacidade das partes resolverem suas próprias contendas.

Os mecanismos de resolução dos conflitos demandam etapas como concepção, eleição e implementação, as quais nem sempre observam prévia análise crítica de sua adequação e eficácia.

De fato, ao buscar resolver conflitos pela transversalidade, ou seja, com base em pressupostos, princípios e critérios fincados em diferentes fontes[299], a mediação se revela um método racional e consistente na abordagem dos diversos elementos subjetivos do conflito, com conhecimento dos aportes teóricos articulados à prática do caso concreto.

A essência facilitadora da mediação parte do pressuposto de que as pessoas são capazes de enfrentar e solucionar seus conflitos.

Contudo, na falta do empoderamento para tal mister, busca-se no terceiro – mediador – o auxílio para dirimir os impasses, por vezes de natureza emocional, em diversas áreas, inclusive, no âmbito das relações de trabalho e negociais públicas e privadas.

299. Os aportes teóricos da mediação se originam de diferentes áreas do conhecimento, além do Direito, como a Psicologia, a Antropologia e a Sociologia.

No Brasil, a predominância da jurisdição estatal na solução dos conflitos sempre foi e continua sendo a tônica, muito embora consistentes avanços em prol da consensualidade e da alternatividade ao Órgão Judiciário tenham sido observados nos últimos anos. Vale recordar que previsões de estímulo ao consenso já existiam no ordenamento jurídico pátrio, antes mesmo do advento da atual Constituição brasileira, como as constantes nas Ordenações Filipinas e na Constituição do Império de 1824[300].

A mediação é um procedimento comunicacional, conversacional, de conhecimento dinâmico e dedutivo, cuja reflexão transforma o impasse, permitindo às partes envolvidas a possibilidade de reescrever a relação que legitime suas decisões.

A mediação, por intermédio do mediador, não leva em conta apenas o fator relacional, não tenta modificar a relação entre as partes; procura, sim, eliminar a percepção de desacertos do passado que impede a compreensão do presente, o que favorecerá uma relação melhor no futuro, podendo, inclusive, extrair das emoções as verdades ocultas.

Assim, o papel do mediador é organizar as emoções, interpretações, presunções, criando contexto favorável para o resgate do relacionamento com vistas a perpetuá-lo, de forma imediata pela ação dialogal, e mediata com a solução do conflito por meio de comunicação bilateral eficiente e eficaz.

Dessa forma, a mediação, considerada uma das opções disponíveis para a resolução de conflitos, se adequada à especificidade do caso concreto, permite às partes se concentrarem e alcançarem soluções possíveis em face da disputa, do litígio ou da controvérsia.

A primeira menção à mediação é registrada na Portaria nº 3.097, de 17 de maio de 1988, que dispôs sobre instruções a serem obedecidas na composição dos conflitos individuais e coletivos de trabalho, considerando

300. O art. 161 da Constituição de 1824 dispunha que "sem se fazer constar que se tenha intentado o meio da reconciliação, não começará processo algum". Para uma visão geral e ampla das raízes do consenso em nosso ordenamento, cf. PINHO, Humberto Dalla Bernardina de; MAZZOLA, Marcelo. *Manual de mediação e arbitragem*. São Paulo: Saraiva, 2019. p. 35.

a necessidade de se disciplinar o procedimento nas reuniões nas Delegacias Regionais do Trabalho.

Em outubro do mesmo ano de 1988, a Constituição da República foi promulgada e, em seu preâmbulo, introito vinculativo da nova ordem jurídica constitucional, foram definidas as diretrizes para sociedade brasileira, fraterna, pluralista e sem preconceitos, fundada na harmonia social e comprometida, na ordem interna e internacional, com a solução pacífica das controvérsias, privilegiando, assim, os métodos extrajudiciais autocompositivos.

Em 1996, foi editada a Lei nº 9.307, dispondo sobre a arbitragem como meio extrajudicial de solução de litígios relativos a direitos patrimoniais disponíveis. A introdução da arbitragem no país foi um importante marco da alternatividade à jurisdição estatal e a alteração promovida pela Lei nº 13.129/2015, por sua vez, constituiu marco do ingresso da arbitragem no regime jurídico aplicável à Administração, com a autorização expressa da adoção do método pela Administração Pública direta e indireta[301].

Em 2010, o Conselho Nacional de Justiça editou a Resolução CNJ nº 125/2010, a qual cria as bases da "Política Judiciária Nacional" e contextualiza o acesso à justiça prescrito no 5º, XXXV, da Constituição da República de 1988, com a extensão e o alcance necessários, ou seja, de que *justiça* não equivale apenas à jurisdição, no sentido estrito de *dizer o direito* por intermédio do órgão do Judiciário, e sim pela disponibilização e acesso aos diversos meios judiciais e extrajudiciais de soluções adequadas de conflitos. Foi o primeiro grande passo para a institucionalização do sistema multiportas de resolução de disputas no país.

Destacam-se os seguintes fundamentos da referida Resolução:

> CONSIDERANDO que a eficiência operacional, o acesso ao sis-

301. Para uma visão ampla da arbitragem e sua adoção pela Administração Pública, cf. OLIVEIRA, Gustavo Justino de; ESTEFAM, Felipe Faiwichow. *Curso prático de arbitragem e administração pública*. São Paulo: Revista dos Tribunais, 2019.

tema de Justiça e a responsabilidade social são objetivos estratégicos do Poder Judiciário, nos termos da Resolução/CNJ nº 70, de 18 de março de 2009;

CONSIDERANDO que o direito de acesso à Justiça previsto no art. 5º, XXXV, da Constituição Federal além da vertente formal perante os órgãos judiciários, implica acesso à ordem jurídica justa; [...].[302]

A Resolução CNJ nº 125/2010, assim, reuniu e materializou as principais teorias sobre acesso à justiça que surgiram ao longo das últimas décadas, em grande parte no contexto de desgaste do Poder Judiciário[303], enquanto visto como o único agente capaz de resolver as controvérsias e pacificar a sociedade.

A escalada da litigiosidade no seio do Órgão Judiciário atualizou o conceito de Acesso à Justiça para *acesso à ordem jurídica justa*, e extrapola a ideia simplista de mero acesso aos balcões jurisdicionais[304].

Além da citada Resolução, iniciativa do Órgão Judiciário, outras três importantes normas advindas do Órgão Legislativo são tidas como os expoentes do marco legal dos mecanismos adequados de solução de conflitos no país: o Código de Processo Civil (Lei nº 13.105/2015), a Lei de Mediação (Lei nº 13.140/2015) e a lei que promoveu alterações no procedimento arbitral (Lei nº 13.129/2015), já referida acima.

O CPC/15, no esteio da garantia constitucional da razoável duração do processo (art. 5º, LXXVIII), concedeu seção específica aos citados métodos adequados (artigos 165 a 175) e consagrou, didaticamente, diferença

302. CONSELHO NACIONAL DE JUSTIÇA. Resolução nº 125, de 29 de novembro de 2010. Dispõe sobre a Política Judiciária Nacional de tratamento adequado dos conflitos de interesses no âmbito do Poder Judiciário e dá outras providências. DJe/CNJ, n. 219, p. 2-14, 1º dez. 2010. Disponível em: https://atos.cnj.jus.br/atos/detalhar/156. Acesso em: 04 mar. 2020.

303. "Não por outra razão, alguns doutrinadores apontam a crise da Justiça como elemento central do renascimento das vias conciliatórias [...]". MENDONÇA, Grace Maria Fernandes. A mediação e a conciliação como mecanismos de promoção de uma sociedade mais pacífica e inclusiva: experiência da Advocacia-Geral da União. *In*: CURY, Augusto (org.). *Soluções pacíficas de conflitos para um Brasil moderno*. Rio de Janeiro: Forense, 2019. p. 249.

304. Para uma melhor compreensão dos fatores determinantes da sobrecarga do Poder Judiciário no exercício do protagonismo na solução de conflitos, conferir: WATANABE, Kazuo. Estratégias para a solução pacífica dos conflitos de interesses. *In*: CURY, Augusto (org.), *op. cit.*, p. 27-37.

expressa entre as figuras da mediação e da conciliação segundo os critérios da postura do terceiro facilitador e o tipo de conflito (art. 165, §§2º e 3º).

Vale notar a importância conferida pelo Código à solução consensual dos conflitos, ao figurar como norma fundamental do processo civil, sendo sua promoção alçada a dever do Estado (art. 3º, §2º). Além disso, o disposto no art. 3º, §3º, reforça o prestígio conferido pelo CPC à consensualidade quando estimula sua prática, quer pela mediação, conciliação ou outro método, por juízes, advogados, defensores públicos e membros do Ministério Público.

A previsão contida no art. 165 replica norma já estabelecida na Resolução nº 125/2010 do CNJ, ao determinar que os Tribunais criem

> centros judiciários de solução consensual de conflitos, responsáveis pela realização de sessões e audiências de conciliação e mediação e pelo desenvolvimento de programas destinados a auxiliar, orientar e estimular a autocomposição.

Ao lado dessa imposição dirigida ao Órgão Judiciário, há o art. 174, direcionado ao Órgão Executivo, no sentido de cada ente federal criar câmaras de mediação e conciliação, com atribuições relacionadas à solução consensual de conflitos no âmbito administrativo.

Em matéria de solução de conflitos e autocomposição no âmbito da Administração Pública, as previsões gerais trazidas pelo CPC foram aprofundadas na Lei nº 13.140/2015, conhecida como Lei de Mediação, que, inclusive, alterou dispositivos da Lei nº 9.469/97, norma básica sobre transações na esfera federal[305].

Para o propósito deste estudo, dedica-se observação às disposições sobre os princípios norteadores do método (art. 2º da Lei de Mediação), com destaque para o princípio da eficiência (art. 37 *caput* da Constituição da República) e o princípio da busca do consenso, como pressupostos para aplicação da mediação pública extrajudicial.

305. O art. 44 da Lei nº 13.140/15 alterou os artigos 1º e 2º da Lei 9.469/97.

3. Princípios informadores da mediação e da atividade administrativa

De início, vale lembrar que na conceituação técnica, os *princípios* de uma ciência são as proposições básicas, fundamentais e típicas onde se assentam as normas jurídicas existentes condicionando à compreensão e aplicação do ordenamento jurídico, além de serem diretrizes para novas normas.

Não há uma conceituação unitária (e nem mesmo parece necessário) do que sejam os princípios jurídicos. Parafraseando, os princípios, para os preclaros autores como Karl Larenz, Ronald Dworkin e Robert Alexy aderimos às percepções de serem um pensamento de uma regulação jurídica, referências de argumentação (*standards*) que fundamentam outros princípios e deveres-poderes que otimizam e aplicam possibilidades normativas e fáticas.

Entendo que os princípios jurídicos possuem um critério unificador da racionalidade jurídica, com a função precípua de nortear e sistematizar a estrutura do pensamento jurídico.

Isso porque as proposições formuladas com base nos princípios estão jungidas de rigor científico e têm como finalidade a organização crítica e diretiva da conduta humana prescrita nas normas informadoras do Direito.

Os princípios têm papel fundamental na atividade de interpretação e de integração do Direito, daí porque os órgãos e entes personalizados da Administração direta e indireta que executam, por intermédio de seus agentes, atividades administrativas, deles se valem, além das normas específicas, para buscar a paz, o bem-estar, a justiça e a igualdade social.

A Constituição da República de 1988, com posteriores alterações, prescreve nos artigos 5º, §2º e 37 *caput*, dentre outros, alguns dos princípios que regem a função administrativa.

Destaca-se, também, a Lei nº 9.784/1999, que, ao disciplinar o processo administrativo federal, define, em seu artigo 2º, quais são os princípios e critérios que regem a atuação administrativa, registre-se, por necessário, um primor de produção legislativa.

Dessa pequena resenha legislativa, deve-se ter em mente que os princípios informadores da função administrativa nunca foram e nunca serão abstrações; ao revés, são o norte para o encontro de soluções jurídicas construtivas e criativas que contribuam para a paz, o desenvolvimento e progresso social.

Muito importante frisar que, quando se está diante do exercício da atividade administrativa, da função pública e da busca do interesse público, ocorrerá a interpretação de casos concretos, que muito provavelmente ensejarão a aplicação dos princípios constitucionais e/ou infraconstitucionais com a missão de orientar os diversos pontos de vista e sistematizar as diversas vertentes de modo a confluírem à solução justa, razoável e legítima.

Os princípios jurídicos são fundamentais à atuação no âmbito da Administração Pública, tendo em vista a impossibilidade de haver previsão legislativa para todos os casos concretos e também diante da ausência da codificação de todos os textos legais, para solucionar casos não previstos, de modo que a interpretação principiológica, por vezes, permitirá a melhor compreensão dos fatos e conferirá segurança jurídica à sociedade (cidadãos, empresários, entidades públicas e privadas), para melhor extensão e alcance de seus direitos e deveres.

O exercício da atividade administrativa, de modo típico ou atípico, nas palavras de Renato Alessi[306], deve obediência aos parâmetros constitucionais, legais e à sua finalidade precípua: o interesse público, enquanto imperativo necessário à concretude da vontade do Estado.

Nesse contexto, os primados da eficiência e da busca do consenso concedem suporte à atuação mediadora de natureza pública.

Na intitulada Lei da Mediação (artigo 1º da Lei nº 13.140/2015) há definição da mediação como a atividade técnica exercida por terceiro imparcial sem poder decisório, que, escolhido ou aceito pelas partes, as auxilia e esti-

306. Alessi, Renato. *Principii di diritto amministrativo*. Milano, Giuffré, 1971. v. 1.

mula a identificar ou desenvolver soluções consensuais para a controvérsia.

Essa definição legal aduz à noção de tecnicidade e não está adstrita a nenhuma categoria profissional específica, o que enriquece o viés da multilateralidade do conhecimento.

Essa tecnicidade, inclusive, a depender da complexidade do conflito a ser dirimido, é bastante salutar, a exemplo da mediação pública, que, se conduzida em comediação, aprimora, ainda mais, o procedimento de mediação, por contemplar dois ou mais *experts* a auxiliar na comunicação das partes e na compreensão das situações peculiares da atividade (pública ou não) ou da relação continuada apresentada.

São diversos os princípios que dão alicerce ao procedimento de mediação e à atuação do mediador, a exemplo: a imparcialidade do mediador, a autonomia das partes, a oralidade, a informalidade, a confidencialidade, a boa-fé e a busca do consenso.

À luz desses princípios que regem a mediação e daqueles que norteiam a atividade administrativa, destacam-se a busca do consenso e a eficiência como bases estruturantes para o agente público optar pela autocomposição e os demais interessados perceberem que há espaço dialogal na solução de conflitos que envolvam os interesses públicos.

3.1. A busca do consenso como pressuposto para mediação pública

O termo consenso será adotado como a condição ou qualidade do que é consensual; em concordância de opiniões, pensamentos, sentimentos das pessoas envolvidas em um conflito, ou da maioria ou de todos os participantes.

A busca do consenso possibilita expandir as opções em um campo fértil para o conhecimento, a aprendizagem e o desenvolvimento dos diálogos em uma cultura, mas também pressupõe a mudança do paradigma tradicional e da postura litigante, sendo fundamental, para isso, a cooperação (operar conjuntamente) na solução do conflito.

Para se alcançar o consenso, é necessário repensar a dinâmica das relações entre as pessoas, físicas ou jurídicas, seja qual for a circunstância, de modo a estimular o diálogo eficiente.

É inerente às relações humanas o entrechoque de ideias ou de interesses, que forma o embate ou a divergência, decorrentes da vida em sociedade.

A busca do consenso, para prevenção ou solução de conflito, está diretamente relacionada à percepção e ao estímulo à cooperação das partes firmada na autonomia da vontade.

É fato que as pessoas envolvidas em um conflito tendem a acreditar que cooperando se distanciam da defesa do seu ponto de vista, o que não é verdade, pois na postura inclusiva do interesse alheio não se abdica dos seus interesses próprios, apenas se contribui para uma nova solução que gere benefícios mútuos; portanto, para a prática da consensualidade.

Essa qualidade do que é consensual, portanto, aceito, aprovado, confirmado, aquiescente, se contrapõe ao embate, à discordância ativa (ou omissa) entre pessoas com opiniões ou princípios divergentes.

As soluções consensuais permitem reduzir as desigualdades e ineficiências, porque valoram a decisão concertada, ou seja, construída entre os envolvidos, com base nos valores subjetivos e objetivos, que convergem em prol do interesse comum público ou privado.

A participação na tomada de decisão motiva a busca de resultados satisfatórios, além de possibilitar a celeridade e a economicidade, muito importante para as contendas que envolvam o interesse público.

O consenso no ordenamento jurídico brasileiro revela a nossa vocação democrática e cidadã em participar, de modo efetivo, nas decisões, que, se têm condão público, se estão espraiadas em fatos ou atos públicos, a exemplo das audiências e consultas públicas, ocasionam legitimação e revelam a finalidade precípua da concretização do interesse público.

As relações humanas, por sua essência, são reflexos de ação dialógica, geram a expectativa de retribuição e criam um ambiente de consensualidade.

Assim também é a concepção da consensualidade que se apresenta nas tratativas iniciais comerciais, laborais, públicas e se perde no decorrer da concretização da relação jurídica, social ou pessoal.

A consensualidade, enquanto atributo do que é consensual, traz à tona o exercício da vontade livre e consciente de decidir, por meio do acordo de vontade das partes, e tem substrato nas recentes referências normativas, a exemplo da Lei de Mediação nº 13.140/2015 e do art. 26 da Lei de Introdução às Normas do Direito Brasileiro – LINDB, incluído pela Lei nº 13.655/2018.

A consensualidade é a substância, a essência, da concordância de pensamentos, ideias, opiniões, sentimentos, que assegura o respeito a direitos sociais e individuais e interesses, como o bem-estar, a igualdade e a justiça, valores supremos de uma sociedade fraterna, fundada na harmonia social e comprometida com a solução pacífica das controvérsias[307].

No núcleo da consensualidade está a busca do consenso, ou seja, a garantia de que, diante de todas as adversidades, divergências e incertezas, ao fim e ao cabo, haverá a escolha de um *caminho do meio*, que iguala as expectativas dos interesses apresentados.

O diálogo objetivo e facilitado pelo(a) mediador(a) na satisfação dos interesses envolvidos conduz às relações humanas e ao protagonismo na negociação e na resolução do conflito, fazendo eclodir a consensualidade, de modo harmônico e eficaz, com legitimidade, transparência e eficiência.

Os anseios da sociedade contemporânea evidenciam a necessidade do desenvolvimento de novas habilidades das ciências sociais, econômicas e laborais.

A temática da consensualidade, com grande vantagem para a extrajudicialidade, está baseada na construção do necessário diálogo, que congrega e transforma realidades divergentes em um ambiente de retribuição e de consenso, que antes não eram solucionados de modo eficaz e eficiente por vias tradicionais.

---

307. Preâmbulo da Constituição da República de 1988.

Os métodos consensuais de resolução de conflitos permitem essa transposição da barreira cultural. São um importante aliado na reestruturação de uma sociedade justa e pacífica, por creditarem mudanças efetivas, para além da única via antes concebida, a judicial, reconduzindo o protagonismo das pessoas e dos institutos no poder de decisão – a exemplo do processo e do procedimento administrativo, equiparados na Constituição da República de 1988 (artigo 5º LIV e LV) ao processo judicial, que foram esquecidos diante da avalanche da judicialização.

Os cidadãos e os agentes públicos devem perceber e reconhecer seu protagonismo social, para a prática da consensualidade como missão universal da pacificação social.

O consentimento do cidadão ou cidadã em colaborar na busca do consenso é fundamental, para garantir o sucesso das relações sociais e jurídicas.

O ambiente consensual, seja na esfera pública, ou no ambiente privado, deve ser a premissa das futuras gerações, como legado cultural, que se deixará para melhor e mais apropriada forma de solução de conflitos.

Repita-se, por necessário, que nos primórdios da ordem jurídica e social do Brasil há registros da consensualidade precedendo a judicialidade, a exemplo do artigo 161, da Constituição do Império de 1824[308].

A solução pacífica das controvérsias conforme elencado no Preâmbulo da Constituição da República de 1988 credita no exercício da cidadania e no respeito à dignidade da pessoa humana os fundamentos desta ordem jurídica, assim como na construção autônoma e dialógica do acesso à Justiça, no que se inclui a mediação (citada nas Diretrizes da Organização das Nações Unidas, por meio da Resolução nº 2.002/12 Item I.2).

Nesse sentido, a busca do consenso e a consensualidade são ferramentas da mediação, para os operadores dos meios adequados de prevenção e solução de conflitos, assim como para os operadores do Direito e de outras

308. Constituição 1824 - Art. 161 – "Sem se fazer constar, que se tem intentado o meio de reconciliação, não se começa processo algum".

ciências, incluindo os agentes públicos no exercício de sua função administrativa, de modo a buscarem dentre as formas de solução do conflito a autocomposição.

O que se espera alcançar, ao final, com a objetividade da comunicação e a cooperação das partes, é a confiança de que o diálogo se restabeleceu e a solução alcançada foi mutuamente satisfatória e, se de natureza pública, alcançou a melhor maneira de revelar o interesse público.

3.2. A eficiência administrativa como pressuposto para mediação pública

Para este pressuposto – eficiência administrativa – deseja-se contextualizar a gênese e enquadrar à sua aplicabilidade junto à mediação.

Parte-se da premissa de que a eficiência está implícita e entrelaçada ao exercício da atividade pública e que, *a priori*, prescindia de sua elevação à condição de princípio, como ocorreu com a Emenda Constitucional nº 19/1998, ao introduzi-la no *caput* do artigo 37 da Constituição de 1988.

Todavia, historiando a elaboração da referida reforma constitucional em tempos de Reforma Administrativa (início dos anos 1990) percebe-se que o princípio da eficiência prevaleceu em substituição ao princípio da qualidade do serviço público e a concepção que prevaleceu buscou incorporar à dimensão de eficiência na administração pública para

> (...) enfatizar a qualidade e o desempenho nos serviços públicos: a assimilação, pelo serviço público, da centralidade do cidadão e da importância da contínua superação de metas desempenhadas, conjugada com a retirada de controles e obstruções legais desnecessários, repercutirá na melhoria dos serviços públicos.[309]

Assim é que, explicitando o que sempre foi esperado pela sociedade brasileira, após a promulgação da EC nº 19/98, com o princípio da eficiência impõe-se à Administração Pública o exercício de suas competências de forma

309. Exposição de motivos encaminhada pela Mensagem Presidencial nº 886/95, convertida na Proposta de Emenda Constitucional nº 173/95, posteriormente aprovada como EC 19/98.

imparcial, transparente, eficaz, sem burocracia e em busca da qualidade. Ou seja, da adoção de decisões eficientes que traduzam a melhor solução possível à aplicação dos recursos públicos, de maneira a possibilitar a melhoria da prestação dos serviços públicos e a efetiva retribuição à sociedade.

Destaca-se, por relevante, a concepção da eficácia da administração, que não se confunde com a eficiência administrativa. Na primeira, o foco é o resultado, ou seja, o cumprimento e a execução dos objetivos traçados e o alcance das metas propostas. Enquanto na segunda a eficácia administrativa, se propõe a aplicação dos meios necessários, das escolhas adequadas e ponderadas, que elevem a qualidade da atividade pública ofertada de modo a proporcionar uma melhoria permanente, gerando efeitos e otimizando os resultados almejados.

Ainda sob a ótica constitucional, a Constituição de 1988 prescreve, nos artigos 70 e seguintes, a atribuição conferida aos Tribunais de Contas para o controle da eficiência e da eficácia administrativa por meio da avaliação dos resultados da gestão orçamentária-financeira.

O art. 20 da LINDB, introduzido pela Lei nº 13.655/2018, assim dispõe:

> Art. 20. Nas esferas administrativa, controladora e judicial, não se decidirá com base em valores jurídicos abstratos sem que sejam consideradas as consequências práticas da decisão.
>
> Parágrafo único. A motivação demonstrará a necessidade e a adequação da medida imposta ou da invalidação de ato, contrato, ajuste, processo ou norma administrativa, inclusive em face das possíveis alternativas.[310]

Com efeito, a partir dessa nova concepção sobre as balizas da decisão administrativa, entre outras, não se decidirá com base em valores jurídicos abstratos sem que sejam consideradas as consequências práticas da decisão.

310. BRASIL. Lei nº 13.655, de 25 de abril de 2018. Inclui no Decreto-Lei nº 4.657, de 4 de setembro de 1942 (Lei de Introdução às Normas do Direito Brasileiro), disposições sobre segurança jurídica e eficiência na criação e na aplicação do direito público. Brasília, DF: Presidência da República, 2018. Disponível em: http://www.planalto.gov.br/ccivil_03/_ato2015-2018/2018/lei/L13655.htm. Acesso em: 06 ago. 2021.

Assim é que argumentos fundados na estrita legalidade, e que *não atendam o interesse público*, podem ser rechaçados por serem inadequados e até ilegais.

De fato, o conceito mais autorizado e atual de interesse público é fluido; ele varia conforme a época e as necessidades vigentes da coletividade.

Sob o prisma constitucional, interesse público é aquele afinado com a observância dos direitos fundamentais dentro da ótica democrática.

Em verdade, o pensamento moderno caminha para a definição do interesse público dentro do enfoque de ponderação dos interesses individuais frente aos anseios da coletividade, sempre considerando a realidade do momento[311].

Dessa forma, indaga-se, então: qual a razão de se apontar a eficiência administrativa como pressuposto da mediação (pública ou privada)?

A mediação está estritamente relacionada à qualidade das relações envolvidas.

Tania Almeida ensina que cabe, diante da diversidade dos conflitos, agregar conhecimentos técnicos que venham contribuir na qualidade e na produtividade das negociações. Assim, profissionais de áreas distintas oferecem aspectos específicos aptos a refinar o entendimento dos participantes, permitindo uma reflexão ampliada da controvérsia para melhor controle da qualidade da mediação. Essa é a beleza da interdisciplinaridade, comumente adotada na mediação[312].

A pergunta que se faz, então, com relação à adoção ou não da mediação de conflitos no âmbito público, é: *O que é custo para a Administração Pública? Qual o custo da escolha por um método autocompositivo?*

O custo de um ato administrativo, seja contratação, prestação de serviço ou aquisição de bem ou produto, pode gerar inúmeros efeitos práticos e jurídicos, para o gestor público e, por conseguinte, ocasionar a necessidade de soluções ou de resolução de conflitos.

311. BINENBOJM, Gustavo. *Uma teoria do direito administrativo*. Rio de Janeiro: Renovar, 2014. p. 1-18.

312. ALMEIDA, Tânia *et al. Mediação de conflitos: para iniciantes, praticantes e docentes*. 2. ed. Salvador: JusPodivm, 2019.

Esse espaço de reflexão, fruto de trocas de experiências profissionais e pessoais, no ambiente acadêmico e laboral, permite elucubrar a necessidade de os agentes públicos abrirem a mente para percepções e experiências diversas, inclusive da iniciativa privada, adaptada às condições públicas, para o diálogo interno e externo, para a aplicação de soluções criativas, para necessidade de planejamento das ações estatais, para implantação de espaços mais democráticos de escuta ativa.

As empresas privadas, por exemplo, estão acostumadas a trabalhar com matriz de risco e incluir a judicialização como custo, quando se deparam com contendas no departamento jurídico.

As gestões públicas, a exemplo das gestões privadas mais evoluídas, deveriam impor desde a concepção ou a reestruturação de uma unidade administrativa dotada de autonomia financeira e orçamentária os axiomas de boas práticas social, ambiental e de governança, que meçam o desempenho, a manutenção e a sustentabilidade da organização, além de inserir em suas práticas a ação dialógica, seja para solução de conflitos internos, seja para prospecção de soluções de natureza externa ao funcionamento da máquina administrativa.

A escolha motivada, avaliada e razoável pela autocomposição por métodos técnicos e especializados, como da mediação, no âmbito público, deve ser considerada como uma escolha eficiente, que pode ou não ocasionar a eficácia esperada, o que, contudo, não invalidará o procedimento e a opção.

Os agentes públicos que preferem a segurança jurídica da visão da estrita legalidade renunciam àquela interpretação sistemática e em conformidade com o caso concreto, de que se falou no início deste artigo, assumindo a responsabilidade de que o resultado pode gerar menos benefícios sociais ou efetividade ao interesse público, como sói acontecer com as decisões de judicialização, como única vertente de solução ao conflito deflagrado.

Não se deseja com essa afirmação generalizar que em todo e qualquer conflito os métodos adequados de solução devem ser adotados. Absolutamente. Impõe-se a análise cuidadosa e casuística, caso a caso, mas sempre lançando-se às diversas opções possíveis de âmbito judicial ou extrajudicial.

Quando se opta pela mediação, seja para prevenir ou para solucionar um conflito, o que se visa é o resgate do diálogo estremecido ou findo, originário de relação continuada (ou não), e a conscientização de que a tomada de decisão é uma conquista das partes, para superarem o impasse, de modo justo e criativo.

A isonomia entre as partes garante que a mediação transcorra em um ambiente equilibrado, no qual ambos se sintam acolhidos e tenham direito e oportunidade de fala em igual medida.

A condução por terceiro *expert* e imparcial converge para resultado produtivo que alicerçará o cumprimento, a eficácia e a efetividade do acordo firmado, sendo essa a melhor expressão da justiça.

A confidencialidade é uma das regras de ouro da mediação, que abrange todos os participantes e inclui qualquer declaração, opinião, sugestão, promessa ou proposta formulada por uma parte a outra (art. 166 do CPC). Sem ela, a mediação provavelmente não atrairia tanto interesse e não alcançaria todo seu potencial.

A boa-fé elevada a princípio pela Lei da Mediação, assim como no sistema processual e nas relações jurídicas de um modo geral, pressupõe transparência e colaboração para o melhor convívio das partes mediadas (e seus advogados) durante a condução do procedimento.

A eficiência, também pode estar evidenciada na adoção da comediação. Tive a oportunidade de me debruçar, em parceria com a procuradora federal Flávia Corrêa Azeredo de Freitas, sobre os fundamentos da adoção da comediação, em uma visão pragmática[313], e recomendá-la em razão da na-

313. ADRI, Renata Porto; FREITAS, Flávia Corrêa Azeredo de. Comediação Público-Privada: Fundamentos sob a Perspectiva Pragmática. *In*: NASCIMBENI, Asdrubal Franco; BERTASI, Maria Odete Duque; RANZOLIN, Ricardo Borges (coord.). *Temas de Mediação e Arbitragem VII*. Porto Alegre: Lex, 200, pp. 101-124.

tureza ou complexidade do conflito[314], sendo, portanto, indicada a aplicação da mediação em qualquer seara, seja pública ou privada, com fundamento legal no art. 15 da Lei nº 13.140, e como fundamento de validade, em especial no âmbito público, para fins de prestígio ao princípio da eficiência, previsto no art. 37 da Constituição de 1988. A eficiência é o compromisso da gestão administrativa com resultados lícitos, legítimos e de qualidade. Esses resultados devem ser frutos da eleição de prioridades afinadas com as diretrizes constitucionais. Assim é que, podemos afirmar ser eficiência o meio instrumental que busca atingir a finalidade seja ela legal, moral, transparente e impessoal, nos termos do referido preceito constitucional. Ademais, não somente os resultados hão de ser legítimos, os meios também deverão o ser. Assim, sendo as câmaras públicas e privadas de prevenção e solução administrativa de conflitos mais um canal (ou meio) para resolução de uma disputa, cujo *modus operandi* dessas devem observar o princípio da eficiência. E as questões complexas objeto de mediação podem e devem recomendar a adoção da mediação comediação, a exemplo das mediações coletivas, que são diferenciadas porque abrangem grande número de indivíduos e normalmente envolvem interesse público.

A possibilidade de o ente federado dirimir, por meio do consenso, controvérsias entre seus órgãos e entidades administrativos decorre não somente do preâmbulo da Constituição, como também em deferência aos princípios da segurança jurídica, da eficiência e da moralidade administrativas.

Por outro lado, a iniciativa de manter um órgão, vocacionado à prevenção de conflitos e à sua solução pelo consenso vai ao encontro da perspectiva dialógica e transparente que se espera da Administração Pública contemporânea, eficiente e eficaz.

A cultura do diálogo proporciona à Administração uma atuação mais

314. Excepcionam-se, nesse ponto, as comediações judiciais realizadas por mediadores em formação. Aqui, a comediação ocorre não em razão da natureza ou complexidade da causa, mas por conta de normativos de órgãos jurisdicionais (normalmente Tribunais) para que o mediador em formação possa praticar a mediação sob supervisão de um mediador judicial formado.

dinâmica em relação aos administrados, favorecendo as transações multipartes e criando vínculos mais estreitos e duradouros entre o Estado e a sociedade.

O resgate da confiança na Administração Pública e o respeito ao interesse público são obtidos sempre que as decisões adotadas se norteiam pelo diálogo aberto entre os envolvidos, pela consonância entre os interesses privados e os interesses públicos, pela eficiência, pelo bom senso e pela transparência dos atos administrativos.

Odete Medauar afirma que, com o consensualismo, a Administração tende a se aproximar dos problemas e anseios da coletividade[315]. O consenso, portanto, legitima a atuação do Estado, uma vez que prestigia de maneira harmoniosa o relacionamento entre a sociedade e a Administração.

Vale destacar que a submissão de disputas às câmaras público-administrativas de prevenção e solução de conflitos é opcional (art. 32, §2º, da Lei nº 13.140), razão pela qual nem de longe podem ser compreendidas como violação ou restrição à garantia de acesso à justiça; pelo contrário, são, sim, mais uma porta ou canal disponibilizado às partes em conflito – sejam elas públicas ou privadas – dentro do grande sistema multiportas institucionalizado pela Resolução CNJ nº 125/2010 e encampado, posteriormente, pelo CPC/15, pela Lei nº 13.140/15 e por várias outras normas – legais e infralegais – do nosso ordenamento jurídico.

Observa-se que a Lei nº 13.140/15 aponta diretrizes para que o desempenho das funções por câmaras públicas e intitula o capítulo "Da Autocomposição de Conflitos em que for parte Pessoa Jurídica de Direito Público", para afirmar que são admitidos diversos métodos autocompositivos, como a mediação, a conciliação e negociação.

Desse modo, há de se perquirir, à luz da eficiência administrativa, e em observância a todos os princípios informadores da mediação, que nas hi-

315. MEDAUAR, Odete. *O direito administrativo em evolução*. São Paulo: Revista dos Tribunais, 2003. p.211.

póteses de controvérsias envolvendo interesses público-privados, no âmbito do exercício da discricionariedade, a própria da Administração Pública pode fazer a escolha por um método autocompositivo ou heterocompositivo, extrajudicial, a exemplo da arbitragem.

E é essa a reflexão central do presente artigo: a consensualidade e a eficiência administrativa, no âmbito do exercício da atividade administrativa, como pressupostos da escolha balizada da mediação, como solução pacífica do conflito.

Assim, a motivação da mediação pública deverá demonstrar a necessidade e a adequação da medida, inclusive frente a possíveis alternativas, conforme se extrai do parágrafo único do art. 20 da LINDB.

E o agente público, no ato de justificar a necessidade da mediação pública, deve apontar:

I. recomendação em razão da natureza e complexidade da causa;
II. o fato de uma das partes ser um particular;
III. ausência de poder decisório do mediador;
IV. submissão ao princípio da confidencialidade;
V. atendimento do interesse público no caso concreto;
VI. reconhecida *expertise* do profissional indicado;
VII. respeito ao princípio da isonomia; e
VIII. anuência da comediação pelas partes, quando recomendado, destacando, ademais, a pertinência e adequação da decisão frente a prováveis alternativas.

Agindo assim, o agente público fará opção por uma escolha eficiente cuja natureza consensual aponta para mais benefícios ao interesse público, seja para prevenir ou solucionar conflitos, consubstanciada no sistema multiportas do ordenamento jurídico brasileiro.

4. Conclusão

O intuito deste artigo é chamar a atenção do leitor – agente público ou não – para dois pressupostos relevantes na escolha da mediação pública: a busca do consenso e a eficiência, como substratos da decisão pela via autocompositiva.

É necessário constatar quais são os benefícios da mediação, ponderando-os de forma motivada e balizada em valores, que podem qualificar a escolha em detrimento dos apontamentos de custos, em termos de resultado, porque geram efeitos e transformação da relação contratual, a partir da ação dialogal.

Desse modo, há de se perquirir, à luz da eficiência administrativa, e em observância a todos os princípios informadores da mediação (e da comediação), se a escolha por este método de autocomposição, no âmbito do exercício da discricionariedade, própria da Administração Pública, ensejou qualidade ao resultado esperado, ou seja, ao interesse público protegido.

A adoção da mediação deve considerar a consensualidade e a eficiência, como pressupostos da decisão administrativa de prevenção e solução de conflitos no sistema multiportas do ordenamento jurídico brasileiro.

Referências

ADRI, Renata Porto e Flávia Corrêa Azeredo de Freitas. Comediação Público-Privada: Fundamentos sob a Perspectiva Pragmática. *In:* NASCIMBENI, Asdrubal Franco; BERTASAI, Maria Odete Duque; RANZOLIN, Ricardo Borges (coord.). *Temas de Mediação e Arbitragem VII.* Porto Alegre: Lex, 200, pp. 101-124.

ALESSI, Renato. *Principii di diritto amministrativo.* Milano, Giuffré, 1971. v. 1

ALMEIDA, Rafael Alves; ALMEIDA, Tania; CRESPO, Mariana Hernandez (org.). *Tribunal multiportas: investindo no capital social para maximizar o sistema de solução de conflitos no Brasil.* Rio de Janeiro: FGV, 2012.

ALMEIDA, Tania. *Caixa de ferramentas em mediação: aportes práticos e teóricos.* São Paulo: Dash, 2017.

ALMEIDA, Tania *et al. Mediação de conflitos: para iniciantes, praticantes e docentes.* 2. ed. Salvador: JusPodivm, 2019.

BRASIL. Lei nº 13.105, de 16 de março de 2015. Código de Processo Civil. Brasília, DF: Presidência da República, 2015. Disponível em:http://www.planalto.gov.br/ccivil_03/_ato2015-2018/2015/lei/l13105.htm. Acesso em: 24 maio 2019.

BRASIL. Lei nº 13.129, de 26 de maio de 2015. Altera a Lei nº 9.307, de 23 de setembro de 1996, e a Lei nº 6.404, de 15 de dezembro de 1976, para ampliar o âmbito de aplicação da arbitragem e dispor sobre a escolha dos árbitros quando as partes recorrem a órgão arbitral, a interrupção da prescrição pela instituição da arbitragem, a concessão de tutelas cautelares e de urgência nos casos de arbitragem, a carta arbitral e a sentença arbitral, e revoga dispositivos da Lei nº 9.307, de 23 de setembro de 1996.Brasília, DF: Presidência da República, 2015. Disponível em:http://www.planalto.gov.br/ccivil_03/_ato2015-2018/2015/lei/l13129.htm. Acesso em: 18 maio 2019.

BRASIL. Lei nº 13.140, de 26 de junho de 2015. Dispõe sobre a mediação entre particulares como meio de solução de controvérsias e sobre a autocomposição de conflitos no âmbito da administração pública; altera a Lei nº 9.469, de 10 de julho de 1997, e o Decreto nº 70.235, de 6 de março de 1972; e revoga o § 2º do art. 6º da Lei nº 9.469, de 10 de julho de 1997.Brasília, DF: Presidência da República, 2015. Disponível em: http://www.planalto.gov.br/ccivil_03/_ato2015-2018/2015/lei/l13140.htm. Acesso em: 28 abr. 2018.

BRASIL. Lei nº 13.327, de 29 de julho de 2016. Altera a remuneração de servidores públicos; estabelece opção por novas regras de incorporação de gratificação de desempenho a aposentadorias e pensões; altera os requisitos de acesso a cargos públicos; reestrutura cargos e carreiras; dispõe sobre honorários advocatícios de sucumbência das causas em que forem parte a União, suas autarquias e fundações; e dá outras providências. Brasília, DF: Presidência da República, 2016. Disponível em: http://www.planalto.gov.br/ccivil_03/_ato2015-2018/2016/lei/l13327.htm. Acesso em: 9 mar. 2018.

BRASIL. Lei nº 13.655, de 25 de abril de 2018. Inclui no Decreto-Lei nº 4.657, de 4 de setembro de 1942 (Lei de Introdução às Normas do Direito Brasileiro), disposições sobre segurança jurídica e eficiência na criação e na aplicação do direito público. Brasília, DF: Presidência da República, 2018. Disponível em: http://www.planalto.

gov.br/ccivil_03/_ato2015-2018/2018/lei/L13655.htm. Acesso em: 6 ago. 2021.

CABRAL, Trícia Navarro Xavier; CURY, Cesar Felipe (org.). *Lei de Mediação comentada artigo por artigo*. São Paulo: Foco, 2018.

CEBOLA, Cátia Marques, Regulamentar a Mediação um olhar sobre a nova Lei de Mediação em Portugal, *Revista Brasileira de Direito*, 11(2): 53-65, jul.-dez. 2015 - ISSN 2238-0604 54.

CENTRO DE ARBITRAGEM E MEDIAÇÃO. *Regulamento de mediação 2016*. CAM-CCBC, 1° ago. 2016. Disponível em: https://ccbc.org.br/cam-ccbc-centro-arbitragem-mediacao/resolucao-de-disputas/mediacao/regulamento-2016/. Acesso em: 19 jun. 2022.

CONSELHO NACIONAL DAS INSTITUIÇÕES DE MEDIAÇÃO E ARBITRAGEM. Regulamento modelo mediação. CONIMA, [20--]. Disponível em: https://conima.org.br/mediacao/regulamento-modelo-mediacao/. Acesso em: 19 jun. 2022.

CURY, Augusto (org.). *Soluções pacíficas de conflitos para um Brasil moderno*. Rio de Janeiro: Forense, 2019.

DUARTE, David. *Procedimentalização, participação e fundamentação: para uma concretização do princípio da imparcialidade administrativa como parâmetro decisório*. Coimbra: Almedina, 1996.

ENUNCIADO N° 47. O art. 945 do novo Código Civil, que não encontra correspondente no Código Civil de 1916, não exclui a aplicação da teoria da causalidade adequada. Disponível em: https://www.cjf.jus.br/enunciados/enunciado/741. Acesso em: 19 jun. 2022.

FALECK, Diego; TARTUCE, Fernanda, *Introdução histórica e modelos de mediação*. 2016. Disponível em: http://www.fernandatartuce.com.br/wp-content/uploads/2016/06/Introducao-historica-e-modelos-de-mediacao-Faleck-e-Tartuce.pdf. Acesso em: 28 abr. 2018.

FISHER, Roger; URY, William; PATTON, Bruce. *Como chegar ao sim: como negociar acordos sem fazer concessões*. Tradução Ricardo Vasques Vieira. Rio de Janeiro: Solomon Editores, 2014.

FREITAS, Flávia Corrêa Azeredo de; PARANAGUA, Ana Claudia P. Cáo. Advocacia pública federal e a prática da mediação privada: reflexões à luz da Orientação Normativa n. 57/2019 do Advogado Geral da União. *In*: PINHO, Humberto Dalla Bernardina de; GRINOVER, Ada Pellegrini; WATANABE, Kazuo; LAGRASTA-NETO, Caetano (org.). *Mediação e gerenciamento do processo: revolução na presta-*

ção jurisdicional e guia prático para a instalação do setor de conciliação e mediação. São Paulo: Atlas, 2008.

MEDAUAR, Odete. *O direito administrativo em evolução*. São Paulo: Revista dos Tribunais, 2003.

MENDONÇA, Grace Maria Fernandes. A mediação e a conciliação como mecanismos de promoção de uma sociedade mais pacífica e inclusiva: experiência da Advocacia-Geral da União. *In*: CURY, Augusto (org.). *Soluções pacíficas de conflitos para um Brasil moderno*. Rio de Janeiro: Forense, 2019, p. 245-272.

MOORE, Christopher W. *O processo de mediação: estratégias práticas para a resolução de conflitos*. Porto Alegre: Artmed, 1998.

OLIVEIRA, Gustavo Justino de; ESTEFAM, Felipe Faiwichow. *Curso prático de arbitragem e administração pública*. São Paulo: Revista dos Tribunais, 2019.

OLIVEIRA, Rafael Carvalho Rezende. A releitura do direito administrativo à luz do pragmatismo jurídico. *Revista de Direito Administrativo*, Rio de Janeiro, v. 256, p. 129-163, jan. 2011.

PRETI, Dino. *Diálogos na fala e na escrita*. 2. ed. São Paulo: Humanitas, 2008.

SOUZA, Rodrigo Pagani. Em busca de uma administração pública de resultados. *In:* PEREZ; Marcos Augusto; SOUZA, Rodrigo Pagani de (org.). *Controle da administração pública*. 1. ed. Belo Horizonte: Fórum, 2016. p. 39-61.

WATANABE, Kazuo. Estratégias para a solução pacífica dos conflitos de interesses. *In*: CURY, Augusto (org.). *Soluções pacíficas de conflitos para um Brasil moderno*. Rio de Janeiro: Forense, 2019.

Mediação de conflitos ambientais pela Administração Pública: desafios e avanços

Samira Iasbeck de Oliveira Soares[316]

Resumo

Este artigo explora a mediação de conflitos ambientais no contexto da Administração Pública, destacando a importância de uma abordagem ética e bem estruturada. Ele discute como a mediação pode transformar relações e promover uma convivência sustentável entre o homem e a natureza. Além disso, aborda as complexidades legais e os desafios práticos da aplicação da mediação, enfatizando a necessidade de equilibrar confidencialidade e transparência, e de adaptar a mediação para lidar eficazmente com as disputas ambientais e seus impactos a longo prazo.

Abstract

This article explores environmental conflict mediation within the context of Public Administration, emphasizing the importance of an ethical and well-structured approach. It discusses how mediation can transform relationships and foster sustainable coexistence between humans and nature. The article also addresses the legal complexities and practical challenges of applying mediation, highlighting the need to balance confidentiality with transparency and adapt mediation to effectively manage environmental disputes and their long-term impacts.

Palavras-chave

Mediação – Conflitos Ambientais – Administração Pública

Keywords

Mediation – Environmental Conflicts – Public Administration

316. Mestre em Ciência Ambiental pela USP, Pós-graduada em Democracia Participativa pela UFMG. Integrante do GAMEI – Grupo Avançado de Mediação Institucional. Reguladora de Serviços Públicos/Mediadora – ADASA.

1. Introdução

A mediação de conflitos ambientais vem sendo paulatinamente desbravada nas últimas duas décadas e já não causa tanta estranheza à medida que a sociedade reconhece a importância de abordar as questões ambientais de maneira colaborativa e não adversarial. Com o crescimento das preocupações globais em torno da sustentabilidade e a pressão para encontrar soluções mais eficazes e inclusivas, a mediação surge como uma ferramenta essencial para tratar das complexas disputas que envolvem o meio ambiente. Nesse contexto, a Administração Pública desempenha um papel fundamental, tanto como parte interessada quanto como facilitadora do processo.

Historicamente, a resolução de conflitos ambientais tem sido marcada por abordagens adversariais, muitas vezes resultando em longas batalhas judiciais, que nem sempre levam em consideração as nuances e necessidades de todas as partes envolvidas. A introdução do consensualismo e da mediação no cenário ambiental reflete uma mudança de paradigma, em que o foco passa a ser a construção de soluções duradouras a partir do fortalecimento do vínculo social.

No entanto, a mediação de conflitos ambientais não é isenta de desafios. O primeiro é a cultura de litígio e legalista da própria Administração Pública, que só mais recentemente tem adotado com mais entusiasmo o consensualismo, com administrativistas mais modernos, sinalizando que teremos cada vez mais espaço para o diálogo e para soluções negociadas.

Outros desafios estão relacionados ao processo em si, como a ponderação de princípios e a dinâmica dos conflitos ambientais, a necessidade de mediadores capacitados e a limitação do objeto a ser mediado[317].

Este artigo pretende explorar a interseção entre a mediação de conflitos ambientais e a Administração Pública, analisando os avanços, as limitações e as oportunidades que surgem dessa prática. Ao discutir a natureza

317. SOARES, Samira Iasbeck de Oliveira. *Mediação de Conflitos Ambientais*. Curitiba: Juruá, 2022.

desses conflitos, a importância de uma mediação ética e bem estruturada e as questões legais e principiológicas que permeiam essa prática, buscamos fornecer uma compreensão aprofundada de como a mediação pode contribuir não apenas para a resolução eficaz de disputas ambientais, mas como possibilidade de uma transformação da relação entre economia e natureza.

2. Mediação de conflitos ambientais

Antes de começarmos a abordar a mediação, é preciso definir o conceito do seu objeto: conflitos ambientais. É possível encontrar uma ampla variedade de conceitos de conflitos que envolvem bens ambientais. Cada autor define e/ou analisa o conflito ambiental de acordo com sua perspectiva sobre a relação entre homem e natureza. Ou seja, praticamente há tantos conceitos e visões quanto há autores abordando o tema. Um exemplo disso ocorreu em 1994, quando o IBASE organizou um debate sobre conflitos sociais e meio ambiente, com o objetivo de construir uma matriz conceitual e metodológica para compreender as lutas sociais democráticas em torno da questão ambiental e cada um deles expressou sua compreensão conforme seu objeto de estudo. Isso demonstra que o tema é complexo e de difícil sistematização[318].

Iniciar pelos conceitos possibilita identificar as diversas influências e esclarecer a natureza do conflito, suas características e seu padrão de funcionamento, ajudando na compreensão da especificidade deste tipo de mediação[319]. Afinal, o que se disputa em um conflito desse tipo?

2.1 Definição de conflitos ambientais e suas características.

É importante esclarecer duas premissas adotadas para analisar a relação

318. SOARES, Samira Iasbeck de Oliveira. *Mediação de Conflitos. Ambientais - Um novo caminho para a Governança da ÁGUA no Brasil?* Curitiba: Juruá, 2010.

319. *Idem, ibidem.*

entre conflitos e ambiente. A primeira, levantada por Acselrad[320] prescreve que os elementos constituintes do ambiente vão além da matéria e da energia; eles também são culturais e históricos. Portanto, temas importantes, como a escassez de recursos naturais, devem ser analisados juntamente com as escolhas de "o que" e "como" utilizar esses recursos.

A segunda premissa é que há distinção entre problemas, impactos e conflitos ambientais. Resumidamente, um impacto é uma alteração no ecossistema provocada pela ação humana, podendo ser positivo ou negativo. No último caso, pode ser percebido como um problema, que por sua vez pode ou não gerar tensões ou disputas. Por exemplo, se a comunidade e o Poder Público consentem que uma empresa poluidora continue operando, empregando a maioria da população local, mesmo havendo um problema ambiental, não haverá controvérsia. Outras vezes, pode não haver um problema ambiental, mas ainda assim pode ocorrer uma disputa baseada em uma narrativa ambientalista.

Além disso, solucionar a disputa nem sempre significa resolver o problema ambiental. Muitas vezes, os acordos firmados sobre o acesso ao recurso ou a (des)contaminação podem aumentar os impactos negativos. Por exemplo, vários países podem acordar em aumentar a cota de pesca, encerrando a contenda, mas agravando o impacto ambiental da sobrepesca.

A possibilidade de não coincidência entre impacto, problema e conflito ambiental deve ser considerada em cada análise de controvérsia, servindo como um alerta permanente para os profissionais da área: outros interesses podem estar no cerne do conflito, com os bens ambientais desempenhando um papel secundário, sem se consolidarem como o fator principal da disputa.

Conflitos ambientais podem ser conceituados dentro de um paradigma pós-moderno como uma tensão permanente entre economia (modo de vida) e natureza, que verse sobre bens ambientais no seu aspecto material

320. ACSELRAD, Henri. Conflitos ambientais – a atualidade do objeto. *In*: *Conflitos ambientais no Brasil*. Rio de Janeiro: Relume Dumará, 2004. p. 7-12.

e simbólico, do qual emergem disputas sobre acesso, controle, impactos e conhecimentos ambientais.

Os conflitos ambientais possuem características específicas: são situações complexas e dinâmicas, envolvendo múltiplos interesses em uma rede intrincada de relações, informações técnicas e aspectos emocionais. Esses conflitos podem ocorrer em diferentes níveis, seja local, regional ou nacional. As questões em jogo são frequentemente interconectadas e confusas, implicando valores, percepções e significados diversos. A dificuldade em lidar com esses problemas públicos reside, principalmente, na habilidade de respeitar a diversidade dos envolvidos, reconhecer a complexidade dos temas e, ao mesmo tempo, compreender o contexto político em que a discussão acontecerá. Em suma, essas disputas são marcadas pela incerteza científica, desigualdade de poder e recursos, além de múltiplos espaços de decisão e resolução de problemas. Tais características as diferenciam de disputas familiares, empresariais ou trabalhistas, nas quais a mediação já é uma prática consolidada.

2.2 Mediação de conflitos ambientais – paradigmas e implicações éticas

A mediação de conflitos ambientais é um processo dialógico em que terceiro capacitado contribui para que os envolvidos encontrem saídas colaborativas para as disputas ambientais. Mas não é só isso: a mediação também é um conjunto de valores, princípios, conceitos (filosofia de vida) que vão pautar a forma de agir e lidar com os conflitos[321]. Portanto, a forma de conduzir a mediação está relacionada com a formação do mediador, não apenas a formação em mediação, mas sua formação como ser humano.

A grande questão sobre o uso da mediação está fulcrada na possibilidade ou não de negociar em disputas ambientais. Considerar apenas a mediação

321. SOARES, Samira Iasbeck de Oliveira. Mediação de Conflitos como mecanismo de gestão institucional. *In*: PALMA, Luis María Palma; BALLARINI, Luciano Alberto (dir.). *Gestión judicial: ayer, hoy y siempre. En memoria de Pelayo Ariel Labrada*. 1. ed. Roldan: Luciano Alberto Ballarini; Rosario: E-Justicia Latinoamérica, 2022. Disponível em: https://ejusticialatinoamerica.wordpress.com/bibliotecadigital/publicaciones/gestion-judicial-libro-digital-en-memoriapelayo-ariel-labrada/. Acesso em: 27 mar 2023.

como negociação assistida é limitar seu escopo. A mediação é a única forma capaz de lidar com o conflito em si, e não apenas com a disputa. É um instrumento capaz de gerar reflexão necessária para a transformação das relações, incluindo a relação do nosso modo de vida com o ambiente em que estamos inseridos, promovendo de fato a consciência da colaboração, a participação, o diálogo e a articulação[322]. Ou seja, ela dá concretude ao que muitas políticas públicas ambientais têm em seus textos normativos.

Os efeitos positivos da mediação só acontecem quando as partes realmente desejam, quando se logra uma interação não adversarial, e quando há apoio das autoridades. A cultura do litígio ainda é muito forte, causando muitas das dificuldades encontradas pela mediação, incluindo a desconfiança e o medo, fazendo com que muitos prefiram o procedimento judicial, ainda.

Certo é que nem sempre ela será possível, seja porque não atende aos requisitos legais ou éticos (princípios da mediação), ou porque se farão necessárias medidas emergenciais para prevenir ou remediar danos ambientais iminentes.

Reflitamos sobre os limites do uso da mediação de conflitos ambientais, considerando suas características.

Segundo Folberg e Taylor[323], a mediação só se torna viável quando há a possibilidade de negociação. Embora possa ser bastante benéfica em processos decisórios e na solução de certas disputas ambientais, não se propõe a resolver questões filosóficas ou tecnológicas. Os autores destacam que a mediação é essencial para unir as pessoas e prevenir a violência, embora raramente resulte em acordos, já que isso exige um mínimo de alinhamento de perspectivas e uma real disposição para negociar e agir de maneira colaborativa.

---

322. SOARES, Samira Iasbeck de Oliveira. *Mediação de Conflitos. Ambientais - Um novo caminho para a Governança da ÁGUA no Brasil?* Curitiba: Juruá, 2010.

323. FOLBERG, Jay; TAYLOR, Alison. *Mediación: resolución de conflictos sin litigio*. México: Limusa, 1997.

Susskind[324] também argumenta que disputas públicas que tocam em direitos humanos ou direitos constitucionais não devem ser tratadas por meio da negociação ou da mediação, usando o aborto como exemplo. Questões que envolvem valores e moral raramente são passíveis de mediação, e em certas situações pode ser preferível que não haja um acordo, pois isso poderia comprometer os valores das partes envolvidas. Ademais, os conflitos ambientais muitas vezes são vistos como intratáveis devido à sua relação com valores morais fundamentais.

Existem outros limites que precisam ser considerados, como a presença de melhores alternativas à negociação. De acordo com Burgess e Burgess[325], já é um grande desafio convencer pessoas em conflito a optarem pela mediação, por ser um espaço de cooperação e confiança, e que realmente desejem se envolver em um processo de negociação em que todos possam ganhar. É importante ter consciência de que haverá disputas nas quais uma solução ganha-ganha não será viável, especialmente quando os interesses são intrinsecamente competitivos e excludentes, ou seja, um interesse não pode ser satisfeito sem prejudicar o outro. Em tais situações, não se deve enganar a si mesmo, pois o processo é competitivo e, se houver outras arenas onde possam obter melhores resultados do que na negociação, as partes vão optar por essas.

Outro problema identificado por esses mesmos autores é a questão da representação ou legitimidade. Embora a experiência do negociador possa ser positiva em relação ao procedimento e ao acordo, ele pode não conseguir o apoio necessário de seus representados. Por essa razão, a mediação ambiental tende a funcionar melhor em pequenos grupos e em problemas locais, enfrentando dificuldades ao lidar com grupos maiores.

---

324. FORESTER, John. SUSSKIND, Lawrence. La mediación activista y las disputas públicas. *In:* KOLB, Deborah M. *Cuando hablar da resultado.* Buenos Aires: Paidós, 1996. p. 249-284.

325. BURGESS, Guy; BURGESS, Heidi. Environmental mediation: beyond the limits applying dispute resolution principles to intractable environmental conflicts, *Working Paper* 94-50 February 1994. Disponível em: <http://www.colorado.edu/conflict/full_text_search/AllCRCDocs/94-50.htm>. Acesso em: 20 jun. 2006.

A mediação pode também diminuir de forma significativa os efeitos destrutivos das abordagens adversariais de resolução de conflitos. Em resumo, embora o conflito seja uma realidade inevitável, seus efeitos prejudiciais não precisam ser. Desentendimentos gerados por falhas de comunicação, mal-entendidos em relação a dados técnicos, a escalada do conflito e a polarização podem ser evitados. Muitas disputas também são permeadas por questões secundárias que desviam o foco do problema principal ou do núcleo do conflito, e esses aspectos periféricos podem ser abordados por meio da mediação.

Assim, a mediação pode ser empregada na busca por um relacionamento mais harmonioso entre as partes em conflito, sem que necessariamente tenha como objetivo um acordo. Isso está relacionado à postura que se decide adotar na mediação. Os limites éticos estarão ligados à escolha entre diferentes abordagens, sejam elas tradicionais, transformativas ou narrativas, e essa escolha deve ser considerada antes de qualquer deliberação ética específica. Essa ressalva é pertinente também em relação a algumas outras questões que emergem entre os mediadores do campo ambiental, como o desequilíbrio de poder entre as partes, a responsabilidade do mediador em relação ao conteúdo do acordo e a tensão entre a confidencialidade da mediação e a transparência das decisões ambientais.

Uma das principais preocupações relacionadas à mediação ambiental é se o desequilíbrio de poder pode ser entendido como um limite ético. Afinal, as disputas ambientais em sua grande maioria envolvem diferenças de poder consideráveis.

Ignorar as disparidades pode facilitar ou permitir a manipulação nas negociações, o que é uma preocupação real de vários teóricos que tratam de conflitos ambientais. É fácil imaginar que grupos com mais poder financeiro possam influenciar o processo de forma a que todos aceitem, por exemplo, a instalação de uma fonte poluente em uma área habitada por pessoas de baixa renda. Os críticos da mediação afirmam que ela serve apenas para que as partes aceitem uma decisão pacificamente, que poderia ser obtida com melhores condições nos tribunais. Por essa razão, muitos ambientalistas optam por não negociar diretamente com potenciais poluidores, preferindo recorrer ao sistema judiciário. Os riscos tornam-se ainda mais graves quando existe a possibilidade de desmobilização política ou de cooptação.

Entretanto, Susskind responde a essa crítica de forma contundente:

> Aguarden un minuto: ¿quién decide esto? ¿La gente no puede decidir por sí misma lo que está bien? ¿Sólo lo sabe usted, el gran observador paternalista?[326]

Ele acrescenta que, se a preocupação é com o equilíbrio de poder, o Judiciário também não conseguirá sanar as desigualdades, pois apenas imporá uma decisão que acredita ser a mais adequada para a situação em questão.

Antunes[327] ressalta que levar questões para o Judiciário brasileiro pode ser um processo muito moroso e prejudicar inclusive a efetividade do direito, não se mostrando, portanto, uma grande vantagem para os envolvidos ou mesmo para meio ambiente ecologicamente equilibrado.

Como então lidar com essas desigualdades de poder? Susskind[328] propõe capacitações visando a um certo nível de equidade na negociação. Para ele, a mediação em disputas públicas pode ser considerada um instrumento de democracia direta, por meio do qual as pessoas podem expressar suas preocupações, ouvir as de outros, responder e buscar uma solução que contemple as necessidades de todos, resultando em um acordo.

Portanto, não é um requisito que os participantes apresentem um equilíbrio de poder para que a mediação ambiental ocorra. É importante lembrar

326. FORESTER, John; SUSSKIND, Lawrence. La mediación activista y las disputas públicas. *In*: KOLB, Deborah M. *Cuando hablar da resultado*. Buenos Aires: Paidós, 1996. p. 249-284.

327. ANTUNES, Paulo de Bessa. *Arbitragem para resolução de passivo e licenciamento ambiental*. Disponível em: https://www.conjur.com.br/2024-ago-22/arbitragem-para-resolucao-de-passivo-e-licenciamento-ambiental/. Acesso em: 25 ago.24.

328. FORESTER, John; SUSSKIND, Lawrence, *op. cit.*, p. 249-284.

que assumir que as pessoas não possuem a capacidade ou os recursos para negociar é, na verdade, apenas a outra face de uma visão de controle e dominação, para a qual Kritek[329] alerta.

Além da preocupação quanto ao limite ético relacionado ao desequilíbrio de poder, também se questiona a posição de neutralidade do mediador quanto ao resultado da mediação: e, se o acordo for prejudicial para um meio ambiente sustentável? Segundo Susskind[330], o mediador deve ser familiarizado com o assunto e assumir responsabilidade pelo conteúdo, especialmente em questões ambientais.

Como especialista, o mediador tem a capacidade de auxiliar as partes a vislumbrar opções que não conseguiriam perceber sozinhas, assegurar que o desfecho seja o mais positivo possível e identificar antecipadamente problemas que possam surgir durante a implementação, evitando que o acordo permaneça sem efeito.

A preocupação com a manipulação e a possível imposição velada de um acordo deve ser considerada de forma séria. A manipulação e a imposição não estão alinhadas com os princípios da mediação, como a voluntariedade e o poder de decisão dos participantes. Por essa razão, o mediador deve ser devidamente capacitado e reconhecer suas próprias crenças e questões pessoais, conseguindo abrir espaço para os interesses dos envolvidos. Sua visão filosófica sobre a vida existe e, sempre que possível, deve ser reconhecida e "*guardada no bolso*" no momento de sua atuação. A capacidade reflexiva se torna ainda mais essencial na mediação ambiental, uma vez que o impacto do resultado pode ter consequências profundas para o ambiente e para a vida humana.

No contexto brasileiro, essa questão adquire uma relevância particular, visto que qualquer acordo que apresente danos ao meio ambiente será considerado nulo. Portanto, o mediador deve garantir que as resultantes da

329. KRITEK, Phyllis Beck. *La negociación en una mesa despareja*. Buenos Aires: Granica, 1998.

330. FORESTER, John; SUSSKIND, Lawrence, *op. cit.*, p. 249-284.

negociação estejam em conformidade com a legislação brasileira, atuando como um agente da realidade.

A maioria das disputas ambientais inicia-se localmente e, nesse momento, quando o foco ainda se dá sobre o problema enfrentado pelos membros da comunidade, a mediação mostrou-se muito eficaz, seja na construção de vínculos, seja na melhoria da qualidade ambiental.

Portanto, sobre a possibilidade de uso da mediação nas disputas ambientais: não é possível utilizar a mediação quando se trata de risco iminente de dano ambiental, quando se fazem necessários instrumentos de comando e controle e medidas de urgência ou quando da impossibilidade de realizar seus princípios norteadores. Porém, limites legais para um acordo na seara ambiental não significam *a priori* um impedimento de seu uso quando o objetivo da mediação é a transformação da relação entre os envolvidos, melhoria da comunicação, fortalecimento dos vínculos. Nesse último caso, o papel do mediador capacitado se torna ainda mais relevante na sua função como agente da realidade.

Adotando o uso mais amplo da mediação, permite-se que as diferenças trazidas de cada caso em concreto possam gerar formas mais criativas de encaminhamentos e possíveis de serem realizadas pelos que realmente sofrem com o problema ambiental. E, quando se trata de problemas ambientais locais, com os quais as pessoas convivem, o mais importante não é um acordo pontual, mas o estabelecimento de uma relação fortalecida e de confiança, que suporte lidar com possíveis (poderia escrever prováveis) problemas futuros advindos da tensão homem-natureza.

3. Mediação de conflitos ambientais na Administração Pública brasileira

A relação da mediação de conflitos ambientais com a Administração Pública é muito íntima. Seja porque a Administração Pública em algum nível da Federação (ou em mais de um) será envolvida como parte, como "fiscal" ou como condutora do processo, ou porque tem responsabilidade pela efetividade de políticas públicas que serão "*colocadas à prova*" nos momentos de conflito.

A interseção da mediação de conflitos (seja qual for) com a Administração Pública levanta muitas questões importantes: desde questões filosóficas, deontológicas como também da prática. A Administração Pública, apesar de caminhar a passos largos em direção ao consensualismo, ainda resguarda muito da cultura do litígio, do receio do envolvimento da sociedade civil e do seu protagonismo, da mentalidade legalista, procedimental e adversarial de décadas exercendo poder de decisão.

Dessa relação entre mediação de conflitos ambientais e Administração Pública destacam-se questões que envolvem três eixos estruturantes: a) objeto; b) processo e c) mediador.

3.1 Objeto da mediação de conflitos ambientais

Não são raras as vezes em que o objeto do conflito ambiental perpassa a competência de um órgão ou entidade da Administração Pública ou mesmo esferas da Federação. A instalação de uma empresa em uma região pode exigir o envolvimento do órgão ambiental, do órgão gestor de recursos hídricos, alguns desses serão municipais, outros estaduais e, ainda, dependendo da magnitude do possível impacto, órgãos federais. Sem mencionar, é claro, o envolvimento do Ministério Público, estadual ou federal.

Ou seja, dependendo do objeto do conflito em questão, vários entes da Federação estarão envolvidos e a competência legal pode ser um grande dificultador para o planejamento do processo ou mesmo funcionar como um recorte legal do objeto do acordo sem a capacidade de trabalhar com a questão de forma ampla o suficiente.

O envolvimento da Administração Pública com seus diversos entes seja como parte ou condutor do processo pode dificultar o acesso dos principais protagonistas do conflito ambiental: os diretamente envolvidos. Podendo o processo se perder no caminho do conflito de competência entre os entes da Administração, implicar múltiplas jurisdições, o que gera entraves legais nos tribunais.

Quanto ao objeto, ainda é preciso considerar que a Lei nº 13.140/2015, que introduziu a possibilidade de realizar mediações envolvendo direitos indisponíveis, mas transacionáveis, deveria promover a mediação em conflitos ambientais. No entanto, nos últimos cinco anos, a Administração Pública enfrentou diversas dúvidas, como:

a) Quais tipos de conflitos ambientais podem realmente ser objeto de mediação?
b) Todos os acordos resultantes de mediações ambientais, independentemente de sua natureza, necessitam da oitiva do Ministério Público e da homologação judicial?

A referida lei não considerou a diversidade e as diferentes dimensões dos conflitos ambientais: um conflito sobre poluição sonora deve ser tratado da mesma forma que um conflito relacionado a barragens? Também levanta a dúvida se projetos de diferentes escalas, como a instalação de uma pequena hidrelétrica e a construção da usina de Belo Monte, deveriam seguir o mesmo procedimento de mediação, incluindo a participação do Ministério Público e a homologação judicial dos acordos.

A lógica que deveria ser aplicada às disputas ambientais seria diferenciar os conflitos de acordo com sua natureza e intensidade. A falta dessa diferenciação pode levar a um aumento de processos judiciais desnecessários, visto que a Administração Pública já lida com esses conflitos por meio de mecanismos como os Compromissos de Ajustamento de Conduta, por exemplo.

A melhor interpretação da nova lei seria entendê-la como um incentivo para práticas de negociação que visam evitar disputas intensas por recursos naturais, reduzir a necessidade de intervenção judicial e preservar a convivência social. Portanto, a restrição ao uso da mediação deve ser a exceção, não a regra.

Lembrando que nem todos os processos de mediação têm como objetivo alcançar um acordo para encerrar uma disputa. Em alguns conflitos ambientais, o diálogo e a convivência na comunidade podem ser a finalidade mais desejável. A mediação deveria ser a primeira tentativa de resolução, pois estabelece vínculos necessários entre as partes para tratar o conflito de forma abrangente, facilitando acordos pontuais e possibilitando intervenções futuras.

Além disso, o legislador brasileiro pode ainda incentivar mais o seu uso, alterando a lei para que deixe explícito que pode haver mediação ambiental realizada diretamente pela Administração Pública, sem necessidade de homologação judicial e oitiva do Ministério Público, para disputas ambientais que envolvam objetos de sua competência e que não tenham *significativo impacto ambiental*.

Apesar da existência de um marco legal para a mediação, essa prática ainda enfrenta obstáculos decorrentes de uma visão legalista reducionista e da insegurança dos gestores públicos.

A lei, criada para ampliar o uso da mediação em conflitos complexos envolvendo direitos indisponíveis, não foi suficiente para dissipar o receio em sua aplicação.

No entanto, a lei é apenas um dos instrumentos a serem considerados; todo o ordenamento jurídico e a hermenêutica devem ser levados em conta ao analisar os limites do uso da mediação em casos concretos. Os operadores do Direito têm a responsabilidade de aplicar o ordenamento de forma eficaz para que as políticas ambientais alcancem a efetividade desejada.

Assim como a mediação exige uma visão mais ampla, é necessário que os operadores do Direito superem a cultura do litígio e o positivismo jurídico ao avaliar os limites legais da mediação em conflitos ambientais. A mediação demanda coragem! Ou, como disse Paulo de Bessa Antunes, é preciso "pensar fora da caixa"[331].

3.2 O processo de mediação de conflitos ambientais

O processo de mediação de conflitos, quando realizado envolvendo a Administração Pública, precisa ponderar alguns princípios importantes, como o da confidencialidade da mediação com o da publicidade, autonomia do mediador e subordinação hierárquica, autonomia da vontade dos mediandos com o poder dever de agir, dentre outros.

A principal dicotomia (aparente) para as questões ambientais é a confidencialidade e a publicidade.

Na mediação ambiental, as soluções acordadas podem afetar pessoas que não estão diretamente envolvidas na negociação. Nesse cenário, torna-se essencial garantir que todos os interesses estejam devidamente representados e que haja transparência.

Nos Estados Unidos, a abordagem à mediação pode variar. Em alguns casos, como mencionado por Max[332], a mediação pode ser mais transparente que o processo judicial, com relatórios de cada reunião sendo disponibilizados ao público. Susskind[333], por exemplo, não vê necessidade de manter segredos e realiza reuniões abertas ao público e à imprensa, elaborando relatórios que são discutidos e acordados pelos participantes antes de sua divulgação. Entretanto, ele mantém a confidencialidade em conversas telefônicas e reuniões privadas, o que permite explorar interesses subjacentes das partes envolvidas. Por sua vez, Carpenter[334] adota uma abordagem em que as partes, no início do processo, escolhem se preferem encontros aber-

---

331. ANTUNES, Paulo de Bessa, *op. cit.*

332. MAX, Eric R. Confidentiality in environmental mediation, *New York University Environmental Law Journal*, 1993. Disponível em: <http://www.law.nyu.edu/JOURNALS/ENVTLLAW/issues/vol2/2/2nyuelj210.html>. Acesso em: 20 abr. 2007.

333. FORESTER, John; SUSSKIND, Lawrence, *op. cit.*, p. 249-284.

334. CARPENTER, Susan. Tratamiento de los conflictos medioambientales y otros tipos de disputas públicas complejas. *In*: DUFFY, Karen Grover *et al. La mediación y sus contextos de aplicación:* una introducción para profesionales e investigadores. Barcelona: Paidós, 1996. p.367-382.

tos ou fechados, sendo essa decisão parte de um acordo prévio (contrato de confidencialidade). Ele observa que reuniões abertas tendem a ser menos francas e produtivas, enquanto as fechadas permitem maior liberdade para as partes se expressarem, desde que evitem falar em nome do grupo ou comentar as opiniões de outras pessoas.

Além disso, a legislação norte-americana impõe limites à confidencialidade, estabelecendo que o mediador tem o dever ético de informar as autoridades em caso de iminente perigo de dano ambiental. Essas variações demonstram que, mesmo em contextos em que a mediação é amplamente utilizada, as abordagens em relação à confidencialidade podem diferir significativamente, adaptando-se às necessidades e preocupações dos envolvidos.

A confidencialidade é um princípio fundamental na mediação de conflitos, pois proporciona um ambiente seguro para que as partes possam expressar suas preocupações e seus interesses sem receio de repercussões externas. Isso é crucial para o sucesso do processo de mediação, que depende da confiança mútua entre as partes e o mediador.

No contexto da Administração Pública brasileira, a confidencialidade enfrenta o desafio de se equilibrar com a publicidade, um princípio igualmente importante que garante a transparência dos atos públicos. A Lei de Acesso à Informação (LAI) e o marco legal da mediação (Lei nº 13.140/2015) exemplificam essa tensão, exigindo que os mediadores encontrem um ponto de equilíbrio que respeite tanto o sigilo necessário quanto a obrigação de transparência. A solução poderia ser diferenciar entre o que deve permanecer confidencial – como as emoções e percepções pessoais das partes – e o que deve ser publicamente acessível, especialmente quando se trata de acordos que envolvem o bem público.

Na mediação de conflitos ambientais, esse equilíbrio torna-se ainda mais delicado, pois esses conflitos envolvem bens difusos que afetam não só as partes diretamente envolvidas, mas também a sociedade como um todo e futuras gerações. A confidencialidade, nesse caso, deve ser cuidadosamente aplicada para garantir que as soluções negociadas sejam tanto legalmente viáveis quanto socialmente aceitáveis. Ela deve promover a confiança, sem comprometer a transparência necessária para que a sociedade compreenda os resultados da mediação.

Em suma, a aplicação da confidencialidade na mediação, seja em quaisquer conflitos que envolvam a Administração Pública ou mais especificamente nos ambientais, exige uma abordagem ponderada, que respeite os princípios legais e éticos enquanto promove um ambiente de cooperação e diálogo. Essa prática é fundamental para lidar com os complexos conflitos da nossa era, em que a interação entre diferentes interesses e valores demanda soluções que conciliem o individual com o coletivo, e o presente com o futuro.

3.3 O mediador de conflitos ambientais

O mediador de conflitos ambientais desempenha um papel crucial na resolução de disputas que envolvem questões complexas e sensíveis relacionadas ao meio ambiente. Para exercer essa função, é essencial que o mediador tenha uma formação ética sólida, com um compromisso inabalável com a vida, com o bem-estar coletivo e com os valores da mediação de conflitos. A capacitação do mediador deve abranger tanto as habilidades técnicas necessárias para conduzir diálogo de forma transparente e ética quanto uma profunda compreensão das dinâmicas envolvidas nesses conflitos.

A escolha do mediador é crucial para a forma de mediação que se queira realizar, pois reflete os objetivos e expectativas dos mediandos em relação ao processo, já que sua atuação é influenciada por sua formação, suas convicções e a linha de mediação que segue.

Além disso, o mediador deve ser capaz de refletir sobre o impacto de suas ações e decisões, reconhecendo que a mediação não se resume a alcançar um acordo pontual, mas, sim, a estabelecer relações de confiança duradouras entre as partes envolvidas. Isso é particularmente importante em questões ambientais locais, onde as comunidades convivem com as consequências dos conflitos e precisam encontrar formas de conviver sem violência e mantendo o ambiente ecologicamente equilibrado.

A ética profissional do mediador também exige que ele evite práticas como a manipulação ou cooptação de partes vulneráveis. O mediador deve promover a inclusão e o respeito às diferenças, garantindo que todas as vozes sejam ouvidas e que as soluções sejam construídas coletivamente. A mediação, portanto, deve ser conduzida com seriedade e profissionalismo, visando à criação de soluções criativas e respeitosas que reflitam as necessidades reais daqueles que sofrem com os problemas ambientais.

Nesse contexto, a escolha do mediador é uma das tarefas mais importantes, pois sua abordagem influenciará diretamente o processo e o resultado da mediação. Cada mediador traz consigo suas convicções, formação e experiência, que moldam a forma como ele lida com questões como a confidencialidade e o desequilíbrio de poder. Por isso, a seleção de um mediador adequado é fundamental para o sucesso da mediação, especialmente em situações complexas como as que envolvem conflitos ambientais. E profissionais assim são raros, especialmente na Administração Pública.

4. Conclusão

A mediação de conflitos ambientais, como exposto, representa uma ferramenta essencial para lidar com as complexas tensões entre economia e natureza na sociedade contemporânea. Ela oferece uma alternativa ao sistema adversarial tradicional, promovendo o diálogo, a cooperação e a preservação dos vínculos sociais. No entanto, sua aplicação não está isenta de desafios.

O mediador, por sua vez, desempenha um papel crucial nesse processo, sendo responsável por conduzir a negociação de maneira ética e transparente, garantindo que todas as vozes sejam ouvidas e que as soluções respeitem as particularidades de cada caso. Sua capacitação vai além do conhecimento técnico, englobando uma formação ética sólida e um compromisso com a vida e o bem-estar coletivo.

A mediação aplicada às disputas públicas, especialmente às ambientais, fortalece a democracia e a autodeterminação, permitindo que as decisões reflitam uma pluralidade de perspectivas e contribuam para uma convivência mais harmônica entre a sociedade e o meio ambiente. No entanto, é necessário reconhecer os limites legais e éticos da mediação, garantindo que as soluções encontradas não comprometam a sustentabilidade ambiental ou os direitos das partes envolvidas ou mesmo perverta a essência da mediação.

A mediação de conflitos ambientais, ao ser incorporada como prática na Administração Pública, surge como um poderoso instrumento para a promoção de um diálogo construtivo e a solução de disputas de forma cooperativa. No entanto, o sucesso dessa abordagem depende de uma série de fatores, da escolha e do profissionalismo do mediador, da compreensão das complexidades dos conflitos ambientais, da condução do processo, além da coragem e vontade do gestor público de enfrentar a cultura legalista e adversarial ainda presente na Administração Pública.

Os conflitos ambientais, por sua própria natureza, exigem uma abordagem que vá além da simples busca por acordos pontuais. Eles demandam uma reflexão profunda sobre as dinâmicas de poder envolvidas e o impacto a longo prazo das decisões tomadas. A mediação, nesse contexto, deve ser vista não apenas como um meio de resolver disputas ou alcançar acordos, mas como um processo de construção de confiança e fortalecimento das relações entre as partes envolvidas, permitindo que comunidades afetadas por questões ambientais desenvolvam resiliência para enfrentar futuros desafios, ou seja, um processo que fomenta a transformação das relações e a construção de uma convivência sustentável e resiliente.

A mediação ambiental, ao promover o diálogo e a participação ativa das partes, possibilita a percepção dos conflitos como oportunidades de colaboração e entendimento mútuo, contribuindo para uma mudança da relação entre os seres humanos e entre estes e o meio, alcançando a tão sonhada convivência sem violência.

Em última análise, a mediação de conflitos ambientais desafia o Direito (e a Administração Pública) a se flexibilizar e se adaptar às rápidas mudanças e complexidades da nossa era, promovendo soluções que não apenas resolvam disputas pontuais, mas também contribuam para a construção de um futuro mais compassivo, resiliente e sustentável para a humanidade.

Referências

ACSELRAD, Henri. Conflitos ambientais – a atualidade do objeto. *In*: *Conflitos ambientais no Brasil.* Rio de Janeiro: Relume Dumará, 2004. p. 7-12.

ALIER, Juan Martinez. *O ecologismo dos pobres: conflitos ambientais.* São Paulo: Contexto, 2007.

ANTUNES, Paulo de Bessa. *Arbitragem para resolução de passivo e licenciamento ambiental.* Disponível em: https://www.conjur.com.br/2024-ago-22/arbitragem-para-resolucao-de-passivo-e-licenciamento-ambiental/. Acesso em: 25 ago. 24.

BOCCHIO C., Guido. *Agua y Minería: manejo de conflictos, Ciclo de Palestras sobre: El Derecho y la Problemática del Agua en el Perú.* Dpto. de Derecho. Lima: PUCP, 02 nov. 2006.

BRASIL. Lei 13.140 de 2015. Dispõe sobre a mediação entre particulares como meio de solução de controvérsias e sobre a autocomposição de conflitos no âmbito da administração pública. Disponível em: <http://www.planalto.gov.br>. Acesso em: 10 mar. 2020.

BURGESS, Guy; BURGESS, Heidi. Environmental mediation: beyond the limits applying dispute resolution principles to intractable environmental conflicts, *Working Paper* 94-50 February 1994. Disponível em: <http://www.colorado.edu/conflict/full_text_search/AllCRCDocs/94-50.htm>. Acesso em: 20 jun. 2006.

CARPENTER, Susan. Tratamiento de los conflictos medioambientales y otros tipos de disputas públicas complejas. *In:* DUFFY, Karen Grover *et. al. La mediación y sus contextos de aplicación: una introducción para profesionales e investigadores.* Barcelona: Paidós, 1996. p.367-382.

FOLBERG, Jay; TAYLOR, Alison. *Mediación: resolución de conflictos sin litigio.* México: Limusa, 1997.

FORESTER, John; SUSSKIND, Lawrence. La mediación activista y las disputas públicas. *In*: KOLB, Deborah M. *Cuando hablar da resultado.* Buenos Aires: Paidós, 1996. p. 249-284.

INSTITUTO BRASILEIRO DE ANÁLISES SOCIAIS E ECONÔMICAS. *Conflitos Sociais e meio ambiente: desafios políticos e conceituais.* Rio de Janeiro: Ibase, 1995.

KRITEK, Phyllis Beck. *La negociación en una mesa despareja.* Buenos Aires: Granica, 1998.

MAX, Eric R. Confidentiality in environmental mediation, *New York University Environmental Law Journal*, 1993. Disponível em: <http://www.law.nyu.edu/JOURNALS/ENVTLLAW/issues/vol2/2/2nyuelj210.html>. Acesso em: 20 abr. 07.

MENDONÇA, Rafael. *A Ética da Mediação Ambiental.* Rio de Janeiro. Lumen Juris. 2014.

O'LEARY, Rosemary. Environmental Mediation and Public Managers: What Do We Know and How Do We Know It? *In*: BLACKBURN, J. Walton; BRUCE, Willa (eds.). *Mediating Environmental Conflicts: Theory and Practice.* New York: Quorum, 1997.

SOARES, Samira Iasbeck de Oliveira. *Mediação de Conflitos. Ambientais - Um novo caminho para a Governança da ÁGUA no Brasil?* Curitiba: Juruá, 2010.

SOARES, Samira Iasbeck de Oliveira; CAMPOS, César Augusto Cunha. Conciliar é legal? *In:* FREITAS, Vladimir de Passos Freitas. *Juízes e Judiciário: história, casos e vidas.* Curitiba: IBRAJUS, 2012.

SOARES, Samira Iasbeck de Oliveira. *Mediação de Conflitos Ambientais.* Curitiba: Juruá, 2022.

SOARES, Samira Iasbeck de Oliveira. Mediação de conflitos como mecanismo de gestão institucional. *In:* PALMA, Luis María; BALLARINI, Luciano Alberto (dir.). *Gestión judicial: ayer, hoy y siempre. En memoria de Pelayo Ariel Labrada.* Roldan: L.A. Ballarini; Rosario: E-Justicia Latinoamérica, 2022. Disponível em: https://ejusticialatinoamerica.wordpress.com/bibliotecadigital/publicaciones/gestion-judicial-libro-digital-en-memoriapelayo-ariel-labrada/. Acesso em: 27 mar 2023.

O desenho institucional da mediação com a Administração Pública

Sílvia H. Johonsom di Salvo[335]

Resumo

A efetividade da mediação como método de resolução de conflitos na Administração depende de sua institucionalização com planejamento adequado. Conflitos na Administração possuem características únicas, muitas vezes marcados por assimetrias de poder e uma cultura de litígios. A mediação surge como uma alternativa não adversarial que promove o diálogo e a cooperação, mas enfrenta resistência devido à desconfiança e à necessidade de regulamentação. Para sua implementação, é fundamental garantir recursos financeiros, criar um sistema estruturado e promover a divulgação do método, facilitando o acesso e a participação do público. Ademais, é importante avaliar continuamente o desempenho do sistema de mediação, considerando tanto os custos quanto os benefícios sociais, a fim de assegurar sua viabilidade e eficácia.

Abstract

The effectiveness of mediation as a conflict resolution method in the Public Administration depends on its institutionalization with adequate planning. Conflicts in the Administration have unique characteristics, often marked by power asymmetries and a culture of litigation. Mediation emerges as a non-adversarial alternative that promotes dialogue and cooperation but faces resistance due to distrust and the need for regulation. For its implementation, it is essential to ensure financial resources, create a structured system, and promote the dissemination of the method, facilitating access and public participation. Furthermore, it is important to continually evaluate the performance of the mediation system, considering both costs and social benefits, to ensure its viability and effectiveness.

Palavras-chave

Mediação – Administração Pública – Institucionalização

---

335. Doutora e Mestre em Direito do Estado pela USP. *Fellow* do Chartered Institute of Arbitrators (CIArb). Advogada em São Paulo.

Keywords
Mediation – Public Administration – Institutionalization

1. Introdução

Conflitos são inerentes à condição humana e, como tal, também são característica natural de ficções jurídicas criadas pela humanidade para sua organização, seja ela social, empresarial ou governamental. A Administração Pública, como criação humana, também compartilha de sua parcela de conflitos, estes com características bastante especiais.

Conflitos na Administração Pública não possuem apenas dimensões jurídicas e não raro caracterizam-se pela assimetria de poder entre os participantes do conflito, em que uma parte possui maiores privilégio econômico, influência política ou mesmo poder regulatório, em detrimento das outras partes, ainda que tais partes sejam entes jurídicos da Administração Pública.

É também de fácil aferição que, diante da similitude dos conflitos na Administração Pública e sua recorrência, evidencia-se a cultura do litígio pelo litígio praticada pela Administração Pública, por meio da qual se acumulam demandas sem a efetiva intenção de solucioná-las, em desconsideração da eficiência, da moralidade e da autotutela administrativas.

Em paralelo à forma com a qual a Administração Pública brasileira cria e lida com seus conflitos, tem-se uma alteração de paradigmas da atividade administrativa estatal, cujo caminho fora pavimentado pela ordem constitucional democrática inaugurada pela Constituição Federal de 1988. Seguindo tendência do Direito Administrativo moderno, a Administração Pública brasileira tem-se voltado ao consensualismo para pautar suas atividades, traduzido na substituição de relações administrativas fundadas na tomada de decisão unilateral acompanhada pelo binômio imposição-subordinação, por relações dialógicas e que privilegiem a participação popular.

Dessa forma, ao passo que a atividade administrativa brasileira passa a se abster de imposições autoritárias e busca concertar interesses da sociedade civil e da iniciativa privada com seus próprios, para encontrar a sua legitimidade, os mecanismos para resolução de conflitos da Administração Pública parecem não refletir a busca por melhores resultados a um custo menor, encontrando-se maneiras de lidar com as diferenças para se restaurar a confiança e o relacionamento no âmbito da Administração Pública.

Diante desse impasse, precisamos repensar se o método contencioso e heterocompositivo de solução de conflitos realmente é o mais adequado para pacificar todas as controvérsias da Administração Pública.

Assim, institutos de *autocomposição*, notadamente a *mediação*, ressurgem como método possível para resolução de conflitos na Administração Pública.

A mediação corresponde a um método não adversarial de resolução do conflito (autocompositivo), valendo-se da cooperação e do diálogo para a solução do conflito. Por meio da mediação, dá-se às partes maior empoderamento e liberdade, colaborando-se para a prevenção de novos conflitos e para a emancipação dos indivíduos quanto à resolução de seus conflitos.

A reação tradicional ao uso da mediação para resolver disputas na Administração Pública costuma ser de desconfiança. Isso acontece por causa de alguns fatores complicados na relação entre a Administração e os cidadãos, além do jeito como o Direito Administrativo é estruturado, que muitas vezes não combina com a ideia de resolver conflitos de forma consensual.

Além da necessidade de uma autorização legal e do suporte teórico que fundamenta a mediação na Administração Pública do Brasil, a aceitação desse método depende de uma postura mais aberta dos agentes envolvidos, como os próprios órgãos da Administração e os órgãos de controle, como as Procuradorias, o Ministério Público e os Tribunais de Contas.

No entanto, a implementação da mediação em um órgão público traz várias perguntas. Por um lado, pode ajudar a criar uma cultura de mediação, mas, por outro, pode levar a uma padronização que acaba removendo as características únicas desse método, fazendo dele apenas mais uma etapa do processo administrativo. Para a mediação se firmar como uma solução eficaz para conflitos na Administração Pública, é fundamental que o método seja institucionalizado e que haja um processo bem estruturado para sua aplicação.

2. Institucionalização dos sistemas de mediação na Administração Pública

A adoção da mediação pela Administração Pública para resolver seus conflitos representa um avanço significativo em direção ao consensualismo nas atividades administrativas. A utilização da mediação indica um compromisso com a eficiência administrativa, proporcionando uma abordagem mais flexível e menos onerosa para a resolução de disputas, além de favorecer a legitimidade das decisões, ao permitir uma maior participação dos envolvidos no processo de negociação.

Para que a mediação seja efetiva na gestão de conflitos na Administração Pública, é fundamental estabelecer diretrizes e procedimentos claros. Não se trata apenas de ter boas intenções ou esperar a formação de uma nova cultura; é imprescindível a implementação de um programa estruturado com regras bem definidas. Os órgãos da Administração Pública devem funcionar simultaneamente como espaços de experimentação e laboratórios para o desenvolvimento de programas de mediação.

A institucionalização de um programa de gerenciamento de conflitos que incorpore a mediação requer uma consideração abrangente de diferentes perspectivas. Esse processo de institucionalização implica replicar em larga escala um sistema de mediação que seja direcionado a públicos, objetos e finalidades específicos. Quando implementado de forma institucionalizada, o programa de mediação tem maior probabilidade de se integrar à cultura da instituição, tornando-se um método viável para a solução de controvérsias nesse contexto.

Para que a mediação se torne um método efetivo de resolução de conflitos na Administração Pública, é essencial encontrar um equilíbrio. Deve-se evitar a falta de estrutura que compromete a construção de vínculos duradouros para a prática mediativa, mas também é necessário garantir que o ente público não aproprie o mecanismo de maneira a descaracterizá-lo, transformando-o em mais um procedimento administrativo. Desse modo, é vital desenvolver um programa robusto de gerenciamento de conflitos dentro da estrutura institucional prevista para a mediação, fundamentado em bases normativas que assegurem sua continuidade, enquanto reconhece a importância da realidade dos conflitos no processo de resolução.

Com um planejamento adequado e uma visão de longo prazo, a institucionalização da mediação poderá garantir sua sustentabilidade e eficácia em seus propósitos.

3. Estratégias para institucionalização de sistemas de mediação na Administração Pública

A consolidação da mediação como método de resolução de conflitos vai além da criação de boas práticas individuais; envolve a institucionalização do sistema dentro de uma organização ou comunidade.

Uma pesquisa de 2014, realizada em parceria entre a Secretaria de Reforma do Judiciário e o Programa das Nações Unidas para o Desenvolvimento (PNUD)[336], focou na coleta e análise de dados sobre boas práticas em mediação no Brasil. O objetivo era identificar parâmetros eficazes, destacando a importância da institucionalização do sistema mediativo. Um dos critérios para boas práticas é a capacidade de se manter e renovar inde-

336. As instituições selecionadas pelo Edital de Convocação n. 02/2014 foram a Escola de Direito de São Paulo, da Fundação Getúlio Vargas, e o Centro Brasileiro de Estudos e Pesquisas Judiciais – CEBEPEJ. O resultado final da pesquisa pode ser acessado por meio do *link*: BRASIL. Ministério da Justiça. Secretaria de Reforma do Judiciário. *Estudo qualitativo sobre boas práticas em mediação no Brasil.* Coordenação: Ada Pellegrini Grinover, Maria Tereza Sadek e Kazuo Watanabe (CEBEPEJ), Daniela Monteiro Gabbay e Luciana Gross Cunha (FGV Direito SP). Brasília, 2014. Disponível em: <http://mediacao.fgv.br/wp-content/uploads/2015/11/ Estudo-qualitativo-sobre-boas-praticas-em-mediacao-no-Brasil.pdf>. Acesso em: 13 mai. 2016.

pendentemente da vontade dos envolvidos, permitindo que a mediação se consolide e melhore ao longo do tempo. Fatores como o financiamento do programa e a criação de um espaço adequado para sua atuação são fundamentais para essa institucionalização.

Entretanto, a institucionalização também traz desafios. Parâmetros rígidos podem transformar a mediação em um mero "processo administrativo", controlado apenas pelo gestor, o que pode desestimular os usuários. Vale ressaltar que os usuários da mediação na Administração Pública incluem não apenas indivíduos, mas também entidades governamentais.

Além disso, barreiras orçamentárias podem representar um obstáculo significativo para a continuidade do sistema de mediação, impactando sua eficácia, especialmente em relação à manutenção com recursos públicos. Nas próximas seções, serão discutidos esses desafios do ponto de vista prático para a criação ou adaptação dos sistemas de mediação de conflitos na Administração Pública.

3.1 Planejamento institucional do sistema de mediação

O sucesso da mediação depende muito do apoio institucional que recebe.

A institucionalização das práticas de mediação é importante para que não fiquem apenas na boa vontade de quem as coordena. Para que funcione bem, é preciso pensar em aspectos como regulamento, orçamento, visibilidade, apoio institucional, e também na capacitação e treinamento das pessoas envolvidas. Além disso, é fundamental ter princípios claros, objetivos definidos e uma visão de futuro.

No caso da mediação na Administração Pública, ter um sistema mediativo bem estruturado é essencial, já que a Administração tem que seguir padrões de conduta que estão definidos em regras, sejam elas formais ou baseadas em princípios. Embora a mediação seja um jeito de negociar que pode ser mais informal, essa informalidade precisa ser entendida dentro do processo, e não no sistema de mediação adotado pela Administração.

O corpo administrativo existe para aplicar leis, regulamentos e regras. Tudo que é feito, inclusive as negociações com a sociedade civil e a iniciativa privada, é guiado por essas regras. Isso significa que negociar com a Administração é um processo cheio de regras, diferente da liberdade que muitas vezes vemos nas negociações entre partes privadas. As regras não só influenciam os tipos de acordos que a Administração aceita, mas também como esses acordos são feitos.

As regras impactam as negociações com a Administração de duas formas: (1) elas regulam o processo de negociação; e (2) muitas vezes, elas são também o que está sendo negociado.

Como um jeito eficaz de implementar um sistema de resolução de disputas mais flexível e informal, uma boa estratégia pode ser a adoção de um programa-piloto. Isso ajuda as pessoas a se acostumarem com a ideia de mediação e a observarem como o processo funciona, acompanhando o desenvolvimento desse programa. Aqui não se faz referência tão somente a potenciais usuários do programa de mediação, como também a órgãos, departamentos e entes da Administração Pública que estejam interessados (ou mesmo céticos) quanto à ideia do emprego da mediação para a resolução de seus conflitos.

Rogers, Bordone, Sander e McEwen ressaltam que programas-piloto do desenho institucional que se pretende adotar em larga escala são capazes de testar o conceito do desenho enquanto mantêm a flexibilidade de aprimorar aspectos ou mesmo abandoná-los antes de aplicá-los em larga escala.

> Ao implementar uma versão piloto do programa em escala reduzida, os *designers* podem começar estrategicamente em um departamento ou em parte da organização que esteja mais aberta a experimentar algo novo. Resultados bem-sucedidos em uma área podem muito bem ser contagiosos, persuadindo outros ao longo da organização a serem mais abertos. Sempre quando possível, portanto, introduzir um sistema de gerenciamento de disputas numa escala menor por meio de um programa piloto merece consideração.[337]

337. Tradução nossa. ROGERS, Nancy H. *et al.* (eds.). *Designing Systems and Processes for Managing Disputes.* New

Porém, note-se que o inverso é verdadeiro: um programa-piloto malsucedido pode acabar com a iniciativa do emprego da mediação, principalmente diante de usuários e entes da Administração céticos quanto ao uso deste método. Da mesma forma, a institucionalização precoce ou excessiva da mediação pode ocasionar o abandono da prática mediativa.

Identificando-se o sucesso do programa-piloto e o interesse na continuidade do sistema mediativo, adentra-se propriamente na institucionalização daquele sistema, uma vez que é necessário expandir o programa-piloto para larga escala.

Novamente, há de se ter em mente que não basta apenas a cooperação de indivíduos bem-intencionados para a manutenção do sistema mediativo como instituição.

A institucionalização envolve uma busca constante de reafirmação e garantia da finalidade, da abrangência e da escolha de futuro para aquele sistema mediativo. Por isso, o sucesso da institucionalização da mediação, principalmente no âmbito da Administração Pública, no qual fatores exógenos àquele sistema configurado não são irrelevantes, depende de que se faça uma avaliação constante quanto a: (i) manutenção do foco e da qualidade do sistema; (ii) visibilidade para atração de usuários; e (iii) alocação estável de recursos financeiros[338].

Essa avaliação somente é possível por meio da documentação, de forma efetiva, de como o sistema mediativo é utilizado, como ele é organizado, como as pessoas são treinadas e a quem ele se dirige; faz-se essencial o monitoramento do sistema mediativo, tal como foi observado pelo estudo qualitativo sobre boas práticas em mediação no Brasil:

> É fundamental o desenvolvimento de estratégias de acompanhamento de avaliações, o que se observou em alguns programas por meio de reuniões semanais/mensais de avaliação junto com os coor-

York: Wolters Kluwer Law & Business, 2013, p. 277.

338. *Idem*, p. 280.

> denadores, mediadores e demais envolvidos. Assim, a coleta de percepções dos usuários deve estar aliada a um trabalho de supervisão em que se reflita sobre esses dados de forma dialogada e construtiva. Somente a partir daí é que as informações coletadas poderão implicar mudanças positivas na atuação dos mediadores, traduzindo-se em uma melhor compreensão por parte destes das necessidades dos usuários e das características de seus conflitos.[339]

O fracasso ou sucesso do emprego de métodos alternativos de resolução de disputas está intimamente conectado à percepção de seus usuários quanto ao emprego do método e à capacidade de seus gestores em avaliar seu desempenho adequadamente.

Interessante notar que metodologias de avaliação de sucesso não necessariamente demandam alto nível de sofisticação.

O Serviço Postal dos Estados Unidos oferece aos seus empregados um sistema de mediação, denominado REDRESS, acrônimo para "Resolve Employment Disputes, Reach Equitable Solutions Swiftly", para resolução de conflitos nas suas relações de trabalho motivados por questões discriminatórias de raça, cor, religião, nacionalidade, sexo, idade, deficiências físicas ou mentais, ou por questões ideológicas. O REDRESS é reconhecidamente um dos principais programas de resolução de conflitos do gênero naquele país.

O método de mediação aplicado no programa é o método de mediação transformativa[340], que foca na "modificação da forma de os mediados se relacionarem, sendo o acordo uma consequência desta mudança. Centra-se

339. BRASIL. Ministério da Justiça, *op. cit.*, p. 185.

340. "O modelo de mediação transformativa estimula os funcionários a discutir abertamente os seus problemas de uma forma que pode "transformar" sua relação de trabalho. Este diálogo aberto frequentemente ajuda os funcionários a reconhecer o ponto de vista de cada um para determinar como seu conflito pode ser resolvido. Na mediação transformativa são as partes em conflito, em vez de os mediadores, que têm o poder de decisão para decidir se os seus problemas podem ser resolvidos. O mediador facilita a discussão entre as partes em disputa, mas não determina quem está certo ou errado. O Serviço Postal ™ está convencido de que quando os funcionários têm a oportunidade de participar da mediação transformativa, eles adquirem uma melhor compreensão do conflito e melhoraram a sua capacidade de se comunicar uns com os outros. Em última instância, o número de conflitos no local de trabalho são reduzidos e comunicação é melhorada, o que leva a um melhor ambiente de trabalho" (tradução nossa). UNITED STATES POSTAL SERVICE. *All you need to know about REDRESS*. Disponível em: <https://about.usps.com/what-we-are-doing/redress/programs.htm>. Acesso em: 12 mai. 2016.

na transformação relacional que terá como consequência a resolução do litígio"[341].

Assim, a pergunta central para avaliar o programa é: os mediadores estão seguindo o método transformativo? A avaliação acontece por meio das respostas dos mediados em formulários, depois que eles participam do programa de mediação.

Portanto, fica claro que despersonalizar o sistema de mediação e torná-lo institucional não é suficiente para garantir sua continuidade, a menos que haja uma boa articulação do programa com os seus usuários.

3.2 Evitando-se a "processualização" da mediação

A institucionalização é, essencialmente, a replicação em larga escala de um sistema de mediação voltado para um público e objetivos específicos. Na Administração Pública, essa institucionalização é crucial para garantir a continuidade do sistema de mediação, sendo necessário estabelecer parâmetros e diretrizes que permitam aos usuários reconhecer e confiar nesse modelo para resolver seus conflitos.

Entretanto, a institucionalização não deve criar uma nova forma de processo administrativo regulamentado. A regulamentação do sistema de mediação na Administração Pública é, na verdade, uma tentativa de controlar o tempo dedicado ao debate sobre o conteúdo da controvérsia.

É possível traçar um paralelo com a processualização da jurisdição administrativa na França. Morand-Deviller afirma que a mediação deve ser vista como um método alternativo de resolução de conflitos fora do processo administrativo[342].

Partindo dessa perspectiva e adotando o parâmetro procedural do contencioso administrativo francês, há uma tendência natural de criar regras

---

341. AGUIAR, Carla Zamith Boin. *Mediação empresarial: aspectos jurídicos relevantes*. 2. ed. São Paulo: Quartier Latin, 2010, p. 107.

342. MORAND-DEVILLER, Jacqueline, *op. cit.*, p. 51.

para controlar o fluxo do processo mediativo, baseando-se na ideia de que resolver conflitos mais rapidamente é desejável.

Embora essa premissa seja razoável, a flexibilidade do sistema de mediação depende de quem assume a responsabilidade pelo controle do tempo dentro desse sistema.

Quem detém o direito processual nesse sistema de resolução de conflitos na Administração Pública? Sob a ótica do procedimento administrativo não contencioso francês, Kapsali[343] sustenta que o desejo de reforçar a proteção não contenciosa do direito e dos interesses dos administrados é ilustrado pela determinação de quem são os titulares dos regramentos do contraditório administrativo. Nesse sentido, o autor coloca que os titulares desse direito são os destinatários a quem a resolução se dirige, tal como ocorre em relação à garantia de direitos aos destinatários diretos da sanção ou da restrição de direito, bem como em relação ao direito de motivação, a quem o ato se dirige.

A responsabilidade pelo fluxo temporal do sistema de mediação de conflitos na Administração Pública, em verdade, deve se concentrar em seus principais atores, ou seja, os usuários e mediadores, e não necessariamente nas mãos daqueles que detêm a competência para institucionalizar o sistema mediativo.

É que se corre o risco de prematuramente definir todas as situações para controle desse fluxo temporal[344], não dando qualquer margem à racionalização procedimental, contemporânea ao desenvolvimento do processo mediativo de determinado conflito.

---

343. KAPSALI, Vassiliki. *Les droits des administrés dans la procédure administrative non contentieuse*. Paris: LGDJ, 2015, p. 239-240.

344. "O legislativo e do poder regulamentar têm-se aplicado a conciliar os imperativos opostos de "tempo reduzido" de instrução e de "tempo útil" de julgamento. No entanto, as mutações a que tem passado o processo administrativo e que vivemos no exercício diário da nossa profissão, muitas vezes comentados pela doutrina, deixam apenas a esperança de um equilíbrio de, por um lado, o desejo de se chamar para julgamento no estado em que se encontra, e por outro, o desejo de reduzir o tempo de julgamento; o tempo apropriado para instrução resiste à diminuição do tempo de julgamento. Organizar a instrução é, assim, ser imaginativo e inventar um aumento da qualidade da instrução conciliada com os imperativos de justiça diligente e eficaz. Esta reconciliação dos opostos seria, para alguns, impossível." Tradução nossa. QUILLEVÉRÉ, G. L'organisation de l'instruction du procès administratif. *In*: FIALAIRE, J.; KIMBOO, J. (eds.). *Le nouveau Droit du procès administratif*. Paris: L'Harmattan, 2013, p. 33-48, p. 34.

Nesse ponto pode servir de parâmetro moderador o princípio da mutabilidade do regramento administrativo, desenvolvido no âmbito da jurisprudência administrativa francesa[345], que confere poder à Administração para modificar a qualquer tempo seus próprios atos regulamentares, resguardados os limites da não retroatividade e da segurança jurídica[346].

> O poder de que dispõe, de sua própria iniciativa, a Administração, em vista de seus atos regulamentares: desde que respeite o paralelismo de competências, as formas e os procedimentos, ela pode, desde que julgue necessário e desde que, principalmente por razões de mera oportunidade, modificar ou revogar *ex nunc* seus próprios regulamentos. Existem, contudo, hipóteses em que a harmonia jurídica que deve existir num Estado de Direito, entre os diferentes elementos do bloco de legalidade, impõe que um autor de um ato administrativo ponha em prática seu poder de ab-rogação ou modificação.[347]

Parece intuitiva a possibilidade de que, não havendo a adequação do regramento imposto ao sistema de mediação, possam ser rearranjadas as regras que delineiam aquele sistema. No entanto, há que se ter sempre em mente de que se trata da conformação de um sistema vocacionado à resolução de conflitos na Administração Pública, uma figura cercada por normas para a qual nem sempre a mutabilidade é uma tarefa tranquila.

Para que a mediação de conflitos na Administração Pública não se torne mais uma modalidade de processo administrativo, enrijecido por regras não contemporâneas ao conflito, vale a máxima aplicável à conformação da instrução do processo administrativo francês:

---

345. LACHAUME, J. F. *et al*, *op. cit.*

346. "Esta mutabilidade do regramento administrativo confere-lhe, em termos de poderes da Administração, uma originalidade em comparação com outras fontes do direito administrativo sobre as quais a Administração não dispõe de qualquer controle (Constituição, tratados e do direito da União Europeia , leis, princípios gerais de direito), afirmando que a própria lei está sujeita ao princípio da mutabilidade: o legislador pode modificá-la a qualquer momento, desde que não prejudique o exercício de um direito ou uma liberdade de valor constitucional (CC, 18 de setembro de 1986 a liberdade de comunicação, supra; CC, 98-396 DC, 19 de fevereiro de 1998, recrutamento excepcional de magistrados, RCC, 153; JCR, I, 738; RFDC de 1998 315 observa Roux; Ajda, 1998 305 notas Schoettl, PA, 1998, 14, 2, 12, nota-Baghestini Perrey)." Tradução nossa. LACHAUME, J. F. *et al.*, *op. cit.*, p. 170.

347. Tradução nossa. *Ibidem*, p. 182.

> se o ideal da instrução é um fluxo temporal controlado, este controle pode vergar-se aos imperativos relacionados à gestão, que compõe um "Estado perfeito", e que deve nortear a análise econômica do julgamento ou busca de ganhos de produtividade. É que a demanda social por justiça leva precipuamente à fórmula de prazos mais curtos, limites temporais impostos pela redução de atrasos excessivos nos julgamentos.[348]

3.3 Publicidade ao sistema de mediação

Não basta criar sistemas de gerenciamento consensual de conflitos na Administração Pública com um bom projeto-piloto; é preciso ter um programa de divulgação eficaz para promover toda a estrutura de resolução de disputas. Isso é ainda mais importante em conflitos na Administração Pública, nos quais há desconfiança em relação ao uso de métodos e acordos consensuais. Tornar o sistema público é essencial.

A divulgação não só informa as pessoas sobre a existência do sistema de mediação, mas também facilita o acesso daqueles que já participaram ou desejam participar, além de outros interessados, a estatísticas, dados, documentos de casos e termos de acordo.

O acesso à informação da Administração é uma das características mais importantes que permite a participação pública e contribui para a responsabilidade e legitimidade da atuação da Administração.

Em Portugal, a Lei nº 29, de 19 de abril de 2013 (Lei nº 29/2013), estabelece os princípios gerais aplicáveis à mediação realizada naquele país, bem como os regimes jurídicos da mediação civil e comercial, dos mediadores e da mediação pública.

O artigo 37º da Lei nº 29/2013 positiva o princípio da publicidade como dever das entidades que gerenciam os sistemas públicos de mediação[349], estabelecendo que

348. Tradução nossa. QUILLEVÉRÉ, G., *op. cit.*, p. 33.

349. "Artigo 37.º Princípio da publicidade. 1 - A informação prestada ao público em geral, respeitante à mediação pública, é disponibilizada através dos sítios electrónicos das entidades gestoras dos sistemas públicos de mediação.

cabe a tais entidades *por um lado*, manter um portal electrónico na internet que dê a conhecer os sistemas públicos de mediação sob sua gestão e, *por outro*, prestar aos contribuintes todas as informações necessárias à utilização dos serviços através de formas legalmente previstas — presencialmente, por telefone, correio electrónico e através do portal de internet.[350]

Apesar das críticas à lei nº 29/2013 sobre a excessiva regulamentação da publicidade, Lopes e Patrão reconhecem que tornar público o sistema de gerenciamento de conflitos é fundamental para uma boa Administração. Eles afirmam que a implementação dos sistemas públicos de mediação deve reforçar princípios como boa Administração, eficiência e desburocratização, além de estabelecer obrigações claras para esclarecer os usuários do sistema[351].

3.4 Superação de barreiras orçamentárias

Na prática, a institucionalização do sistema de mediação não depende apenas de uma regulamentação ideal que assegure (1) a estabilidade da prática e (2) a flexibilidade para adaptar o sistema ao tipo de conflito. É fundamental garantir a alocação de recursos para essas finalidades. O "Estudo qualitativo sobre boas práticas em mediação no Brasil" também aponta a barreira orçamentária como uma das principais dificuldades a serem superadas para estabelecer boas práticas na mediação.

> Um dos principais entraves à implementação é a obtenção de recursos para início do atendimento e sua manutenção. Alguns dos programas enfrentaram dificuldades justamente por terem obtido um investimento inicial (por meio de programas governamentais), mas não o repasse contínuo de recursos de financiamento. Por mais que a prática da mediação no Brasil tenha bastante presente o trabalho voluntário de mediadores, há custos que decorrem da capacitação destes, despe-

2 - A informação respeitante ao funcionamento dos sistemas públicos de mediação e aos procedimentos de mediação é prestada presencialmente, através de contacto telefónico, de correio electrónico ou do sítio electrónico da respetiva entidade gestora do sistema."

350. LOPES, D.; PATRÃO, A. *Lei da Mediação comentada*. Coimbra: Almedina, 2014, p. 192.

351. *Idem*, p. 193.

sas rotineiras (aluguel de espaço, material de escritório etc.), dentre outros.[352]

Luciane Moessa de Souza identifica duas abordagens para analisar o custo-benefício do sistema de mediação. A primeira abordagem compara os custos da mediação com os métodos tradicionais, focando apenas nos custos diretos da resolução do conflito. A segunda, que a autora considera mais precisa, leva em conta não apenas os custos diretos, mas também os custos globais, incluindo gastos de tempo, dinheiro e até emocionais de cada parte na busca pela resolução, comparando esses aspectos com os métodos tradicionais.

Independentemente do método utilizado, Moessa conclui que ambos são suficientes para demonstrar a viabilidade financeira do investimento em um sistema de gestão de conflitos[353,354]:

> Cabe ainda ressaltar que, na esfera pública, em que os recursos financeiros são captados dos contribuintes e entregues aos gestores do Estado para que os administrem da forma mais produtiva e benéfica à coletividade, a opção por um sistema como este não se circunscreve à esfera de discricionariedade da Administração, mas se insere na esfera do dever de boa administração [...].[355]

Harada destaca que, no Estado moderno, não há espaço para um orçamento público que não considere os interesses da sociedade. Assim, dimensionar custos para justificar a alocação de recursos em métodos alternativos de resolução de conflitos vai além da estruturação do sistema; também envolve a análise dos benefícios resultantes dessa prática. O pensamento está alinhado com a nova abordagem de gerenciamento de recursos públicos, que prioriza orçamentação baseada em desempenho. A avaliação da aloca-

352. BRASIL. Ministério da Justiça, *op. cit.*, p. 177.

353. SOUZA, Luciane Moessa de. *Meios consensuais de solução de conflitos envolvendo entes públicos*: negociação, mediação e conciliação na esfera administrativa e judicial. Belo Horizonte: Fórum, 2012, p. 311-313.

354. *Idem*, p. 313.

355. *Idem*, p. 313.

ção de recursos não é feita apenas com base na receita pública, mas também envolve controle orçamentário e alocação normatizada[356,357].

É claro que o controle sobre os recursos destinados ao sistema de mediação de conflitos na Administração Pública é necessário, já que se trata de despesas públicas. No entanto, a finalidade da receita pública também deve considerar os ganhos em termos de pacificação social.

4. Conclusão

A consolidação da mediação como método de resolução de conflitos depende de sua institucionalização, que envolve a replicação contínua de esforços individuais voltados a um público e objetivos específicos.

Um sistema de mediação bem-sucedido requer uma percepção positiva dos usuários e uma autocrítica construtiva por parte dos gerenciadores. Para isso, é essencial um planejamento adequado.

Na Administração Pública, é importante evitar que esse planejamento limite a mediação a um novo tipo de processo administrativo, atendendo à demanda por justiça social que exige prazos mais curtos e reduzida morosidade. Além disso, a institucionalização da mediação deve ser pública, garantindo acesso aos cidadãos e tornando a Administração mais eficiente.

Reconhecendo que barreiras orçamentárias são comuns, a análise de custos na implementação de métodos alternativos de resolução de conflitos deve considerar os benefícios que esses métodos geram, como a redução de custos de transação e a agilidade em comparação com processos judiciais longos e dispendiosos. Assim, uma análise de performance se torna necessária.

356. HARADA, Kiyoshi. *Direito Financeiro e Tributário*. 19. ed. São Paulo: Atlas, 2010, p. 58.

357. "O controle dos atos orçamentários é por sua vez a contrapartida inevitável e a garantia indispensável das liberdades locais." Tradução nossa. GRUBER, A. *La décentralisation et les institutions administratives*. 2. ed. Paris: Armand Colin, 1996, p. 454.

A consensualidade no Direito Administrativo: princípios fundamentais e perspectivas para sua efetivação na Administração Pública brasileira

Silvia Maria Costa Brega e Cesar Pereira[358]

Resumo

O artigo explora a transformação dos princípios fundamentais da Administração Pública com a introdução da consensualidade, destacada por legislações como a Lei nº 13.655/2018 e a Lei nº 13.140/2015. A consensualidade propõe maior diálogo entre o Estado e os administrados, oferecendo soluções mais ágeis e econômicas, com base nos princípios de legalidade, impessoalidade, moralidade, publicidade e eficiência. O desenvolvimento aborda como a consensualidade reinterpreta os princípios administrativos e reduz a judicialização. Embora melhore a eficiência e a transparência, ainda enfrenta desafios culturais e institucionais, como a necessidade de regulamentação. A análise indica que a consensualidade pode fortalecer a Administração Pública ao tornar suas ações mais participativas e eficazes. Contudo, sua implementação plena depende de superar barreiras culturais. Na conclusão, o estudo aponta que o fortalecimento da consensualidade exige capacitação de agentes públicos e criação de estruturas que incentivem práticas consensuais, consolidando essa abordagem na gestão pública.

Abstract

The article explores the transformation of the fundamental principles of Public Administration with the introduction of consensuality, highlighted by legislation such as Law No. 13,655/2018 and Law No. 13,140/2015. Consensuality proposes greater dialog between the state and the administered, offering more agile and economical solutions, based on the principles of legality, impersonality, morality,

358. Silvia Maria da Costa Brega é advogada sócia de Simonaggio Advogados Associados. Mediadora de conflitos com especialização em Negociação e Gerenciamento de Conflitos pelo Insper-SP e em Mediação Empresarial pelo Centre de Médiation e d'Arbitrage de Paris - CMAP. Mediadora certificada pelo International Mediation Institute - IMI e pelo ICFML em certificação avançada.

Cesar Pereira é sócio de Justen, Pereira, Oliveira e Talamini. Chartered Arbitrator (C.Arb) e *Fellow* do Chartered Institute of Arbitrators (FCiarb). Doutor em Direito Administrativo pela Pontifícia Universidade Católica de São Paulo (PUC-SP).

publicity and efficiency. The development addresses how consensus reinterprets administrative principles and reduces judicialization. Although it improves efficiency and transparency, it still faces cultural and institutional challenges, such as the need for regulation. The analysis indicates that consensuality can strengthen public administration by making its actions more participatory and effective. However, its full implementation depends on overcoming cultural barriers. In conclusion, the study points out that strengthening consensuality requires training public agents and creating structures that encourage consensual practices, consolidating this approach in public management.

Palavras-chave
Consensualidade – Administração Pública – Princípios Fundamentais – Mediação – Eficiência Administrativa

Keywords
Consensuality – Public Administration – Fundamental Principles – Mediation – Administrative Efficiency

1. Introdução[359]

A Administração Pública brasileira encontra-se em constante evolução, buscando a concretização de seus princípios basilares: legalidade, impessoalidade, moralidade, publicidade e eficiência. Estes princípios constituem o alicerce sobre o qual se desenvolvem as ações no âmbito do setor público, visando à equidade, transparência e efetividade no contexto administrativo.

Parte desta evolução está centrada no paradigma da consensualidade e no movimento de crescente valorização da atuação pública consensual. Inaugurou-se um modelo de gestão ideal, que concretiza os princípios constitucionais basilares e garante maior harmonia entre o Estado e a sociedade, com decisões tomadas em níveis amplos e cooperativos. Este modelo vincula a atuação dos gestores públicos e se destaca por priorizar o

359. Os autores agradecem a colaboração de Lorenzo Galan Miranda, da Justen, Pereira, Oliveira e Talamini, na pesquisa e revisão do texto.

diálogo como ferramenta principal.

O paradigma da consensualidade foi consolidado na atuação administrativa por importantes atos normativos, como a Lei nº 13.655/2018, que alterou a Lei de Introdução às Normas do Direito Brasileiro (LINDB), a Lei nº 13.140/2015, que estabeleceu o marco legal brasileiro para a mediação, e a Lei nº 14.133/2021, que contribuiu para a utilização de métodos adequados de resolução de disputas em contratações administrativas. A implementação de uma cultura do consenso nos processos administrativos emerge como uma demanda do Estado, que almeja ser mais democrático e eficiente.

Em cenários de crescente judicialização, especialmente em questões que envolvem a Administração Pública, a instauração de práticas consensuais assume notável relevância na busca por uma gestão pública centrada no diálogo, e não no confronto. Esta abordagem não apenas reflete uma nova postura administrativa, mas também contribui para mitigar a crise contenciosa vivenciada pelos tribunais brasileiros, oferecendo um modelo de implementação pautado nos valores de resolução de conflitos por meio da cooperação e da negociação.

O presente artigo analisará a intersecção dos princípios básicos da Administração Pública com o novo paradigma do consenso, considerando a evolução legislativa. Proceder-se-á em consonância com: a verificação de como os princípios tradicionais da administração se desenvolveram e se relacionam com o consenso; a avaliação da influência das Leis nºs 13.655/2018 e 13.140/2015 no incentivo a uma prática administrativa mais dialógica e menos adversarial.

Ademais, objetiva-se identificar desafios e oportunidades decorrentes da incidência do consenso na gestão pública – nacional ou municipal. Os princípios basilares da Administração Pública serão inter-relacionados com o paradigma consensual manifestado na atualidade.

2. Princípios fundamentais da Administração Pública e a consensualidade

Os princípios básicos da Administração Pública, consagrados na Constituição Federal de 1988, assumem direções essenciais que norteiam as ações de justiça, transparência e eficácia da função administrativa. Conforme Mascarenhas e Neves[360] ressaltam, com o advento dessa Constituição, uma nova interpretação dos princípios tradicionais da Administração Pública buscou proporcionar um papel mais ativo e maior diálogo do Estado com seus cidadãos em prol de um constitucionalismo mais democrático e eficiente.

Legalidade, eficiência, moralidade, publicidade e impessoalidade estão entre tais princípios, que não apenas regem as atividades dos agentes governamentais, mas também operam como proteções especiais aos cidadãos contra abusos e más práticas[361]. Esses princípios devem ser interpretados de forma harmônica e complementar. Embora existam tensões entre eles em certos casos, como a necessidade de balancear a eficiência com a legalidade ou a moralidade, sua aplicação garante que a Administração respeite os direitos dos cidadãos e promova o bem-estar social.

A introdução da consensualidade como novo paradigma no Direito Administrativo adiciona ainda outro elemento, que permite repensar esses princípios. Estes estão sendo reinterpretados, uma vez que o paradigma no Direito Administrativo é alterado para a consensualidade, sob a qual preva-

360. MASCARENHAS, Leticia Martins De Araújo; NEVES, Cleuler Barbosa Das. A consensualidade na Administração Pública face ao novo paradigma do Direito Administrativo. *Revista do Direito Público*, [s. l.], v. 16, n. 2, p. 189, 2021. Disponível em: https://www.uel.br/revistas/uel/index.php/direitopub/article/view/40256. Acesso em: 03 set. 2024. Especificamente, eles afirmam que: "princípios anteriormente tidos como imutáveis, como o princípio da supremacia do interesse público e o princípio da indisponibilidade dos bens públicos, atualmente são objeto de releitura, uma vez que constituem institutos antidemocráticos."

361. "É inegável que o consenso como forma alternativa de ação estatal representada para a Política e para o Direito uma benéfica renovação, pois contribui para aprimorar a governabilidade (eficiência), propicia mais freios contra os abusos (legalidade), garante a atenção de todos os interesses (justiça), proporciona decisão mais sábia e prudente (legitimidade), evitam os desvios morais (licitude), desenvolve a responsabilidade das pessoas (civismo) e torna os comandos estatais mais aceitáveis e facilmente obedecidos (ordem)" (MOREIRA NETO, Diogo de Figueiredo. Novos Institutos Consensuais da Ação Administrativa. *Revista de Direito Administrativo*, vol. 231, jan./mar. 2003, p. 145).

lece o diálogo e a cooperação entre a Administração Pública e os cidadãos.

Conforme Mascarenhas e Neves descrevem[362], a fórmula de diálogo estabelecida entre a Administração Pública e os administrados pode contribuir para a adoção de uma postura mais consensual por parte da Administração e igualmente para a promoção do constitucionalismo democrático. Isso significa que a consensualidade, ao lado de outros princípios, atua como novo eixo para a modernização das relações entre o Estado e a sociedade. Nestes termos, sugerem os autores:

> Com a evolução do Estado, surgiu a necessidade de compatibilizar a atuação administrativa com os preceitos do Estado Democrático de Direito, por meio de um diálogo entre Administração Pública e administrado, ou ainda, por meio de um processo de participação pública dos cidadãos da sociedade, de forma que os torne corresponsáveis pela concretização do constitucionalismo democrático e pela garantia dos direitos fundamentais.

O princípio da eficiência é central para justificar o uso de métodos consensuais nas relações da Administração Pública[363].

A eficiência, incorporada pela Emenda Constitucional nº 19/1998, exige que a Administração Pública atue com celeridade, qualidade e economia no uso dos recursos públicos. Esse princípio visa obter os melhores resultados possíveis da ação administrativa, prestando serviços à sociedade com alto nível de qualidade e ao menor custo possível. No âmbito da Administração Pública, portanto, a eficiência significa mais do que a simples racionalidade econômica. Envolve também a busca pelo atendimento das necessidades coletivas de maneira célere e eficaz, sem desperdício de recursos. Marçal Justen Filho observa que a eficiência administrativa não deve ser confundida com

362. *Op. cit.*, p.192.

363. "A autonomia da vontade é o fundamento do uso da autocomposição nos conflitos privados. Porém, quando se trata dos conflitos em que a Administração Pública é parte, pode-se afirmar que o principal fundamento para o seu uso é o princípio da eficiência para obter os fins desejados pelo Poder Público" (VASCONCELOS, Rita; SILVA, Suelen Isabel da. Eficiência e consequencialismo: o caminho de desenvolvimento da solução pacífica de conflitos no âmbito da Administração Pública. *Revista de Processo*, vol. 309, p. 387-404, nov. 2020. Recurso eletrônico).

a eficiência econômica típica de uma empresa privada, mas ainda assim deve sempre ser guiada pelo dever de evitar o desperdício e buscar resultados de impacto social positivo, respeitando os princípios constitucionais e legais[364].

A consensualidade, por si só, representa uma inovação capaz de promover a eficiência[365], pois introduz formas de resolução de conflitos mais rápidas e menos onerosas.

Ao inibir o fenômeno excessivo de judicialização e incentivar a pacificação social por meio de acordos, a atividade consensual tem grande impacto na eficiência administrativa, reduzindo os custos operacionais do Estado e agilizando a resolução de conflitos. Isso permite à Administração Pública fomentar atividades que, de fato, demandam intervenção estatal. Nas soluções consensuais, as partes ainda têm maior conhecimento e controle sobre as informações relevantes para o conflito, o que lhes permite negociar um desfecho que reflita de forma mais acurada suas necessidades e seus interesses, otimizando a alocação de recursos.

O princípio da legalidade, um dos pilares do Direito Administrativo, exige que as ações do Poder Público estejam estritamente vinculadas à lei, garantindo previsibilidade e segurança na relação entre o Estado e os administrados. Na esfera do controle administrativo, a legalidade pode ser avaliada como um limite à discricionariedade dos agentes públicos[366], que necessariamente devem agir de acordo com as normas legais pré-existentes, conforme defendido por Hohmann e Coelho[367]. Dessa forma, segundo os

---

364. JUSTEN FILHO, Marçal. *Curso de Direito Administrativo*. 15. ed. São Paulo: Forense, 2024, p. 75.

365. CUÉLLAR, Leila; MOREIRA, Egon Bockmann. Administração Pública e mediação: notas fundamentais. *Revista de Direito Público da Economia – RDPE*, ano 16, n. 61, p. 119-145, jan./mar. 2018, p. 135.

366. O princípio da legalidade foi reiteradamente suscitado nas decisões do Tribunal de Contas da União quanto à possibilidade de submissão de uma controvérsia à arbitragem e aos dispute boards. Sobre a evolução da jurisprudência do Tribunal de Contas da União a esse respeito, vide PEREIRA, Cesar. *Arbitragem com a administração pública: o controle externo pelos tribunais de contas*. No prelo. CBAr. Esperado para 2025.

367. HOHMANN, Ana Carolina; COELHO, Fernanda. As alterações da LINDB e as novas perspectivas do controle da Administração Pública: The amendments in the law of introduction to the rules of Brazilian Law – LINDB and the new perspectives concerning the control of the Public Administration. *Revista de Direito Administrativo e Infraestrutura - RDAI*, [s. l.], v. 4, n. 14, p. 305–340, 2020. Disponível em: https://rdai.com.br/index.php/rdai/article/view/234. Acesso em: 03 set. 2024.

autores, promove-se uma avaliação mais eficiente das decisões e garante-se maior participação social nas atividades da Administração Pública:

> Nesse cenário, a legalidade não é mais o único parâmetro de controle, embora ainda tenha a sua importância fundamental. Os mecanismos de controle tendem a ser ampliados, não só pelo Poder Judiciário, pelos Tribunais de Contas e pelo Ministério Público e Poder Legislativo, mas também pelos cidadãos, por meio de maior participação nas decisões administrativas (por exemplo, por meio das consultas públicas e audiências públicas) e por conta dos avanços tecnológicos, que permitem o exercício da cidadania por meio da internet. Ainda, cada vez mais se permite a participação do cidadão nos processos administrativos. Com a participação da sociedade se vê ampliada a legitimidade das decisões da Administração Pública e se solidifica o Estado Democrático de Direito. Outrossim, dotadas de maior legitimidade, as decisões administrativas tendem a ser mais eficazes e mais bem aceitas pela sociedade.

O princípio da moralidade administrativa estabelece que as ações das autoridades públicas não devem apenas estar em conformidade com a lei, mas também ser compatíveis, do ponto de vista ético, com valores tradicionalmente mantidos, como honestidade, lealdade e boa-fé. Aplicar a consensualidade na esfera administrativa exige uma reflexão moral crítica, pois os acordos firmados entre a Administração e os administrados devem proteger seus interesses, mantendo a integridade e a transparência, expectativas básicas do serviço público.

Em sua forma mais básica, a moralidade atuaria com vistas a coibir qualquer abuso de poder ou clientelismo indevido, de modo que a consensualidade seja praticada com equidade e justiça.

O princípio da publicidade e transparência preconiza que todos os atos da Administração Pública devem ser expostos, facilmente visíveis e compreensíveis pelo público em geral, a fim de permitir o controle social sobre as ações do Estado. A publicidade não é apenas um requisito de divulgação, mas vai além para garantir que as decisões administrativas sejam legíveis e abertas à verificação pública.

No âmbito da mediação, o princípio da publicidade adquire novos contornos. Conforme o artigo 2º, § 3º da Lei de Arbitragem, a arbitragem com a Administração Pública será sempre de direito e respeitará o princípio da publicidade. Não há qualquer alusão na Lei de Arbitragem ou na Lei nº 13.140 à publicidade de outros meios extrajudiciais de solução de controvérsias.

Ao contrário do que acontece com outros procedimentos, a confidencialidade para os procedimentos de mediação é um princípio legal, cujo cumprimento é essencial para manter a negociação eficiente e fluida, permitindo que se atinja um acordo[368]:

> A confidencialidade é um poderoso aspecto da mediação, pois permite às partes e ao mediador que discutam francamente fatos, questões e possíveis opções de acordo. O objetivo da confidencialidade na mediação é proteger a comunicação da divulgação externa ao processo. Ela também busca proteger as comunicações de serem divulgadas dentro do processo quando informação sensível for fornecida ao mediador em *caucus*.[369]

Alguns autores argumentam em favor da publicidade do procedimento de mediação com a Administração Pública[370], outros pela confidencialidade[371]. A interpretação adequada para manter o princípio constitucional

---

368. BOULLE, Laurence; RYCROF, Allan, Mediation: principles, process, practice, *JS Afr. L.*, p. 167, 1998; FREDMAN, Lawrence R; PRIGOFF, Michael L, Confidentiality in mediation: The need for protection, *Ohio St. J. on Disp. Resol.*, vol. 2, p. 37, 1986.

369. SALVO, Sílvia di. *Mediação na Administração Pública brasileira*. São Paulo: Almedina, 2018, p. 90.

370. LEATHERBURY, Thomas; COVER, Mark. Keeping Public Mediation Public: Exploring the Conflict between Confidential Mediation and Open Government, *SMU L. Rv.*, vol. 46, 2221, 1993; CARVALHO, Silzia Alves; FARIA, Carolina Lemos de. Confidencialidade na mediação de conflitos envolvendo a Administração Pública: algumas reflexões sobre a (in)compatibilidade de aplicação considerando a realidade normativa brasileira. *Interesse Público – IP*, ano 21, n. 116, p. 69-85, jul./ago. 2019; JACQUES, Marcelo Dias *et al. Patologias corruptivas no tratamento de conflitos: a mediação na Administração Pública sob quarentena*. Disponível em: <https://online.unisc.br/acadnet/anais/index.php/sidspp/article/view/16118/4009>. Acesso em 7 de junho de 2025.

371. SALVO, Sílvia di. *Mediação na Administração Pública brasileira*. São Paulo: Almedina, 2018, p. 90; e CUÉLLAR, Leila *et al.* Administração Pública e mediação: notas fundamentais. *Revista de Direito Público da Economia*, vol. 16, n. 61, p. 119-146, jan./mar. 2018.

da publicidade sem prejudicar a mediação e o princípio legal da confidencialidade é a da publicidade limitada e diferida. O acordo se torna público somente após o encerramento do procedimento de mediação e o termo de encerramento, se não houver acordo, fará parte de eventual arbitragem ou ação judicial, sujeitas a publicidade nos termos dos seus regimes próprios. As discussões entre as partes e as eventuais reuniões separadas do mediador com cada parte (*caucus*) são estritamente confidenciais e não podem ser sujeitas nem mesmo à publicidade diferida, muito menos a registros como gravações. Trata-se de uma confidencialidade instrumental ao próprio funcionamento da mediação. Caso fosse violada, a mediação se tornaria ineficaz, o que frustraria a sua previsão na Lei nº 13.140 e na Lei nº 14.133.

Logo, a publicidade não incide sobre o procedimento autocompositivo de mediação, ao menos não como com a mesma abrangência do que se prevê em relação à arbitragem.

O princípio da consensualidade, ao introduzir o diálogo e a participação no funcionamento da Administração Pública, desenvolve uma necessidade adicional de transparência: incorpora o fato de que os acordos devem ter a devida clareza, sensatez e devem ser devidamente divulgados para que se possa conduzir um monitoramento próximo sobre o processo de tomada de decisão e execução de políticas públicas.

A consensualidade não apenas tem o potencial de transformar a atuação estatal, mas também redefine a relação de poder entre a Administração Pública e o administrado, ampliando a governabilidade e a eficiência das políticas públicas por meio da adoção de instrumentos de colaboração na construçao de soluçoes[372].

O princípio da impessoalidade determina que a Administração Pública deve agir sem favorecer qualquer indivíduo ou grupo de pessoas, tampouco

372. "A sua existência [consensualidade] terá o condão de iluminar inúmeras relações entre sociedade e Estado e de facilitar, assim, a aplicação e o aperfeiçoamento dos institutos consensuais existentes, a criação de novos e de concorrer para a interpretação homogênea de situações indefinidas" (MOREIRA NETO, Diogo de Figueiredo. Novos Institutos Consensuais da Ação Administrativa. *Revista de Direito Administrativo*, vol. 231, jan./mar. 2003, p. 156).

prejudicá-los, garantindo que as decisões sejam baseadas em considerações objetivas. A introdução da consensualidade não enfraquece esse princípio; ao contrário, fortalece-o, ao dispor que os processos de mediação e conciliação sejam realizados sob o princípio de imparcialidade e equidade. A impessoalidade, nesse sentido, é crucial para garantir que o consenso não se torne um instrumento de favoritismo, mas que possa impulsionar a equidade e a justiça no tratamento entre Estado e cidadãos.

A incorporação do consenso nos princípios da Administração Pública representa um importante avanço na modernização e democratização do Direito Administrativo brasileiro. Ao permitir maior diálogo e cooperação entre autoridades públicas e cidadãos, o consenso contribui para a construção de uma administração pública mais eficiente, transparente e ética. Segundo Santos e Centeno[373], o consenso administrativo constitui um mecanismo essencial para fomentar o diálogo entre Administração Pública e cidadãos, visando a uma gestão pública mais eficiente. Observa-se, assim, que a consensualidade é alçada à condição de opção prioritária na resolução de conflitos, denotando uma escolha consciente nessa preferência pela conciliação, mediação e outros métodos de solução consensual de conflitos[374].

No entanto, a implementação desses princípios na prática, sob um novo paradigma, tem refletido constantemente em desafios e oportunidades, principalmente nas ações administrativas e nas relações Estado-sociedade.

O interesse público, sendo indisponível, irrenunciável e intransferível,

---

373. SANTOS, Aline Sueli de Salles; CENTENO, Murilo Francisco. O Novo Código de Processo Civil e a Lei de Mediação: O Incentivo à Consensualidade na Resolução de Conflitos Envolvendo a Administração Pública. *Revista de Direito Administrativo e Gestão Pública*, [s. l.], v. 2, n. 1, p. 246–261, 2016. Disponível em: https://www.indexlaw.org/index.php/rdagp/article/view/663. Acesso em: 03 set. 2024. "A transformação na Administração Pública impulsionada com a instituição do Estado Democrático de Direito e as reformas gerenciais iniciadas em meados da década de 1990 provocaram a emergência de um novo modelo para gestão pública denominada administração pública consensual, que sinaliza" *apud* (OLIVEIRA, SCHWANKA, 2008, p. 133 (um novo caminho, no qual a Administração pública passa a valorizar (e por vezes privilegiar) uma forma de gestão cujas referências são o acordo, a negociação, a coordenação, a cooperação, a colaboração, a conciliação, a transação.)

374. BREGA, Silvia Maria Costa. Mediação e sua convergência com princípios da Administração Pública. *In*: MOREIRA, António Júdice; NASCIMBENI, Asdrubal Franco; BEYRODT, Christiana; TONIN, Mauricio Morais (coord.). *Mediação e Arbitragem na Administração Pública: Brasil e Portugal*. São Paulo: Almedina, 2020.

deve ser protegido pelo Estado de forma absoluta. Este preceito fundamenta o estabelecimento de que o interesse público não pode ser objeto de disposição, renúncia ou transferência, devendo ser resguardado pelo Estado de maneira irrestrita. Todavia, a conclusão não afasta o interesse público das soluções consensuais. Para Diogo de Figueiredo Moreira Neto, "coexiste, com o interesse público deduzido no conflito, o interesse público, não menos importante, de compô-lo"[375]. Isso significa que, se o interesse público pode impor um novo conjunto de limites e responsabilidades para a Administração Pública a cada evolução do Direito Administrativo brasileiro, especialmente quando compreendido no contexto da consensualidade, esta consensualidade também fornece meios para atingi-lo com maior eficiência[376].

No ponto, cabe afastar um equívoco que está na origem das discussões acerca da suposta incompatibilidade entre meios adequados de resolução de disputas envolvendo a Administração Pública e a indisponibilidade dos interesses por ela perseguidos. Não se confunde o interesse coletivo com o interesse do aparato estatal[377]. Essa constatação é amplamente aceita e difundida. Nem tudo o que se põe sob a cura da Administração Pública é indisponível. A Administração Pública não pode dispor da realização dos direitos fundamentais. Mas há uma grande distância entre essa premissa e a conclusão de que tudo o que se relaciona com a Administração Pública configura objeto de "direitos indisponíveis".

Por decorrência, ao menos tudo o que for ou puder ser disciplinado em contrato pela Administração Pública tem natureza patrimonial e disponível, passível de solução por arbitragem, *dispute boards* ou mediação. No caso da mediação, mesmo outros direitos e interesses, ainda se classificados como indisponíveis, podem ser objeto de discussão e solução consensual,

375. MOREIRA NETO, Diogo de Figueiredo. Novos Institutos Consensuais da Ação Administrativa. *Revista de Direito Administrativo*, vol. 231, jan./mar. 2003, p. 154.

376. *Idem*, p. 154.

377. PEREIRA, Cesar. Mediação com a Administração Pública na Lei 14.133: solução consensual de litígios nas contratações administrativas. *Revista de Arbitragem e Mediação*, vol. 78, p. 359-381, jul./set. 2023. Recurso eletrônico.

com as cautelas e exigências da Lei nº 13.140.

Ademais, os desafios e alterações na Lei de Introdução às Normas do Direito Brasileiro (LINDB) advindos da Lei nº 13.655/2018 tornam imperativo que os administradores e órgãos de controle incorporem a lógica dos efeitos práticos ao Direito Administrativo público. Essa postura passa a exigir que a Administração Pública não se limite a cumprir apenas os termos literais da lei, mas também a produzir impactos concretos – sociais, econômicos, administrativos, entre outros.

Desenvolver a consensualidade como prática administrativa atende a esse propósito, ao proporcionar ao setor público a resolução mais eficiente de seus litígios, evitando judicialização desnecessária. Ao estabelecer regras para a mediação no âmbito da Administração Pública, a Lei nº 13.140/2015 afirmou definitivamente a consensualidade como prática legal e desejável.

A análise comparativa entre consensualidade e litigância revela a primeira como a melhor opção para a Administração Pública. Os litígios envolvem, geralmente, processos morosos, custosos e, muitas vezes, pouco eficazes, sobrecarregando o Judiciário e gerando altos custos para o Estado e os cidadãos. Santos e Centeno[378] defendem que, por meio do consenso e fomento do diálogo e da negociação, obtêm-se soluções mais rápidas, com menor custo e que respondem melhor às particularidades de cada caso.

Como o diálogo e a negociação são ideais para promover entendimentos mútuos, as decisões tendem a ser mais equilibradas e as partes envolvidas se sentem verdadeiramente atendidas, aumentando a legitimidade das ações estatais e fomentando maior aceitação das soluções propostas.

A transição do litígio para o consenso na Administração Pública não representa apenas uma evolução do Direito Administrativo brasileiro, mas uma mudança de mentalidade. O Estado deixa de ser visto como ente autoritário e passa a ser considerado um parceiro ativo nas soluções de pro-

378. *Op. cit.*

blemas que atendam ao interesse público, de forma mais eficiente e democrática, segundo Santos e Centeno[379].

3. Instrumentos de consensualidade

As ferramentas de consenso no sistema de Direito Administrativo brasileiro impulsionam a busca por uma gestão pública mais eficiente, colaborativa e menos conflituosa. Segundo Diogo de Figueiredo Moreira Neto, por meio da consensualidade, "o Poder Público vai além de estimular a prática de condutas privadas de interesse público, passando a estimular a criação de soluções privadas de interesse público"[380]. A consensualidade enriquece a prática administrativa.

Entre os mecanismos padronizados destacam-se: mediação, conciliação, Termos de Ajustamento de Conduta, acordos substitutivos e câmaras de prevenção e resolução de conflitos. Embora cada um possua suas peculiaridades, todos visam à pacificação social e à eficiência administrativa. A importância de tais ferramentas é reforçada pela legislação introduzida por meio da Lei nº 13.655/2018 e da Lei nº 13.140/2015, que consolidaram a cultura do consenso no sistema da Administração Pública.

A mediação e a conciliação foram introduzidas na Administração Pública pela Lei nº 13.140/2015, consolidando-se como ferramentas indispensáveis para a resolução de conflitos envolvendo órgãos públicos. A mediação, caracterizada como um mecanismo que busca soluções construídas de forma dialógica, mostra-se eficaz nos casos em que o restabelecimento da comunicação entre as partes é complexo. Diferentemente da conciliação, em que o conciliador pode propor soluções, na mediação o mediador exerce um papel imparcial, apenas facilitando o diálogo para que as próprias partes desenvolvam as soluções.

---

379. *Op. cit.*, p. 259.

380. MOREIRA NETO, Diogo de Figueiredo. Novos Institutos Consensuais da Ação Administrativa. *Revista de Direito Administrativo*, vol. 231, jan./mar. 2003, p. 156.

Estas técnicas têm sido utilizadas em larga escala, particularmente envolvendo entes públicos e privados. Ao incorporar práticas de mediação, a Administração Pública não abandona seu papel normativo, mas busca soluções que atendam ao interesse público de forma eficiente e menos custosa para ambas as partes, conforme sugerem Mascarenhas e Neves[381]. Em geral, a mediação é um processo mais rápido e ágil, o que permite a economia de tempo e recursos por parte da Administração Pública e do administrado. Além disso, a mediação reduz custos ao diminuir a necessidade de contratação de peritos e outros profissionais, bem como de realização de audiências formais ou atos procedimentais mais complexos.

A mediação tem sido reconhecida como uma alternativa também aos altos custos e à morosidade das questões judiciais da Administração. A mediação possibilita o compartilhamento de preocupações e soluções entre as partes envolvidas no conflito, estimulando a construção de soluções criativas e efetivas para a resolução dos problemas[382]. Conforme estabelece a Lei nº 13.140/2015, o Estado pode interagir com o administrado em uma relação de maior simetria, menos hostil ao Poder Público, com menor grau de litigiosidade e postura mais dialógica. O diálogo estabelecido durante o processo de mediação permite que as partes explorem conjuntamente alternativas e encontrem a melhor solução para o conflito, considerando os interesses e necessidades de todos os envolvidos[383]. Ao contrário de procedimentos heterocompositivos, a mediação diminui a assimetria de informações entre as partes, equaliza interesses e permite que elas encontrem soluções que serão, na sua própria avaliação, melhores para o conjunto dos envolvidos.

Ademais, a mediação permite melhor controle da eficácia das soluções pactuadas, uma vez que estas são construídas de forma mais próxima da

381. *Op. cit.*, p. 194 -199.

382. PEREIRA, Cesar. Mediação com a Administração Pública na Lei 14.133: solução consensual de litígios nas contratações administrativas. *Revista de Arbitragem e Mediação*, vol. 78, p. 359-381, jul./set. 2023. Recurso eletrônico.

383. BOURGES, Fernanda Schuli. *Mediação administrativa*. Belo Horizonte: Fórum, 2023, p. 161-162.

realidade do administrado e em consonância com o princípio da razoabilidade, central no Direito Administrativo moderno.

Os Termos de Ajustamento de Conduta (TACs) são instrumentos de grande aplicação na esfera administrativa, especialmente em casos de infrações que envolvam danos ao meio ambiente, ao consumidor e a direitos difusos. O TAC é um mecanismo de ajustamento da conduta do administrado por meio de um instrumento no qual são previstos obrigações e compromissos sem a imposição imediata de sanções mais severas. A eficácia dos TACs está diretamente relacionada à sua flexibilidade, uma vez que os termos do acordo devem ser adaptáveis à realidade e não desvirtuar o interesse público.

Os acordos substitutivos surgem como uma alternativa às sanções administrativas, podendo substituí-las por compromissos firmados entre a Administração e o administrado. Quando aplicados corretamente, esses acordos conferem maior flexibilidade e adequação à realidade do administrado, oferecendo uma resposta mais natural em relação às infrações cometidas. A substituição de penalidades tradicionais por acordos consensuais promove um tratamento equilibrado dos conflitos, aumentando também a eficiência administrativa e evitando sobrecargas desnecessárias no sistema judicial e administrativo.

As câmaras de prevenção e resolução de conflitos, instituídas pela Lei nº 13.140/2015, constituem outra ferramenta relevante, independente dos tribunais e voltada para a prevenção de litígios e a promoção da autocomposição entre as partes envolvidas[384]. Funcionam como fóruns de diálogo e negociação na atuação dos entes públicos, promovendo mediações e conciliações. Sua atuação não se limita à solução de conflitos, mas se estende também à prevenção destes.

A mediação já vinha sendo prevista contratualmente de modo desvinculado da existência ou não de tais câmaras administrativas, diante da consta-

---

384. Ver tópico 4.2.

tação de que se trata de métodos distintos de resolução de conflitos. A Lei nº 14.133 consolidou definitivamente a possibilidade de a Administração Pública se submeter ao procedimento de mediação no regime integral da Lei nº 13.140[385].

Os meios de consenso consagrados no Direito Administrativo brasileiro representam um avanço significativo na evolução da gestão pública[386]. A mediação, a conciliação, os TACs, os acordos substitutivos e as câmaras de prevenção e resolução de conflitos oferecem respostas que não se restringem à solução rápida e eficiente de conflitos, mas também tendem a preservar a integridade do interesse público.

Para que essa evolução se concretize, é necessário que tais mecanismos sejam efetivamente implementados, promovendo uma transformação cultural no âmbito da Administração Pública. Esta deve se tornar mais dialógica e menos prescritiva, sem prejuízo da legalidade e da eficiência de suas ações. Esses meios confirmam o consenso como valor fundamental no Direito Administrativo contemporâneo, promovendo a pacificação social, a cooperação entre entes públicos e privados e a eficiência na solução de conflitos.

4. Análise e discussão

4.1 Atuação de procuradores públicos

A advocacia pública conquistou seu espaço como elemento unificador dentro da Administração Pública. A atuação dos procuradores públicos tende a promover soluções consensuais sem comprometer o interesse público por meio do recurso generalizado aos tribunais. Os obstáculos

385. PEREIRA, Cesar; SOUZA-MCMURTRIE, Leonardo F. Meios Extrajudiciais de Resolução de Disputas na Lei 14.133. *In:* HARGER, M. (ed.). *Aspectos Polêmicos sobre a Nova Lei de Licitações e Contratos Administrativos*. Belo Horizonte: Fórum, 2022.

386. Para uma perspectiva sobre a evolução das ferramentas consensuais da Administração Pública até o ano de 2003, ver MOREIRA NETO, Diogo de Figueiredo. Novos Institutos Consensuais da Ação Administrativa. *Revista de Direito Administrativo*, vol. 231, jan./mar. 2003.

enfrentados por essa atividade são variados, destacando-se a cultura litigiosa, a ausência de normas explícitas sobre limites e autonomia para procuradores públicos e o receio de que tais compromissos gerem responsabilização.

Segundo Mascarenhas e Neves[387], o consenso está vinculado à definição de paradigmas para a evolução da Administração Pública, caracterizados pelo abandono de estruturas autoritativas e pelo favorecimento do diálogo entre administrados e Administração, visando garantir maior eficiência na solução de conflitos:

> Dessa forma, a consensualidade é um mecanismo que tem o condão de trazer maior efetividade aos direitos e, para que esta atinja de fato seu objetivo, é também necessária uma mudança de cultura para que a sociedade busque a harmonização das relações em detrimento da cultura litígios.[388]

Um dos desafios é criar um ambiente de maior segurança jurídica para os procuradores públicos na celebração de acordos. Silva e Morais[389] propõem que os procuradores públicos tenham regulamentação específica delimitando sua atuação nos processos de mediação e conciliação. Se essas normas definissem os limites de responsabilidade dos procuradores e fossem mais específicas na definição de parâmetros para acordos, tais profissionais poderiam atuar de forma mais proativa e sem receio, fomentando o uso de métodos consensuais na resolução de conflitos. Os autores afirmam:

> Nesse contexto, a Administração, no intuito de expandir os espaços de consenso para os processos de contratação pública e superar as omissões quanto ao seu uso, deverá caminhar para a procedimentalização, isso é, instituir, por atos administrativos, parâmetros para

387. *Op. cit.*, p. 197.

388. *Op. cit.*, p. 191.

389. SILVA NETO, Carlos Eugênio da; MORAIS, Kassia Kalianny Gomes Da Silva. Justiça negocial aplicada à nova Lei de Licitações e Contratos Administrativos: uma análise da (im)possibilidade da expansão dos espaços de consenso nas soluções de controvérsias. *Revista Digital de Direito Administrativo*, [s. l.], v. 11, n. 1, p. 274-283, 2024. Disponível em: https://www.revistas.usp.br/rdda/article/view/213424. Acesso em: 05 set. 2024.

subsidiar o agente público para a sua aplicabilidade prática, afastando a insegurança jurídica, além de, na abordagem pedagógica, proporcionar treinamento de gestores, servidores e contratados.

A consensualidade na Administração Pública não pode ser implementada sem um conjunto de medidas estruturais. Primordialmente, é crucial capacitar os servidores públicos para atuarem de forma técnica e segura em processos de mediação e conciliação. Lemos e Lôbo[390] reiteram que seria necessário desenvolver a capacitação de advogados e gestores administrativos sobre técnicas de negociação, priorizando o tratamento eficaz de demandas complexas que impliquem consenso. A proposição é reforçada também por Hohmann e Coelho[391].

No que diz respeito às negociações sobre a atuação dos promotores, a falta de um regime adequado gera incertezas que dificultam a plena implementação do consenso. A ausência de regulamentação clara contribui para a manutenção de uma postura conservadora quanto ao avanço da mediação e conciliação nas ações da Administração Pública.

4.2 Criação de órgãos administrativos especializados

A criação de órgãos especializados, como as Câmaras de Conciliação e Arbitragem, foi apontada por Hohmann e Coelho[392] e também por Fagúndez e Goulart[393] como meio institucional para agilizar a resolução de conflitos e aplicar acordos extrajudiciais. Tais câmaras, como instâncias formais de resolução de conflitos, representariam alternativas à judicialização e canais ideais para a realização de acordos favoráveis tanto à Administração quanto aos administrados.

---

390. LEMOS, Maria Andreia; LÔBO, Edilene. Confidencialidade na autocomposição de conflitos no âmbito da Administração Pública. *Revista de Direito Administrativo e Gestão Pública*, [s. l.], v. 5, n. 2, p. 38, 2019. Disponível em: http://www.indexlaw.org/index.php/rdagp/article/view/5908. Acesso em: 03 set. 2024.

391. *Op. cit.*, p. 15-16.

392. *Op. cit.*, p. 274–283.

393. GOULART, Juliana; AZEVEDO, Lyza; CADEMARTORI, Luiz Henrique. A autocomposição na administração pública pela perspectiva da análise econômica do direito. *Revista da AGU*, [s. l.], 2023. P.278, 283 e 284. Disponível em: https://revistaagu.agu.gov.br/index.php/AGU/article/view/3131. Acesso em: 03 set. 2024.

A criação dessas câmaras está prevista na Lei nº 13.140/2015, que permite métodos consensuais para resolução de conflitos administrativos. Segundo Silva Neto e Morais[394], a atuação preventiva das câmaras é uma opção para evitar que litígios cheguem em massa ao Judiciário, sobrecarregando um sistema de processos que poderiam ser resolvidos pela negociação. Ao disponibilizar câmaras formais de mediação e conciliação, a Administração Pública tem a capacidade de articular diálogos mais diretos e transparentes com os seus cidadãos, garantindo soluções mais rápidas e eficazes.

A instalação dessas câmaras representa um passo importante no processo de consolidação do consenso na Administração Pública, pois proporciona um *locus* formal para negociação de soluções consensuais, aproxima os administrados da Administração, aumenta as chances de meios mais rápidos e menos onerosos de solução de conflitos e permite melhor controle sobre os resultados pactuados. Por meio do diálogo pré-contencioso, esses órgãos contribuem diretamente para a eficiência administrativa, fomentando maior transparência e confiança na relação do Estado com seus cidadãos.

4.3 A evolução do consensualismo na Administração Pública

Por meio da Instrução Normativa nº 91/2022, além de efetivamente destravar negócios, resolver problemas e promover a construção criativa de soluções talvez até então impossíveis em outro ambiente, o Tribunal de Contas da União desenvolveu um modelo: a instituição da SecexConsenso e da Solicitação de Solução Consensual[395]. A SecexConsenso foi concebida para facilitar negociações entre as partes envolvidas nos litígios, por meio de um processo rápido e bem estruturado. Foi iniciativa de concreção do princípio da eficiência da Administração Pública. O modelo apresentado por meio da SecexConsenso conduziu à multiplicação de pedidos de solu-

394. *Op. cit.*, p.278, 283 e 284.

395. PEREIRA, Cesar; FORTINI, Cristiana. O TCU e o futuro do consenso: por um Direito Administrativo de soluções. *Migalhas* (12 de julho de 2024). Disponível em: <https://www.migalhas.com.br/depeso/411102/o-tcu-e-o-futuro-do-consenso-por-um-direito-administrativo-de-solucao>. Acesso em: 7 de junho de 2025.

ção consensual[396], chegando a cerca de trinta solicitações realizadas à SecexConsenso desde 2023, conforme dados divulgados em agosto de 2024 pelo Tribunal de Contas da União[397].

A experiência bem-sucedida da SecexConsenso favoreceu o surgimento de outras iniciativas. Em dezembro de 2023, a ANTT e a Procuradoria Federal junto à ANTT editaram a Instrução Normativa Conjunta nº 1 criando a Câmara de Negociação e Solução de Controvérsias (COMPOR), destinada a promover soluções consensuais no âmbito da sua esfera de atuação[398]. Em julho de 2024, a AGU editou portaria que institui a Plataforma de Autocomposição Imediata e Final de Conflitos Administrativos (PACIFICA). O Decreto nº 12.091, também de julho de 2024, criou a Rede Federal de Mediação e Negociação (RESOLVE) – uma rede de mecanismos de solução consensual. Em setembro de 2024, a ANA – Agência Nacional de Águas e Saneamento Básico editou a Resolução ANA nº 209, regulando a

> mediação regulatória para a resolução de conflitos entre os titulares, as agências reguladoras ou os prestadores de serviços públicos de saneamento básico, quando as controvérsias envolverem a interpretação e a aplicação das normas de referência da ANA sobre o saneamento básico.

Tal como o Decreto nº 12.091, o ato normativo da ANA também incorpora o regime jurídico da mediação.

Todos esses atos revelam uma profunda compreensão dos instrumentos de solução extrajudicial de conflitos, notadamente os autocompositivos.

---

396. JUSTEN FILHO, Marçal. O consensualismo é consenso: em defesa da SECEXConsenso. *Migalhas* (11 de julho de 2024). Disponível em: <https://www.migalhas.com.br/depeso/411026/o-consensualismo-e-consenso-em-defesa-da-secexconsenso>. Acesso em: 7 de junho de 2025.

397. TCU. Acompanhe os pedidos de soluções consensuais que chegaram ao TCU desde 2023. *Secom TCU.* Disponível em: <https://portal.tcu.gov.br/imprensa/noticias/acompanhe-os-pedidos-de-solucoes-consensuais-que-chegaram-ao-tcu-desde-2023.htm>. Acesso em: 7 de junho de 2025.

398. Merece destaque o fato que a Compor aprovou em maio de 2024, pouco após sua instituição, o seu primeiro acordo, entre a agência e a Via Eco 050, conforme divulgado pela ANTT, vide ANTT. ANTT aprova primeiro acordo na Câmara COMPOR com a Via Eco 050. *Notícias ANTT.* Disponível em: <https://www.gov.br/antt/pt-br/assuntos/ultimas-noticias/antt-aprova-primeiro-acordo-na-camara-compor-com-a-via-eco-050>. Acesso em: 7 de junho de 2025.

5. Conclusão

Os princípios da Administração Pública e proximidade com o consenso protagonizam as mudanças legais e institucionais pelas quais o Direito Administrativo brasileiro vem passando. A transição de um modelo predominantemente unilateral para outro, baseado no diálogo e na cooperação, evidencia a prioridade concedida ao consenso como cerne das práticas administrativas modernizadas. Os princípios de legalidade, impessoalidade, moralidade, publicidade e eficiência não apenas permanecem intocados pelos instrumentos consensuais, mas são reforçados pela aplicação de mecanismos como mediação e conciliação.

A consensualidade fundamenta-se no princípio da legalidade, assegurando que a Administração Pública atue em conformidade com a lei. A impessoalidade é valorizada, uma vez que as decisões consensuais envolvem múltiplos atores e respeitam critérios objetivos e o interesse público, não favorecendo interesses individuais. A moralidade é fortalecida por meio da transparência e da boa-fé inerentes aos processos consensuais. A publicidade garante a comunicação e o monitoramento de todos os acordos e resoluções. No âmbito da consensualidade, a eficiência é primordial, pois evita a judicialização excessiva e proporciona soluções ágeis e adequadas aos conflitos.

As implicações para a prática administrativa e jurídica são multifacetadas, impactando a atuação dos procuradores públicos e a estrutura organizacional da Administração Pública. A adoção de mecanismos consensuais, como a mediação e a conciliação, demanda uma nova postura dos agentes públicos, que devem ser mais proativos na realização de acordos. A consensualidade apresenta o desafio adicional de definir claramente as responsabilidades dos procuradores públicos na celebração de acordos, exigindo uma regulamentação mais bem estruturada para garantir segurança jurídica e autonomia decisória.

Ademais, a introdução de Câmaras de Conciliação e Mediação no âmbito administrativo constitui medida fundamental para institucionalizar a consensualidade, proporcionando aos administrados uma via direta para resolver seus dissensos com o Estado.

Não obstante os avanços, é necessário reconhecer que ainda existem desafios significativos para que a consensualidade se torne uma prática vigente na Administração Pública.

Uma mudança cultural é imprescindível para a ampla adoção dos mecanismos consensuais. O processo é árduo. Há de se superar a cultura de judicialização arraigada à Administração Pública brasileira, o que demanda esforços contínuos na capacitação dos agentes públicos e na divulgação dos benefícios da consensualidade para o Estado e seus administrados. Adicionalmente, evidencia-se a necessidade de marcos regulatórios claros para garantir a aplicação homogênea e segura da consensualidade em todo o território nacional.

O fortalecimento da consensualidade no Brasil requer um conjunto de medidas que englobem a capacitação técnica dos agentes públicos e a criação de estruturas institucionais adequadas. Embora as barreiras culturais sejam consideráveis, as conquistas protagonizadas pela SecexConsenso, pela PACIFICA, pelo RESOLVE, por agências reguladoras como a ANTT (COMPOR) e ANA (mediação regulatória) são alvissareiras. Demonstram, na prática, que a Administração Pública pode beneficiar-se de soluções negociadas, não apenas pela agilidade, mas também pela construção de soluções mais criativas e adequadas às peculiaridades de cada caso. Na lição de Diogo de Figueiredo Moreira Neto, permitem

> acrescentar às potencialidades da máquina burocrática as infinitas potencialidades da sociedade e de suas miríades de organizações sociais, que deixa de ser mera súdita para ser sócia e parceira da atuação estatal, passando a ter no consenso e não na coerção a primeira das opções relacionais.[399]

399. MOREIRA NETO, Diogo de Figueiredo. Novos Institutos Consensuais da Ação Administrativa. *Revista de*

As perspectivas futuras apontam para uma Administração Pública cada vez mais orientada pela eficiência e pelo diálogo, na qual o consenso figure não apenas como uma alternativa ao litígio, mas como estratégia central da gestão pública. Ao permitir a resolução de conflitos de forma mais célere, justa e participativa, a consensualidade fortalece a relação entre o Estado e os cidadãos, assegurando uma atuação administrativa alinhada aos princípios constitucionais e democráticos.

Direito Administrativo, vol. 231, jan./mar. 2003.

As cláusulas escalonadas (Med-Arb) nos contratos envolvendo o Poder Público

Silvia Rodrigues Pachikoski [400,401]

Resumo

O presente trabalho busca avaliar o cabimento e os benefícios decorrentes da utilização de Cláusulas Med-Arb no âmbito dos contratos firmados com o Poder Público, por meio de reflexões doutrinárias e práticas sobre o tema.

Abstract

This article seeks to evaluate the suitability and the benefits of the utilization of Med-Arb Clauses within Contracts signed with the Public Administration, through doctrinaire and practical evaluation.

Palavras-chave

Mediação – Arbitragem – Cláusulas Escalonadas – Cláusulas Med-Arb – Administração Pública – Métodos Adequados de Resolução de Disputas.

Keywords

Mediation – Arbitration – Multi-tier Clauses – Med-Arb Clauses – Public Administration – Adequate Dispute Resolution Methods

1. Introdução

O presente artigo tem o intuito de avaliar o cabimento e os pontos positivos da aplicação pelo Poder Público de Cláusulas Escalonadas, especificamente das Cláusulas Med-Arb – pelas quais as partes optam, primei-

400. Advogada formada pela Universidade de São Paulo (USP), com extensão universitária em Processo Civil pela PUC/SP e em Direito Societário pela FGV/SP. Estudos em Arbitragem Comercial Internacional na Washington College of Law. Sócia de L.O. Baptista Advogados, com quase 30 anos de experiência, vem atuando como árbitra e advogada em diversos procedimentos arbitrais nacionais e internacionais. Vice-presidente do CAM-CCBC, e coordenadora da Comissão de Assuntos Legislativos do Comitê Brasileiro de Arbitragem (CBAr).

401. O presente artigo contou com o excelente apoio de Mariana Dias Sallowicz e Gabriel Rogenfisch Quintans, a quem expresso meus sinceros agradecimentos.

ramente, por submeter eventuais litígios decorrentes do negócio jurídico firmado à mediação e, caso não seja alcançado o acordo, à arbitragem.

Para tanto, de início, serão explicadas as características das cláusulas Med-Arb e o arcabouço normativo que embasa o emprego dos meios adequados de resolução de controvérsias. Após, serão ponderadas as normas que permitem a utilização destes métodos pelo Poder Público e em que medida a sua aplicação é benéfica para os entes administrativos.

No item seguinte, serão destacadas iniciativas do Poder Público para resolução consensual de conflitos com a Administração Pública, trazendo à baila contratos de concessão que preveem cláusulas escalonadas.

Finalmente, foram compilados entendimentos do Supremo Tribunal Federal (STF), do Superior Tribunal de Justiça (STJ) e do Tribunal de Contas da União (TCU) sobre a possibilidade jurídica de o Poder Público firmar acordos com entes privados como meio eficiente para gestão de disputas.

2. Cláusulas escalonadas e Cláusulas Med-Arb

A evolução dos métodos de solução de conflitos, cada vez mais inseridos no ambiente empresarial, e na equação econômica dos contratos, proporciona a aparição de cláusulas contratuais que utilizam mais de uma técnica para o atingimento da pacificação almejada.

As cláusulas escalonadas, também conhecidas como cláusulas multietapas, são instrumentos contratuais que preveem o emprego de dois ou mais métodos adequados de resolução de disputas, em uma sequência ordenada, para dirimir conflitos decorrentes de relação negocial firmada entre as partes, os quais são exercidos dentro dos limites ajustados[402],[403].

402. "Aparecendo cada vez com maior frequência, inclusive com modelos oferecidos por diversos órgãos arbitrais, encontra-se a chamada cláusula escalonada, consistente na previsão pela convenção de dois (ou até mais) métodos de solução de conflitos a serem exercidos na forma convencionada. (...) E assim, escalonada será a cláusula em que se estabeleçam dois ou mais meios de solução de conflitos dentre os diversos disponíveis a serem exercidos na forma e etapas ajustadas pelas partes". (CAHALI, Francisco José. *Curso de Arbitragem: mediação, conciliação, tribunal multiportas*. 8. ed. São Paulo: Thomson Reuters Brasil, 2022. *E-book*. p. RB-6.7.

403. "As cláusulas escalonadas, também conhecidas como multietapas, são aquelas que preveem que eventuais litígios

Alexander Jolles assim define as cláusulas escalonadas[404]:

> Multi-tier arbitration clauses are clauses in contracts which provide for distinct stages, involving separate procedures, for dealing with and seeking to resolve disputes. Such clauses typically provide for certain steps and efforts to be taken by the parties prior to commencing arbitration. These initial steps are aimed at finding an amicable settlement of disputes in order to avoid arbitration or litigation. Typically, the initial tiers of such clauses provide form a duty to enter negotiations, sometimes requiring the attendance of top management representatives, and/or a duty to participate in conciliation or mediation processes. The last tier of such clauses provides for the adjudicatory process (arbitration), which is intended to be conducted only if the efforts taken in the initial tiers have failed[405]

O modelo mais usual de cláusulas escalonadas prevê a eleição dos dois métodos de resolução de conflitos mais conhecidos – mediação e arbitragem; ou seja, as partes acordam que, caso haja divergência na relação contratual, antes de instaurar eventual arbitragem, submeter-se-ão à mediação[406].

No entanto, há outras variações de cláusulas escalonadas, as quais consideram o emprego de outros métodos de solução de conflitos, como negociação, conciliação e dispute boards, por exemplo. Da mesma forma, as

---

entre as partes contratantes serão dirimidos mediante uma sequência escalonada de meios alternativos de resolução de litígios, devendo necessariamente uma forma de solução convencionada preceder a utilização da forma seguinte. É dizer, são dispositivos contratuais que estabelecem métodos de resolução de conflitos contratuais a partir do escalonamento de dois ou mais níveis contendo, cada um, uma forma distinta de solução do litígio" (FRANZONI, Diego; LIMA NETO, Nairo. Tutela de Urgência, Cláusulas Escalonadas na Arbitragem e o Parágrafo Único do Artigo 22-A da Lei 9.307/96. *Revista de Arbitragem e Mediação*, v. 61, 2019, p. 165-177.).

404. JOLLES, Alexander. Consequences of Multi-tier Arbitration Clauses: Issues of Enforcement. *The International Journal of Arbitration, Mediation and Dispute Management*, v. 7, n. 4, 2006. Disponível em: <https://kluwerlawonline.com/journalarticle/Arbitration:+The+International+Journal+of+Arbitration,+Mediation+and+Dispute+Management/72.17/AMDM2006050>. p. 329.

405. "Cláusulas Escalonadas de arbitragem são cláusulas contratuais que determinam a realização de diferentes estágios, envolvendo procedimentos separados, para lidar e resolver disputas. Tais cláusulas, tipicamente, determinam que certos passos e esforços devem ser tomados pelas partes anteriormente à instauração de procedimento arbitral. Essas medidas iniciais têm por intuito a busca por uma solução amigável para a disputa para evitar a arbitragem ou o litígio. Comumente, o procedimento inicial determinado por essas cláusulas consiste em um dever de negociar, em alguns momentos sendo exigida a participação de representantes da diretoria, e/ou um dever de participar de procedimentos de conciliação ou mediação. O último nível de tais cláusulas prevê a realização de procedimento adjudicatório (arbitragem), o qual só será conduzido se os esforços dos procedimentos iniciais houverem sido falhos" (tradução livre).

406. CAHALI, Francisco José. *Curso de Arbitragem mediação, conciliação, tribunal multiportas*. 8. ed. São Paulo: Thomson Reuters Brasil, 2022. p. RB-6.7.

partes podem, ainda, estabelecer uma etapa prévia de negociações informais antes de instaurar, de fato, o litígio, na qual se comprometem a envidar melhores esforços na tentativa de alcançar uma composição amigável[407,408].

Entretanto, deve-se ter em mente que as cláusulas que estabelecem etapa prévia de meras negociações informais não correspondem a cláusulas escalonadas, uma vez que as denominadas "escalonadas" exigem o cumprimento formal da negociação, sendo, portanto, uma etapa vinculativa e obrigatória[409].

Aliás, como já mencionado em outra oportunidade, a informalidade ou a falta de procedimento na condução das tratativas na forma como se dará a mediação e os passos que devem ser cumpridos pelas partes podem ser responsáveis pela frustração da própria possibilidade de composição[410].

O escalonamento das cláusulas que envolvem mediação e arbitragem, usualmente, ocorre de duas formas:

(i) primeiro, conforme antecipado, a realização inicial de mediação que, caso infrutífera, resultará na instauração de procedimento arbitral (Cláusula Med-Arb); ou

(ii) após iniciado, o procedimento arbitral é suspenso para que seja realizada mediação, sendo retomada a arbitragem para homologação do acordo ou continuidade do procedimento (Cláusula Arb-Med)[411].

Nesses casos – Cláusula Med-Arb –, entende-se que a

407. LEVY, Fernanda Rocha Lourenço. *Cláusulas Escalonadas: a mediação comercial no contexto da arbitragem*. São Paulo: Saraiva. 2013. *E-book*. p. 72.

408. LEMES, Selma Maria Ferreira. As peculiaridades e os efeitos jurídicos da cláusula escalonada: mediação ou conciliação arbitragem, arbitragem doméstica e internacional. *In*: FERRAZ, Rafaella; MUNIZ, Joaquim de Paiva (coord.). *Estudos em Homenagem ao Professor Théóphilo de Azeredo Santos*. Rio de Janeiro: Forense, 2008. p. 367.

409. Assim, entendemos que a cláusula med-arb possui natureza arbitral, possuindo efeitos processuais vinculantes, inclusive no que se refere à etapa da mediação, desde que esse efeito esteja efetivamente previsto na redação da cláusula e/ou nas regras procedimentais da entidade arbitral, constando a participação na mediação (entendida como a presença das partes à primeira reunião) como pressuposto prévio procedimental ao processo arbitral" (LEVY, Fernanda Rocha Lourenço. *Cláusulas Escalonadas: a mediação comercial no contexto da arbitragem*. São Paulo: Saraiva, 2013. *E-book*. p. 77).

410. PACHIKOSKI, Silvia Rodrigues. A Cláusula Escalonada. *In*: ROCHA, Caio Cesar Vieira; SALOMÃO, Luis Felipe (coord.). *Arbitragem e Mediação: a Reforma da Legislação Brasileira*. São Paulo: Atlas, 2017. p. 285-305.

411. LEVY, Fernanda Rocha Lourenço. *Cláusulas Escalonadas: a mediação comercial no contexto da arbitragem*. São Paulo: Saraiva, 2013. *E-book*. p. 73.

> convenção de mediação prévia possui efeito vinculativo positivo, dirigido às partes que devem levar a controvérsia à mediação, honrando o previamente pactuado, e negativo, dirigido ao Estado, incluindo-se a esfera arbitral, impedindo o árbitro de instaurar a arbitragem[412].

Essa "vinculação", todavia, implica apenas o dever de comparecer à primeira reunião de mediação, podendo a ausência implicar em sanções pecuniárias, nos termos do inciso IV, do Artigo 22, da Lei de Mediação[413]. Isso, dá-se em virtude da aplicação do princípio da voluntariedade do procedimento de mediação, de forma que

> as partes devem permanecer no processo de mediação apenas enquanto estiverem dispostas a buscar um consenso, conforme art. 2º da Lei de Mediação. Não é possível obrigar as partes a chegar a um acordo; elas são apenas obrigadas a comparecer à primeira reunião.[414]

O emprego das cláusulas escalonadas, no Brasil, ganhou força mediante alterações legislativas que culminaram em uma maior inserção dos métodos adequados de resolução de disputas no ordenamento jurídico pátrio, tais como a promulgação da Lei de Arbitragem (Lei nº 9.307/1996), o advento do Código de Processo Civil de 2015 (Lei nº 13.105/2015) – que incentiva a utilização de métodos autocompositivos, como a conciliação e a mediação – e a vigência da Lei de Mediação (Lei nº 13.140/2015).

Além dos incentivos legislativos para o emprego de outros métodos de solução de controvérsia, os diversos benefícios trazidos pela conjugação de procedimentos de mediação e de arbitragem também contribuem para o aumento da popularidade da sistemática.

Observa-se que a mediação traz consigo as vantagens de rapidez, econo-

412. *Idem*, p. 72.

413. Artigo 22 da Lei de Mediação: Art. 22. A previsão contratual de mediação deverá conter, no mínimo: (...) IV - penalidade em caso de não comparecimento da parte convidada à primeira reunião de mediação".

414. PEREIRA, Cesar. Mediação com a Administração Pública na Lei 14.333: Solução Consensual de Litígios nas Contratações Administrativas. *Revista de Arbitragem e Mediação*, v. 78, 2023, p. 359-381.

mia de recursos, preservação do relacionamento entre as partes[415], e a arbitragem

> proporciona à parceria sua força decisória e vinculativa. Isso significa dizer que, desde a instituição dos procedimentos até seu final, tanto em relação à mediação, pela possibilidade de homologação do acordo obtido, como na falta desse, pela prolação da sentença em âmbito arbitral, a força vinculativa da arbitragem está presente[416].

Tem-se, assim, que a aplicação conjugada dos institutos, sob o enfoque de disputas envolvendo o Poder Público – as quais usualmente perpassam questões complexas e relações continuadas –, é benéfica para as partes, ao trazer a possibilidade de união de melhores técnicas e esforços em prol de se chegar à melhor solução para o conflito.

Ademais, assim como ocorre com o procedimento arbitral[417], a mediação prévia também não gera prejuízo sob a óptica da prescrição, haja vista que o parágrafo único do artigo 17 da Lei de Mediação[418] determina que o prazo prescricional será suspenso no curso do procedimento. Do mesmo modo, a instauração da mediação também não impede a concessão de medidas de urgência por árbitro ou juiz, nos termos do § 2º do Artigo 16 da Lei de Mediação[419], de forma que a subsunção do conflito à mediação não afasta direitos ou impede o exercício de prerrogativas materiais ou processuais pelas partes.

---

415. PEREIRA, Cesar. Mediação com a Administração Pública na Lei 14.333: Solução Consensual de Litígios nas Contratações Administrativas. *Revista de Arbitragem e Mediação*, v. 78, 2023, p. 359-381.

416. LEVY, Fernanda Rocha Lourenço. *Cláusulas Escalonadas: a mediação comercial no contexto da arbitragem*. São Paulo: Saraiva, 2013. *E-book*. p. 72.

417. Artigo 19 da Lei de Arbitragem: "Art. 19. Considera-se instituída a arbitragem quando aceita a nomeação pelo árbitro, se for único, ou por todos, se forem vários.
(...)
§2º A instituição da arbitragem interrompe a prescrição, retroagindo à data do requerimento de sua instauração, ainda que extinta a arbitragem por ausência de jurisdição".

418. Artigo 17 da Lei de Mediação: "Art. 17. Considera-se instituída a mediação na data para a qual for marcada a primeira reunião de mediação.
Parágrafo único. Enquanto transcorrer o procedimento de mediação, ficará suspenso o prazo prescricional".

419. Artigo 16 da Lei de Mediação: "Art. 16. Ainda que haja processo arbitral ou judicial em curso, as partes poderão submeter-se à mediação, hipótese em que requererão ao juiz ou árbitro a suspensão do processo por prazo suficiente para a solução consensual do litígio.
§ 1º É irrecorrível a decisão que suspende o processo nos termos requeridos de comum acordo pelas partes.
§ 2º A suspensão do processo não obsta a concessão de medidas de urgência pelo juiz ou pelo árbitro.

3. Utilização de cláusulas escalonadas pelo Poder Público

Em virtude da vinculação do Poder Público ao princípio da legalidade administrativa, estampado no Artigo 37 da Constituição Federal[420], entende-se que

> para que o ente estatal possa se valer das vias extrajudiciais de solução de conflitos, há necessidade de expressa previsão legal a respeito.[421]

Sabe-se que tal previsão ocorreu apenas em 2015, por ocasião da alteração da Lei de Arbitragem e da promulgação da Lei de Mediação e da Lei nº 13.105/2015 – Código de Processo Civil. Não obstante, bem antes destas mudanças normativas, a Administração Pública já se submetia à arbitragem[422] e à mediação.

Importante lembrar que a Advocacia Geral da União (AGU), em 2007, por meio do Ato Regimental nº 5, criou a Câmara de Conciliação e Arbitragem da Administração Geral – CCAF, com o intuito de prevenir litígios e reduzir as demandas judiciais que envolvam entes da Administração Pública. A despeito dos questionamentos acerca do órgão[423], é certo que sua instituição pioneira teve efeitos positivos, culminando no Decreto nº 10.201/2020, pelo qual a AGU passou a ter maior autonomia para transacionar, podendo realizar acordos, em nome da União e de empresas estatais, em casos que envolvam créditos ou débitos com valores de cinquenta a dez

---

420. Artigo 37 da Constituição Federal: "Art. 37. A administração pública direta e indireta de qualquer dos Poderes da União, dos Estados, do Distrito Federal e dos Municípios obedecerá aos princípios de legalidade, impessoalidade, moralidade, publicidade e eficiência e, também, ao seguinte: (...)".

421. SCHMIDT, Gustavo da Rocha. Os meios alternativos de solução de controvérsias na nova Lei de Licitações e Contratos Administrativos. *Revista de Arbitragem e Mediação*, v. 70, 2021, p. 241-266.

422. A possibilidade de a Administração Pública contava com diversas leis esparsas como, por exemplo, (i) Lei de Parcerias Público-Privadas (art. 11, III, Lei nº 11.079/2004); (ii) Lei dos Portos (art. 37, §§ 1º, 2º e 3º, e art. 62, § 1º, Lei nº 12.815/2013); (iii) Lei de Petróleo e Gás (art. 43, X, Lei nº 9.478/1997); (iv) Lei de Concessões (art. 23-A, Lei nº 8.987/1995); (v) Lei de Transporte de Gás Natural (arts. 21, XI, 24, III, 48 e 49, caput, Lei nº 11.909/2009).

423. "a institucionalização da Mediação no âmbito de um órgão da Administração Pública, tal como a CCAF, levanta uma série de questionamentos, pois ao passo que contribui para o desenvolvimento de uma cultura de Mediação, por outro lado pode incluir uma padronização procedimental que desnatura as características inerentes da Mediação, transformando-a em mero modal do processo administrativo." (SALVO, Silvia Helena Picarelli Gonçalves Johonsom di. *Mediação na Administração Pública Brasileira – O Desenho Institucional e Procedimental*. São Paulo: Almedina, 2018. p.19.).

milhões de reais, respectivamente, sem aval do Poder Executivo.

Em março de 2024, tomou-se conhecimento que a AGU realizou acordos em arbitragens, transacionando o fim de três litígios[424].

Posteriormente, com o advento da Lei de Mediação, estabeleceu-se que a União, os Estados, o Distrito Federal e os Municípios têm competência para criar câmaras de resolução administrativa de conflitos, para tratar tanto de conflitos entre órgãos da Administração Pública e/ou entre particulares e pessoas jurídicas de direito público, inclusive[425].

Em 2021, a Lei de Licitações (Lei nº 14.133/2021) trouxe capítulo próprio (Capítulo XII) para disciplinar a utilização dos meios adequados de resolução de disputas pelo Poder Público, postulando, em seu Artigo 152 que:

> Nas contratações regidas por esta Lei, poderão ser utilizados meios alternativos de prevenção e resolução de controvérsias, notadamente a conciliação, a mediação, o comitê de resolução de disputas e a arbitragem.

Assim, em se tratando de disputas envolvendo direitos patrimoniais disponíveis, não resta mais dúvida quanto à possibilidade de o Poder Público valer-se de meios extrajudiciais de resolução de disputas, por meio da adoção de cláusulas escalonadas, como é o caso das cláusulas Med-Arb, inclusive.

O uso dessas cláusulas é especialmente oportuno para

> contratos de execução continuada (conflitos em contrato de franquia, representação comercial), de longa duração e significativa complexidade (grandes obras na construção civil e infraestrutura, inclusive promovidas com parcerias público-privadas).[426]

A utilização das cláusulas Med-Arb nas disputas que envolvem o Poder

---

424. Cf. https://www.gov.br/agu/pt-br/composicao/cgu/cgu/neadir/estatisticas-de-atuacao. Acesso em 12 dez. 2024.

425. Artigo 32, da Lei de Mediação: "Art. 32. A União, os Estados, o Distrito Federal e os Municípios poderão criar câmaras de prevenção e resolução administrativa de conflitos, no âmbito dos respectivos órgãos da Advocacia Pública, onde houver, com competência para:
I - dirimir conflitos entre órgãos e entidades da administração pública; (...)".

426. CAHALI, Francisco José. C*urso de Arbitragem: mediação, conciliação, tribunal multiportas*. 8. ed. São Paulo: Thomson Reuters Brasil, 2022. E-book. p. RB-6.7

Público tende a ser uma estratégia eficiente para a resolução de disputas com a Administração, uma vez que esse sistema permite que as partes envolvidas em um conflito busquem, inicialmente, a resolução do problema por meio da mediação. Caso não seja possível alcançar uma solução consensual, o conflito pode ser encaminhado para arbitragem, que consiste em um processo mais formal e vinculante[427].

Não por outro motivo, conforme será demonstrado adiante, as cláusulas escalonadas são usualmente previstas nos editais de licitação para concessões em parcerias público-privadas, com a utilização de *dispute boards*, em função do caráter técnico que, geralmente, é o objeto dos conflitos em tais contratos[428].

4. Exemplos práticos de cláusulas escalonadas em contratos com o Poder Público

A atividade consensual da Administração Pública – ou seja, a possibilidade de transacionar – é um mecanismo conveniente, necessário e juridicamente embasado como forma de gestão da coisa pública. Há ao menos quatro razões que dão suporte para essa afirmativa[429].

Primeira razão, o interesse público é realizado com maior eficiência em ambientes de harmonia; as soluções atingidas têm maiores chances de ser efetivamente aplicadas, com redução de custos para as partes e menores chances de haver externalidades negativas. *Segunda*, desafoga-se o Poder Judiciário, de modo que se possibilita a realocação de seu tempo e seus recursos. Terceira, a participação dos afetados no processo de tomada de

427. PEREIRA, Cesar. Mediação com a Administração Pública na Lei 14.333: Solução Consensual de Litígios nas Contratações Administrativas. *Revista de Arbitragem e Mediação*, v. 78, 2023, p. 359-381.

428. PICELI, Rui Guimarães; FRANCO, Wanner. Adequada busca de resolução de conflitos societários mediante cláusulas de escalonamento. *Revista de Direito Bancário e do Mercado de Capitais*, v. 78, 2017, p. 153-164.

429. BINENBOJM, Gustavo. A Consensualidade Administrativa como Técnica Juridicamente Adequada de Gestão Eficiente de Interesses Sociais. *Revista Eletrônica da Procuradoria Geral do Estado do Rio de Janeiro*, v.3, n.3, set./dez. 2020. p.2-4.

decisão confere maior legitimidade à atuação do Poder Público. *Quarta*, a autocomposição confere transparência, na medida em que os interesses privados, associados aos interesses da Administração Pública, são formalizados em acordos que podem ser objeto de escrutínio dos cidadãos.

Sob essa lógica, diversas medidas foram tomadas pelos entes públicos, a fim de promover a consensualidade.

No âmbito da Advocacia Geral da União, o Decreto nº 12.091/24 instituiu a Rede Federal de Mediação e Negociação (RESOLVE), cujos objetivos, listados no Artigo 3º do decreto regulamentador, incluem a promoção de vias autocompositivas como forma de prevenir e superar os entraves na execução de políticas públicas, bem como de reduzir a litigiosidade e diminuir o contencioso judicial e administrativo.

O TCU, por sua vez, a partir das Instruções Normativas nº 91/2022 e 92/2023, criou a Secretaria de Controle Externo de Solução Consensual e Prevenção de Conflitos (SecexConsenso)[430], que tem como objetivo auxiliar no desenvolvimento de soluções consensuais, com foco na prevenção de conflitos administrativos. As partes negociam perante uma autoridade pública imparcial e, após, a proposta atingida pelos negociantes é avaliada e aprovada, ou não, pelo plenário do TCU[431].

Esse novo racional do Direito Administrativo brasileiro também pode ser observado nos contratos de concessão.

Dentre as etapas do processo de desestatização da Companhia de Saneamento Básico do Estado de São Paulo (Sabesp) foi necessário pactuar contrato de concessão para que a empresa pudesse explorar e prestar os serviços de distribuição de água e tratamento de esgoto. Neste contrato, no título dedicado à solução de controvérsias, estipulou-se que as partes devem

430. SECOM TCU. *TCU investe em soluções consensuais de conflitos para temas de grande relevância*. 10 fev. 2023. Disponível em: <https://portal.tcu.gov.br/imprensa/noticias/tcu-investe-em-solucoes-consensuais-de-conflito-para-temas-de-grande-relevancia.htm>. Acesso em 12 dez. 2024.

431. MOREIRA, Egon Bockmann; GARCIA, Flávio Amaral. *Contratos Administrativos na Lei de Licitações*. São Paulo: Thomson Reuters Revista dos Tribunais, 2024. E-book. p. RL-1.63.

envidar os melhores esforços para a resolução amigável de qualquer divergência que possa surgir do contrato de concessão. Além disso, por meio do §1º, da Cláusula 64, tal contrato prevê a ordem de utilização dos mecanismos de solução de controvérsias, em claro exemplo de cláusula Med-Arb:

> Cláusula 64. As PARTES e a ARSESP deverão envidar os melhores esforços para resolver amigavelmente qualquer divergência que venha a surgir em decorrência do presente CONTRATO, em atenção aos princípios da boa-fé e da cooperação.
>
> §1º. Exceto em casos de urgência, as instâncias de resolução de controvérsias decorrentes do presente CONTRATO observarão obrigatoriamente a seguinte ordem:
>
> (a) autocomposição, assistida ou não por mediador, neste último caso conforme disciplina da Cláusula 65;
>
> (b) decisão do tribunal arbitral, conforme disciplina da Cláusula 67;
>
> (c) decisão judicial, nas hipóteses não sujeitas ao juízo arbitral, conforme disciplina da Cláusula 68[432].

De igual modo, o contrato de concessão do Trem Intercidades – que ligará a cidade de São Paulo à cidade de Campinas – também conta com cláusula escalonada[433]. O contrato, assinado em junho de 2024, possui disposição semelhante ao contrato da Sabesp, e prevê a utilização de *dispute board*:

> 79 CLÁUSULA SEPTUAGÉSIMA NONA – DISPOSIÇÕES GERAIS
>
> 79.1. As PARTES comprometem-se a envidar todos os esforços no sentido de resolver toda e qualquer disputa ou controvérsia decorrente deste CONTRATO ou a ele relacionada, em atenção aos princípios da boa-fé e da cooperação.
>
> 79.2. Exceto em casos de urgência, as instâncias de resolução de controvérsias decorrentes do presente CONTRATO observarão obrigatoriamente a seguinte ordem:

---

432. Contrato de Concessão da Sabesp. Disponível em: <https://static.poder360.com.br/2024/05/contrato-concessao-sabesp.pdf>. Acesso em 12 dez. 2024.

433. GOVERNO DO ESTADO DE SÃO PAULO. *Trem Intercidades - TIC Eixo Norte: São Paulo – Campinas*. Disponível em: <https://www.parcerias.sp.gov.br/Parcerias/Projetos/Detalhes/136>. Acesso em 12 dez. 2024.

i. autocomposição, assistida ou não por mediador, neste último caso conforme disciplina da Cláusula 81;

ii. decisão do COMITÊ DE PREVENÇÃO E RESOLUÇÃO DE DIVERGÊNCIAS, conforme disciplina da Cláusula 82;

iii. decisão do TRIBUNAL ARBITRAL, conforme disciplina da Cláusula 83; e

iv. decisão judicial, nas hipóteses não sujeitas ao juízo arbitral, conforme disciplina da Cláusula 84.1.

O Centro de Arbitragem e Mediação Brasil-Canadá (CAM-CCBC) possui modelo de cláusula Med-Arb para contratos envolvendo a Administração Pública, inclusive[434].

Diante de todas as mudanças observadas no Direito Administrativo e dos movimentos feitos pelos órgãos de controle e pelo Poder Público, parece haver um novo paradigma na redação de cláusulas contratuais para resolução de conflitos: de início, busca-se uma solução consensual; na hipótese de as partes não conseguirem chegar a um acordo, procura-se o procedimento arbitral. Essa afirmativa parece ser reforçada pelos exemplos acima, uma vez que ambos os contratos utilizam a expressão "obrigatoriamente" para designar a necessidade de se cumprir com o *step* inicial da cláusula Med-Arb, em consonância com a natureza vinculativa das cláusulas escalonadas.

5. Posicionamento jurisprudencial

Uma vez superada a controvérsia sobre a possibilidade de transações consensuais entre entes privados e o Poder Público, diante da pacificação da questão – tanto pelo Legislativo, como pela doutrina e até mesmo diante dos exemplos práticos experimentados–, passa-se à análise da jurisprudência acerca do tema.

434. CENTRO DE ARBITRAGEM E MEDIAÇÃO DA CÂMARA DE COMÉRCIO BRASIL-CANADÁ. *Modelos de cláusulas*. Disponível em: <https://ccbc.org.br/cam-ccbc-centro-arbitragem-mediacao/resolucao-de-disputas/arbitragem/modelos-de-clausula/>.

O STF, por ocasião do Recurso Extraordinário nº 253.885[435], julgou constitucionais os acordos operados pela Administração Pública. No cenário descrito nos autos, o Município de Santa Rita do Sapucaí, Estado de Minas Gerais, celebrou transação com servidoras públicas da cidade. Posteriormente, no entanto, a municipalidade recorreu por entender que não seria válida a transação por ofensa à legalidade – nos termos do Artigo 37 da Constituição –, já que não havia lei autorizativa para pactuação do acordo. O Supremo Tribunal, contudo, não acatou os argumentos do município. A conclusão decorre da compreensão de que o princípio da indisponibilidade do interesse público deve ser atenuado nas hipóteses em que a solução atingida está em consonância com os interesses coletivos.

Mais recentemente, o STJ também reafirmou ser a Administração Pública capaz de pactuar transações. No Agravo Interno na Reclamação nº 38.625, discutia-se a validade de acordo celebrado entre a Agência Nacional de Mineração em razão de a agência reguladora não ter a competência para firmá-lo. No acórdão, consignou-se:

> 7. É inquestionável a possibilidade de transação judicial pela Administração Pública como forma de solução mais célere e eficaz de um processo, o que pode ocorrer, inclusive, em sede de Reclamação, na medida em que a proposta do Código de Processo Civil de 2015 é incentivar a solução consensual de conflitos, calcada na autonomia da vontade das partes e efetividade do processo, o que possibilita uma maior flexibilidade do rito, consoante se extrai dos §§ 2º e 3º do art. 3º do citado diploma legal.
>
> 8. A condição de validade desse ajuste, entretanto, não prescinde da observância de certas formalidades e da submissão aos princípios que regem os atos da Administração Pública, notadamente aqueles estabelecidos no art. 37, caput, da Constituição Federal, devendo, ainda, se nortear pelos princípios da indisponibilidade do interesse público, da supremacia do interesse público sobre o particular, da proporcionalidade e razoabilidade, a fim de verificar a viabilidade

435. STF, RE nº 253.885, Ministra Relatora Ellen Gracie, Primeira Turma, j. 04.06.2002, D.J 21.06.2002.

para a Administração Pública do acordo pretendido.[436]

O TCU, ao analisar o Termo de Ajustamento de Conduta (TAC) firmado entre a Agência Nacional de Telecomunicações (ANATEL) e uma empresa de telefonia, considerou que a celebração do TAC atendia ao interesse público[437]. A acertada conclusão baseou-se no fato de que a arrecadação de multas aplicadas pela agência é de baixa efetividade – tanto na esfera administrativa quanto na execução fiscal. Desse modo, a atuação consensual da ANATEL seria mais eficiente do que aplicar sanções administrativas, ou recorrer ao Poder Judiciário.

Os julgados trazidos evidenciam a recepção das cortes superiores, bem como da instância máxima dentre os órgãos de controle, quanto à possibilidade de transações com a Administração Pública – desde que respeitados os limites constitucionais. Essa interpretação jurisprudencial garante que os envolvidos nos acordos terão seus pactos validados, em caso de questionamentos legais. Assim, desperta-se a confiança para celebração de saídas consensuais, promovendo, por via de consequência, segurança jurídica no país.

6. Conclusão

A cláusula escalonada revela-se adequada a permitir a mitigação dos custos e da delonga na solução dos conflitos, inserindo a mediação nas práticas empresariais, principalmente nos contratos complexos e de relacionamento continuado como são, geralmente, os contratos públicos e de infraestrutura.

A análise do arcabouço normativo, assim como das interpretações jurisprudenciais sobre o tema, permite concluir que a utilização de cláusulas escalonadas, especialmente das cláusulas Med-Arb, além de possível, é – e deve continuar a ser – incentivada.

436. STJ, AgInt na Reclamação nº 38.625/DF. Ministro Relator Manoel Erhardt, Primeira Seção, j. 10.11.2021, DJe 22.11.2021.

437. TCU, Acórdão nº 2.121/2017, Ministro Relator Bruno Dantas, Plenário, j. 27.09.2017.

As cláusulas Med-Arb reúnem os benefícios tanto da mediação – rapidez, economia de recursos e preservação do relacionamento das partes – quanto da arbitragem – decisão vinculante com força de título executivo judicial. E, quando aplicadas em contratos envolvendo o Poder Público, mostram-se uma estratégia eficiente, ao permitir a tentativa de obtenção de solução consensual da disputa que, caso não seja atingida, poderá ser submetida à arbitragem.

Referências

ASHURST. *Tiered Dispute Resolution Clauses.* Ashurst Quickguides. Ashurst Leading International Law Firm, abr. 2022. Disponível em: <https://www.ashurst.com/en/insights/quickguide-tiered-dispute-resolution-clauses/>.

BINENBOJM, Gustavo. A Consensualidade Administrativa como Técnica Juridicamente Adequada de Gestão Eficiente de Interesses Sociais. *Revista Eletrônica da Procuradoria Geral do Estado do Rio de Janeiro*, v.3, n.3, set./dez. 2020.

CAHALI, Francisco José. *Convenção de arbitragem. Curso de arbitragem.* 5. ed. São Paulo: Thomson Reuters/Revista dos Tribunais, 2015.

CAHALI, Francisco José. *Curso de Arbitragem: mediação, conciliação, tribunal multiportas.* 8. ed. São Paulo: Thomson Reuters Brasil, 2022. *E-book.*

CARMONA, Carlos Alberto. *Arbitragem e processo - um comentário à Lei n. 9.307/96.* 3. ed. São Paulo: Atlas, 2009.

CASADO FILHO, Napoleão. Disputa societária e clausula escalonada: análise de caso concreto. *In*: PINTO, Ana Luiz Baccarat da Motta; SKITNEVSKY, Karin Hlavnicka (coord.). *Arbitragem nacional e internacional: os novos debates e a visão dos jovens arbitralistas.* Rio de Janeiro: Elsevier, 2012.

CENTRO DE ARBITRAGEM E MEDIAÇÃO DA CÂMARA DE COMÉRCIO BRASIL-CANADÁ. *Modelos de cláusulas.* Disponível em: <https://ccbc.org.br/cam-ccbc-centro-arbitragem-mediacao/resolucao-de-disputas/arbitragem/modelos-de-clausula/>.

FIGUERES, Dyalá Jiménez. Multi-tiered Dispute Resolution Clause. *ICC Bulletin*, v. 14, n. 1, 2003.

FILE, Jason. United States: Multi-step dispute resolution clauses. *Mediation Committee Newsletter* (IBA Legal Practice Division), p. 33-37, jul. 2007.

FRANCO, Mariulza. *Nova cultura do litígio: necessária mudança de postura. Arbitragem: estudos em homenagem ao Prof. Guido Fernando da Silva Soares*. São Paulo: Atlas, 2007.

FRANZONI, Diego; LIMA NETO, Nairo. Tutela de Urgência, Cláusulas Escalonadas na Arbitragem e o Parágrafo Único do Artigo 22-A da Lei 9.307/96. *Revista de Arbitragem e Mediação*, v. 61, 2019, p. 165-177.

GOVERNO DO ESTADO DE SÃO PAULO. *Trem Intercidades - TIC Eixo Norte: São Paulo – Campinas*. Disponível em: <https://www.parcerias.sp.gov.br/Parcerias/Projetos/Detalhes/136>.

GRUPO de estudos de mediação empresarial privada do Comitê Brasileiro de Arbitragem GEMEP/CBAR. *Cláusula arbitral escalonada*. Principais aspectos relacionados à chamada cláusula escalonada, também conhecida como med-arb, no que o mecanismo da mediação. Disponível no *site* do Comitê Brasileiro de Arbitragem: <https://www.cbar.org.br/PDF/Artigo_1_Clausula_Escalonada_out-2012.pdf >.

JOLLES, Alexander. Consequences of Multi-tier Arbitration Clauses: Issues of Enforcement. *The International Journal of Arbitration, Mediation and Dispute Management*, v. 7, n. 4, 2006. Disponível em: https://kluwerlawonline.com/journalarticle/Arbitration:+The+International+Journal+of+Arbitration,+Mediation+and+Dispute+Management/72.17/AMDM2006050.

LEMES, Selma Maria Ferreira. As peculiaridades e os efeitos jurídicos da cláusula escalonada: mediação ou conciliação arbitragem, arbitragem doméstica e internacional. *In*: FERRAZ, Rafaella; MUNIZ, Joaquim de Paiva (coord.). *Estudos em Homenagem ao Professor Theóphilo de Azeredo Santos*. Rio de Janeiro: Forense, 2008.

LEMES, Selma Maria Ferreira. Cláusula escalonada, mediação e arbitragem. *Revista Resultado*, v. 10, jan. 2005.

LEVY, Fernanda Rocha Lourenço. *Cláusulas Escalonadas: a mediação comercial no contexto da arbitragem*. São Paulo: Saraiva. 2013. *E-book*.

MOREIRA, Egon Bockmann; GARCIA, Flávio Amaral. *Contratos Administrativos na Lei de Licitações*. São Paulo: Thomson Reuters Revista dos Tribunais, 2024. *E-book*.

MOSER, Luiz Gustavo Meira. Contrato internacional de licenciamento - cláusula escalonada ou sequencial - reconhecimento da validade da sentença arbitral sem a observância ao procedimento pré-arbitral. *Revista Brasileira de Arbitragem*, n. 15, jul.-ago.-set. 2007.

NANNI, Giovanni Ettore. A obrigação de renegociar no direito contratual brasileiro. *Revista do Advogado*, São Paulo, n. 116, 2012.

PACE LAW SCHOOL. *Drafting step clauses: An empirical look to their practicality and legality*. Pace Law School Institute of International Commercial Law e IACCM. Disponível pela biblioteca eletrônica da Pace Law School: <http://www.cisg.law.pace.edu/cisg/IICL-NE.html>. [https://perma.cc/TG73-PYA4].

PACHIKOSKI, Silvia Rodrigues. A Cláusula Escalonada. *In*: ROCHA, Caio Cesar Vieira; SALOMÃO, Luis Felipe (coord.). *Arbitragem e Mediação: a Reforma da Legislação Brasileira*. São Paulo: Atlas, 2017. p. 285-305.

PEREIRA, Cesar. Mediação com a Administração Pública na Lei 14.333: Solução Consensual de Litígios nas Contratações Administrativas. *Revista de Arbitragem e Mediação*, v. 78, 2023, p. 359-381.

PICELI, Rui Guimarães; FRANCO, Wanner. Adequada busca de resolução de conflitos societários mediante cláusulas de escalonamento. *Revista de Direito Bancário e do Mercado de Capitais*, v. 78, 2017, p. 153-164.

PIÑERO, Álvaro Lopéz de Argumedom. Multi-step dispute resolution clauses. *Mediation Committee Newsletter*, IBA Legal Practice Division, July 2007.

PINTO, José Emílio Nunes. A cláusula compromissória à luz do Código Civil. *Jus Navigandi*, Teresina, ano. 9, n. 518, 7 dez. 2004. Disponível em: <http://jus.com.br/artigos/6025>.

PINTO, José Emílio Nunes. Reflexões indispensáveis sobre a utilização da arbitragem e de meios extrajudiciais de solução de controvérsias. *Arbitragem: estudos em homenagem ao Prof. Guido Fernando da Silva Soares*. São Paulo: Atlas, 2007.

PRYLES, Michael. Multi-Tiered Dispute Resolution Clauses. *In*: VAN DEN BERG, Albert Jan (ed.). International Arbitration and National Courts: The Never Ending Story. *ICCA Congress Series*, v. 10, Kluwer Law International, Nova Delhi, 2000.

SALVO, Silvia Helena Picarelli Gonçalves Johonsom di. *Mediação na Administração Pública Brasileira – O Desenho Institucional e Procedimental*. São Paulo: Almedina, 2018.

SANTOS, Mauricio Gomm. The role of mediation in arbitration: the use and the challenges of multi-tiered in international agreements. *Revista Brasileira de Arbitra-*

gem, Comitê Brasileiro de Arbitragem. São Paulo: Síntese, n. 38, abr.-maio-jun. 2013.

SCHANE, Lawrence. Drafting arbitration clauses. *In*: FELLAS, John. *International Arbitration*, vol. 1, Practising Law Institute, 2008.

SCHMIDT, Gustavo da Rocha. Os meios alternativos de solução de controvérsias na nova Lei de Licitações e Contratos Administrativos. *Revista de Arbitragem e Mediação*, v. 70, 2021, p. 241-266.

SECOM TCU. *TCU investe em soluções consensuais de conflitos para temas de grande relevância.* 10 fev. 2023. Disponível em: <https://portal.tcu.gov.br/imprensa/noticias/tcu-investe-em-solucoes-consensuais-de-conflito-para-temas-de-grande-relevancia.htm>.

WATANABE, Kazuo. *Política pública do Poder Judiciário nacional para tratamento adequado dos conflitos de interesses.* Disponível em: <https://www.tjsp.jus.br/download/conciliacao/nucleo/parecerdeskazuowatanabe.pdf>.

O *caucus* na mediação envolvendo a Administração Pública

Vera Cecília Monteiro de Barros e Bruno Hellmeister Lico Canal[438]

Resumo

O presente artigo trata do uso de *caucus* ou reuniões privadas em mediações envolvendo a Administração Pública. Antes de se adentrar no tema central do artigo, para contextualização do tema, serão primeiramente avaliadas as vantagens do uso das reuniões privadas nas mediações empresariais comuns e, em seguida, será feita a análise da mediação envolvendo a Administração Pública, em especial a natureza da mediação, seu escopo objetivo e os elementos da consensualidade.

Feita essa contextualização, passa-se ao tema central do artigo com a análise propriamente dita do uso do *caucus* em mediações envolvendo a Administração Pública, abordando-se o princípio da publicidade e o sigilo das reuniões privadas.

Abstract

This article deals with the use of caucus or private meetings in mediations involving the Public Administration. Before delving into the main theme of the article, in order to contextualize the theme, the advantages of using private meetings in common business mediations will first be assessed, and, then an analysis of mediation involving the Public Administration will be made, in particular the nature of mediation, its objective scope and the elements of consensuality.

Once this contextualization has been done, the main theme of the article will be addressed with the analysis of the use of caucuses in mediations involving the Public Administration, addressing the principle of publicity and the confidentiality of private meetings.

---

438. Vera Cecília Monteiro de Barros é doutora e mestre em Direito pela Universidade de São Paulo. Sócia de Selma Lemes Advogados. Presidente do Conselho Consultivo de Mediação do CAM-CCBC. Diretora do Comitê Brasileiro de Arbitragem (CBAr).

Bruno Hellmeister Lico Canal é graduado em Direito pela PUC-SP, com Diploma Legal Studies in Spain pela Universidad Pontificia-COMILLAS (Madrid). Presidente do Young Members Group do CIArb Brazil Branch. Advogado.

Palavras-chave
Mediação – *Caucus* – Eficiência – Princípio da Publicidade na Administração Pública – Princípio da Confidencialidade da Mediação

Keywords
Mediation – Caucus – Efficiency – Principle of Publicity in Public Administration – Principle of Confidentiality of Mediation

1. Introdução

A mediação já vem sendo utilizada no Brasil desde a década de 1990 e tornou-se instrumento de uma política pública do Poder Judiciário a partir de 2010 com a Resolução CNJ nº 125/2010[439]. O movimento que começou a efervescer nos anos 1990 foi decorrência do debate sobre o tema no Congresso Nacional, no Ministério da Justiça, em entidades representativas de empresários e trabalhadores, nas universidades e outras instâncias[440].

Em 2023, tendo em vista o potencial que o estudo empírico tem de promover a melhor compreensão da realidade, realizamos a pesquisa *Mediação em Números 10 anos – 2012-2022*, em que buscamos oferecer uma radiografia acerca da mediação institucional, a partir de dados fornecidos por algumas das principais câmaras de mediação que atuam no Brasil, sendo possível identificar nos últimos dez anos um aumento exponencial do uso de mediação nas instituições pesquisadas[441].

Elementos que podemos citar para o crescente uso da mediação estão ligados à teoria econômica de ambiente institucional e à redução dos custos de transação. A redução de assimetria de informação na solução de disputas contratuais assume papel importante, uma vez que é mais benéfico às par-

439. BRAGA NETO, Adolfo. *A mediação e a administração pública*. São Paulo: CL-A, 2021, p. 154.

440. *Idem*, p. 12.

441. GABBAY, Daniela Monteiro; MONTEIRO DE BARROS, Vera Cecília. (coord.). *Mediação em Números: 10 anos – 2012 a 2022*. São Paulo: FGV Direito SP e Canal Arbitragem, 2023; GABBAY, Daniela Monteiro; NANI, Ana Paula Ribeiro; MONTEIRO DE BARROS, Vera Cecilia; CANAL, Bruno Hellmeister Lico. Mediação empresarial: números, práticas e tendências analisados a partir de pesquisa empírica (2012-2022). *Revista de Arbitragem e Mediação*. vol. 79. ano 20. p. 233-254. São Paulo, RT, out./dez. 2023.

tes utilizarem um mecanismo privado de manutenção do contrato do que submeter a solução de uma disputa ao sistema judiciário[442], onde há maior dificuldade de compartilhamento de informação devido ao alto número de demandas por magistrado. Assim, a mediação possui maior eficiência na redução de assimetria de informação; consequentemente, reduz os custos de transação. Como consequência desse ganho de eficiência, surgiu o interesse da Administração Pública no uso de mediação como meio de solução de controvérsias.

Um dos primeiros passos no sentido da possibilidade da mediação com a Administração Pública foi a iniciativa da Advocacia Geral da União que, em 27 de setembro de 2007, criou, pelo Ato Regimental n° 5, a Câmara de Conciliação e Arbitragem da Administração Geral – CCAF.

A possibilidade de a Administração Pública fazer uso da mediação integra um contexto de boa governança na gestão de litígios, tal como previsto pela Lei de Mediação (Artigos 32 a 40) e pelo novo Código de Processo Civil (Art. 174)[443].

Nos últimos anos, o ordenamento jurídico tem fomentado cada vez mais o uso da mediação. Por exemplo, a Lei nº 14.133, de 1º de abril de 2021 ("Lei de Licitações e Contratos Administrativos"), prevê, expressamente, a viabilidade da prática da mediação nos negócios jurídicos administrativos em seu Art. 151 para questões relacionadas ao restabelecimento do equilíbrio econômico-financeiro do contrato, ao inadimplemento de obrigações contratuais por quaisquer das partes e ao cálculo de indenizações.

Na pesquisa *Mediação em Números*, refletindo a permissão legal, a maioria das câmaras indicou já ter administrado casos de mediação com participação do Poder Público entre 2012 e 2022[444].

---

442. AZEVEDO, Paulo Furquim de. Níveis Analíticos. *In*: FARINA, Elizabeth (org.). *Competitividade: mercado, Estado e organizações*. São Paulo: Singular, 1997, p. 65.

443. *Idem*.

444. GABBAY, Daniela Monteiro; MONTEIRO DE BARROS, Vera Cecília. (coord.). *Mediação em Números: 10 anos – 2012 a 2022*. São Paulo: FGV Direito SP e Canal Arbitragem, 2023.

2. *Caucus* na mediação

O *Caucus* (termo das tribos indígenas norte-americanas que significa encontros individuais), reuniões privadas ou reuniões individuais são importantes na mediação pois propiciam um espaço exclusivo de conversa com um dos mediandos, incluindo ou não sua rede de pertinência e advogado(s).

Normalmente, quando fazem referência a uma sessão privada, trata-se daquela em que participa um dos lados com seu advogado, na presença do mediador. Mas, também, há possibilidade de outras formas de reuniões privadas, como, por exemplo, o *cross caucus*, isto é, reuniões privadas entre o mediador e as partes desacompanhadas de advogados ou entre o mediador e os patronos das partes[445].

Assim, uma definição possível de *caucus* é a reunião privada ou reuniões privadas em que o mediador se encontra com cada parte individualmente, ou com seu advogado, ou com subgrupos dentre as pessoas ou entes envolvidos em uma mediação[446]. Trata-se de ferramenta que amplia a visão relativa ao conflito apresentada pelas partes. Durante as reuniões privadas, os mediandos permanecem separados um do outro e a comunicação direta entre as partes é intencionalmente restrita.

Para Tânia Almeida, as reuniões privadas propiciam um espaço exclusivo de conversa com um dos mediandos, incluindo ou não seus advogados, e têm por fim possibilitar o acesso aos discursos de cada um, sem a interferência da presença do outro, provocar reflexões destinadas a solucionar aparentes impasses e identificar a pauta subjetiva da questão apresentada. A autora também afirma que tais fins podem ser ampliados ao incluir, dentre outros, a oferta de perguntas autoimplicativas e o acolhimento de emoções

445. CUÉLLAR, Leila; MOREIRA, Egon Bockmann. Administração Pública e mediação: notas fundamentais. *Revista de Direito Público da Economia* 61, Curitiba, 2018, p. 119-145.

446. ASPERTI, Maria Cecilia de Araujo. *Caucus* (ou reuniões privadas) na mediação. *In*: ALMEIDA, Tania. *Caixa de Ferramentas em Mediação II*: Novos aportes. São Paulo: Dash, 2023, p. 516.

que, levadas às entrevistas conjuntas, poderiam contribuir para a manutenção das barreiras ao diálogo.

Por fim, realça que são motivos pertinentes à solicitação de uma reunião privada, dentre outros: a necessidade de ampliar os temas inicialmente trazidos; a pertinência de se oferecer questionamentos que demandem especial exposição de quaisquer dos participantes; a constatação de que a emoção se mostrou elemento obstaculizador da fluidez do diálogo; a avaliação de que o andamento da mediação não está compatível com a qualidade do trabalho que está sendo desenvolvido; e a dúvida sobre a existência de algum motivo não aparente que possa estar comprometendo a evolução do processo de diálogo[447].

Muitas vezes, o *caucus* é utilizado para permitir que emoções intensas sejam expostas sem aumentar as diferenças entre as partes. Em alguns casos, são adotadas para esclarecer percepções ou mesmo modificar comportamento negativo ou repetitivo[448].

Dentre as diversas funções que esta ferramenta possui, o uso que mais atende ao tema deste artigo é para definição de interesses, esclarecimento de posições, identificação de novas ofertas ou consideração das propostas da outra parte. Isso inclui a revelação de informações confidenciais que não podem ser expostas na reunião conjunta, o planejamento de propostas ou ofertas que posteriormente serão levadas à sessão conjunta, e o teste de aceitação da proposta de uma parte, apresentando a oferta à outra[449].

Em síntese, podemos utilizar a reunião privada para organizar a negociação, de modo que as partes possam estruturar suas propostas e reavaliar o cenário antes de trocar informações com a outra parte e obter informações

447. BRAGA NETO, Adolfo. A mediação extrajudicial institucional e suas características contratuais no contexto empresarial e a experiência da Câmara Ciesp/Fiesp. *In*: SANCHES, Sydney; NORTHFLEET, Ellen Gracie (org.). *Estudos sobre a evolução da arbitragem e da mediação no Brasil.* 1. ed. - São Paulo: SESI-SP, 2021, p. 344.

448. SIMÕES, Alexandre Palermo. Mediação nos conflitos comerciais. *In*: BRAGA NETO, Adolfo (org.). *Mediação empresarial: experiências brasileiras.* São Paulo: CL-A Cultural, 2019, p. 44.

449. BRAGA NETO, Adolfo; SAMPAIO, Lia Regina Castaldi. *O que é mediação de conflitos.* São Paulo: Brasiliense, 2011, p. 30.

para melhor compreensão do conflito, as quais não vêm sendo compartilhadas na sessão conjunta[450].

Um ponto que contribui para o sucesso da reunião privada é a sua confidencialidade, tal como reconhecido pelo Art. 31 da Lei de Mediação. Neste sentido, Fernanda Tartuce aduz que

> reputa-se confidencial a informação prestada pela parte ao mediador durante a sessão privada; o facilitador não poderá revelá-la às demais, a não ser que seja expressamente autorizado por quem a externou.[451]

Esse duplo grau de confidencialidade é o elemento que propicia o uso eficiente do *caucus* tradicional como instrumento de estratégia na mediação, ou seja, definição de interesses, revelação de informações confidenciais, planejamento de propostas e teste de aceitação da proposta de uma parte. Enquanto o primeiro grau de confidencialidade trata do sigilo que se opera entre o mundo exterior e os participantes do procedimento (os mediandos, seus advogados, o mediador e quem mais por qualquer motivo participar das sessões, Art. 30 da Lei de Mediação), o segundo grau é relativo ao sigilo na sessão privada (Art. 31 da Lei de Mediação)[452].

Assim, as reuniões individuais são uma excelente ferramenta para estruturar a negociação. Graças à confidencialidade, é possível a revelação de informações que não podem ou estrategicamente não devem ser expostas na reunião conjunta, o planejamento de propostas ou ofertas que posteriormente serão levadas à sessão conjunta e o teste de aceitação da proposta de uma parte, apresentando a oferta à outra.

3. Mediação com a Administração Pública

A Administração Pública brasileira é um dos maiores usuários do Ju-

450. ASPERTI, Maria Cecilia de Araujo. *Caucus* (ou reuniões privadas) na mediação. *Op. cit.*, p. 516.

451. TARTUCE, Fernanda. *Mediação nos conflitos civis.* 4. ed., rev., atual. e ampl. Rio de Janeiro: Forense; São Paulo: Método: 2018, p. 235.

452. SIMÕES, Alexandre Palermo, *op. cit.*, p. 43-44.

diciário, o que certamente onera os cofres públicos, seja no âmbito judicial como no administrativo. Neste sentido, 12 dos 20 maiores litigantes no polo passivo fazem parte da Administração Pública direta ou indireta e 18 dos 20 maiores litigantes no polo ativo[453].

Para mitigar os custos que essa situação gera, foi emitido o enunciado 210 da II Jornada Prevenção e solução extrajudicial de litígios, no sentido de viabilizar a mediação de conflitos entre particulares e a Administração Pública[454]. O mencionado enunciado também vê na mediação o estabelecimento de relações entre os particulares e o Poder Público, o que contribui para o exercício da cidadania e a concretização da democracia, reconhecendo que a Constituição da República e a legislação reconhecem e incentivam a mediação e a conciliação realizadas pela Administração Pública.

No entanto, no âmbito administrativo, essa realidade ainda está muito distante[455].

Com este enfoque, veremos a natureza da mediação e seu escopo objetivo. Em seguida, analisaremos os elementos da consensualidade da Administração Pública.

3.1. Natureza da mediação e seu escopo objetivo

A Lei de Mediação positivou a prática de mediação já existente desde a década de 1990, reconhecendo sua natureza contratual, tal qual ocorria antes da lei por convenção dos participantes da mediação. Neste sentido, ensina Adolfo Braga Neto que, com o advento da Lei de Mediação, a mediação passou a ser um instituto positivado e regulamentado no ordenamento ju-

453. Conselho Nacional de Justiça (CNJ). *Justiça em Números 2023* / Conselho Nacional de Justiça. – Brasília: CNJ, 2023. Disponível em: https://justica-em-numeros.cnj.jus.br/painel-litigantes/. Acesso em: 31 out. 2024.

454. ENUNCIADO 210: "No sentido de viabilizar a mediação de conflitos entre particulares e a Administração Pública, entre outras maneiras de prestação desse serviço, é possível o credenciamento de mediadores e câmaras de mediação privados, convênios com Tribunais e entidades de classe, observados os requisitos adequados de contratação e de remuneração". Disponível em: file:///C:/Users/verab/Downloads/Enunciados%20Justificativas%20aprovados-VF%20(2).pdf. Acesso em: 23 ago. 2024.

455. Jornada Prevenção e Solução Extrajudicial de Litígios (2: 2021 : Brasília, DF). *II Jornada Prevenção e solução extrajudicial de litígios: Enunciados Aprovados*. Brasília: Conselho da Justiça Federal, Centro de Estudos Judiciários, 2021.

rídico brasileiro, sendo qualificado pelo seu caráter contratual, pois sempre foi utilizada como convenção entre os participantes. Na visão do autor, os mediandos sempre participam da mediação a partir da exposição efetiva de suas vontades devidamente expressas nos instrumentos contratuais[456].

Consequentemente, a mediação não deixa de ser um negócio jurídico, devendo seu objeto ser lícito, possível, determinado ou, ainda, determinável, constituído por pessoas capazes, conforme Art. 104 do Código Civil[457].

O Art. 3º da Lei de Mediação dita que pode ser objeto de mediação o conflito que verse sobre direitos disponíveis ou sobre direitos indisponíveis que admitam transação.

O critério de *disponibilidade* refere-se aos bens que podem ser livremente alienados ou negociados[458] e *patrimonialidade* refere-se a direitos que possuam valor econômico ou de troca[459]. Mas mesmo conflitos que versem sobre direitos indisponíveis podem ser solucionados por mediação, desde que tais direitos sejam transigíveis. Em tal hipótese, deverá ser homologada em juízo, exigida a oitiva do Ministério Público[460].

Logo, a mediação possui natureza contratual e é possível resolver por mediação conflitos que versem sobre direitos patrimoniais disponíveis ou conflitos que versem sobre direitos indisponíveis que admitam transação.

3.2 Elementos da consensualidade da Administração Pública

Conforme visto acima, a mediação pode servir como mecanismo efetivo de solução de disputas devido ao seu papel de redução da assimetria de informação e, consequentemente, dos custos de transação. Os procedimen-

456. BRAGA NETO, Adolfo. A mediação extrajudicial institucional e suas características contratuais no contexto empresarial e a experiência da Câmara Ciesp/Fiesp, p. 344.

457. Idem, p. 348-349; BRAGA NETO, Adolfo. *A mediação e a administração pública*. São Paulo: CL-A, 2021, p. 154.

458. CARMONA, Carlos Alberto. *Arbitragem e processo: um comentário à Lei 9.307/96*. 4. ed. São Paulo: Atlas, 2023, p. 106.

459. TIBURCIO, Carmen, Art. 1º. *In*: WEBER, Ana Carolina; LEITE, Fabiana de Cerqueira (coord.). *Lei de Arbitragem Comentada*. São Paulo: Revista dos Tribunais, 2023, p. 13.

460. TARTUCE, Fernanda, *op. cit.*, p. 338.

tos de mediação que envolvem a Administração Pública trazem consigo as particularidades dos regimes jurídicos relativos ao exercício da função administrativa.

Conforme Leila Cuéllar e Egon Bockmann Moreira, ao ingressar numa mediação, os órgãos e entidades da Administração Pública levam consigo os respectivos e peculiares regimes jurídicos: desde aquele específico das empresas estatais (Lei nº 13.303/2016 e legislação esparsa) até o da própria Administração Direta, passando pelas leis que regem as autarquias, fundações públicas e privadas, agências reguladoras etc.[461]

Embora a Administração Pública tenha o dever de tutelar o interesse público, não se justifica certa resistência à mediação por parte de órgãos e entidades públicas, pois dentre os deveres legislativamente imputados ao administrador público está aquele de envidar os melhores esforços para atingir a solução consensual de eventuais conflitos de interesse, inclusive por meio da mediação.

Como bem ponderado por Leila Cuéllar e Egon Bockmann Moreira, o interesse público não impede a realização de mediação; ao contrário, conforme previsto expressamente em vários diplomas legislativos, regulamentares e contratuais, o interesse público autoriza, senão determina, a tentativa de composição consensual de controvérsias envolvendo a Administração Pública[462].

A Portaria PGF nº 498/2020, apesar de ser uma norma específica, serve de exemplo de alguns elementos que podem ser necessários para a celebração de acordo ou transação:

(i) a análise da probabilidade de êxito da entidade representada em juízo;

(ii) a vantajosidade da solução consensual para a autarquia ou fundação pública federal;

---

461. CUÉLLAR, Leila; MOREIRA, Egon Bockmann, *op. cit.*, p. 119-145.

462. *Idem, Ibidem.*

(iii) o exame de viabilidade técnica, operacional e econômico-financeira dos termos celebrados, para o cumprimento de obrigações de fazer, não fazer, ou de entregar coisa;

(iv) a observância às cláusulas imprescindíveis à formalização.

A mediação com a Administração Pública exige especial atenção às normas que regem os entes da Administração Pública direta e indireta.

4. O uso do *caucus* na mediação com Administração Pública

O *caucus* é uma ferramenta valiosa para aprofundar a compreensão das complexidades dos conflitos envolvendo a Administração Pública. Ele permite explorar os critérios necessários para que qualquer proposta ou acordo tenha validade, considerando aspectos como probabilidade de êxito, vantajosidade, economicidade, viabilidade técnica e operacional, além da conformidade com a legislação aplicável.

Nesse contexto, a função principal do *caucus* na mediação com a Administração Pública é facilitar a definição de interesses, esclarecer posições e identificar novas ofertas, assim como considerar as propostas da outra parte. Isso inclui a possibilidade de compartilhar informações confidenciais que não podem ser discutidas em reuniões conjuntas, permitindo o planejamento de propostas que serão posteriormente apresentadas na sessão conjunta, além de testar a aceitação de uma oferta junto à outra parte.

Além das sessões tradicionais, diferentes tipos de reuniões privadas, como o *cross caucus*, também se mostram úteis. Esse formato possibilita uma conversa aberta entre os procuradores das partes sobre a probabilidade de êxito e a superação das formalidades legais. Um exemplo prático de *cross caucus* seria a reunião com representantes das partes e os responsáveis pelo setor operacional do contrato, com o objetivo de avaliar a viabilidade técnica e operacional de uma proposta. Da mesma forma, encontros com os responsáveis financeiros podem ajudar a alcançar um consenso sobre a vantajosidade, economicidade e viabilidade econômico-financeira de determinadas ofertas.

Adicionalmente, é importante considerar que demandas entre entidades privadas e a Administração Pública podem envolver agências reguladoras, Tribunais de Contas, o Ministério Público ou outros órgãos da Administração direta e indireta. Nesse caso, podem ser realizadas reuniões específicas com cada um desses entes para explorar os temas mencionados ou até mesmo incluir novas demandas regulatórias na pauta da mediação.

Portanto, todos os tipos de reuniões individuais são fundamentais na mediação com a Administração Pública, não apenas para desenvolver propostas viáveis, mas também para organizar, expor e superar as necessidades regulatórias que caracterizam esse contexto.

5. Princípio da publicidade e a confidencialidade do *caucus* na mediação envolvendo a Administração Pública

Neste tópico, abordaremos o princípio da publicidade na Administração Pública e a confidencialidade na mediação, analisando especificamente como o *caucus* se encaixa nesse contexto.

5.1 Princípio da publicidade da Administração Pública e a confidencialidade da mediação

A confidencialidade é garantida pelo artigo 30, §1º da Lei de Mediação, que estabelece que esse dever se aplica não apenas aos participantes (mediador e partes), mas também a prepostos, advogados, assessores técnicos e demais pessoas de confiança que tenham, direta ou indiretamente, participado da mediação. Assim, qualquer informação trazida à mediação deve ser tratada como confidencial e sigilosa, não podendo ser divulgada ou utilizada fora do contexto da mediação, nem durante ou após o procedimento. Segundo Fernanda Tartuce, essa proteção abrange declarações, opiniões, sugestões, reconhecimentos de fatos e documentos elaborados especificamente para a mediação[463].

Por outro lado, no âmbito do Direito Público, o princípio da publicidade busca assegurar transparência nas atividades administrativas. Esse princípio fixa a orientação constitucional de que o administrador público deve portar-se com absoluta transparência, possibilitando aos administrados o conhecimento pleno de suas condutas administrativas[464]. Neste sentido, Maria Sylvia Di Pietro afirma que o princípio da publicidade, previsto no artigo 37 da Constituição, exige a ampla divulgação dos atos praticados pela Administração Pública[465]. Tal princípio é concretizado, por exemplo, na Lei nº 9.784/99, artigo 2°, parágrafo único, inciso V, que exige "divulgação oficial dos atos administrativos, ressalvadas as hipóteses de sigilo previstas na Constituição"[466].

Ainda sobre a publicidade dos atos administrativos, conforme Marçal Justen Filho, a publicidade das decisões administrativas é crucial para desencorajar irregularidades, pois a transparência nas escolhas administrativas fortalece a responsabilidade[467].

A aparente contradição entre o princípio da publicidade e o sigilo típico dos métodos de resolução alternativa de disputas (ADR) foi resolvida no contexto da arbitragem. O enunciado nº 4 da I Jornada de Prevenção e Solução Extrajudicial de Litígios estabelece que cabe à Administração Pública promover a publicidade dos atos relacionados à arbitragem, observando as restrições legais de sigilo. Nesse sentido, André Chateaubriand Martins sustenta que a responsabilidade pela publicidade recai sobre a Administração Pública, que deve atender a solicitações de interessados[468].

463. TARTUCE, Fernanda, *op. cit.*, p. 232.

464. ARAUJO, Luiz Alberto David; NUNES JÚNIOR, Vidal Serrano. *Curso de direito constitucional.* 21. ed. rev. e atual. São Paulo: Verbatim, 2017, p. 423.

465. DI PIETRO, Maria Sylvia Zanella. *Direito administrativo.* 20. ed. - São Paulo: Atlas, 2007, p. 66.

466. *Idem*, p. 68.

467. JUSTEN FILHO, Marçal. *Curso de Direito Administrativo.* 2. ed. rev. e atual. — São Paulo : Saraiva, 2006, p. 66.

468. MARTINS, André Chateaubriand. A administração Pública na Reforma da Lei de Arbitragem. *In*: ROCHA, Caio Cesar Vieira, SALOMÃO, Luis Felipe (coord.). *Arbitragem e mediação: a reforma da legislação brasileira.* 2. ed. rev.

No mesmo sentido, Carlos Alberto Carmona reforça que a obrigação de divulgar informações é da Administração Pública, destacando que nem as câmaras de arbitragem nem os árbitros ou secretários estão vinculados à regra de publicidade, devendo os interessados requisitar informações conforme a Lei nº 12.527/2011[469].

Não existe uma regra fixa sobre privacidade, sigilo ou confidencialidade na arbitragem, sendo os acordos de confidencialidade válidos, a menos que haja uma exigência legal de publicidade.

Essas considerações são aplicáveis à mediação. O sigilo na mediação envolvendo a Administração Pública é essencial para garantir a confiança dos participantes, permitindo que compartilhem informações sensíveis[470]. Abrange o sigilo das informações trazidas para a mediação pelas partes, inclusive quanto às suas expectativas. Braga Neto esclarece que o sigilo da mediação não contradiz a publicidade da Administração Pública, pois todos os acordos resultantes da mediação estão sujeitos a controle interno e externo[471].

A fim de esclarecer os limites da publicidade e confidencialidade na mediação envolvendo a Administração Pública, Roberta Rangel destaca que o princípio da publicidade exige transparência nas atividades administrativas, sem conflitar com a confidencialidade das informações manipuladas[472].

Um bom exemplo é o Decreto nº 12.091 de 2024, que, em seu Art. 5º, I, prevê que as informações disponibilizadas observarão a confidencialidade prevista na Lei de Mediação. Assim, não é necessário publicizar todas as deliberações ou conversas, mas apenas o que for necessário para garantir a prestação de contas[473].

---

e atual. São Paulo: Atlas, 2017, p. 28.

469. CARMONA, Carlos Alberto, *op. cit.*, p. 191.

470. SALLES, Carlos Alberto de. A Confidencialidade Possível: A Administração Pública Como Parte nos Mecanismos Alternativos de Solução de Controvérsias. *Revista Eletrônica de Direito Processual* - Rio de Janeiro. Ano 11. Volume 18. Número 1. Janeiro a Abril de 2017, p. 160-161.

471. BRAGA NETO, Adolfo. *A mediação e a administração pública*, p.296-298.

472. RANGEL, Roberta Maria, *op. cit.*, p. 274.

473. MARTINS, André Chateaubriand, *op. cit.*, p. 30.

5.2. Confidencialidade do *caucus* na mediação envolvendo a Administração Pública

Como discutido, nem todas as informações estão sujeitas à publicidade; é suficiente que alguns dados sejam divulgados, como a existência do procedimento e seus resultados. Isso é aplicável também ao *caucus* nos procedimentos envolvendo a Administração Pública.

Os dados que são repassados individualmente ao mediador, especialmente nas reuniões privadas, precisam ser mantidos em sigilo para que as partes tenham confiança e segurança em compartilhar assuntos e informações que não podem expor na presença de terceiros ou da outra parte.

A posição aqui defendida é compatível com práticas internacionais. As Regras da IBA (International Bar Association) para Mediação entre Investidor e Estado[474] permitem que o mediador realize reuniões com apenas uma das partes, e o conteúdo dessas conversas não deve ser compartilhado, conforme os artigos 8.3 e 8.4.

Além disso, a confidencialidade se aplica a documentos produzidos na mediação, exceto em casos específicos, como cumprimento de ordens judiciais ou prevenção de crimes.

Cabe ponderar que como todo e qualquer acordo resultante de uma mediação envolvendo a Administração Pública está sujeito ao controle interno e externo, para garantir a validade e eficácia de eventual acordo oriundo é possível incluir os responsáveis pela fiscalização na mediação quando as partes já tiverem alcançado um consenso[475]. Em razão disso, é possível e recomendado que sejam realizadas reuniões privadas com os entes de controle para esclarecer e organizar quais os requisitos que as partes precisam atender para cumprir com as determinações legais.

---

474. Disponível em: https://www.ibanet.org/MediaHandler?id=C74CE2C9-7E9E-4BCA-8988-2A4DF573192C. Acesso em 31 out. 2024.

475. BRAGA NETO, Adolfo. *A mediação e a administração pública*. p. 298.

6. Conclusões

A mediação tem evoluído e pode se consolidar como um mecanismo eficaz de resolução de conflitos envolvendo a Administração Pública.

Para que os participantes da mediação tirem o máximo proveito desse processo, é fundamental que as ferramentas específicas da mediação estejam acessíveis a todos os envolvidos.

Dentre essas ferramentas, o *caucus*, ou reunião privada, merece especial atenção. Ele desempenha um papel crucial na facilitação das negociações, permitindo que o mediador identifique melhor os interesses das partes, esclareça suas posições, explore novas ofertas e ajude a avaliar as propostas apresentadas pela outra parte. Para que isso ocorra de maneira eficaz, é essencial proteger informações confidenciais que não podem ser compartilhadas nas reuniões conjuntas.

Assim como na arbitragem com a Administração Pública, nem todas as informações precisam ser disponibilizadas ao público ou à outra parte na mediação. Enquanto o conteúdo das conversas em reuniões privadas deve permanecer em sigilo, documentos como o termo de mediação e o acordo resultante devem ser revelados aos órgãos de controle, tanto internos quanto externos.

A proteção da confidencialidade nas reuniões privadas não só aperfeiçoa as negociações, mas também permite uma maior adequação dos acordos às realidades das partes envolvidas, incluindo as necessidades dos órgãos de controle, quando estes participam do procedimento e concordam em participar de reuniões individuais. Essa abordagem promove uma mediação mais transparente e eficaz, contribuindo para um ambiente de confiança e colaboração entre as partes.

Referências

ALMEIDA, Tania. *Caixa de Ferramentas em Mediação II*: Novos aportes São Paulo: Dash, 2023.

ARAUJO, Luiz Alberto David; NUNES JÚNIOR, Vidal Serrano. *Curso de direito constitucional*. 21. ed. rev. e atual. São Paulo: Verbatim, 2017.

BRAGA NETO, Adolfo (org.). *Mediação empresarial: experiências brasileiras*. São Paulo: CL-A, 2019.

BRAGA NETO, Adolfo. Mediação: *Uma experiência brasileira*. São Paulo: CL-A, 2019.

BRAGA NETO, Adolfo; SAMPAIO, Lia Regina Castaldi. *O que é mediação de conflitos*. São Paulo: Brasiliense, 2011.

CARMONA, Carlos Alberto. *Arbitragem e processo: um comentário à Lei 9.307/96*. 4. ed. São Paulo: Atlas, 2023.

CUÉLLAR, Leila; MOREIRA, Egon Bockmann. Administração Pública e mediação: notas fundamentais. Curitiba: *Revista da Direito Público da Economia* 61, 2018.

DI PIETRO, Maria Sylvia Zanella. *Direito administrativo*. 20. ed. - São Paulo: Atlas, 2007.

FARINA, Elizabeth (org.). *Competitividade: mercado, Estado e organizações*. São Paulo: Singular, 1997.

GABBAY, Daniela Monteiro; BARROS, Vera Cecília Monteiro de. (coord.). *Mediação em Números: 10 anos – 2012 a 2022*. FGV Direito SP e Canal Arbitragem. São Paulo, 2023.

GABBAY, Daniela Monteiro; NANI, Ana Paula Ribeiro; BARROS, Vera Cecilia Monteiro de; CANAL, Bruno Hellmeister Lico. Mediação empresarial: números, práticas e tendências analisados a partir de pesquisa empírica (2012-2022). *Revista de Arbitragem e Mediação*. vol. 79. ano 20. p. 233-254. São Paulo: Ed. RT, out./dez. 2023.

JUSTEN FILHO, Marçal. *Curso de Direito Administrativo*. 2. ed. rev. e atual. — São Paulo: Saraiva, 2006.

NASCIMBENI, Asdrubal Franco; BERTASI, Maria Odete Duque, Ranzolin, Ricardo Borges (coord.). *Temas de mediação e arbitragem II*. 2. ed. São Paulo: Lex, 2018.

ROCHA, Caio Cesar Vieira, SALOMÃO, Luis Felipe (coord.). *Arbitragem e me-*

diação: a reforma da legislação brasileira. 2. ed. rev. e atual. São Paulo: Atlas, 2017.

SALLES, Carlos Alberto de. A Confidencialidade Possível: A Administração Pública como Parte nos Mecanismos Alternativos de Solução de Controvérsias. *Revista Eletrônica de Direito Processual* - Rio de Janeiro. Ano 11. Volume 18. Número 1. Janeiro a Abril de 2017.

SANCHES, Sydney; NORTHFLEET, Ellen Gracie (org.). *Estudos sobre a evolução da arbitragem e da mediação no Brasil*. São Paulo: SESI-SP, 2021.

TARTUCE, Fernanda. *Mediação nos conflitos civis*. 4. ed., rev., atual. e ampl. – Rio de Janeiro: Forense; São Paulo: Método: 2018.

WEBER, Ana Carolina; LEITE, Fabiana de Cerqueira (coord.). *Lei de Arbitragem Comentada*. São Paulo: Revista dos Tribunais, 2023.